抗日战争时期国民党陆军通览

胡博 王戡 编著

中国文史出版社

图书在版编目（CIP）数据

抗日战争时期国民党陆军通览 / 胡博，王戡编著．-- 北京：中国文史出版社，2019.12
ISBN 978-7-5205-1544-3

Ⅰ．①抗… Ⅱ．①胡… ②王… Ⅲ．①国民党军—抗日战争—史料 Ⅳ．① K265.210.6

中国版本图书馆 CIP 数据核字 (2019) 第 250392 号

责任编辑：秦千里

出版发行：中国文史出版社
社　　址：北京市海淀区西八里庄路 69 号院　邮编：100142
电　　话：010-81136606　81136602　81136603（发行部）
传　　真：010-81136655
印　　装：北京温林源印刷有限公司
经　　销：全国新华书店
开　　本：16 开
印　　张：32
字　　数：760 千字
插　　图：1213 幅
版　　次：2020 年 1 月北京第 1 版
印　　次：2022 年 8 月第 3 次印刷
定　　价：98.00 元

重印说明

本书出版后得到相关专家的肯定和读者的欢迎，虽受新冠肺炎疫情影响，但已基本售罄，在此谨致谢意！

本次重印，作者本着严谨负责的学术素养，订正了个别文字和图片错误，特此说明。

2020 年 7 月

说 明

一、《抗日战争时期国民党陆军通览》（以下简称《通览》）以条目的形式为读者介绍1937年至1945年间（抗日战争全面爆发至胜利阶段）所出现的高级指挥机构和旅以上（不含非作战机构，如军、师管区等，不含保安部队）野战部队的历史概况。主要介绍编成、主官、隶属、战斗略历，以及来源和结局，目的在于为抗日战争史研究者提供一份可靠的速查参考资料。对于各军、师、旅的具体情况及所涉人物的具体信息，因笔者另行著有《国民革命军师史总览》、《国民革命军军史总览》和《国民革命军将官总览》三书，因此本书从简。

二、《通览》的编写主要依据两岸档案、当时报刊、“三亲”史料，并采访了部分健在的当事人，或当事人的后代、亲友。

三、《通览》在编写体例上依机构、部队番号顺序按序排列，每一机构、部队为单一条目。为书写方便，书中对于各派系采用通俗称呼，如：蒋介石的部队以“中央军”统称，冯玉祥的部队以“西北军”统称，云南部队以“滇军”统称，贵州部队以“黔军”统称，四川部队以“川军”统称，湖北部队以“鄂军”统称，安徽部队以“皖军”统称，湖南部队以“湘军”统称，广东部队以“粤军”统称，广西部队以“桂军”统称，山东部队以“鲁军”统称，江西部队以“赣军”统称，东北部队以“东北军”统称，福建部队以“闽军”统称，山西部队以“晋军”统称，绥远部队以“绥军”统称，张宗昌的部队余脉以“直鲁军”统称，孙传芳的部队余脉以“五省军”统称，陕西部队以“陕军”统称，新疆部队以“新疆军”统称，青海马步芳的部队以“青马军”统称，宁夏马鸿逵、马鸿宾的部队以“宁马军”统称，青年军编练总监部编练各师统称为“青年军”，无明显派系色彩或多个小派系同组一个部队的以“游杂”或“杂军”泛称。此外，由伪军反正后或投敌后改编或扩编的部队按照不同伪政权区分为“汪伪”“伪满”“伪蒙”等。

四、本书力求客观公正、述而不论。由于工程浩大，笔者在相关史料的搜集、整理和判断上，可能会出现部分疏漏，难免发生错漏情况，希望得阅本书的专家、读者或其他知情人士能予以谅解，并给予批评指正，方便笔者继续修订完善，为保存抗战史料继续作出贡献。

目 录

引言　战前陆军整编（师以上单位）

中日两国的军事力量，在 1937 年之前已经相差悬殊。当时的日本陆军保持 17 个常备师团，编制整齐划一，在其健全的兵役制度、预备军人制度以及武器弹药生产能力支撑下，能够快速进行战争动员，扩充出新的师团及各兵科部队以满足大规模战争需求。反观同时期的中国陆军，虽然拥有 183 个师，但各师之间编制差异颇大，武器装备斑驳不一，官兵补充缺乏制度化支撑，兵役制度尚未建立，自动武器、火炮甚至观测通信器材都需要向外国采购。

国民政府军事统帅蒋介石对此十分焦虑，他在 1932 年的日记中写道“终日思虑，对日无良法”。其背后是日本军方先后挑起“九一八事变”“一·二八事变”，鲸吞东北、限制国民政府在上海驻军。随后，日本军方又吞并热河，实施“华北特殊化”并驱使伪军侵入绥远，对中国的威胁越来越大。

在此情况下，蒋介石在加速推进其“攘外必先安内”战略的基础上，加大对日备战力度。1934 年 12 月起，蒋介石从“确立国防领导体系”“确定和建设战略后方”“发展交通系统”“推行征兵制和实施民众军训”“整编陆军和建设特种兵”“加强海、空军并进行战备演习”“整备要塞和修筑国防工事”“调整、扩大兵工生产”以及“制订国防作战计划”9 个方面着手战备。整编陆军在其中占有重要地位。

抗战全面爆发之前，中国陆军的指挥体系，大体为军事委员会—行营—绥靖公署—路军—军—师。其中，“行营”为传达军事委员会委员长命令的办事机构，在军事指挥方面一般只负责命令承转传达，功能相对简单；“绥靖公署”是地方性的军政指挥机构，辖区或为一至两个省，或管辖若干省边界地区，拥有辖区军队指挥、管理、人事考核和后勤补给的全权；“路军”名义是野战部队，实际带有鲜明的派系色彩，往往一个路便是一个军事集团，因此中央军除作战期间临时区分外，鲜有长期设置的路军；“军”则徒有其名，战前大部分军长期只辖有一个师，实际是资深师长的高级名义，军长往往不另设司令部。

这种背景下，“师”的地位极为重要，也因此被国民政府作为战略单位着意建设。1935 年起，在德国军事顾问的建议和协助下，国民政府计划逐步统一各师编制，将全国陆军整编为 60 个国防师（调整师）和 60 个预备师（整理师），并为其设置对应的师管区补充兵员。

这一计划成为 1935 年至 1937 年国民政府整编陆军的基本框架。1935 年 1 月 26 日，蒋介石在南京主持召开全国军队整理会议，部署整军建军工作。3 月 1 日，在武昌行营设立陆军整理处，负责全国军队整编。其工作原则是“依国防之目的，统一编制，混合编成，按管区配置，集中训练干部”。1936 年 3 月，陆军整理处归并于军政部，此后的军队整编工作便由军政部长何应钦亲自掌管。

至抗战全面爆发前夕，国民政府陆续裁撤了部分名存实亡的路军总指挥部和军司令部，并对西南、西北驻军进行整编（不含云南军队），使湘军、黔军逐步中央化，使川军正规化，使桂军、粤军列入中央统一番号。同时，基本完成了24个师的整理和15个师的调整，建立起12个师管区，但仍与原定120个师、60个师管区的建设计划相差甚远。

截止到1937年7月7日，陆军高级军事机构以及野战单位（独立旅以上），计有行营4个、绥靖主任公署15个、路军8个、军53个、师183个（其中第69师为空番号）、独立旅48个（不含阎锡山另行编组的直辖于军的步兵旅，这些旅在军政部的备案中仍然隶属于师）。下面将逐一介绍行营、绥署、路军、师、独立旅（含直辖于军的旅）、游击（挺进）纵队以及抗战期间成立的战区、兵团、军团、补充兵训练处等机构单位。

第一篇　各行营（行辕）历史概况

抗日战争时期的行营以及行辕，都是国民政府军事委员会的派出机构，与各战区司令长官司令部、绥靖公署等完整的军政机构不同，行营在机构设置上较为简单，除个别情况外，多以传达命令、汇报情况、综合协调为主业，对各战区来说是一个指导机构而非指挥层级。

1937 年 7 月“七七事变”爆发后，军事委员会就在石家庄设立行营，以军委会办公厅主任徐永昌为行营主任，协调开赴北平前线各部队的交通和后勤情况，并督导、指挥各部队作战，随着战局变化又调整为保定行营，并在成立战区之后撤销。

随着抗战规模的不断扩大，军事委员会于 1938 年 11 月又在桂林和天水（后移驻西安）两地分别设立行营，指导各战区作战。这两个行营对各战区具有实际指挥权，以桂林行营为例，主任白崇禧负责第 3、第 4、第 7、第 9 四个战区的作战，不仅可以发布作战命令、作出会战总结，还会召开行营级的军事会议，对本行营范围的作战方针和军政大事发号施令。1939 年 12 月的桂南会战，便是由桂林行营负责统一指挥的。

1940 年抗战进入对峙阶段，上述两个行营逐次撤销，改组为以传达命令、督导军政为主要任务的军事委员会桂林办公厅和西安办公厅。在此前后，军委会又陆续成立了成都、西昌、赣州、昆明、汉中 5 个行营（辕），这些机构大致可分为两种情况：一为中央政府及军委会插手地方政权的工具，如在西康省，割地自雄的省主席刘文辉与中央派遣的西昌行辕主任张笃伦同时发号施令；一为明确重要将领地位的标志，如第三战区防区突出于中日两军阵线，所部多呈孤悬之势，任命其司令长官顾祝同为赣州行辕主任，有利于他统一指挥东南地区的军政事宜。随着抗日战争胜利，行营和行辕也随之发生变化，部分机构成为地区受降机构，另一部分重新改组为地方绥靖机构。

附：行营组织系统表

1939年前成立的行营

行营

办公厅、第 1 厅、第 2 厅、总务处、军医处、军法处

1939年起成立的行营

行营

秘书处、参谋处、军政处、军训处、总务处、军械处、军法处、特务团、输送队

军事委员会委员长驻武昌行营

何成浚

武昌行营于 1935 年 3 月 1 日在湖北武汉成立，负责河南、湖北、安徽省境的作战指导和编练工作。1938 年 6 月 14 日裁撤。

历任主任：

何成浚（抗战全面爆发时—1938 年 6 月 14 日）

军事委员会委员长驻重庆行营

重庆行营于 1935 年 10 月 3 日在四川重庆成立，负责四川省境驻军的作战指导和编练工作。1938 年 2 月移驻成都。1939 年 2 月 1 日裁撤。

历任主任：

贺国光（抗战全面爆发时—1938 年 8 月 2 日）

张　群（1938 年 8 月 2 日—1939 年 2 月 1 日）

贺国光

张群

军事委员会委员长驻广州行营

何应钦

广州行营于 1936 年 9 月 26 日在广东广州成立，负责处理“两广事变”结束后的善后事宜，以及广东、广西省境驻军的编练工作。1937 年 8 月 20 日改组为第 4 战区司令长官部。

历任主任：

何应钦（抗战全面爆发时—1937 年 8 月 20 日）

军事委员会委员长驻西安行营

西安行营于 1937 年 1 月 5 日在陕西西安成立，负责处理“西安事变”结束后的善后事宜，以及陕西、甘肃、青海省境驻军的编练工作。1939 年 1 月 14 日改组为第 10 战区司令长官部。

历任主任：

顾祝同（抗战全面爆发时—1937年11月17日）

蒋鼎文（1937年11月17日—1939年1月14日）

顾祝同

蒋鼎文

军事委员会委员长驻石家庄行营

徐永昌

石家庄行营于1937年7月14日在河北石家庄成立，负责指导河北、察哈尔驻军的对日作战指导工作。同月20日改组为保定行营驻石家庄办事处。

历任主任：

徐永昌（1937年7月14日—20日）

军事委员会委员长驻保定行营

保定行营于1937年7月20日在河北保定成立，负责指导河北、察哈尔驻军的对日作战指导工作。1938年8月20日改组为第1战区司令长官部。

历任主任：

徐永昌（1937年7月20日—1938年8月20日）

军事委员会委员长驻桂林行营

白崇禧

桂林行营于1938年12月3日在广西桂林成立，负责指导第3战区、第4战区和第9战区的对日作战事宜，曾指挥桂南会战。1940年5月15日裁撤，机关缩编为军事委员会委员长驻桂林办公厅。

历任主任：

白崇禧（1938年12月3日—1940年5月15日）

军事委员会委员长驻天水行营

程潜

天水行营于1939年1月10日在甘肃天水成立，负责指导第1战区、第2战区、第8战区、第10战区、冀察战区和鲁苏战区的对日作战事宜。2月移驻西安。3月，副参谋长张谞行、军训处处长李国良、副处长刘金声、军务处副处长赵翔之遭轰炸遇难。1940年5月15日裁撤，机关缩编为军事委员会委员长驻西安办公厅。

历任主任：

程潜（1939年1月10日—1940年5月15日）

军事委员会委员长驻成都行营

成都行营于1939年2月8日在四川成都成立，负责四川驻军的督导和编练事宜。1946年4月23日裁撤。

历任主任：

贺国光（1939年2月8日—1940年11月15日）

张　群（1940年11月15日—抗战胜利时）

军事委员会委员长驻西昌行营

张笃伦

西昌行营于1939年2月14日在西康西昌成立，负责边防督导和联络工作，该机构仅辖总务组、第1（军事）组、第2（经理）组和调查组。1946年4月23日裁撤。

历任主任：

张笃伦（1939年2月14日—抗战胜利时）

军事委员会委员长驻昆明行营

龙云

昆明行营于1939年12月21日在云南昆明成立，负责边防督导和云南驻军的编练工作。1945年10月2日裁撤。

历任主任：

龙云（1939年12月21日—抗战胜利时）

军事委员会委员长驻赣州行营

赣州行营于 1945 年 1 月 1 日在江西赣州成立，负责指导第 3 战区、第 7 战区和第 9 战区的对日作战事宜，曾指挥江西、浙江地区的反攻。10 月 2 日裁撤。

历任主任：

顾祝同（1945 年 1 月 1 日—抗战胜利时）

军事委员会委员长驻汉中行营

李宗仁

汉中行营于 1945 年 2 月 11 日在陕西汉中成立，负责指导第 1 战区、第 5 战区和第 10 战区的对日作战事宜。9 月 1 日裁撤。

历任主任：

李宗仁（1945 年 2 月 11 日—抗战胜利时）

第二篇　各公署历史概况

国民政府于 1932 年 2 月 6 日重建军事委员会后，开始陆续在全国各省设立绥靖主任公署（此后根据实际情况需要，有两省设一绥靖主任公署者），驻地多选择在省内重要城市中。因此，绥靖主任公署多称为“驻 ××（城市名）绥靖主任公署”，部分则以省名命名，如“驻广东（广西）绥靖主任公署”。

设立绥靖主任公署的主要作用是维护辖区治安，它受军事委员会委员长直接领导。绥靖主任公署不仅拥有对省境驻军的直接指挥权，还有权控制省境内的政治、经济和社会活动。

抗日战争全面爆发后，国民政府军事委员会设立战区，以应对对日作战事宜，大部分绥靖主任公署或是撤销，或者是改变为野战集团军，少部分没有裁撤的，则与战区司令长官或省政府合署办公，成为一个徒有名义的机构。

在八年全面抗战期间，仅剩滇黔绥靖主任公署还拥有对省境驻军的绝对指挥权，但随着昆明行营的成立，滇黔绥靖主任公署也逐渐成为了一个空壳。

附：绥靖主任公署组织系统表

绥靖主任公署

政治部、高级参谋室、机要室、参谋处、军务处、副官处、经理处、特务团、工兵营、通信兵连、输送队、宪兵营、军乐排

太原绥靖主任公署

阎锡山

太原绥靖公署于 1932 年 2 月 20 日在山西太原成立，指挥山西、绥远省境的驻军。1937 年 8 月 20 日改编为第 2 战区司令长官部后仍保留太原绥靖公署名义，因合署办公，其所属部队与第 2 战区所辖部队相同。1945 年 8 月抗战胜利后开赴太原受降。1949 年 4 月 24 日在山西太原被歼灭。

历任主任：

阎锡山（抗战全面爆发时—抗战胜利时）

驻闽绥靖主任公署

陈仪

驻闽绥靖公署于1934年11月27日在福建建瓯成立，指挥福建省境的驻军。抗战全面爆发后在福建作战。1939年3月8日改编为第25集团军。

历任主任：

蒋鼎文（抗战全面爆发时—1937年11月17日）

陈仪（1937年11月17日—1939年3月8日）

冀察绥靖主任公署

冀察绥靖公署于1935年11月26日在北平成立，指挥河北、察哈尔省境以及北平、天津的驻军。1937年7月参加平津抗战。8月7日因处于沦陷区，且代理主任张自忠辞职，该公署无形解散。

历任主任：

宋哲元（抗战全面爆发时—1937年7月29日）

张自忠(代)(1937年7月29日—8月7日)

宋哲元

张自忠

豫皖绥靖主任公署

刘峙

豫皖绥靖公署于1935年12月12日在河南开封成立，指挥河南、安徽省境的驻军。1937年8月2日改编为第2集团军。

历任主任：

刘　峙（抗战全面爆发时—1937年8月2日）

广东绥靖主任公署

广东绥靖公署于1936年7月13日在广东广州成立，指挥广东省境的驻军。1937年8月20日起与第4战区司令长官部合署办公，

余汉谋

其所属部队与第 12 集团军所辖部队相同。1940 年 8 月改编为第 7 战区司令长官部后仍保留广东绥靖公署名义，因合署办公，其所属部队与第 7 战区所辖部队相同。1945 年 8 月抗战胜利后开赴浙江衢县受降。1949 年 11 月 2 日裁撤（时为福州绥靖公署）。

历任主任：

余汉谋（抗战全面爆发时—抗战胜利时）

广西绥靖主任公署

广西绥靖公署于 1936 年 7 月 13 日在广西桂林成立，指挥广西省境的驻军。1937 年 8 月与广西省政府合署办公，指挥省境民团及保安部队。1944 年 11 月，高级参谋史蔚馥被日军俘虏杀害。1945 年 7 月 10 日裁撤。

历任主任：

李宗仁（抗战全面爆发时—1945 年 7 月 10 日）

滇黔绥靖主任公署

滇黔绥靖公署于 1936 年 8 月 2 日在云南昆明成立，指挥云南、贵州省境的驻军。1939 年 12 月与昆明行营合署办公。1945 年 8 月抗战胜利后仍驻昆明。10 月 2 日裁撤。

历任主任：

龙云（抗战全面爆发时—抗战胜利时）

川康绥靖主任公署

川康绥靖公署于 1936 年 11 月 19 日在四川成都成立，指挥四川省境的驻军。1945 年 8 月抗战胜利后仍驻成都。1947 年 7 月 24 日裁撤。

历任主任：

刘　湘（抗战全面爆发时—1937 年 10 月 26 日）

钟体乾（1937 年 10 月 26 日—1938 年 3 月 2 日）

邓锡侯（1938 年 3 月 2 日—抗战胜利时）

刘湘

钟体乾

邓锡侯

江苏绥靖主任公署

于学忠

江苏绥靖公署于1937年4月23日在江苏淮阴成立，指挥苏北地区的驻军。1938年6月7日改编为第5集团军。

历任主任：

于学忠（抗战全面爆发时—1938年6月7日）

湘鄂赣边区绥靖主任公署

刘兴

湘鄂赣边区绥靖公署于1936年9月18日在江西萍乡成立，指挥湖南、湖北、江西边区的驻军。1937年9月13日改编为第15军团。

历任主任：

刘兴（抗战全面爆发时—1937年9月13日）

川鄂湘黔边区绥靖主任公署

徐源泉

川鄂湘黔边区绥靖公署于1936年9月18日在四川万县成立，指挥四川、湖北、湖南、贵州边区的驻军。1937年9月13日改编为第2军团。

历任主任：

徐源泉（抗战全面爆发时—1937年9月13日）

豫鄂皖边区绥靖主任公署

卫立煌

豫鄂皖边区绥靖公署于1936年9月18日在安徽六安成立，指挥河南、湖北、安徽边区的驻军。1937年8月18日改编为第14集团军。

历任主任：

卫立煌（抗战全面爆发时—1937年8月18日）

豫鄂陕边区绥靖主任公署

上官云相

豫鄂陕边区绥靖公署于 1936 年 9 月 18 日在湖北襄阳成立，指挥河南、湖北、陕西边区的驻军。1937 年 8 月 2 日改编为第 5 集团军。

历任主任：

上官云相（抗战全面爆发时—1937 年 8 月 2 日）

苏浙边区绥靖主任公署

张发奎

苏浙边区绥靖公署于 1936 年 12 月 5 日在浙江嘉兴成立，指挥江苏、浙江边区的驻军。1937 年 8 月 6 日改编为第 8 集团军。

历任主任：

张发奎（抗战全面爆发时—1937 年 8 月 6 日）

浙闽赣皖边区绥靖主任公署

刘建绪

浙闽赣皖边区绥靖公署于 1936 年 12 月 5 日在浙江衢县成立，指挥浙江、福建、江西、安徽边区的驻军。1937 年 8 月 6 日改编为第 10 集团军。

历任主任：

刘建绪（抗战全面爆发时—1937 年 8 月 6 日）

川陕鄂边区绥靖主任公署

潘文华

川陕鄂边区绥靖公署于 1938 年 5 月 18 日在四川阆中成立。1939 年 3 月移驻成都。该绥署名义上指挥四川、陕西、湖北边区的驻军，但实际仅有第 56 军听命。1945 年 10 月 20 日裁撤。

历任主任：

潘文华（1938 年 5 月 18 日—抗战胜利时）

鄂湘川黔边区绥靖主任公署

谷正伦

鄂湘川黔边区绥靖公署于 1939 年 2 月 28 日在湖南芷江成立，指挥湖南、四川、贵州边区的驻军。1940 年 5 月 15 日裁撤，所属机构并入第 6 战区。

历任主任：

谷正伦（1939 年 2 月 28 日—1940 年 5 月 15 日）

新疆边防督办公署

盛世才

新疆边防督办公署于 1933 年 8 月 2 日在新疆迪化成立，指挥新疆省境的驻军。抗战全面爆发后长期戍守新疆。1943 年 8 月 29 日裁撤。

历任督办：

盛世才（抗战全面爆发时—1943 年 8 月 29 日）

第三篇　各战区、方面军历史概况

1937年夏，“七七”事变和“八一三”淞沪会战相继爆发，国民政府为应对战局成立大本营，并将全国前线划分为五个战区：第1战区，包括河北及山东北部，抵抗沿津浦、平汉两条铁路南下的日军；第2战区，管辖山西、绥远，抵抗沿平绥铁路西进的日军；第3战区，设置于上海及其周边，指挥淞沪战场作战；第4战区，统率广东、福建，预防日军的登陆；第5战区，处于第1、第3战区辖区之间，以津浦铁路和陇海铁路的交会点徐州为中心，呼应两区作战，并随着战局发展，成为抗战初期最著名的一场会战——徐州会战的指挥机关。

抗战初期，还曾分割第1战区津浦铁路北段战场设立第6战区、分割第3战区淞沪以南地区设立第7战区，但都随着作战地境沦陷而撤销。随后在武汉设立、统辖湖南、湖北的第6战区成为武汉会战时期的指挥核心，从第6战区划出专管湖南的第9战区，则成为抗战中期中日两军交锋的重点所在。

在常规战区之外，还设置了高于集团军但低于一般战区的鲁苏、冀察两个游击战区，指挥所属地区的敌后部队及游击作战。在各战区之间，也存在地域的交叉和管辖的细微变化。如第2战区司令长官阎锡山在日军的进犯下节节败退，从太原撤退到晋南临汾，继而被迫西渡黄河，将长官部转移到陕西宜川。军委会也顺水推舟，将陕北地区划归第2战区管辖，避免长官部孤悬于战区之外的闹剧。第2战区的晋绥军部队归司令长官阎锡山直接指挥，入晋作战的中央军和其他地方部队，则由副司令长官卫立煌统率，在阎锡山退陕后，也退入晋南中条山区抵抗。卫立煌在调任第1战区司令长官后，仍然兼任第2战区副司令长官，在尊重阎锡山管辖权的前提下继续实施指挥。

经过几年的磨合、变化，战区的范围不断缩小，但权限日益增加。到了抗战中期，战区这一层级已经成为集指挥、训练、行政、人事、军需、兵役、后勤甚至经济、财税、地方行政的中枢，战区司令长官兼任所驻地的省政府主席，权限之大与责任之重前所未有。一些作战方向较多的战区，还设立了独立的副司令长官部，如第8战区司令长官朱绍良，副司令长官胡宗南、傅作义便各自掌管一方；蒋鼎文担任第1战区司令长官时，与他的副司令长官汤恩伯也有明确的作战分界线。

抗战后期，尤其是1945年准备投入反攻时期，战区被划分得更加细微。在南战场，作战地境只剩广西一省的第4战区被降编改组为第2方面军（方面军级别低于战区，高于集团军，为盟军中国战区陆军总司令部所辖的、用于东南地区反攻之用的特设高级指挥机构）。在北战场则由新成立的第11战区接替了冀察战区的部分作战地境，第8战区负责绥远方向的傅作义副司令长官部也被调整升编为第12战区，担负起绥远、热河等地的反攻任务。退守豫南、鄂北的第5战区也划出第10战区专司对安徽方向的作战任务。

抗战胜利后，除不与日军直接接触的第 8 战区外，其他战区均承担了受降任务，并在此后陆续撤销，改组为绥靖公署等军政机构。

附：战区组织系统表

司令长官司令部

机要室、政治部、军法执行部、参谋处、军务处、副官处、交通处、卫生处、兵站总监部、特务团（营）

第1战区

1937 年“七七”事变爆发后，国民政府成立大本营，颁发《国军战争指导方案训令》。根据这一命令，指导平汉铁路北端各部队抗战的军事委员会委员长保定行营，于 1937 年 8 月 22 日改组为第 1 战区司令长官司令部（后文简称为“司令长官部”）。第 1 战区的作战地境为河北省全境及山东省北部，任务是对平汉、津浦两条铁路北段“近迫该当面之敌，实行柔性之攻击，以吸引其主力，俾我第二、第三战区之作战，得从容展布”。

在 1937 年 8 月至 10 月间，河北保定、石家庄、山东德州等地先后沦陷，第 1 战区司令长官部先于 9 月 23 日迁移至石家庄，10 月 10 日石家庄沦陷时又迁往河南新乡，再转郑州，所承担任务也改为指挥平汉铁路郑州以北路段的沿线作战。1937 年 12 月至 1938 年 5 月，第 1 战区组织部队协同第 5 战区进行徐州会战。徐州会战失利后，第 1 战区又组织兰封会战（豫东战役），失败后炸开了花园口黄河大堤，以阻止日军西进。1938 年 6 月，第 1 战区司令长官部迁往洛阳西工兵营。

1938 年 11 月，第 1 战区作战地境改为河南省黄河以南、安徽省淮河以北地区。1939 年 1 月，第 2 战区副司令长官卫立煌兼任第 1 战区司令长官后，原属第 2 战区作战地境的山西省南部中条山地区，也由第 1 战区长官部实际指挥，至 1941 年 6 月中条山地区沦陷后结束。中条山一役，高级参谋李杰三被俘。

抗战中期，第 1 战区主力在河南省黄河以南布防，与黄河以北的日军对峙，另以一部向豫皖苏边区发展，实施游击挺进作战。1944 年 4 月至 6 月，豫中会战爆发，日军突破黄河河防，第 1 战区所部接连败退，许昌、洛阳先后失守，高级参谋何泰丙阵亡。司令长官部于 5 月间迁往西峡西坪镇。豫中会战后，第 1 战区的作战任务调整为“以一部广领前方要地行持久战，主力固守白河安康间、西坪商南间、卢氏洛南间各要隘，及虢函要点、豫陕河防……”。1945 年 1 月，第 1 战区长官部迁往陕西西安荐福寺。同年 4 月，战区作战地境调整为陕西省、甘肃省、宁夏省及河南省西部。8 月抗战胜利后，第 1 战区负责接收河南省陇海铁路以北地区的日军第 12 军等部投降。1947 年 6 月 5 日，第 1 战区司令长官部撤销。

历任司令长官：

蒋介石（1937 年 8 月 22 日—10 月 25 日）

程潜（1937 年 10 月 25 日—1939 年 1 月 9 日）

卫立煌（1939年1月9日—1942年1月12日）

蒋鼎文（1942年1月12日—1944年7月6日）

陈　诚（1944年7月6日—1945年1月12日）

胡宗南（1945年1月12日—抗战胜利时）

蒋介石

陈诚

胡宗南

第2战区

民国以来，山西省长期由阎锡山统治，势力还曾扩张到绥远地区。抗战全面爆发后，阎锡山任主任的太原绥靖公署根据大本营《国军战争指导方案训令》，于1937年8月20日改组为第2战区司令长官部，作战地境为山西省、绥远省、察哈尔省，作战任务为“打破敌军惯用包围行动之企图，使其对我第一战区，不敢放胆施行正面之攻击，同时牵制热河以东之敌军，使其对青岛、淞沪之作战，不能转用兵力”。

在1937年7月至8月间，第2战区组织南口战役，目的是阻止日军沿平绥铁路进犯绥远、晋北。同年9月间，第2战区在大同、丰镇、天镇组织多次防御战，并于9月至11月间组织忻口、太原会战，阻止日军沿同蒲铁路南下。11月太原失守后，第2战区司令长官部迁往晋南临汾，继续组织抗战，曾组织反攻太原作战。同月，汽车兵司令贾宗陆在临汾阵亡。1938年3月因日军继续进犯，第2战区司令长官部西渡黄河，迁往陕西宜川秋林。同年11月，第2战区作战地境调整为山西省、绥远省，以及陕西省北部。1939年1月，绥远省划归第8战区作战地境。12月，第2战区参加冬季攻势。此后，第2战区所属部队长期在晋西南地区与日军对峙。1945年6月，晋北地区划归第12战区作战地境。8月抗战胜利后，第2战区接受驻山西的日军第1军等部投降。1947年6月5日，第2战区司令长官部撤销。

历任司令长官：

阎锡山（1937年8月20日—抗战胜利时）

第3战区

1937年8月13日，淞沪会战爆发，规模不断升级。为应对战场指挥需要，根据大本营《国军战争指导方案训令》，于1937年8月20日成立第3战区司令长官部，驻江苏苏州，作战地境为江苏省南部及浙江省全境，作战任务为“迅将目下侵入淞沪之敌，陆海军及其空军陆上根据地，扫荡扑灭，以准备敌军再来时之应付，同时对于浙江沿海敌可登陆之地区，迅速构成据点式之阵地，阻止敌人登陆，或乘机歼灭之”，实际为淞沪会战的前线指挥机关。

1937年11月中国军队在淞沪地区败退，苏州随之沦陷，第3战区司令长官部迁往安徽休宁，在浙江、江西、安徽一带组织抗战，并在苏北设立副司令长官部，专司游击作战。1938年11月，作战地境调整为江苏省南部、安徽省南部、江西省赣江以东地区，以及浙江省和福建省全境，司令长官部迁往江西上饶。

在1939年3月至5月间，第3战区派出第32集团军协助第9战区参加南昌会战。1939年12月参加冬季攻势。同年3月，参谋处处长邵存诚阵亡。1941年10月，高级参谋瞿步恺阵亡。1942年5月至9月，第3战区在浙赣会战中损失惨重，赣州等城市失守。此后，第3战区长期在闽浙赣地区与日军对峙，并修建机场，支援盟军的对日空袭任务。1944年豫湘桂会战期间，第3战区辖区各盟军机场也遭到日军打击，损失颇重。1945年8月抗战胜利后，第3战区分别在浙江杭州、福建厦门等地接受日军第13军等部投降。12月31日，第3战区司令长官部撤销。

冯玉祥

历任司令长官：

冯玉祥（1937年8月20日—9月11日）

蒋介石（1937年9月11日—12月30日）

顾祝同（1937年12月30日—抗战胜利时）

第4战区

根据大本营《国军战争指导方案训令》，1937年8月20日成立第4战区司令长官部，作战地境为广东省和福建省全境，任务为“对敌海陆空之扰乱，完成战备态势”，防止日军在防区登陆开辟新战场，司令长官部并未实际成立，由广东绥靖主任公署承担长官部业务。1937年10月，作战地境调整为广东省全境及福建省漳汀地区、广西省东部。1938年10月，日军在广东大亚湾登陆，同月广州失守。1939年1月，代理司令长官张发奎在广东曲江成立司令长官部，作战地境调整为广东省和广西省。1939年2月，海南岛失守。同年11月，司令长官部移驻广西柳州，并于11月至1940年2月组织桂南会战，抵抗日军进攻。会战中广西省会南宁失守，但在昆仑关地区发动的反攻中一度击退了日军第5师团第21旅团的进攻，取得昆仑关大捷。

1940年2月，第4战区司令长官部迁往广西柳州。8月7日，第4战区划出广东大部成立第7战区，作战地境调整为广西省全境和广东省西南地区。在1941年至1944年间，第4战区以对越南方向的日军防御为主要任务。1944年9月至12月，第4战区在桂柳会战中接连战败，桂林、柳州、南宁相继失守，第4战区司令长官部退往黔桂边境的广西南丹六寨，战后迁至百色。同年11月，参谋处处长王辉武、参谋陈腾辉遭美军轰炸机误炸身亡。1945年3月5日，第4战区司令长官部改组为第2方面军司令部。

历任司令长官：

何应钦（1937年8月20日—1938年7月25日）

蒋介石（1938年7月25日—1939年11月4日）

张发奎（1939年1月4日—1945年3月5日）

第5战区

根据大本营《国军战争指导方案训令》，1937年8月20日成立第5战区，作战地境为江苏省长江以北、山东省黄河以南和安徽省津浦路以东地区，任务为“根本打破敌军登陆之企图——纵使敌军一部先行登陆，务必迅速围攻而歼灭之，不使后续兵团借此以为安全登陆之掩护——必要时，在指定地区之范围内，扼要固守，绝对限制敌军之进展”。1937年10月，在江苏徐州成立司令长官部。1937年12月至1938年5月，第5战区组织徐州会战，阻击沿津浦铁路南下之日军，曾取得台儿庄大捷，但在随后的作战中失利，致徐州沦陷。战后，第5战区司令长官部迁往安徽宿县，后转至河南老河口。1938年2月，高级参谋兼第2路游击司令刘震东在莒县阵亡。6月至10月，第5战区与第9战区共同组织武汉会战。1938年11月，作战地境调整为安徽省北部和湖北省北部。

1939年5月，第5战区参加随枣会战。同年冬参加冬季攻势。1940年5月至6月参加枣宜会战，一度合围来犯的日军第3师团，但在后续作战中失利，重镇宜昌失守。1941年6月，第5战区作战地境调整为安徽省北部、湖北省长江以北地区，此后长期与日军对峙。1945年3月至5月，第5战区参加豫西鄂北会战，长官部驻地老河口一度失守。8月抗战胜利后，第5战区接受河南省陇海铁路以南地区的日军第12军等部投降。12月31日，第5战区司令长官部撤销。

历任司令长官：

蒋介石（1937年8月20日—1937年9月19日）

李宗仁（1937年9月19日—1945年2月11日）

刘　峙（1945年2月11日—抗战胜利时）

第6战区（一）

平津地区失守后，军事委员会考虑到第1战区同时负责平汉、津浦两条铁路线阻击日军南下的任务“指挥、联络颇为不便”，于1937年9月11日将第1战区所辖津浦铁路沿线黄河以北地区划出，成立第6战区，司令长官部驻山东德州。10月20日，第6战区因作战地境大部沦陷而被裁撤。

历任司令长官：

冯玉祥（1937年9月11日—10月20日）

第6战区（二）

商震

1939年10月，日军进犯长沙，军事委员会为准备长沙失守后续作战，将湖南湘江以西地区划为第6战区，但到1940年2月才在衡阳组织司令长官部。1940年5月15日，第6战区撤销，作战地境并入第9战区。

历任司令长官：

陈　诚（1939年10月2日—1940年2月3日）

商　震（1940年2月3日—5月15日）

第6战区（三）

1940年6月，湖北重镇、三峡门户宜昌被日军攻占。7月8日，为应对宜昌失守后的湘鄂战局，军事委员会划湖北省长江以南、湖南省沅江以北，以及黔东、川东地区成立第6战区，司令长官部驻恩施，以“进可以反攻宜沙，光复武汉，退可以拱卫川、黔，保障陪都安全”为任务。

1940年9月至10月，第6战区协同第9战区参加第二次长沙会战。1941年9月至10月，第6战区组织反攻宜昌作战，但未能成功。1943年5月至6月，第6战区参加鄂西会战，在石牌地区阻止日军东犯。11月至12月，第6战区协同第9战区参加常德会战。1945年1月，作战地境调整为湖北省长江两岸。8月抗战胜利后，第6战区接受武汉、沙市、宜昌地区的日军第6方面军等部投降。12月31日，第6战区司令长官部撤销。

历任司令长官：

陈　诚（1940年7月8日—1943年2月23日）

孙连仲（1943年2月23日—1945年6月26日）

孙蔚如（1945年6月26日—抗战胜利时）

孙连仲

孙蔚如

第7战区（一）

1937年10月26日，军事委员会为应对淞沪会战结束后的战局，将江苏省太湖以西、浙江省北部、安徽省南部地区划为第7战区。1938年1月20日，第7战区因作战地境大部沦陷被裁撤。

历任司令长官：

刘湘（1937年10月26日—1938年1月20日）

第7战区（二）

1940年8月7日，军事委员会将广东省除西南部之外的地区，及江西省南部、福建省南部划为第7战区，司令长官部设广东韶关。1945年1月至2月，参加第三次粤北战役。1945年5月至7月，参加赣南攻势。8月抗战胜利后，第7战区在汕头接受日军第104师团等部投降。12月31日，第7战区司令长官部撤销。

历任司令长官：

余汉谋（1940年8月7日—抗战胜利时）

第8战区

朱绍良

1937年11月9日，军事委员会将甘肃省、青海省、宁夏省划为第8战区，司令长官部驻兰州，负责西北后方绥靖。1939年1月，将绥远省由第2战区划入第8战区作战地境，设立副司令长官部，专司对驻绥日军作战。1943年1月，将新疆划入第8战区作战地境。1945年1月，将陕西省划归第1战区作战地境。6月，将绥远省划归第12战区作战地境。8月抗战胜利后，第8战区没有承担受降任务，司令长官部于1946年3月18日撤销。

历任司令长官：

蒋介石（1937年11月9日—1939年1月14日）

朱绍良（1939年1月14日—抗战胜利时）

第9战区

1938年6月18日，军事委员会将湖北省、湖南省及江西省赣江以西划为第9战区，司令长官部驻湖北武昌，由原武汉卫戍总司令部升编，以准备武汉会战为主要任务。6月，第9战区会同第5战区组织武汉会战，阻击进犯的日军4个月后实施有序撤退，期间在江西德安万家岭地区重创日军第106师团。同年7月，司令长官部迁往湖北阳新，11月又迁往湖南长沙。

1939年9月至10月，参加第一次长沙会战，击退日军进犯。12月参加冬季攻势。1940年9月至10日，参加第二次长沙会战，击退日军进犯。1941年3月至4月，战区所属第19集团军组织上高会战，一度合围痛击日军第34师团。同年8月，军法执行总监章亮基阵亡。1941年12月至1942年1月，参加第三次长沙会战，击退日军进犯。1943年11月至12月，协同第6战区参加常德会战。1944年5月至9月，参加长衡会战，长沙及衡阳相继失守，司令长官部退往湖南郴县，后迁湖南汝城。

1945年8月抗战胜利后，第9战区接受南昌、九江等地的日军第11军等部投降。12月31日，第9战区司令长官部撤销。

历任司令长官：

陈　诚（1938年6月18日—1939年10月2日）

薛　岳（1939年10月2日—抗战胜利时）

薛岳

第10战区（一）

1939年1月14日，军事委员会委员长西安行营改编为第10战区，作战地境为陕西省中、南部。1940年5月15日，第10战区撤销，所属部队及作战地境并入第8战区。

历任司令长官：

蒋鼎文（1939 年 1 月 14 日—1940 年 5 月 15 日）

第10战区（二）

李品仙

1945 年 1 月 15 日，军事委员会为准备反攻，将“西自平汉路以东，北自汜水以南，南自长江以北，东自陇海路东段、洪泽湖以东至滨海各县”划为第 10 战区，司令长官部驻安徽立煌。8 月抗战胜利后，第 10 战区接受徐州、海州、蚌埠等地的日军第 6 军等部投降。12 月 31 日，第 10 战区司令长官部撤销。

历任司令长官：

李品仙（1945 年 1 月 15 日—抗战胜利时）

第11战区

1945 年 6 月 26 日，军事委员会在河南郑州成立第 11 战区司令长官部，该战区作战地境为河北省、山东省及河南省北部地区。8 月日军投降后，第 11 战区在北平、济南等地接受日军华北方面军、第 43 军等部投降。1947 年 2 月 20 日，第 11 战区司令长官部撤销。

历任司令长官：

孙连仲（1945 年 6 月 26 日—抗战胜利时）

第12战区

1945 年 6 月 26 日，军事委员会将热河省、绥远省、察哈尔省及陕西省北部、山西省北部划为第 12 战区，以驻绥远陕坝的傅作义第 8 战区副司令长官部改编为第 12 战区司令长官部。8 月日军投降后，第 12 战区接受归绥、包头等地的日军驻蒙军等部投降。1947 年 2 月 20 日，第 12 战区司令长官部撤销。

傅作义

历任司令长官：

傅作义（1945 年 6 月 26 日—抗战胜利时）

鲁苏战区

1939 年 1 月 14 日，军事委员会为敌后作战需要，将苏北及鲁南津浦路以东地区划为鲁苏战区，设总司令部于安丘。该战区为游击战区，1943 年 2 月，政治部主任周复阵亡。5 月，副官处处长魏凤韶阵亡。1944 年 3 月 31 日因作战区域沦陷被撤销。

历任总司令：

于学忠（1939 年 1 月 14 日—1944 年 3 月 31 日）

冀察战区

1939 年 1 月 14 日，军事委员会为敌后作战需要，将河北、察哈尔两省划为冀察战区（实际作战区域仅河北），设总司令部于冀县。该战区为游击战区，1940 年 4 月至 1944 年 9 月间，皆由第 1 战区司令长官兼任冀察战区总司令。1940 年 12 月，副总司令兼第 39 集团军总司令、第 69 军军长石友三因企图投敌被逮捕处决。1943 年 4 月，副总司令兼第 24 集团军总司令庞炳勋被俘。1945 年 6 月 26 日战区撤销，所辖作战地境及部队划归第 11 战区。

历任总司令：

鹿钟麟（1939 年 1 月 14 日—1940 年 4 月 9 日）

卫立煌（1940 年 4 月 9 日—1942 年 1 月 12 日）

蒋鼎文（1942 年 1 月 12 日—1944 年 7 月 6 日）

陈　诚（1944 年 7 月 6 日—9 月 4 日）

高树勋（1944 年 9 月 4 日—1945 年 6 月 26 日）

鹿钟麟

高树勋

中国远征军

太平洋战争爆发后，国民政府于 1941 年 12 月 9 日正式对日宣战，并于 1942 年组织远征军第 1 路和第 2 路（该路未编成）入缅配合盟军作战，但遭到重创败退回国，兵站总监部参谋长李竹林阵亡。1943 年 2 月 12 日，军事委员会以缅甸退至云南的部队为基础重新编组中国远征军，并设司令长官部于云南楚雄。同年 11 月移驻隆阳马王屯。

中国远征军成立后在云南积极编练，并分批换装美械，于 1944 年 5 月强渡怒江展开滇西反攻，重创日军驻滇各部。1945 年 1 月，远征军攻入缅甸，于 27 日在芒友与中国驻印军胜利会师，全面打通中印公路。同年 2 月 3 日，远征军司令长官部因完成所赋予的反攻任务被撤销，编余机构改组为中印公路东段警备司令部（由远征军副司令长官黄琪翔担任司令，该警备司令部于 1946 年 1 月裁撤）。

历任司令长官：

陈　诚（1943 年 2 月 12 日—1943 年 11 月 23 日）

卫立煌（1943 年 11 月 23 日—1945 年 2 月 3 日）

陆军第1方面军

卢汉

第 1 方面军于 1945 年 3 月 5 日在云南昆明成立（原滇越边区总司令部改编），隶属盟军中国战区陆军总司令部，辖第 52 军、第 53 军、第 60 军、第 93 师、暂编第 23 师。6 月，第 93 军编入序列。第 1 方面军成立后戍守滇越边境。8 月抗战胜利后开赴越南河内受降。12 月 1 日裁撤。

历任司令官：

卢　汉（1945 年 3 月 5 日—抗战胜利时）

陆军第2方面军

第 2 方面军于 1945 年 3 月 5 日在广西百色成立（原第 4 战区司令长官部改编），隶属盟军中国战区陆军总司令部，辖第 46 军、第 62 军和第 64 军。第 2 方面军成立后参加广西攻势。8 月抗战胜利后开赴广东广州受降。1946 年 2 月 1 日裁撤。

历任司令官：

张发奎（1945 年 3 月 5 日—抗战胜利时）

陆军第3方面军

汤恩伯

第 3 方面军于 1945 年 3 月 5 日在贵州贵阳成立（原黔桂湘边区总司令部改编），隶属盟军中国战区陆军总司令部，辖第 27 集团军、第 9 军、第 13 军、第 29 军、第 71 军和第 94 军。5 月，第 9 军裁撤。第 3 方面军成立后参加广西攻势。8 月抗战胜利后开赴上海受降。10 月 8 日裁撤。

历任司令官：

汤恩伯（1945 年 3 月 5 日—抗战胜利时）

陆军第4方面军

王耀武

第 4 方面军于 1945 年 3 月 5 日在湖南洪江成立（原第 24 集团军扩编），隶属盟军中国战区陆军总司令部，辖第 18 军、第 73 军、第 74 军和第 100 军。第 4 方面军成立后参加湘西会战。8 月抗战胜利后开赴芷江受降。11 月 15 日裁撤。

历任司令官：

王耀武（1945 年 3 月 5 日—抗战胜利时）

第四篇　各集团军历史概况

集团军是由若干军（或师、独立旅等）编组而成的基本战役兵团。早在北伐战争时期，国民革命军就曾组建过4个集团军，但那时的集团军总司令部实际是用来划分派系、明确指挥军队，以及确立作战区域所用。如第1集团军代表着蒋介石的中央军，第2集团军代表着冯玉祥的西北军，第3集团军代表着阎锡山的晋绥军，第4集团军代表着李宗仁的桂军。北伐战争胜利后，这些带有明确派系色彩的集团军总部随之取消。1933年长城抗战开始前夕，负责华北战事的张学良曾组建第1、第2集团军，但随即又取消，将集团军所属部队另行编组为军团。

抗日战争全面爆发后，集团军被正式确立编组，它受军事委员会直辖或战区司令长官司令部指挥，指挥2到3个军（或更多）、师等部队，成为真正名符其实的战役战略指挥单位，在历次会战或战役中都起到重要作用。随着战事的变化，部分集团军又根据需要被调往敌后承担游击任务，如第24集团军、第39集团军等。

抗战胜利后，军事委员会认为集团军总司令部已经完成了使命，便陆续撤销番号，将集团军总部或改为绥靖区司令部，或改为整编军司令部。

附：集团军组织系统表

民国二十九年编制（修正）编制表

集团军总司令部——机要室、政治部、参谋处、副官处、军法处、特务营、兵站分监部

第1军　第2军（或更多）

陆军第1集团军（西北军1）

第1集团军于1937年8月2日在河北河间成立（原第29军军部升编），隶属第1战区，辖第29军、第40军和第53军。第1集团军成立后参加平汉铁路北段沿线之作战。同月，第29军裁撤，所属部队扩编为第59军、第68军、第77军和骑兵第3军，皆编入序列。9月改隶第6战区，第53军拨归第20集团军，第40军扩编为第3军团，仍编入序列，第67军和第181师编入序列。10月，第67军拨归第3战区，骑兵第3军拨归第1战区，第77军扩编为第19军团，仍编入序列。同月参加津浦铁路北段沿线之作战，战后改隶第5战区。12月，

第 68 军拨归第 5 战区。1938 年 3 月，第 181 师拨归第 69 军。4 月 12 日裁撤，所属部队拨归第 5 战区。

历任总司令：

宋哲元（1937 年 8 月 2 日—1938 年 4 月 12 日）

陆军第1集团军（滇军2）

第 1 集团军于 1938 年 10 月 1 日在湖北阳新再次成立（原第 30 军团部升编），隶属第 9 战区，辖第 30 军团。第 1 集团军成立后参加武汉会战。1939 年 1 月，第 30 军团裁撤，所属第 58 军、第 60 军和新编第 3 军编入序列。3 月参加南昌会战。12 月参加冬季攻势。1940 年 8 月，第 60 军调回云南戍守。1941 年 9 月参加第二次长沙会战。12 月参加第三次长沙会战。1942 年 5 月参加浙赣会战。1943 年 11 月参加常德会战。1944 年 6 月参加长衡会战。1945 年 3 月，第 60 军拨归第 1 方面军。8 月抗战胜利后驻防江西上高。1948 年 10 月 15 日在辽宁锦州被歼灭（时为第 6 兵团）。

孙渡

历任总司令：

龙　云（1938 年 10 月 1 日—1939 年 1 月 7 日）

卢　汉（1939 年 1 月 7 日—1945 年 3 月 5 日）

孙　渡（1945 年 3 月 5 日—抗战胜利时）

陆军第2集团军（中央军1）

第 2 集团军于 1937 年 8 月 2 日在河南开封成立（原豫皖绥靖公署总部改编），隶属第 1 战区，辖第 26 路军、第 3 军、第 15 军、第 32 军、第 52 军、第 23 师和第 106 师。第 2 集团军成立后参加平汉铁路北段沿线之作战。9 月，第 26 路军改编为第 1 军团、第 15 军扩编为第 13 军团，仍编入序列，第 3 军拨归第 14 集团军，第 32 军拨归第 20 集团军，第 23 师拨归第 6 战区。10 月 4 日裁撤，所属部队拨归第 1 战区、第 2 战区和新成立的第 2 集团军。

历任总司令：

刘　峙（1937 年 8 月 2 日—10 月 4 日）

陆军第2集团军（西北军2）

第 2 集团军于 1937 年 10 月 4 日在山西平定再次成立（原第 1 军团部升编），隶属第 2 战区，辖第 1 军团。第 2 集团军成立后参加太原会战。1938 年 3 月改隶第 5 战区，参加徐州会战，在台儿庄告捷。6 月改隶第 3 兵团。9 月参加武汉会战。1939 年 1 月改隶第 1 战区，第 1 军团裁撤，所属第 30 军和第 42 军编入序列，第 55 军和第 68 军编入序列。3 月，第 42 军裁撤。5 月改隶第 5 战区，参加随枣会战。12 月参加冬季攻势。1940 年 5 月参加枣宜会战。

1941 年 1 月参加豫南会战。1942 年 6 月，第 69 军编入序列。1943 年 5 月第 30 军拨归长江上游江防军。1944 年 4 月参加豫中会战。8 月，第 22 师编入序列。11 月，第 69 军拨归第 22 集团军。1945 年 3 月参加豫西鄂北会战。6 月，第 22 师裁撤。8 月抗战胜利后开赴河南许昌受降。1949 年 10 月 21 日裁撤（时为第 8 兵团）。

刘汝明

历任总司令：

孙连仲（1937 年 10 月 4 日—1943 年 2 月 23 日）

刘汝明（1943 年 2 月 23 日—抗战胜利时）

陆军第3集团军（西北军1）

第 3 集团军于 1937 年 8 月 2 日在山东济南成立（原第 3 路军总指挥部改编），隶属第 5 战区，辖第 6 军、第 12 军、第 55 军和第 56 军。10 月参加津浦铁路北段沿线之作战，第 51 军编入序列。1938 年 1 月，第 6 军裁撤。同月，兼总司令韩复榘因“违反战时军律”被枪决。2 月，第 56 军裁撤，所属第 22 师编入序列。3 月参加徐州会战，高级参谋江惟仁阵亡。5 月，第 22 师拨归第 12 军。6 月改隶第 2 兵团，参加武汉会战，第 51 军拨归第 5 集团军。10 月，第 55 军拨归第 33 集团军。1939 年 1 月改隶第 1 战区。12 月参加冬季攻势，此后长期在河南作战。1942 年 4 月，第 29 军编入序列。1943 年 3 月 14 日裁撤，所属部队拨归第 1 战区和第 28 集团军。

历任总司令：

韩复榘（1937 年 8 月 2 日—1938 年 1 月 23 日）

孙桐萱（1938 年 1 月 23 日—1943 年 2 月 18 日）

张雪中（1943 年 2 月 18 日—3 月 14 日）

韩复榘

孙桐萱

张雪中

陆军第3集团军（中央军2）

第 3 集团军于 1943 年 9 月 28 日在甘肃河州再次成立，隶属第 8 战区，辖第 91 军。第 3 集团军成立后长期戍守甘肃。1945 年 8 月抗战胜利后驻防甘肃武威。1946 年 3 月 5 日裁撤。

历任总司令：

李铁军（1943年9月28日—1944年2月11日）

赵寿山（1944年2月11日—抗战胜利时）

李铁军

赵寿山

陆军第4集团军（中央军1）

第4集团军于1937年8月2日在福建建瓯成立（由驻闽绥靖公署总部兼），隶属第4战区，辖第2军和独立第6旅。10月，第2军拨归第19集团军，独立第6旅拨归第10集团军。11月17日因无所属部队被裁撤。

历任总司令：

蒋鼎文（1937年8月2日—11月17日）

陆军第4集团军（陕军2）

第4集团军于1939年2月7日在山西平陆再次成立（原第31军团部升编），隶属第2战区，辖第38军、第47军和第96军。第4集团军成立后长期在中条山游击。10月，第47军拨归第36集团军。1941年1月改隶第1战区，参加豫南会战，此后长期在河南作战。9月，暂编第15军编入序列。1942年10月，暂15军拨归第31集团军。1943年3月，第90军编入序列。1944年4月参加豫中会战。1945年2月，第90军拨归第34集团军。6月，第96军裁撤。8月抗战胜利后开赴河南郑州受降。1947年2月3日裁撤。

李兴中

历任总司令：

孙蔚如（1939年2月7日—1945年6月26日）

李兴中（1945年6月26日—抗战胜利时）

陆军第5集团军（中央军1）

第5集团军于1937年8月2日在湖北襄阳成立（原豫鄂陕边区绥靖公署改编），隶属第5战区，辖第26军、第33师和第40师。9月13日缩编为第11军团。

历任总司令：

顾祝同（1937 年 8 月 2 日—9 月 13 日）

陆军第5集团军（东北军2）

第 5 集团军于 1938 年 6 月 7 日在河南唐河再次成立（原江苏绥靖公署改编），隶属第 5 战区，辖第 51 军。8 月参加武汉会战。1939 年 1 月 14 日升编为鲁苏战区总司令部，所属部队拨归鲁苏战区。

历任总司令：

于学忠（1938 年 6 月 7 日—1939 年 1 月 14 日）

陆军第5集团军（杂军3）

曾万钟

第 5 集团军于 1939 年 2 月 7 日在山西乡宁第三次成立（原第 35 军团部升编），隶属第 2 战区，辖第 3 军、第 15 军和第 17 军。第 5 集团军成立后长期在中条山游击。10 月，第 15 军拨归第 14 集团军，第 17 军拨归第 36 集团军。1940 年 8 月，第 14 军编入序列。1941 年 5 月参加晋南会战，遭到重创。1942 年 3 月 30 日裁撤，所属部队拨归第 1 战区和第 34 集团军。

历任总司令：

曾万钟（1939 年 2 月 7 日—1942 年 3 月 30 日）

陆军第5集团军（中央军4）

杜聿明

第 5 集团军于 1943 年 1 月 28 日在云南昆明第四次成立，隶属昆明行营，辖第 5 军和第 6 军。第 5 集团军成立后长期戍守云南。1943 年 9 月，第 6 军拨归第 20 集团军。1944 年 1 月，第 48 师编入序列。1944 年 8 月抽调一部参加滇西攻势。1945 年 4 月 10 日改编为昆明防守司令部，所属部队拨归昆明防守司令部。

历任总司令：

杜聿明（1943 年 1 月 28 日—1945 年 4 月 10 日）

陆军第6集团军（晋军）

第 6 集团军于 1937 年 8 月 2 日在山西太原成立，隶属第 2 战区，辖第 33 军、第 34 军和新编第 2 师。第 6 集团军成立后参加平绥铁路沿线之作战。9 月参加太原会战。11 月，新 2 师拨归第 2 战区。1938 年 2 月参加太原攻势，此后长期在晋南地区游击。1939 年 2 月，第 33 军拨归第 8 集团军。3 月，第 34 军拨归第 8 集团军，第 6 集团军无所属部队。8 月，第 83 军编入序列。1940 年 4 月，第 23 军编入序列。12 月，第 83 军拨归第 13 集团军，第 19 军和暂编第 1 旅编入序列。1941 年 6 月，暂 1 旅在晋城投敌。1945 年 8 月抗战胜利后驻防山西吉县。1949 年 4 月 24 日在山西太原被歼灭（时为第 10 兵团）。

历任总司令：

杨爱源（1937 年 8 月 2 日—1939 年 5 月 26 日）

陈长捷（1939 年 5 月 26 日—1941 年 4 月 2 日）

杨爱源（1941 年 4 月 2 日—抗战胜利时）

杨爱源

陈长捷

陆军第7集团军（晋军）

第 7 集团军于 1937 年 8 月 2 日在绥远归绥成立（原第 35 军军部升编），隶属第 2 战区，辖第 13 军、第 17 军、第 19 军、第 35 军、第 61 军、第 68 军、第 94 师、新编第 5 旅、新编第 6 旅。第 7 集团军成立后参加平绥铁路沿线之作战。9 月，第 68 军拨归第 1 集团军，第 101 师和步兵第 200 旅编入序列。同月参加太原会战。10 月，第 13 军拨归第 20 军团，第 94 师拨归第 14 集团军，新 5 旅拨归骑兵第 6 军。11 月，第 101 师拨归第 35 军，步兵第 200 旅裁撤。12 月，第 17 军拨归第 14 集团军，第 19 军拨归第 2 战区。1938 年 2 月参加太原攻势，此后长期在绥西地区和晋西南地区作战。1939 年 1 月，第 35 军和新 6 旅拨归第 8 战区，此后长期在晋西南地区游击。3 月，骑兵第 1 军编入序列。1940 年 10 月，第 61 军拨归第 8 集团军，第 33 军和第 34 军编入序列。12 月，骑 1 军拨归第 13 集团军。1945 年 8 月抗战胜利后驻防山西隰县。1948 年 7 月 16 日在山西太谷被歼灭（时为山西野战军总司令部）。

赵承绶

历任总司令：

傅作义（1937 年 8 月 2 日—1939 年 3 月 25 日）

赵承绶（1939 年 3 月 25 日—抗战胜利时）

陆军第8集团军（中央军1）

第 8 集团军于 1937 年 8 月 6 日在浙江嘉兴成立（原苏浙边区绥靖公署改编），隶属第 3 战区，辖第 69 军、第 102 师和独立第 45 旅。第 8 集团军成立后参加淞沪会战。9 月，第 12 军团编入序列。10 月，第 69 军拨归第 15 集团军，第 102 师拨归第 17 军团，第 22 军团编入序列。12 月，第 12 军团裁撤。1938 年 4 月，独 45 旅拨归第 10 集团军。6 月 9 日改编为第 2 兵团，所属部队拨归第 10 集团军。

历任总司令：

张发奎（1937年8月6日—1938年6月9日）

陆军第8集团军（晋军2）

孙楚

第8集团军于1939年2月7日在山西阳城再次成立（原第33军军部升编），隶属第2战区，辖第33军。3月，第34军编入序列。第8集团军成立后长期在晋西南地区游击。5月，暂编第1军编入序列。7月，第33军拨归第13集团军。1940年3月，暂1军改隶第2战区。10月，第34军拨归第7集团军，第43军和第61军编入序列。1945年8月抗战胜利后驻防山西吉县。1949年4月24日在山西太原被歼灭（时为第15兵团）。

历任总司令：

孙　楚（1939年2月7日—抗战胜利时）

陆军第9集团军（中央军1）

第9集团军于1937年8月6日在江苏徐州成立（原京沪警备总司令部改编），隶属第3战区，辖第4军、第8军、第39军、第74军、第36师、第61师、第87师、第88师和独立第20旅。第9集团军成立后参加淞沪会战。同月，独立第20旅编入第61师。9月，第4军拨归第18军团，第36师拨归第78军，第87师拨归第71军，第88师拨归第72军。同月，第71军、第72军和第78军编入序列。10月，第39军和第74军拨归第15集团军，第61师拨归第8军，第79军编入序列。11月，第71军、第72军和第78军拨归南京卫戍总司令部。12月30日裁撤，所属部队分别拨归军事委员会和第3战区。

张治中

历任总司令：

张治中（1937年8月6日—10月4日）

朱绍良（1937年10月4日—12月3日）

顾祝同（1937年12月3日—30日）

陆军第9集团军（中央军2）

第9集团军于1938年8月5日在江西星子再次成立，隶属第1兵团，辖第18军团、第38军团、第86军和第87军。第9集团军成立后参加武汉会战。11月，第86军裁撤。1939年1月，第38军团裁撤。2月改隶第9战区，第18军团裁撤，第87军拨归第20集团军，第9集团军无所属部队。5月，第65军编入序列，此后在广东作战。12月拨归第4战区，第9集团军再次无所属部队。1940年1月31日裁撤。

吴奇伟

历任总司令：

吴奇伟（1938 年 8 月 5 日—1940 年 1 月 31 日）

陆军第9集团军（中央军3）

关麟征

第 9 集团军于 1940 年 7 月 13 日在云南文山第三次成立，隶属昆明行营，辖第 6 军、第 52 军和第 54 军。第 9 集团军成立后长期戍守云南。1942 年 4 月，第 6 军拨归远征军第 1 路。1943 年 8 月，第 54 军拨归昆明行营。1944 年 9 月，第 8 军编入序列。1945 年 1 月，第 8 军拨归第 20 集团军。3 月 5 日裁撤，所属部队拨归第 1 方面军。

历任总司令：

关麟征（1940 年 7 月 13 日—1945 年 3 月 5 日）

陆军第10集团军（湘军—中央军）

第 10 集团军于 1937 年 8 月 6 日在浙江衢县成立（原浙闽赣皖边区绥靖公署改编），隶属第 3 战区，辖第 70 军、第 45 师、新编第 34 师、独立第 37 旅、暂编第 11 旅、暂编第 12 旅和暂编第 13 旅。第 10 集团军成立后参加淞沪会战。10 月，第 128 师和独立第 6 旅编入序列。11 月，第 45 师拨归第 20 军团，新 34 师改称第 128 师后拨归第 70 军。12 月，第 70 军拨归第 3 战区，暂 11 旅、暂 12 旅和暂 13 旅拨归第 23 军团，第 23 军团编入序列，此后长期在浙东地区游击。1938 年 1 月，第 192 师编入序列，独 37 旅扩编为第 194 师仍编入序列。4 月，第 23 军团裁撤，第 107 师和独立第 45 旅编入序列。6 月，第 22 军团编入序列。7 月，独 6 旅裁撤。1939 年 2 月，第 22 军团裁撤，第 192 师拨归第 28 军，第 194 师拨归第 91 军，第 28 军和第 91 军编入序列。3 月，第 88 军编入序列。5 月，独 45 旅扩编为新编第 30 师仍编入序列。6 月，第 107 师拨归第 70 军。7 月，第 10 军编入序列。12 月参加冬季攻势。1940 年 5 月，第 10 军由军事委员会直辖，第 91 军裁撤。9 月，第 86 军编入序列。10 月，第 88 军拨归第 32 集团军。11 月，暂编第 9 军编入序列。1941 年 5 月，第 49 军编入序列。8 月，第 28 军拨归第 23 集团军。10 月，第 86 军拨归第 3 战区。1942 年 3 月，新 30 师拨归第 88 军。5 月参加浙赣会战。8 月，新 30 师编入序列。9 月，第 49 军拨归第 25 集团军，新 30 师裁撤。1943 年 5 月拨归第 6 战区，参加鄂西会战，第 79 军编入序列，此后长期在湖北作战。10 月，暂 9 军改称第 66 军，仍编入序列。1944 年 6 月，第 79 军拨归第 27 集团军。10 月，第 87 军编入序列。1945 年 1 月，第 92 军编入序列。5 月，第 87 军裁撤。8 月抗战胜利后开赴湖北武汉受降。1947 年 11 月 28 日裁撤（时为整编第 19 军）。

历任总司令：

刘建绪（1937 年 8 月 6 日—1941 年 8 月 25 日）

王敬久（1941 年 8 月 25 日—抗战胜利时）

刘建绪

王敬久

陆军第11集团军（桂军1）

第 11 集团军于 1937 年 8 月 13 日在江苏徐州成立，隶属第 5 战区，辖第 7 军和第 48 军。9 月，第 7 军拨归第 7 军团，第 48 军拨归第 8 军团，第 9 军团编入序列。1938 年 4 月参加徐州会战。6 月改隶第 4 兵团。7 月参加武汉会战。10 月，第 9 军团裁撤，第 31 军编入序列。1939 年 2 月改隶第 5 战区，第 84 军编入序列。3 月，第 39 军编入序列。5 月参加随枣会战。11 月，第 31 军拨归第 16 集团军，第 84 军拨归第 21 集团军。12 月参加冬季攻势。1940 年 5 月参加枣宜会战。9 月 8 日裁撤，所属部队拨归第 5 战区。

黄琪翔

历任总司令：

李品仙（1937 年 8 月 13 日—1939 年 11 月 26 日）

黄琪翔（1939 年 11 月 26 日—1940 年 9 月 8 日）

陆军第11集团军（中央军2）

宋希濂

第 11 集团军于 1941 年 11 月 25 日在四川潼南再次成立，隶属昆明行营，辖第 71 军。第 11 集团军成立后长期戍守云南。1942 年 2 月，第 66 军编入序列。4 月，第 66 军拨归远征军第 1 路。6 月，第 2 军编入序列。1943 年 1 月，新编第 28 师编入序列。2 月改隶中国远征军。4 月，新 28 师拨归第 71 军。1944 年 2 月，第 6 军编入序列。5 月参加滇西攻势。1945 年 2 月，第 2 军拨归陆军总司令部。3 月 5 日裁撤，所属部队分别拨归军事委员会和第 3 方面军。

历任总司令：

宋希濂（1941 年 11 月 25 日—1945 年 3 月 5 日）

陆军第12集团军（粤军）

第12集团军于1937年8月13日在广东广州成立（原第4路军总司令部改编），隶属第4战区，辖第62军、第63军、第64军、第65军、第66军和独立第9旅。第12集团军成立后戍守广东。10月，第83军编入序列。11月，第66军拨归第15集团军，第83军拨归第3战区。1938年1月，第66军和第83军编入序列。3月，第93师拨归第75军，独立第20旅编入序列。6月，第64军拨归第29军团。9月，第66军拨归第38军团。10月在广东阻击日军。12月，第83军裁撤。1939年1月，第66军编入序列。5月，第65军拨归第9集团军。11月，第66军拨归第37集团军。12月参加第一次粤北战役。1940年3月，第65军编入序列。4月，独9旅拨归闽粤赣边区总司令部。5月参加第二次粤北战役，此后仍长期在广东作战。8月改隶第7战区。1944年6月抽调一部参加长衡会战。10月抽调一部参加桂柳会战。1945年3月，第62军拨归第2方面军。6月，独20旅裁撤。8月抗战胜利后开赴广东汕头受降。10月8日裁撤。

历任总司令：

余汉谋（1937年8月13日—抗战胜利时）

陆军第13集团军（晋军）

王靖国

第13集团军于1939年2月6日在山西吉县成立（第19军军部升编），隶属第2战区，辖第19军。第13集团军成立后长期在晋西南地区游击。7月，第33军编入序列。12月参加“晋西事变”。1940年10月，第33军拨归第7集团军。12月，第19军拨归第6集团军，第83军和骑兵第1军编入序列。1945年8月抗战胜利后仍驻吉县。11月20日裁撤。

历任总司令：

王靖国（1939年2月6日—抗战胜利时）

陆军第14集团军（中央军）

第14集团军于1937年8月18日在河北保定成立（原豫鄂皖边区绥靖公署改编），隶属第1战区，辖第9军和独立第5旅。第14集团军成立后参加平汉铁路北段沿线之作战。9月参加太原会战，第3军和第14军编入序列。10月，第94师编入序列。12月，第17军编入序列。1938年2月参加太原攻势，此后长期在晋南地区游击。3月，第94师拨归第93军。4月，第17军拨归第2战区。6月，第14军拨归第33军团，第33军团编入序列。7月，第3军拨归第35军团，第35军团编入序列。1939年1月，第93军编入序列。2月，第33军团和第35军团裁撤，第14军编入序列。3月，第98军编入序列。10月，第15军编入序列。11月，第9军拨归第2战区。12月参加冬季攻势。1940年8月，第14军拨归第5集团军。1941年5月参加晋南会战，遭到重创，参谋处处长张世惠阵亡。6月，独5旅拨归第8战区，此后长期在河南作战。12月，第93军拨归第34集团军。1942年3月，第9军编入序列。8月，第93军由军事委员会直辖。1943年8月，第9军由军事委员会直辖。1944年4月参加豫中会战，再次遭到重创。7 月 22 日裁撤，所属部队拨归第 1 战区。

刘茂恩

历任总司令：

卫立煌（1937 年 8 月 18 日—1939 年 10 月 24 日）

刘茂恩（1939 年 10 月 24 日—1944 年 7 月 22 日）

陆军第15集团军（中央军1）

第 15 集团军于 1937 年 9 月 1 日在江苏昆山成立，隶属第 3 战区，辖第 16 军团、第 17 军团、第 18 军团和第 16 军。第 15 集团军成立后参加淞沪会战。10 月，第 17 军团和第 18 军团拨归第 19 集团军，第 39 军、第 69 军和第 74 军编入序列。11 月，第 16 军团拨归第 25 集团军，第 74 军拨归南京卫戍总司令部，第 66 军编入序列。12 月，第 16 军、第 39 军和第 69 军拨归武汉卫戍总司令部，第 66 军拨归南京卫戍总司令部。1938 年 1 月改隶武汉卫戍总司令部。6 月改隶第 9 战区，参加武汉会战。1939 年 1 月，第 37 军和第 52 军编入序列。9 月参加第一次长沙会战。12 月参加冬季攻势。1940 年 7 月 13 日裁撤，所属部队分别拨归第 9 战区和第 9 集团军。

历任总司令：

陈　诚（1937 年 9 月 1 日—1939 年 5 月 11 日）

薛　岳（1939 年 5 月 11 日—10 月 2 日）

关麟征（1939 年 10 月 2 日—1940 年 7 月 13 日）

陆军第15集团军（东北军2）

何柱国

第 15 集团军于 1941 年 5 月 6 日在安徽界首再次成立（原骑兵第 2 军军部升编），隶属鲁苏豫皖边区总司令部，辖第 92 军、骑兵第 2 军和骑兵第 8 师。第 15 集团军成立后长期在豫皖边区游击。1943 年 2 月，第 92 军拨归第 28 集团军。9 月，第 92 军编入序列。1944 年 4 月参加豫中会战，第 85 军编入序列。6 月改隶第 1 战区。8 月，第 92 军由军事委员会直辖。9 月，第 85 军拨归第 31 集团军。1945 年 1 月，第 51 军编入序列。8 月抗战胜利后驻防河南沈丘。1946 年 1 月 4 日裁撤。

历任总司令：

何柱国（1941 年 5 月 6 日—抗战胜利时）

陆军第16集团军（桂军）

夏威

第16集团军于1939年2月6日在广西南宁成立，隶属第4战区，辖第46军和第64军。10月，第64军拨归第35集团军。11月，第31军编入序列。12月参加桂南会战，此后长期在广西作战。1944年8月，第93军编入序列。9月参加桂柳会战，遭到重创。1945年2月，第93军裁撤。3月5日裁撤，所属部队拨归第2方面军。

历任总司令：

夏威（1939年2月6日—1945年3月5日）

陆军第17集团军（宁马军）

马鸿逵

第17集团军于1937年9月11日在宁夏银川成立（原第15路军总指挥部改编），直属军事委员会，辖第11军、骑兵第1旅、骑兵第2旅、宁夏省警备第1旅和警备第2旅。第17集团军成立后以主力长期戍守宁夏，抽调一部开赴绥远作战。11月，第81军编入序列。1939年12月参加冬季攻势。1941年3月25日，宁夏省警1旅和警2旅并编为暂编第31师拨归第11军。1945年8月抗战胜利后仍驻银川。1946年3月6日裁撤。

历任总司令：

马鸿逵（1937年9月11日—抗战胜利时）

陆军第18集团军

第18集团军属于由中国共产党领导的抗日队伍，本篇从略。

陆军第19集团军（中央军1）

第19集团军于1937年9月19日在江苏嘉定成立，隶属第3战区，辖第25军、第73军和第75军。第19集团军成立后参加淞沪会战。10月，第2军编入序列。11月，第25军拨归第3战区，第73军拨归江防司令部。同月，参谋处上校科长欧阳熙、副官处上校科长李腾侠阵亡。12月，第75军拨归武汉卫戍总司令部。1938年1月，第79军编入序列。6月改隶第9战区，参加武汉会战，第2军拨归第15军团，第79军拨归第32集团军。12月，第49军编入序列。1939年1月，第32军和第70军编入序列。2月参加南昌会战。6月，第74军编入序列。9月参加第一次长沙会战，第70军拨归第27集团军，第79军编入序列。12月参加冬季攻势，第79军由军事委员会直辖。1940年5月参加夏季攻势，第49军拨归第32集团军。8月，第32军拨归长江上游江防军，第70军编入序列。1941年1月，预备第9师编入序列。3月参加上高会战。4月，预9师拨归第70军，预备第5师编入序列。8月，第70军拨归第25集团军。9月参加第二次长沙会战，第74军由军事委员会直辖。1942年2月，预5师拨归第49军，该集团军仅辖若干游击部队。4月2日裁撤。

罗卓英

历任总司令：

薛岳（1937 年 9 月 19 日—1938 年 1 月 26 日）

罗卓英（1938 年 1 月 26 日—1942 年 4 月 2 日）

陆军第19集团军（中央军2）

陈大庆

第 19 集团军于 1943 年 9 月 24 日在河南叶县成立，隶属鲁苏豫皖边区总司令部，辖第 89 军。10 月，暂编第 9 军编入序列。第 19 集团军成立后长期在豫皖边区游击。1944 年 3 月，第 89 军拨归第 28 集团军。4 月参加豫中会战。6 月改隶第 1 战区。9 月，暂编第 1 军编入序列。10 月，暂 9 军改称第 12 军，仍编入序列。1945 年 6 月，暂 1 军改称第 97 军，仍编入序列。8 月抗战胜利后驻防安徽临泉。1948 年 8 月 21 日裁撤（时为第 7 绥靖区）。

历任总司令：

汤恩伯（1943 年 9 月 24 日—1944 年 6 月 20 日）

陈大庆（1944 年 6 月 20 日—抗战胜利时）

陆军第20集团军（中央军）

第 20 集团军于 1937 年 9 月 19 日在河北正定成立（第 32 军军部升编），隶属第 1 战区，辖第 32 军、第 53 军和骑兵第 4 军。第 20 集团军成立后参加平汉铁路北段沿线之作战。12 月，骑 4 军缩编为新编第 5 师后仍编入序列。1938 年 1 月，新 5 师裁撤。3 月，第 53 军拨归第 26 军团，第 26 军团编入序列。4 月参加徐州会战。6 月改隶第 1 兵团。9 月参加武汉会战。12 月，第 26 军团裁撤，第 54 军编入序列。1939 年 1 月，第 32 军拨归第 19 集团军，第 74 军编入序列。2 月改隶第 9 战区，第 87 军编入序列。3 月参加南昌会战。4 月，第 2 军编入序列。6 月，第 74 军拨归第 19 集团军。9 月参加第一次长沙会战。12 月参加冬季攻势，第 2 军拨归第 38 集团军，第 54 军拨归第 4 战区。1940 年 2 月改隶第 6 战区，此后长期在湖北作战。5 月参加枣宜会战。7 月，第 32 军和第 53 军编入序列。1941 年 9 月参加宜昌攻势，第 73 军编入序列。12 月，第 79 军编入序列。1942 年 2 月，第 73 军拨归第 9 战区。10 月，第 87 军拨归长江上游江防军。1943 年 3 月由军事委员会直辖，第 79 军拨归第 10 集团军，此后长期戍守云南。5 月改隶中国远征军。9 月，第 6 军编入序列。1944 年 2 月，第 6 军拨归第 11 集团军。4 月，第 54 军编入序列。6 月参加滇西攻势。1945 年 1 月，第 8 军编入序列。3 月，第 32 军和第 53 军拨归第 1 方面军。8 月抗战胜利后驻防云南昆明。1947 年 11 月 5 日裁撤（时为整编第 21 军）。

霍揆彰

历任总司令：

商　震（1937 年 9 月 19 日—1940 年 7 月 19 日）

霍揆彰（1940 年 7 月 19 日—抗战胜利时）

陆军第21集团军（桂军）

廖磊

第 21 集团军于 1937 年 9 月 19 日在江苏海州成立，隶属第 3 战区，辖第 7 军团和第 8 军团。第 21 集团军成立后参加淞沪会战。1938 年 2 月改隶第 5 战区。5 月参加徐州会战。7 月参加武汉会战，此后长期在大别山游击。1939 年 2 月，第 7 军团和第 8 军团裁撤，第 7 军和第 48 军编入序列。11 月，第 84 军编入序列。1940 年 4 月，第 92 军编入序列。12 月，第 92 军拨归第 31 集团军。1942 年 6 月，第 39 军编入序列。1944 年 5 月，第 39 军由军事委员会直辖。1945 年 1 月改隶第 10 战区。8 月抗战胜利后驻防安徽金寨。1949 年 12 月 11 日在广西柳州被歼灭（时为第 10 兵团）。

历任总司令：

廖　磊（1937 年 9 月 19 日—1939 年 10 月 23 日）

李品仙（1939 年 10 月 23 日—抗战胜利时）

陆军第22集团军（川军）

孙震

第 22 集团军于 1937 年 9 月 23 日在陕西西安成立，隶属第 2 战区，辖第 41 军。10 月参加太原会战，第 45 军编入序列。11 月，第 47 军编入序列。12 月改隶第 5 战区。1938 年 1 月，第 47 军拨归第 2 战区。4 月参加徐州会战，遭到重创，参谋处参谋戴清政阵亡。同月新编第 5 师编入序列。7 月参加武汉会战。1939 年 4 月参加随枣会战。6 月，新 5 师改称预备第 11 师拨归第 1 战区。12 月参加冬季攻势。1940 年 5 月参加枣宜会战，此后长期在湖北作战。1941 年 9 月，暂编第 1 师编入序列。1944 年 8 月，第 47 军编入序列。11 月，第 69 军编入序列。1945 年 3 月参加豫西鄂北会战。6 月，第 47 军裁撤，第 45 军改编为第 47 军仍编入序列。8 月抗战胜利后驻防湖北谷城。1947 年 10 月 27 日裁撤（时为第 5 绥靖区）。

历任总司令：

邓锡侯（1937 年 9 月 23 日—1938 年 5 月 1 日）

孙　震（1938 年 5 月 1 日—抗战胜利时）

陆军第23集团军（川军）

唐式遵

第23集团军于1937年12月3日在南京成立（原第6路军总司令部改编），隶属第7战区，辖第24军团和第25军团。第23集团军成立后参加南京保卫战，此后长期在皖南地区作战。1938年1月改隶第3战区。2月，第50军编入序列。1939年2月，第24军团和第25军团裁撤，第21军编入序列。12月参加冬季攻势。1941年8月，第28军编入序列。1942年5月参加浙赣会战。1945年8月抗战胜利后驻防江西弋阳。10月8日裁撤。

历任总司令：

刘　湘（1937年12月3日—1938年1月20日）

唐式遵（1938年1月20日—抗战胜利时）

陆军第24集团军（中央军1）

第24集团军于1938年2月17日在江苏海安成立，隶属第3战区，辖第57军和第89军。第24集团军成立后长期在苏北地区游击。5月参加徐州会战。1939年1月14日裁撤，所属部队拨归鲁苏战区。

历任总司令：

顾祝同（1938年2月17日—1939年1月14日）

陆军第24集团军（西北军2）

庞炳勋

第24集团军于1939年9月21日在山西晋城再次成立，隶属冀察战区，辖第40军。第24集团军成立后长期在太行山游击。1942年1月，第27军和新编第5军编入序列。1943年4月在太行山遭到重创，总司令庞炳勋被俘，高级参谋邵恩三自戕，新编第5军投敌。12月9日裁撤，所属部队拨归冀察战区。

历任总司令：

庞炳勋（1939年9月21日—1943年5月1日）

蒋鼎文（1943年6月30日—12月9日）

陆军第24集团军（中央军3）

第24集团军于1944年2月25日在湖南邵阳第三次成立，隶属第6战区，辖第74军和第100军。4月，第73军编入序列。5月参加长衡会战。1945年3月5日扩编为第4方面军。

历任总司令：

王耀武（1944年2月25日—1945年3月5日）

陆军第25集团军（中央军1）

第25集团军于1937年11月12日在安徽徽州成立（原第16军团部升编），隶属第3战区，辖第16军团、第57军和第79军。1938年1月26日裁撤，所属部队分别拨归第3战区和第19集团军。

历任总司令：

罗卓英（1937年11月12日—1938年1月26日）

陆军第25集团军（中央军2）

李觉

第25集团军于1939年3月8日在福建福州再次成立（原驻闽绥靖公署改编），隶属第3战区，辖第100军。第25集团军成立后长期在福建作战。10月，第70军编入序列。12月，第70军由军事委员会直辖。1941年8月，第70军编入序列。1942年2月，第86军编入序列。3月，第100军拨归第3战区。5月参加浙赣会战，第26军编入序列。6月，第86军由军事委员会直辖，第88军编入序列。8月，第70军拨归第3战区。9月，第49军编入序列。1944年5月，第26军拨归第27集团军。1945年8月抗战胜利后驻防浙江余杭。1946年1月4日裁撤。

历任总司令：

陈　仪（1939年3月8日—1941年9月11日）

刘建绪（1941年9月11日—1942年3月30日）

李　觉（1942年3月30日—抗战胜利时）

陆军第26集团军（直鲁军1）

第26集团军于1938年1月13日在安徽六安成立（原第2军团扩编），隶属第5战区，辖第10军和第87军。6月参加武汉会战，第87军拨归第3兵团。1939年1月10日裁撤，所属部队缩编为第41师后拨归第26军。

历任总司令：

徐源泉（1938年1月13日—1939年1月10日）

陆军第26集团军（桂军2）

蔡廷锴

第26集团军于1939年10月2日在湖南邵阳再次成立，隶属第4战区，辖第99军。11月，第99军拨归第38集团军，该集团军辖四个独立团和若干游击部队。12月参加桂南会战。1940年4月21日改编为粤桂边区总司令部。

历任总司令：

黄琪翔（1939年10月2日—1939年11月26日）

蔡廷锴（1939年11月26日—1940年4月21日）

陆军第26集团军（中央军3）

第 26 集团军于 1940 年 7 月 7 日在湖北秭归第三次成立，隶属第 6 战区，辖第 37 军和第 75 军。该集团军长期在湖北作战。1941 年 8 月，第 32 军编入序列。9 月参加宜昌攻势。1943 年 5 月参加鄂西会战。11 月参加常德会战。1945 年 8 月抗战胜利后驻防湖北兴山。10 月 8 日裁撤。

历任总司令：

周　喦（1940 年 7 月 7 日—1944 年 5 月 8 日）

宋肯堂（1944 年 5 月 8 日—抗战胜利时）

周喦

宋肯堂

陆军第27集团军（川军—中央军）

第 27 集团军于 1938 年 1 月 27 日在安徽无为成立（原第 6 军团升编），直属军事委员会，辖第 6 军团。6 月改隶第 9 战区。9 月参加武汉会战。1939 年 2 月，第 6 军团裁撤，第 20 军编入序列。9 月参加第一次长沙会战，第 70 军和第 73 军编入序列。10 月，第 70 军拨归第 25 集团军。12 月参加冬季攻势。1940 年 7 月，第 73 军拨归长江上游江防军。1941 年 9 月参加第二次长沙会战。12 月参加第三次长沙会战。1942 年 1 月，第 10 军编入序列。1944 年 3 月，第 44 军编入序列。5 月参加长衡会战，第 26 军编入序列。6 月，第 79 军编入序列。8 月，第 10 军在衡阳遭到重创后向日军投降，第 44 军拨归第 30 集团军。10 月，第 79 军由军事委员会直辖。1945 年 1 月改隶第 4 战区。3 月改隶第 3 方面军。7 月参加广西攻势。8 月抗战胜利后驻防广西桂林。1948 年 7 月 13 日在山东兖州被歼灭（时为第 10 绥靖区）。

历任总司令：

杨　森（1938 年 1 月 27 日—1945 年 1 月 18 日）

李玉堂（1945 年 1 月 18 日—抗战胜利时）

杨森

李玉堂

陆军第28集团军（川军1）

第28集团军于1938年1月27日在四川成都成立（原第25军团部升编），隶属川康绥靖公署，辖第25军团。第28集团军成立后调第25军团在安徽作战，总司令部长驻四川。2月，独立第15旅和独立第17旅编入序列。3月，第56军编入序列。4月，独15旅扩编为新编第16师后拨归第78军，独17旅扩编为新编第18师后拨归川康绥靖公署。1939年2月4日扩编为川陕鄂边区绥靖公署。

历任总司令：

潘文华（1938年1月27日—1939年2月4日）

陆军第28集团军（中央军2）

李仙洲

第28集团军于1943年2月24日在安徽涡阳再次成立，隶属鲁苏豫皖边区总司令部，辖第92军和暂编第30师。第28集团军成立后在豫皖边区游击。3月，第12军编入序列。9月，第92军拨归第15集团军，第85军编入序列。11月，暂编第15军编入序列。1944年2月，第78军编入序列。3月，第89军编入序列。4月参加豫中会战，第85军拨归第15集团军。6月改隶第1战区，暂15军裁撤。8月，第12军裁撤。9月，暂30师拨归暂编第1军。12月，第10军编入序列。1945年2月改隶汉中行营。8月抗战胜利后驻防湖北老河口。11月15日裁撤。

历任总司令：

李仙洲（1943年2月24日—抗战胜利时）

陆军第29集团军（川军1）

王缵绪

第29集团军于1938年1月27日在四川重庆成立（原第44军军部升编），隶属川康绥靖公署，辖第44军。2月，第67军编入序列。3月改隶第5战区。6月改隶第4兵团。7月参加武汉会战。1939年2月改隶第5战区。5月参加随枣会战。12月参加冬季攻势。1940年3月，新编第14旅、新编第15旅、新编第16旅和新编第17旅编入序列。5月参加枣宜会战，此后长期在大洪山游击。11月，新14旅、新15旅、新16旅和新17旅裁撤。1943年1月，第67军裁撤。10月参加常德会战。1944年3月5日裁撤，所属部队拨归第27集团军。

历任总司令：

王缵绪（1938年1月27日—1944年3月5日）

陆军第29集团军（中央军2）

第29集团军于1944年3月5日在甘肃兰州再次成立，隶属第8战区，辖第42军和新编第2军。第29集团军成立后长期戍守新疆。1945年8月抗战胜利后驻防新疆哈密。1946年4月9日裁撤。

历任总司令：

李铁军（1944年3月5日—抗战胜利时）

陆军第30集团军（川军）

王陵基

第30集团军于1938年4月28日在四川成都成立（原四川省保安处改编），隶属川康绥靖公署，辖第72军。5月，第78军编入序列。6月改隶第2兵团。7月参加武汉会战。1939年2月改隶第9战区。3月参加南昌会战。9月参加第一次长沙会战。12月参加冬季攻势。1941年3月参加上高会战。9月参加第二次长沙会战。12月参加第三次长沙会战。1942年5月参加浙赣会战。1943年3月，第73军编入序列。6月，第78军裁撤，新编第16师编入序列。1944年4月，第73军拨归第24集团军。6月参加长衡会战。8月，第44军编入序列。1945年8月抗战胜利后驻防湖北大冶。10月8日裁撤。

历任总司令：

王陵基（1938年4月28日—抗战胜利时）

陆军第31集团军（中央军）

第31集团军于1938年6月8日在河南开封成立（原第20军团部升编），隶属第2兵团，辖第20军团。9月参加武汉会战。1939年1月由军事委员会直辖，第92军编入序列。2月，第20军团裁撤，第13军和第85军编入序列。4月参加随枣会战。12月参加冬季攻势。1940年4月，第92军拨归第21集团军，新编第2军编入序列。5月，独立第14旅和独立第15旅编入序列。7月改隶第5战区。12月改隶鲁苏豫皖边区总司令部，第92军编入序列，此后长期在河南作战。1941年2月参加豫南会战，新2军改称第29军，仍编入序列。5月，第92军拨归第15集团军。1942年4月，第29军拨归第3集团军。10月，暂编第15军编入序列。1943年1月，第85军拨归第28集团军。7月，暂编第55师编入序列。11月，暂15军拨归第28集团军。1944年2月，独14旅扩编为新编第42师、独15旅扩编为新编第43师，皆拨归第78军。4月参加豫中会战。6月改隶第1战区。9月，第85军编入序列。11月，第13军拨归黔桂湘边区总司令部。12月，暂55师拨归第85军。1945年3月参加豫西鄂北会战。4月，暂编第4军编入序列。6月，暂4军改称第27军，仍编入序列。8月抗战胜利后驻防河南西平。1947年8月21日裁撤（时为整编第26军）。

王仲廉

历任总司令：

汤恩伯（1938 年 6 月 8 日—1943 年 9 月 24 日）

王仲廉（1943 年 9 月 24 日—抗战胜利时）

陆军第32集团军（中央军）

第 32 集团军于 1938 年 6 月 24 日在安徽泾县成立，隶属第 3 战区，辖第 79 军。第 32 集团军成立后长期在皖南地区作战。7 月，独立第 33 旅编入序列。1939 年 1 月，第 29 军编入序列。2 月，第 25 军编入序列。5 月，第 79 军拨归第 9 战区。6 月，第 29 军拨归第 3 战区。12 月参加冬季攻势。1940 年 5 月，第 49 军和第 70 军编入序列。6 月，第 86 军编入序列。8 月，第 70 军拨归第 19 集团军。9 月，第 86 军拨归第 10 集团军。10 月，第 88 军编入序列。1941 年 1 月参加“皖南事变”。5 月，第 49 军拨归第 10 集团军。1942 年 5 月参加浙赣会战，此后长期在浙闽边区作战。6 月，第 88 军拨归第 25 集团军，第 100 军编入序列。9 月，陆军突击队编入序列。10 月，第 100 军拨归第 3 战区。12 月，暂编第 2 旅编入序列。1943 年 4 月，独 33 旅拨归第 3 战区。10 月，第 25 军拨归第 3 战区。1944 年 3 月，暂 2 旅改称暂编第 11 旅，仍编入序列。11 月，暂 11 旅裁撤，陆军突击队扩编为陆军突击总队，仍编入序列。1945 年 8 月抗战胜利后驻防福建蒲城。1947 年 8 月 21 日裁撤（时为整编第 27 军）。

李默庵

历任总司令：

上官云相（1938 年 6 月 24 日—1942 年 9 月 28 日）

李默庵（1942 年 9 月 28 日—抗战胜利时）

陆军第33集团军（西北军）

第 33 集团军于 1938 年 10 月 13 日在湖北钟祥成立（原第 27 军团部升编），隶属第 5 战区，辖第 19 军团、第 27 军团和第 55 军。1939 年 1 月，第 19 军团和第 27 军团裁撤，第 26 军、第 59 军、第 77 军和骑兵第 9 师编入序列。5 月参加随枣会战。7 月，第 26 军拨归长江上游江防军。12 月参加冬季攻势。1940 年 5 月参加枣宜会战，总司令张自忠、高级参谋张敬、上校附员洪进田阵亡。12 月，骑 9 师改编为暂编第 53 师后拨归第 59 军。1941 年 3 月，第 55 军拨归第 2 集团军。6 月，第 39 军编入序列。9 月参加第二次长沙会战，此后长期在湖北作战。1942 年 6 月，第 39 军拨归第 21 集团军。1945 年 3 月参加豫西鄂北会战。8 月抗战胜利后驻防湖北兴山。1948 年 11 月 8 日所属主力在江苏铜山起义（时为第 3 绥靖区）。1949 年 1 月 18 日裁撤。

冯治安

历任总司令：

张自忠（1938 年 10 月 13 日—1940 年 5 月 16 日）

冯治安（1940 年 5 月 24 日—抗战胜利时）

陆军第34集团军（中央军）

第 34 集团军于 1939 年 1 月 14 日在陕西西安成立，隶属第 10 战区，辖第 1 军、第 27 军、第 90 军和骑兵第 12 旅。第 34 集团军成立后长期戍守陕西。7 月，第 27 军拨归第 1 战区。8 月，新编第 12 旅编入序列。1940 年 1 月抽调一部开赴晋南地区作战。4 月，第 76 军编入序列。5 月改隶第 8 战区，新 12 旅扩编为新编第 34 师后拨归第 36 军，第 16 军和第 36 军编入序列。6 月，第 80 军和暂编骑兵第 2 师编入序列。8 月，第 80 军拨归第 2 战区。1941 年 1 月，骑 12 旅扩编为骑兵第 10 师后拨归骑兵第 3 军。3 月，新编第 12 军编入序列。5 月，第 57 军和新编第 7 军编入序列。12 月，第 98 军编入序列，骑兵第 3 军编入序列。1942 年 3 月，第 3 军和独立第 4 旅编入序列。6 月，第 36 军拨归第 37 集团军，第 57 军拨归第 38 集团军，新 7 军拨归第 37 集团军，新 12 军裁撤。8 月，骑兵第 3 军拨归第 38 集团军。10 月，第 76 军由军事委员会直辖。1943 年 2 月，第 98 军由军事委员会直辖。3 月，第 90 军拨归第 4 集团军。12 月，独 4 旅裁撤。1944 年 4 月第 3 军拨归第 38 集团军。5 月抽调一部参加豫中会战。1945 年 2 月，第 90 军编入序列。8 月抗战胜利后开赴河北石家庄受降。1949 年 1 月 22 日在北平接受和平改编（时为第 4 兵团）。

历任总司令：

蒋鼎文（1939 年 1 月 14 日—8 月 4 日）

胡宗南（1939 年 8 月 4 日—1943 年 2 月 17 日）

李延年（1943 年 2 月 17 日—1945 年 1 月 9 日）

李文（1945 年 1 月 9 日—抗战胜利时）

李延年

李文

陆军第35集团军（粤军）

第35集团军于1939年10月8日在广东韶关成立，隶属第4战区，辖第64军。11月，暂编第2军编入序列。12月参加第一次粤北战役。1940年1月参加桂南会战。10月参加秋季攻势，此后长期在广东作战。1941年10月抽调一部参加第二次长沙会战。12月抽调一部参加第三次长沙会战。1943年11月抽调一部参加常德会战。1944年7月参加桂柳会战。1945年3月5日裁撤，所属部队拨归第2方面军。

历任总司令：

李汉魂（1939年10月8日—1940年1月6日）

邓龙光（1940年1月6日—1945年3月5日）

李汉魂

邓龙光

陆军第36集团军（川军—中央军）

第36集团军于1939年10月24日在山西平陆成立（原第47军军部升编），隶属第2战区，辖第17军和第47军。第36集团军成立后长期在晋南地区游击。1940年8月改隶第1战区，此后长期在河南作战。1942年11月，第14军编入序列。1943年10月，第17军拨归第8战区。1944年4月参加豫中会战，遭到重创，总司令李家钰、参谋处处长萧孝泽、上校课长黄伯纯阵亡，参谋长张仲雷、上校课长陈兆鹏、机要室上校主任罗寄南被俘（其中陈、罗随后遇害）。5月，第27军编入序列。6月，第14军由军事委员会直辖。8月，第47军拨归第22集团军。11月，第27军裁撤。12月，暂编第5军编入序列。1945年1月18日裁撤，所属部队拨归第1战区（注：1945年3月22日曾任命俞济时为第36集团军总司令，因俞未到职，总司令部未能成立，所属部队也没有到位，延至6月26日被军事委员会明令撤销）。

历任总司令：

李家钰（1939年10月24日—1944年5月21日）

刘戡（1944年6月6日—12月27日）

李玉堂（1944年12月27日—1945年1月18日）

李家钰

刘戡

陆军第37集团军（粤军1）

叶肇

第 37 集团军于 1939 年 11 月 20 日在广东新丰成立，隶属第 4 战区，辖第 66 军。12 月参加第一次粤北战役。1940 年 1 月参加桂南会战，被日军击溃。3 月 2 日裁撤。

历任总司令：

叶肇（1939 年 11 月 20 日—1940 年 3 月 2 日）

陆军第37集团军（中央军2）

第 37 集团军于 1942 年 6 月 25 日在陕西三原再次成立，隶属第 8 战区，辖第 36 军、第 80 军和新编第 7 军。第 37 集团军成立后长期戍守陕西。1945 年 3 月，第 76 军编入序列。7 月，新 7 军裁撤。8 月抗战胜利后仍驻三原。1948 年 9 月 30 日裁撤（时为整编第 29 军）。

历任总司令：

陶峙岳（1942 年 6 月 25 日—1944 年 4 月 20 日）

丁德隆（1944 年 4 月 20 日—抗战胜利时）

陶峙岳

丁德隆

陆军第38集团军（中央军1）

徐庭瑶

第 38 集团军于 1939 年 12 月 11 日在广西全州成立，隶属第 4 战区，辖第 2 军和第 99 军。第 38 集团军成立后参加桂南会战。1940 年 3 月 2 日裁撤，所属部队分别拨归第 6 战区和第 9 战区。

历任总司令：

徐庭瑶（1939 年 12 月 11 日—1940 年 3 月 2 日）

陆军第38集团军（中央军2）

第 38 集团军于 1942 年 6 月 25 日在甘肃平凉再次成立，隶属第 8 战区，辖第 57 军和骑兵第 3 军。第 38 集团军成立后长期戍守甘肃。1944 年 4 月，第 3 军编入序列。7 月，第 17

军编入序列。1944 年 12 月，第 57 军拨归黔桂湘边区总司令部。1945 年 8 月抗战胜利后仍驻平凉。1948 年 9 月 30 日裁撤（时为整编第 1 军）。

历任总司令：

范汉杰（1942 年 6 月 25 日—1945 年 1 月 9 日）

董钊（1945 年 1 月 9 日—抗战胜利时）

范汉杰

董钊

陆军第39集团军（西北军）

第 39 集团军于 1940 年 4 月 9 日在山东曹州成立，隶属冀察战区，辖第 69 军和新编第 4 旅。5 月，新编第 8 军编入序列。第 39 集团军成立后长期在豫鲁边区游击。9 月，新编第 13 旅编入序列。12 月，兼总司令石友三因企图投敌被部属逮捕处决。1941 年 2 月，特务旅编入序列。5 月，新 13 旅裁撤。1942 年 4 月，特务旅和新 4 旅投敌。6 月，第 69 军拨归第 2 集团军，此后长期在豫皖边区游击。1943 年 9 月起长期在河南作战。1944 年 5 月参加豫中会战。9 月 4 日裁撤，所属部队拨归冀察战区。

石友三

历任总司令：

石友三（1940 年 4 月 9 日—12 月 1 日）

卫立煌（1941 年 2 月 1 日—1942 年 1 月 12 日）

蒋鼎文（1942 年 1 月 12 日—15 日）

高树勋（1942 年 1 月 15 日—1944 年 9 月 4 日）

陆军第40集团军（青马军）

马步芳

第 40 集团军于 1943 年 9 月 28 日在青海西宁成立，隶属第 8 战区，辖第 82 军和骑兵第 5 军。第 40 集团军成立后长期戍守青海。1945 年 8 月抗战胜利后仍驻西宁。1946 年 3 月 6 日裁撤。

历任总司令：

马步芳（1943 年 9 月 28 日—抗战胜利时）

第五篇　各路军、兵团、军团历史概况

北洋政府时期就有“路军”存在，或为战时赋予的临时高级指挥名义，或地方特色的省防军使用。北伐战争开始后，国民政府所属军队因战时需要也开始设置“路军”，多由某资深军长担任，授权其在某一阶段的战役中指挥多个军。

1930年中原大战结束后，“路军”的形式发生了一些变化，多为安置资深军长或收编拥有一定数量军队的反蒋高级将领而设立。随实际情况变化，此时的“路军”总指挥部分为两种形式，其一为长期存在的实权单位。这一类“路军”拥有完整的指挥体系，不仅设有总指挥，还有副总指挥、参谋长，以及若干处、科。另一种则处于虚化状态，这类“路军”的总部多与担任者所兼管的军司令部或师司令部合署办公，因总指挥兼任军长或师长，因此不再设立“路军”总指挥部。抗战全面爆发前，军事委员会在整军过程中裁撤了大量“路军”，剩余的少数“路军”也在抗战全面爆发后的几个月里根据战况需要而改编为集团军或军团。

“兵团”是军事委员会在武汉会战期间设立的高级指挥机构，多由集团军总司令部升编。它的地位低于战区、高于集团军，在战时担负战区所属某一大区域的作战指挥职责。因战时机构设置繁杂，且职能多有重复，“兵团”在1939年初的南岳军事会议中被明确裁撤。

“军团”是抗战全面爆发后成立的一个低于集团军、高于军的指挥单位，它或由“路军”改组而成，或由“集团军”降编而成，或由若干军合编、单一军升编而成。根据实际情况的需要，有的“军团”多到能够指挥四五个军，有的“军团”则始终只辖1个军。辖多个军的“军团”一般会设立专职司令部，为实权单位，仅辖1个军的，多与军司令部合署办公，军团长因兼任军长，不另行设立军团司令部。和“兵团”一样，军事委员会认为“军团”这一级的指挥单位职能与集团军重复，加上1938年底的时候多数军团长都已升任集团军总司令，导致“军团”名存实亡，因此在南岳军事会议中被明确裁撤（第5军团长刘文辉因无其他高级军职名义安置，许其继续维持至1941年）。

陆军第1路军—第2路军，番号空缺。

陆军第3路军（西北军）

第3路军于1929年10月16日在河南郑州成立，12月移驻山东济南，担负山东省境的守备任务，辖第6军、第12军、第29师和手枪旅。1937年8月2日改编为第3集团军，所属部队拨归第3集团军。

历任总指挥：

韩复榘（抗战全面爆发时—1937 年 8 月 2 日）

陆军第4路军（粤军）

第 4 路军于 1936 年 7 月 13 日在广东广州成立，担负广东省境的守备任务，辖第 151 师、第 152 师、第 153 师、第 154 师、第 155 师、第 156 师、第 157 师、第 158 师、第 159 师、第 160 师和独立第 9 旅。1937 年 8 月 13 日改编为第 12 集团军，所属部队拨归第 12 集团军。

历任总司令：

余汉谋（抗战全面爆发时—1937 年 8 月 13 日）

陆军第5路军（桂军）

第 5 路军于 1937 年 2 月 26 日在广西桂林成立，担负广西省境的守备任务，辖第 7 军、第 48 军、第 175 师，以及 6 个独立团和广西民团。8 月，第 7 军和第 48 军拨归第 11 集团军。9 月，第 175 师拨归第 8 军团，另抽调广西民团一部改编为第 31 军后拨归第 9 军团。1938 年 4 月，6 个独立团改编为第 188 师和第 189 师后拨归第 84 军，另成立 4 个独立团。1940 年 5 月 15 日裁撤。

历任总司令：

李宗仁（抗战全面爆发时—1940 年 5 月 15 日）

陆军第6路军（川军）

第 6 路军于 1936 年 12 月 8 日在四川成都成立，担负四川省境的守备任务。该路军总部由川康绥靖公署兼代，所属部队也与绥署相同。1937 年 12 月 3 日改编为第 23 集团军。

历任总司令：

刘湘（抗战全面爆发时—1937 年 12 月 3 日）

陆军第7路军，番号空缺。

陆军第8路军

第 8 路军属于由中国共产党领导的抗日队伍，本篇从略。

陆军第9路军—陆军第14路军，番号空缺。

陆军第15路军（宁马军）

第 15 路军于 1930 年 3 月 9 日在河南郑州成立，此后驻防过山东泰安、河南许昌，1933

年12月移驻宁夏银川，担负宁夏省境的守备任务，辖第11军、骑兵第1旅、骑兵第2旅、宁夏省警备第1旅和宁夏省警备第2旅。1937年9月11日改编为第17集团军，所属部队拨归第17集团军。

历任总指挥：

马鸿逵（抗战全面爆发时—1937年9月11日）

陆军第16路军—第19路军，番号空缺。

陆军第20路军（豫军）

张钫

第20路军于1930年9月7日在河南漯河成立，此后驻防过开封、许昌、洛阳，1935年6月移驻福建建瓯，担负闽北地区的守备任务，辖第75师和第76师。1937年9月13日改编为第12军团，所属部队拨归第12军团。

历任总指挥：

张钫（抗战全面爆发时—1937年9月13日）

陆军第21路军—第25路军，番号空缺。

陆军第26路军（西北军）

第26路军于1930年10月26日在山东济宁成立，此后驻防过江西兴国、瑞金、宁都、抚州、湖北宜昌，1935年6月移驻江苏淮阴，担负苏北地区的守备任务，辖第30军和第42军。1937年9月13日改编为第1军团，所属部队拨归第1军团。

历任总指挥：

孙连仲（抗战全面爆发时—1937年9月13日）

陆军第27路军（陕军）

冯钦哉

第27路军于1937年1月4日在陕西大荔成立，担负关中地区的守备任务，辖第42师和第169师。1937年9月13日改编为第14军团，所属部队拨归第14军团。

历任总指挥：

冯钦哉（抗战全面爆发时—1937年9月13日）

陆军第1兵团

第1兵团于1938年6月9日在江西星子成立（原第1战区前敌总司令部改编），隶属第9战区，辖第20集团军和第74军。第1兵团成立后参加武汉会战。8月，第9集团军、第36军团、第37军团和第29军编入序列。1939年1月，第36军团裁撤，第29军拨归第32集团军。2月8日裁撤，所属部队分别拨归第9战区和第32集团军。

历任总司令：

薛岳（1938年6月9日—1939年2月8日）

陆军第2兵团

第2兵团于1938年6月9日在江西九江成立（原第8集团军总司令部改编），隶属第9战区，辖第3集团军、第30集团军、第31集团军和第32军团。第2兵团成立后参加武汉会战。1939年1月，第3集团军拨归第1战区，第31集团军由军事委员会直辖，第32军团裁撤。2月8日裁撤，所属部队拨归第9战区。

历任总司令：

张发奎（1938年6月9日—1939年2月8日）

陆军第3兵团

第3兵团于1938年6月9日在河南许昌成立（原第2集团军总司令部升编），隶属第5战区，辖第2集团军、第55军和第87军。第3兵团成立后参加武汉会战。7月，第26军编入序列。8月，第87军拨归第9集团军。10月，第55军拨归第33集团军。1939年1月9日裁撤，所属部队分别拨归第1战区和第33集团军。

历任总司令：

孙连仲（1938年6月9日—1939年1月9日）

陆军第4兵团

第4兵团于1938年6月9日在安徽立煌成立（原第11集团军总司令部升编），隶属第5战区，辖第11集团军、第29集团军、第28军团和第86军。第4兵团成立后参加武汉会战。1939年1月，第28军团裁撤。2月8日裁撤，所属部队拨归第5战区。

历任总司令：

李品仙（1938年6月9日—1939年2月8日）

陆军第1军团（西北军）

第1军团于1937年9月13日在河北固安成立（原第26路军总指挥部改编），隶属第2集团军，辖第30军团和第42军。第1军团成立后参加平汉铁路北段沿线之作战和太原会战。1938年3月参加徐州会战，在台儿庄告捷。9月参加武汉会战。1939年1月14日裁撤，所属部队拨归第2集团军。

历任军团长：

孙连仲（1937 年 9 月 13 日—1939 年 1 月 14 日）

陆军第2军团（直鲁军）

第 2 军团于 1937 年 9 月 13 日在安徽太湖成立（原川鄂湘黔边区绥靖公署改编），隶属第 4 预备军，辖第 10 军团。12 月改隶南京卫戍总司令部，参加南京保卫战。1938 年 1 月 13 日裁撤，所属部队拨归第 26 集团军。

历任军团长：

徐源泉（1937 年 9 月 13 日—1938 年 1 月 13 日）

陆军第3军团（西北军）

第 3 军团于 1937 年 9 月 13 日在河北沧县成立（原第 40 军军部升编），隶属第 1 集团军，辖第 40 军。第 3 军团成立后参加平汉铁路北段沿线之作战。1938 年 2 月改隶第 5 战区。3 月参加徐州会战，在临沂告捷。1939 年 1 月 14 日裁撤，所属部队拨归鲁苏战区。

历任军团长：

庞炳勋（1937 年 9 月 13 日—1939 年 1 月 14 日）

陆军第4军团（川军）

第 4 军团于 1937 年 9 月 13 日在四川成都成立（原第 45 军军部升编），隶属第 2 预备军，辖第 45 军。10 月 23 日裁撤，所属部队拨归第 22 集团军。

历任军团长：

邓锡侯（1937 年 9 月 13 日—10 月 23 日）

陆军第5军团（川军）

刘文辉

第 5 军团于 1937 年 9 月 13 日在西康雅安成立（原第 24 军军部升编），隶属第 2 预备军，辖第 24 军。10 月改隶川康绥靖公署。第 5 军团成立后长期戍守西康。1941 年 2 月 18 日裁撤，所属部队拨归西昌行辕。

历任军团长：

刘文辉（1937 年 9 月 13 日—1941 年 2 月 18 日）

陆军第6军团（川军）

第 6 军团于 1937 年 9 月 13 日在贵州贵阳成立（原第 20 军军部升编），隶属第 3 预备军，辖第 20 军。10 月改隶第 19 集团军，参加淞沪会战。1938 年 1 月改隶第 27 集团军。6 月参加武汉会战。1939 年 2 月 6 日裁撤，所属部队拨归第 27 集团军。

历任军团长：

杨森（1937 年 9 月 13 日—1939 年 2 月 6 日）

陆军第7军团（桂军）

第 7 军团于 1937 年 9 月 13 日在江苏连云港成立（原第 7 军军部升编），隶属第 21 集团军，辖第 7 军。第 7 军团成立后参加淞沪会战，遭到重创。1938 年 5 月参加徐州会战。7 月参加武汉会战。1939 年 2 月 6 日裁撤，所属部队拨归第 21 集团军。

历任军团长：

廖磊（1937 年 9 月 13 日—1939 年 2 月 6 日）

陆军第8军团（桂军）

第 8 军团于 1937 年 9 月 13 日在广西南宁成立（原第 48 军军部升编），隶属第 21 集团军，辖第 48 军和第 175 师。第 8 军团成立后参加淞沪会战，遭到重创。1938 年 3 月参加徐州会战。7 月参加武汉会战。1939 年 1 月，第 175 师拨归第 46 军。2 月 6 日裁撤，所属部队拨归第 21 集团军。

历任军团长：

夏威（1937 年 9 月 13 日—1939 年 2 月 6 日）

陆军第9军团（桂军）

第 9 军团于 1937 年 9 月 13 日在江苏徐州成立（新设），隶属第 11 集团军，辖第 31 军。1938 年 4 月参加徐州会战。7 月参加武汉会战。10 月 30 日裁撤，所属部队拨归第 11 集团军。

历任军团长：

李品仙（1937 年 9 月 13 日—1938 年 10 月 30 日）

陆军第10军团（湘军1）

谭道源

第 10 军团于 1937 年 9 月 13 日在江西萍乡成立（原第 22 军军部升编），隶属第 4 预备军，辖第 22 军。10 月改隶第 3 战区，参加淞沪会战。1938 年 4 月改隶第 5 战区，参加徐州会战。6 月 18 日裁撤，所属部队由军事委员会直辖。

历任军团长：

谭道源（1937 年 9 月 13 日—1938 年 6 月 18 日）

陆军第10军团（西北军2）

第10军团于1938年7月27日在河南孟县再次成立（原第69军军部升编），隶属第1战区，辖第69军。第10军团成立后在沂蒙山游击。1939年1月14日裁撤，所属部队拨归冀察战区。

历任军团长：

石友三（1938年7月27日—1939年1月14日）

陆军第11军团（杂军1）

第11军团于1937年9月13日在湖北襄阳成立（原第5集团军总司令部降编），隶属第3战区，辖第26军、第33师、第40师和第43师。第11军团成立后参加淞沪会战。同月，第43师改隶第80军。10月，第76师编入序列。11月，第33师拨归第26军。1938年1月，第26军改隶鄂豫皖边区游击司令部，第40师裁撤。3月，第76师拨归第79军。同月6日，第11军团因无所属部队被裁撤。

历任军团长：

上官云相（1937年9月13日—1938年3月6日）

陆军第11军团（中央军2）

毛炳文

第11军团于1938年3月10日在河南洛阳再次成立（新设），隶属第1战区，辖第76军。7月10日裁撤，所属部队拨归第1战区。

历任军团长：

毛炳文（1938年3月10日—7月10日）

陆军第11军团（中央军3）

第11军团于1938年8月5日在湖北大冶第三次成立（原第2军军部升编），隶属第9战区，辖第2军和第57师。第11军团成立后参加武汉会战。11月，第57师拨归第74军。1939年1月14日裁撤，所属部队拨归鄂湘川黔边区绥靖公署。

历任军团长：

李延年（1938年8月5日—1939年1月14日）

陆军第12军团（豫军1）

第12军团于1937年9月13日在江苏苏州成立（原第20路军总指挥部改编），隶属第8集团军，辖第75师和第76师。第12军团成立后参加淞沪会战。10月，第76师拨归第11军团。12月，第75师拨归驻闽绥靖公署。同月28日，第12军团因无所属部队被裁撤。

历任军团长：

张钫（1937 年 9 月 13 日—12 月 28 日）

陆军第12军团（中央军2）

樊崧甫

第 12 军团于 1938 年 8 月 5 日在湖北武汉再次成立（原第 46 军军部升编），隶属第 9 战区，辖第 46 军。第 12 军团成立后参加武汉会战。12 月 10 日裁撤，所属部队拨归第 6 军。

历任军团长：

樊崧甫（1938 年 8 月 5 日—12 月 10 日）

陆军第13军团（镇嵩军）

第 13 军团于 1937 年 9 月 13 日在河北正定成立（原第 15 军军部升编），隶属第 2 集团军，辖第 15 军。第 13 军团成立后参加平汉铁路北段沿线之作战。10 月改隶第 2 战区，参加太原会战。1938 年 2 月参加太原攻势，此后长期在晋南地区游击。1939 年 2 月 7 日裁撤，所属部队拨归第 5 集团军。

历任军团长：

刘茂恩（1937 年 9 月 13 日—1939 年 2 月 7 日）

陆军第14军团（陕军）

第 14 军团于 1937 年 9 月 13 日在河北安国成立（原第 27 路军总指挥部改编），隶属第 1 战区，辖第 42 师和第 169 师。第 14 军团成立后参加平汉铁路北段沿线之作战。10 月改隶第 2 集团军，参加太原会战。12 月改隶第 2 战区。1938 年 2 月参加太原攻势，此后长期在太行山游击。1939 年 4 月 29 日改编为第 98 军。

历任军团长：

冯钦哉（1937 年 9 月 13 日—1939 年 4 月 29 日）

陆军第15军团（中央军1）

第 15 军团于 1937 年 9 月 13 日在江西萍乡成立（原湘鄂赣边区绥靖公署改编），隶属第 3 战区，辖第 27 军和第 103 师。第 15 军团成立后参加淞沪会战。11 月改隶江防司令部，第 103 师拨归南京卫戍总司令部。1938 年 1 月 20 日裁撤。

历任军团长：

刘兴（1937 年 9 月 13 日—1938 年 1 月 20 日）

陆军第15军团（中央军2）

万耀煌

第 15 军团于 1938 年 6 月 14 日在湖北武汉再次成立（新设），隶属第 9 战区，辖第 2 军、第 70 军和第 75 军。第 15 军团成立后参加武汉会战。8 月，第 2 军拨归第 11 军团。1939 年 1 月 14 日裁撤，所属部队拨归第 9 战区和第 19 集团军。

历任军团长：

万耀煌（1938 年 6 月 14 日—1939 年 1 月 14 日）

陆军第16军团（中央军）

第 16 军团于 1937 年 9 月 30 日在上海成立（原第 18 军军部升编），隶属第 15 集团军，辖第 18 军和第 54 军。第 16 军团成立后参加淞沪会战。12 月，第 54 军拨归武汉卫戍总司令部。1938 年 1 月改隶第 19 集团军。7 月参加武汉会战。1939 年 1 月 14 日裁撤，所属部队由军事委员会直辖。

历任军团长：

罗卓英（1937 年 9 月 30 日—1939 年 1 月 14 日）

陆军第17军团（中央军）

第 17 军团于 1937 年 9 月 30 日在上海成立（原第 1 军军部升编），隶属第 15 集团军，辖第 1 军。第 17 军团成立后参加淞沪会战。10 月改隶第 19 集团军，第 61 师、第 102 师编入序列。11 月，第 102 师拨归南京卫戍总司令部。1938 年 1 月由军事委员会直辖，第 61 师拨归武汉卫戍总司令部。5 月参加徐州会战。6 月，第 27 军编入序列。7 月参加武汉会战。8 月，第 16 军编入序列。9 月，第 43 军编入序列。10 月，第 61 师编入序列。1939 年 1 月 14 日裁撤，所属部队拨归第 10 战区和第 34 集团军。

历任军团长：

胡宗南（1937 年 9 月 30 日—1939 年 1 月 14 日）

陆军第18军团（粤军）

第 18 军团于 1937 年 9 月 30 日在上海成立（原第 4 军军部升编），隶属第 15 集团军，辖第 4 军。第 18 军团成立后参加淞沪会战。10 月改隶第 19 集团军。1938 年 8 月改隶第 9 集团军，参加武汉会战。1939 年 3 月 2 日裁撤，所属部队由军事委员会直辖。

历任军团长：

吴奇伟（1937 年 9 月 30 日—1939 年 3 月 2 日）

陆军第19军团（西北军）

第 19 军团于 1937 年 10 月 2 日在河北邢台成立（原第 77 军军部升编），隶属第 1 集团军，辖第 77 军。第 19 军团成立后参加津浦铁路北段沿线之作战。1938 年 4 月改隶第 5 战区，参加徐州会战。8 月参加武汉会战。10 月改隶第 33 集团军。1939 年 1 月 14 日裁撤，所属部队拨归第 33 集团军。

历任军团长：

冯治安（1937 年 10 月 2 日—1939 年 1 月 14 日）

陆军第20军团（中央军）

第 20 军团于 1937 年 10 月 16 日在河南新乡成立（原第 13 军军部升编），直属军事委员会，辖第 13 军、第 52 军、第 85 军和第 45 师。第 20 军团成立后参加津浦铁路北段沿线之作战。11 月参加太原会战。1938 年 3 月，第 75 军编入序列，参加徐州会战，在台儿庄告捷。4 月，第 46 军编入序列。6 月改隶第 31 集团军，第 98 军编入序列，第 46 军拨归第 9 战区，第 75 军拨归第 15 军团。9 月参加武汉会战，第 45 师拨归第 27 军。1939 年 1 月，第 98 军裁撤。2 月 6 日裁撤，所属部队拨归第 31 集团军。

历任军团长：

汤恩伯（1937 年 10 月 16 日—1939 年 2 月 6 日）

陆军第21军团（甘军）

邓宝珊

第 21 军团于 1937 年 10 月 17 日在甘肃兰州成立（原新编第 1 军军部升编），隶属西安行营，辖新编第 1 军和第 165 师。第 21 军团成立后长期戍守甘肃。1938 年 7 月，第 22 军编入序列。9 月，新编第 2 军编入序列，第 165 师拨归新编第 2 军。10 月改隶晋陕绥边区总司令部。12 月，骑兵第 2 军编入序列。1939 年 1 月新编第 1 军拨归晋陕绥边区总司令部，新编第 2 军裁撤。3 月 2 日裁撤，所属部队拨归晋陕绥边区总司令部。

历任军团长：

邓宝珊（1937 年 10 月 17 日—1939 年 3 月 2 日）

陆军第22军团（湘军）

陶广

第 22 军团于 1937 年 10 月 30 日在上海成立（原第 28 军军部升编），隶属第 8 集团军，辖第 28 军。第 22 军团成立后参加淞沪会战。12 月起长期在安徽作战。1938 年 6 月改隶第 10 集团军。1939 年 2 月 6 日裁撤，所属部队拨归第 10 集团军。

历任军团长：

陶　广（1937 年 10 月 30 日—1939 年 2 月 6 日）

陆军第23军团（湘军）

第23军团于1937年12月30日在浙江义乌成立（由第10集团军总司令部兼），隶属第10集团军，辖暂编第11旅、暂编第12旅和暂编第13旅。第23军团成立后长期在安徽作战。1938年4月1日裁撤，所属部队改编为第107师后拨归第10集团军。

历任军团长：

刘建绪（1937年12月30日—1938年4月1日）

陆军第24军团（川军）

第24军团于1937年12月30日在安徽贵池成立（原第21军军部升编），隶属第23集团军，辖第21军。第24军团成立后长期在安徽作战。1939年2月6日裁撤，所属部队拨归第23集团军。

历任军团长：

唐式遵（1937年12月30日—1939年2月6日）

陆军第25军团（川军）

第25军团于1937年12月30日在江苏宜兴成立（原第23军军部升编），隶属第23集团军，辖第23军。1938年1月改隶第28集团军。第25军团成立后长期在安徽作战。1939年2月4日裁撤，所属部队拨归第21军。

历任军团长：

潘文华（1937年12月30日—1939年2月4日）

陆军第26军团（东北军）

万福麟

第26军团于1938年3月28日在河北涉县成立（原第53军军部升编），隶属第20集团军，辖第53军。7月参加武汉会战。12月21日裁撤，所属部队拨归第9战区。

历任军团长：

万福麟（1938年3月28日—12月21日）

陆军第27军团（西北军）

第27军团于1938年4月13日在山东临沂成立（原第59军军部升编），隶属第5战区，辖第59军。第27军团成立后参加徐州会战。9月参加武汉会战。10月改隶第33集团军。1939年1月14日裁撤，所属部队拨归第33集团军。

历任军团长：

张自忠（1938年4月13日—1939年1月14日）

陆军第28军团（西北军）

第28军团于1938年6月4日在河南商水成立（原第68军军部升编），隶属第4兵团，辖第68军。7月参加武汉会战。1939年1月14日裁撤，所属部队拨归第2集团军。

历任军团长：

刘汝明（1938年6月4日—1939年1月14日）

陆军第29军团（粤军）

第29军团于1938年6月8日在江西瑞昌成立（原第64军军部升编），隶属第9战区，辖第64军。第29军团成立后参加武汉会战。1939年2月4日裁撤，所属部队拨归第16集团军。

历任军团长：

李汉魂（1938年6月8日—1939年2月4日）

陆军第30军团（滇军）

第30军团于1938年6月14日在江苏徐州成立（原第60军军部升编），隶属第5战区，辖第58军和第60军。9月参加武汉会战。10月改隶第1集团军，新编第3军编入序列。1939年1月14日裁撤，所属部队拨归第1集团军。

历任军团长：

卢　汉（1938年6月14日—1939年1月14日）

陆军第31军团（陕军）

第31军团于1938年6月21日在山西猗氏成立（原第38军军部升编），隶属第2战区，辖第38军和第96军。第31军团成立后长期在中条山游击。1939年2月7日裁撤，所属部队拨归第4集团军。

历任军团长：

孙蔚如（1938年6月21日—1939年2月7日）

陆军第32军团（中央军）

第32军团于1938年6月17日在湖北随县成立（原第52军军部升编），隶属第2兵团，辖第52军和第92军。8月参加武汉会战，第6军编入序列。10月，第37军编入序列。1939年1月17日裁撤，所属部队拨归第9战区、第15集团军和第31集团军。

历任军团长：

关麟征（1938年6月17日—1939年1月17日）

陆军第33军团（中央军）

第33军团于1938年6月21日在山西垣曲成立（原第14军军部升编），隶属第14集团军，辖第 14 军和第 93 军。第 33 军团成立后长期在晋南地区游击。1939 年 2 月 4 日裁撤，所属部队拨归第 14 集团军。

历任军团长：

李默庵（1938 年 6 月 21 日—1939 年 2 月 4 日）

陆军第34军团（中央军）

王东原

第 34 军团于 1938 年 6 月 29 日在江西湖口成立（原第 73 军军部升编），隶属第 9 战区，辖第 43 军、第 49 军和第 73 军。第 34 军团成立后参加武汉会战，参谋长李恒华阵亡。9 月，第 43 军裁撤。12 月 31 日裁撤，所属部队拨归第 9 战区和第 19 集团军。

历任军团长：

王东原（1938 年 6 月 29 日—12 月 31 日）

陆军第35军团（滇军）

第 35 军团于 1938 年 7 月 2 日在山西乡宁成立（原第 3 军军部升编），隶属第 14 集团军，辖第 3 军。第 35 军团成立后长期在中条山游击。1939 年 2 月 7 日裁撤，所属部队拨归第 5 集团军。

历任军团长：

曾万钟（1938 年 7 月 2 日—1939 年 2 月 7 日）

陆军第36军团（中央军）

俞济时

第 36 军团于 1938 年 8 月 5 日在江西德安成立（原第 74 军军部升编），隶属第 1 兵团，辖第 29 军和第 74 军。第 36 军团成立后参加武汉会战。1939 年 1 月 25 日裁撤，所属部队拨归第 20 集团军和第 32 集团军。

历任军团长：

俞济时（1938 年 8 月 5 日—1939 年 1 月 25 日）

陆军第37军团（中央军）

第 37 军团于 1938 年 8 月 5 日在江西瑞昌成立（原第 25 军军部升编），隶属第 1 兵团，辖第 25 军。第 37 军团成立后参加武汉会战。1939 年 2 月 7 日裁撤，所属部队拨归第 32 集团军。

历任军团长：

王敬久（1938 年 8 月 5 日—1939 年 2 月 7 日）

陆军第38军团（粤军）

第38军团于1938年9月23日在江西德安成立（原第66军军部升编），隶属第9集团军，辖第66军。第38军团成立后参加武汉会战。1939年1月11日裁撤，所属部队拨归第12集团军。

历任军团长：

叶　肇（1938年9月23日—1939年1月11日）

第六篇　各军历史概况

从晚清创立新式陆军到20世纪20年代中期，“军”并非军队常设单位，而是战时组建的高级指挥机关，时人有“正规军两师为一军、非正规军四旅为一路”的说法。1924年第二次直奉战争之后，国家政局陷于混乱，南北军事纷争加剧，各路军阀滥发名目收拢队伍，“军”隐然成为常设单位。奉系背景的镇威军、直鲁联军，直系背景的十四省讨贼联军、河南保卫军，都颁发过十余个军级番号。起自广州的北伐军，也以军为常设单位，举凡作战、行政、人事、军需、补给等事项，均由军部上承下达，地位十分重要。部分资深的军番号，如粤系第4军、桂系第7军，陆陆续续绵延超过20年。

国民政府统一全国之后，陆续编遣、整理陆军，缩师为旅、并军成师，确定以“师”为常设战略单位，“军”的身份再度调整。截至1937年7月抗日战争全面爆发前夕，“军”在中国陆军各部队中各不相同。总体而论，属于中央嫡系、旁系的“军”，多属高级指挥机关，只负责作战指挥，而无人事、军需等方面的权限，后勤补给、军械补充也由各师自行办理。如1933年长城抗战期间，第2师、第25师等部组成第17军，在战争结束后即告解散。1937年8月，第2师、第25师再度并肩开赴河北参战时，则组建为第52军。但也有一些中央军嫡系部队如第1军等，实质拥有对所属各师的人事、军需等方面权限。对于地方部队而言，军则如北伐时期一般，统管各项事宜，是一个军事集团独立性的标志。经军委会参谋团整理之后的四川各军、抗战初期组建的广东各军皆是如此。

在这种情况下，各军所辖部队的情况也各不相同，以辖两至三个师较为多见，但少至一个师，多至四五个师的军也所在多有。还有些直辖旅的军，如邓宝珊的新编第1军仅辖两个旅，外界称之为“新半军”。

抗战全面爆发之后，军委会开始大量颁发军一级的番号。特别是淞沪会战期间开始，大批资深师长被晋升为军长，但所辖部队仅有自己兼任师长的一个师，实际是为了应付战事扩大后临时协调指挥的需求。如第71军仅辖第87师、第72军仅辖第88师、第75军仅辖第6师、第78军仅辖第36师等。在华北战场，也出现了仅辖第84师的第17军。南京保卫战结束后，大部分这种类型的军番号陆续被撤销。

1938年11月，军委会在湖南南岳召开军事会议，决定精简指挥层级，撤销路军、军团、旅，改以“军”为战略单位，并颁发第一部涉及军的编制方案“廿七年军编制表”，提出以辖三师之军为甲种军、辖两师之军为乙种军。自此开始，虽然军部编制、所辖部队情况屡有变更，但军作为战略单位的地位一直延续到抗战胜利。著名的“五大主力”——第5军、第18军、第74军、新编第1军、新编第6军，均为军级单位。

在通常的甲种军、乙种军之外，还存在一些特殊的军级单位，如1938年11月成立的新编第 11 军（1939 年 2 月改称第 5 军）是中国唯一的“机械化军”。1943 年 1 月成立的新编第 1 军则是驻印军总指挥部之下的一个特殊机构。骑兵军的编成方式与普通军也有区别，以辖一到两个师为多数情况，并不以甲乙进行区分。

据军委会军政部统计，抗战全面爆发之前全国陆军共有 49 个军，到 1944 年底已达 124 个军，经过整理，到 1945 年 8 月抗战胜利时还有 91 个军。

附：陆军军组织系统表

民国三十一年编制表

军司令部——参谋处、副官处、军务处、军需处、军医处、军法处、人事课

陆军第 1 师　　陆军第 2 师　　陆军第 3 师

特务营、野（山）炮营、工兵营、通信兵营、辎重兵营（连）、乘马搜索排、野战医院、修械所

民国三十四年（甲种军）编制表

军司令部——参谋处、副官处、军需处、军医处、军法处

陆军第 1 师　　陆军第 2 师　　陆军第 3 师

榴弹炮营、工兵营、通信兵营、兽力输送营、人力输送团、特务连、搜索排、野战医院、兽医队

陆军第1军（中央军）

第 1 军于 1931 年 7 月 4 日在江西宁国成立（所属部队源自黄埔军校教导团）。抗战全面爆发前驻江苏徐州，直属军事委员会，辖第 1 师、第 78 师和补充旅。1937 年 8 月改隶第 3 战区，参加淞沪会战。9 月改隶第 15 集团军，旋改隶第 17 军团。1938 年 1 月，补充旅扩编为第 191 师后拨归第 8 战区，另编补充旅。5 月参加徐州会战，补充旅充编第 24 师。7 月参加武汉会战。1939 年 1 月改隶第 34 集团军，第 167 师编入序列。此后长期戍守潼关。1941 年 3 月改制为攻击军。1944 年 5 月参加豫中会战。1945 年 8 月抗战胜利后开赴河南郑州受降。1949 年 12 月 27 日在四川邛崃投诚。

历任军长：

胡宗南（抗战全面爆发时—1938 年 5 月 12 日）

李铁军（1938 年 5 月 12 日—7 月 8 日）

陶峙岳（1938 年 7 月 8 日—1940 年 6 月 15 日）

丁德隆（1940 年 6 月 15 日—1941 年 5 月 25 日）

韩锡侯（1941 年 5 月 25 日—1942 年 4 月 18 日）

张卓（1942 年 4 月 18 日—1945 年 1 月 9 日）

罗列（1945 年 1 月 9 日—抗战胜利时）

韩锡侯

张卓

罗列

陆军第2军（中央军）

第2军于1929年10月26日在湖北武汉成立（所属部队源自黄埔军校教导团）。抗战全面爆发前驻福建建瓯，隶属驻闽绥靖公署，辖第3师、第9师和第80师。1937年8月改隶第4集团军。9月参加淞沪会战，第80师拨归驻闽绥靖公署。10月改隶第19集团军。1938年4月参加徐州会战。6月改隶第15军团，第3师拨归第8军。7月参加武汉会战。8月改隶第11军团。1939年1月改隶鄂湘川黔边区绥靖公署。3月第103师编入序列。4月改隶第20集团军。12月改隶第38集团军，参加桂南会战，副军长郑作民阵亡。1940年3月改隶第6战区。4月，第103师拨归新编第11军，第76师和新编第33师编入序列。6月参加枣宜会战。1941年3月改制为攻击军。9月参加宜昌战役。1942年5月改隶昆明防守司令部。6月改隶第11集团军。1944年4月参加滇西攻势。1945年2月改隶陆军总司令部。8月抗战胜利后驻防云南保山。1949年12月24日在四川郫县起义。

王凌云

历任军长：

蒋鼎文（抗战全面爆发时—1937年8月2日）

李延年（1937年8月2日—1942年6月25日）

王凌云（1942年6月25日—抗战胜利时）

陆军第3军（滇军—中央军）

第3军于1929年3月2日在江西瑞昌成立（所属部队源自云南护国第2军第2梯团）。抗战全面爆发前驻河南郑州，隶属豫苏皖军事整理委员会，辖第7师和第12师。1937年8月参加平汉铁路北段沿线之作战。9月改隶第14集团军。10月参加太原会战。1938年2月参加太原攻势，此后长期在中条山游击。7月改隶第35军团。1939年2月改隶第5集团军。1941年5月参加晋南会战，遭到重创，军长唐淮源、军械处处长金述之阵亡，参谋长谭善洋被俘。此后长期戍守甘肃。1942年3月改隶第34集团军。1943年6月，新编第3师编入序列。1944年4月改隶第38集团军。1945年4月，新编第3师裁撤。1945年8月抗战胜利后开赴河北石家庄受降。1947年10月21日在河北定县被歼灭。

历任军长：

曾万钟（抗战全面爆发时—1939 年 7 月 21 日）

唐淮源（1939 年 7 月 21 日—1941 年 5 月 12 日）

周体仁（1941 年 5 月 12 日—1944 年 4 月 15 日）

李世龙（1944 年 4 月 15 日—1945 年 1 月 9 日）

罗历戎（1945 年 1 月 9 日—抗战胜利时）

唐淮源

周体仁

李世龙

罗历戎

陆军第4军（粤军）

第 4 军于 1932 年 2 月 9 日在湖南醴陵成立（所属部队源自广东陆军第 1 师）。抗战全面爆发前驻贵州贵阳，隶属滇黔绥靖公署，辖第 59 师、第 90 师和第 92 师。1937 年 8 月改隶第 9 集团军，参加淞沪会战。9 月改隶第 18 军团。1938 年 4 月，第 92 师拨归第 46 军。7 月参加武汉会战。1939 年 2 月，第 190 师编入序列。3 月由军事委员会直辖。7 月，第 190 师拨归第 10 军，第 102 师编入序列。9 月参加第一次长沙会战。1940 年 3 月改隶第 9 战区。1941 年 9 月参加第二次长沙会战。12 月参加第三次长沙会战。1942 年 6 月改隶第 7 战区。12 月改隶第 9 战区。1944 年 5 月参加长衡会战，在长沙遭到重创，军长张德能因丢失长沙被逮捕枪决。1945 年 8 月抗战胜利驻防江西吉安。1949 年 4 月 29 日在安徽广德被歼灭。

历任军长：

吴奇伟（抗战全面爆发时—1938 年 6 月 24 日）

欧　震（1938 年 6 月 24 日—1943 年 3 月 16 日）

张德能（1943 年 3 月 16 日—1944 年 7 月 27 日）

欧　震（1944 年 7 月 27 日—抗战胜利时）

欧震

张德能

陆军第5军（中央军1）

第5军于1933年2月3日在江西宜黄成立（所属部队源自国民2军和四川陆军第1师）。抗战全面爆发前驻贵州贵阳，隶属滇黔绥靖公署，辖第93师和第99师。1937年8月，第93师拨归第12集团军。1938年6月29日，第99师拨归第99军。第5军因无所属部队被撤销番号。

历任军长：

薛　岳（抗战全面爆发时—1938年6月29日）

陆军第5军（中央军2）

第5军于1939年2月18日在广西全县再次成立（原新编第11军改称），直属军事委员会，辖第200师、新编第22师和荣誉第1师。11月参加桂南会战，在昆仑关告捷。1940年4月，荣誉第1师拨归新编第11军，第96师编入序列。1941年3月改制为攻击军。1942年4月改隶中国远征军第1路。4月开赴缅甸参加第一次远征，遭到日军重创。7月由军事委员会直辖。1943年1月，改隶第5集团军，新编第22师拨归新编第1军，第49师编入序列，第5军直属机械化部队编为第48师拨归第5集团军。1944年8月参加滇西攻势。1945年3月，第49师裁撤，第45师编入序列。4月改隶昆明防守司令部。8月抗战胜利后驻防云南昆明。1949年1月10日在江苏萧县被歼灭。

邱清泉

历任军长：

杜聿明（1939年2月18日—1943年12月17日）

邱清泉（1943年12月17日—抗战胜利时）

陆军第6军（西北军1）

第6军于1929年3月30日在河南陕州成立（源自北洋陆军第16混成旅补充大队）。抗战全面爆发前驻山东济南，隶属第3路军，辖第22师、第74师和第81师。1937年8月改隶第3集团军，参加津浦铁路北段沿线之作战。同月，第74师拨归第55军，第81师拨归第12军。9月，第22师拨归第56军。第6军因无所属部队，仅为空番号。1938年1月11日因兼任军长韩复榘违抗命令被逮捕枪决而撤销番号。

历任军长：

韩复榘（抗战全面爆发时—1938年1月11日）

陆军第6军（中央军2）

第6军于1938年8月15日在湖北崇阳再次成立，隶属第32军团，辖第93师。第6军成立后参加武汉会战。12月，第49师编入序列。1939年1月改隶第9战区。12月参加桂南会战。1940 年 7 月改隶第 9 集团军。12 月，暂编第 55 师编入序列。1942 年 4 月改隶远征军第 1 路。2 月开赴缅甸参加第一次远征，遭到重创。5 月，暂编第 55 师裁撤。7 月由军事委员会直辖。9 月，新编第 28 师编入序列。1943 年 1 月改隶第 5 集团军，第 49 师拨归第 5 军、新编第 28 师拨归第 11 集团军，新编第 39 师和预备第 2 师编入序列。9 月改隶第 20 集团军。1944 年 2 月改隶第 11 集团军。5 月参加滇西攻势。1945 年 3 月由军事委员会直辖，第 93 师拨归第 1 方面军。6 月 8 日，新编第 39 师裁撤，预备第 2 师拨归第 2 军，第 6 军因无所属部队被撤销番号。

历任军长：

甘丽初（1938 年 8 月 15 日—1943 年 1 月 10 日）

黄　杰（1943 年 1 月 10 日—1945 年 6 月 8 日）

甘丽初

黄杰

陆军第7军（桂军）

第 7 军于 1937 年 3 月 3 日在广西桂林成立（源自定桂军和广西讨贼军）。抗战全面爆发前驻桂林，隶属第 5 路军，辖第 170 师、第 171 师和第 172 师。1937 年 8 月改隶第 11 集团军。9 月改隶第 7 军团，参加淞沪会战，遭到重创。1938 年 5 月参加徐州会战。7 月参加武汉会战。此后长期在大别山游击。1939 年 1 月，第 170 师拨归第 46 军。2 月改隶第 21 集团军。1942 年 4 月，第 173 师编入序列。12 月参加立煌战役。1945 年 8 月抗战胜利后开赴安徽蚌埠受降。1949 年 12 月 17 日在广西博白被歼灭。

历任军长：

廖　磊（抗战全面爆发时—1937 年 10 月 19 日）

周祖晃（1937 年 10 月 19 日—1938 年 6 月 21 日）

张　淦（1938 年 6 月 21 日—1943 年 7 月 19 日）

徐启明（1943 年 7 月 19 日—抗战胜利时）

周祖晃

张淦

徐启明

陆军第8军（中央军1）

第 8 军于 1937 年 8 月 9 日在江苏东海成立，隶属第 9 集团军，辖税警总团。第 8 军成立后参加淞沪会战。10 月，第 61 师编入序列，旋拨归第 17 军团。1938 年 1 月由军事委员会直辖。2 月，税警总团缩编为第 40 师。5 月，第 102 师和第 140 师编入序列，参加徐州会战。6 月 2 日，第 8 军因在兰封作战不力被撤销番号，第 40 师拨归第 74 军、第 102 师和第 140 师拨归第 1 战区。

历任军长：

黄　杰（1937 年 8 月 9 日—1938 年 6 月 2 日）

陆军第8军（中央军2）

第 8 军于 1938 年 6 月 8 日在安徽涡阳再次成立，由军事委员会直辖，辖第 3 师、预备第 2 师和预备第 11 师。7 月参加武汉会战，预备第 11 师因作战不力被裁撤。12 月改隶第 9 战区。1939 年 1 月，预备第 2 师由军事委员会直辖，第 197 师编入序列。3 月参加南昌会战。9 月参加第一次长沙会战。1940 年 1 月，第 197 师拨归第 99 军。5 月 6 日与第 10 军合并，第 8 军番号撤销。

历任军长：

李玉堂（1938 年 6 月 8 日—1940 年 5 月 6 日）

陆军第8军（中央军3）

第 8 军于 1941 年 9 月 9 日在湖北江陵第三次成立（原新编第 11 军改称），隶属长江上游江防军，辖第 5 师、第 103 师和荣誉第 1 师。第 8 军成立后参加宜昌攻势。11 月，第 5 师拨归第 32 军，第 82 师编入序列。1943 年 2 月改隶中国远征军。1944 年 6 月参加滇西攻势。9 月改隶第 9 集团军。1945 年 1 月改隶第 20 集团军，第 82 师裁撤。6 月，第 166 师编入序列。8 月抗战胜利后开赴山东青岛受降。1949 年 1 月 10 日在河南永城被歼灭。

历任军长：

郑洞国（1941 年 9 月 9 日—1943 年 1 月 29 日）

何绍周（1943 年 1 月 29 日—1945 年 1 月 23 日）

李　弥（1945 年 1 月 23 日—抗战胜利时）

郑洞国

何绍周

李弥

陆军第9军（杂军—中央军）

第 9 军于 1929 年 12 月 12 日在河南漯河成立（所属部队源自北洋陆军第 2 师、第 10 师、第 12 师、第 8 混成旅、第 9 混成旅、第 24 混成旅、第 76 混成旅、沪杭路护路队，以及东北国民军各一部）。抗战全面爆发前驻贵州遵义，隶属滇黔绥靖公署，辖第 47 师和第 54 师。1937 年 8 月改隶第 14 集团军，参加平汉铁路北段沿线之作战。9 月参加太原会战，军长郝梦龄阵亡。1938 年 2 月参加太原反攻。1939 年 11 月改隶第 2 战区。1940 年 5 月，新编第 24 师编入序列。6 月改隶第 1 战区。1941 年 5 月参加晋南会战。1942 年 3 月改隶第 14 集团军。1943 年 8 月由军事委员会直辖。12 月，第 47 师拨归暂编第 4 军。1944 年 4 月参加豫中会战，遭到重创。12 月改隶黔桂湘边区总司令部。1945 年 3 月改隶第 3 方面军，参加广西攻势。5 月 10 日，第 9 军因整军需要被撤销番号，第 54 师拨归第 13 军，新编第 24 师裁撤。

历任军长：

郝梦龄（抗战全面爆发时—1937 年 10 月 16 日）
陈长捷(代)(1937 年 10 月 16 日—11 月 6 日）
郭寄峤（1937 年 11 月 6 日—1940 年 6 月 6 日）
裴昌会（1940 年 6 月 6 日—1942 年 3 月 30 日）
陈瑞河（1942 年 3 月 30 日—1943 年 8 月 24 日）
王　晋（代）（1943 年 8 月 24 日—10 月 23 日）
韩锡侯（1943 年 10 月 23 日—1944 年 6 月 5 日）
陈金城（1944 年 6 月 5 日—1945 年 5 月 10 日）

郝梦龄

郭寄峤

裴昌会

陈瑞河

王晋

陈金城

陆军第10军（直鲁军1）

第 10 军于 1929 年 10 月 13 日在河南洛阳成立（所属部队源自直鲁联军第 6 军）。抗战全面爆发前驻四川万县，隶属川鄂湘黔边区绥靖公署，辖第 41 师和第 48 师。1937 年 9 月改隶第 2 军团。12 月参加南京保卫战。1938 年 1 月改隶第 26 集团军。6 月参加武汉会战。1939 年 1 月 10 日，第 10 军因连战失利被撤销番号，所属部队并编为第 41 师后拨归第 26 军。

历任军长：

徐源泉（抗战全面爆发时—1939 年 1 月 10 日）

陆军第10军（中央军2）

第 10 军于 1939 年 7 月 5 日在江西高安再次成立，隶属第 10 集团军，辖第 79 师和第 190 师。1940 年 5 月由军事委员会直辖，第 10 军与第 8 军并编，第 79 师拨归第 86 军，第 3 师和预备第 10 师编入序列。1941 年 9 月改隶第 9 战区，参加第二次长沙会战。12 月参加第三次长沙会战。1942 年 1 月改隶第 27 集团军。1943 年 10 月参加常德会战。1944 年 5 月参加长衡会战，坚守衡阳 47 天遭到重创，坚持至 8 月 8 日被日军歼灭，军长方先觉、参谋长孙鸣玉被俘。

历任军长：

梁华盛（1939 年 7 月 5 日—1940 年 5 月 6 日）

李玉堂（1940 年 5 月 6 日—1942 年 3 月 28 日）

方先觉（1942 年 3 月 28 日—1944 年 8 月 8 日）

梁华盛

方先觉

陆军第10军（中央军3）

第 10 军于 1944 年 12 月 27 日在陕西城固第三次成立，隶属第 28 集团军，辖第 3 师、第 190 师和预备第 10 师。1945 年 6 月，预备第 10 师裁撤。8 月抗战胜利后仍驻城固。1947 年 12 月 29 日在河南郾城被歼灭（时为整编第 3 师）。

历任军长：

余锦源（1944 年 12 月 27 日—1945 年 2 月 7 日）

赵锡田（1945 年 2 月 7 日—抗战胜利时）

余锦源

赵锡田

陆军第11军（宁马军）

马敦静

第 11 军于 1929 年 6 月 25 日在河南郑州成立（所属部队源自北洋陆军第 5 混成旅）。抗战全面爆发前驻宁夏银川，隶属第 15 路军，辖第 35 师、第 168 师、独立第 10 旅、骑兵第 1 旅和骑兵第 2 旅。1937 年 9 月改隶第 17 集团军，骑兵第 1 旅和骑兵第 2 旅拨归第 17 集团军骑兵指挥部。第 11 军长期戍守宁夏。10 月，第 35 师拨归第 81 军。1939 年 12 月，独立第 10 旅扩编为暂编第 9 师。1941 年 3 月，暂编第 31 师编入序列。1945 年 8 月抗战胜利后驻防甘肃新城。1949 年 9 月 21 日因军心浮动自行溃散。

历任军长：

马鸿逵（抗战全面爆发时—1943 年 9 月 22 日）

马敦静（1943 年 9 月 22 日—抗战胜利时）

陆军第12军（西北军1）

贺粹之

第 12 军于 1930 年 4 月 27 日在山东济南成立（所属部队源自北洋陆军第 16 混成旅补充大队）。抗战全面爆发前驻山东兖州，隶属第 3 路军，辖第 20 师。1937 年 8 月改隶第 3 集团军，第 81 师编入序列。9 月参加津浦铁路北段沿线之作战。1938 年 3 月参加徐州会战。5 月，第 22 师编入序列。6 月参加武汉会战。1941 年 1 月参加豫南会战。1943 年 3 月改隶第 28 集团军。1944 年 4 月参加豫中会战。8 月 12 日，第 12 军因违抗命令擅自行动被撤销番号，第 20 师拨归第 89 军，第 22 师拨归第 2 集团军，第 81 师拨归第 55 军。

历任军长：

孙桐萱（抗战全面爆发时—1942 年 12 月 2 日）

贺粹之（1942 年 12 月 2 日—1944 年 8 月 12 日）

陆军第12军（东北军2）

霍守义

第 12 军于 1944 年 10 月 23 日在安徽阜阳再次成立（原暂编第 9 军改称），隶属第 19 集团军，辖第 111 师和第 112 师。1945 年 8 月抗战胜利后开赴河南兰封受降。1948 年 7 月 13 日在山东兖州被歼灭（时为整编第 12 师）。

历任军长：

霍守义（1944 年 10 月 23 日—抗战胜利时）

陆军第13军（中央军）

第13军于1932年5月25日在湖北武汉成立（源自教导第1师和武汉要塞部队），曾参加1936年的绥远抗战。抗战全面爆发前驻绥远集宁，直属军事委员会，辖第4师和第89师。1937年8月改隶第7集团军，参加了平绥铁路沿线之作战和平汉铁路北段沿线之作战。10月改隶第20军团。11月，第4师和第89师拨归第85军，第13军仅辖一个骑兵团，参加太原会战。1938年3月，第110师编入序列，参加徐州会战。5月，第23师编入序列。6月，第23师拨归第85军，第89师和新编第35师编入序列。9月参加武汉会战。10月，新编第35师拨归第5战区，第193师编入序列。1939年2月改隶第31集团军。4月参加随枣会战。12月参加冬季攻势。1940年4月，第193师拨归新编第2军，新编第1师编入序列。1941年2月参加豫南会战。1942年3月，高级参谋张荣田阵亡。4月，第110师拨归第85军，第4师编入序列。1944年1月，新编第1师拨归第89军，第117师编入序列。4月参加豫中会战，辎重兵团团长王家让阵亡。9月，第117师拨归暂编第1军，暂编第16师编入序列。11月改隶黔桂湘边区总司令部。1945年3月改隶第3方面军，暂编第16师裁撤。5月，第54师编入序列。7月参加广西攻势。8月抗战胜利后开赴广东广州。1949年1月22日在北平接受和平改编。

历任军长：

汤恩伯（抗战全面爆发时—1938年6月11日）
张　轸（1938年6月11日—1939年8月7日）
张雪中（1939年8月7日—1942年7月30日）
石　觉（1942年7月30日—抗战胜利时）

张轸

石觉

陆军第14军（中央军）

第14军于1931年10月2日在浙江杭州成立（所属部队源自国民军第5军）。抗战全面爆发前驻安徽六安，隶属豫鄂皖边区绥靖公署，辖第10师和第83师。1937年8月改隶第14集团军，参加平汉铁路北段沿线之作战。9月参加太原会战，第85师编入序列。1938年2月参加太原反攻。3月，第83师拨归第93军。6月改隶第33军团。1939年1月，第10师拨归第93军，第83师编入序列。2月改隶第14集团军。1940年5月，第94师编入序列。8月改隶第5集团军。1941年5月参加晋南会战，遭到重创。1942年3月改隶第1战区。11月改隶第36集团军。1944年5月参加豫中会战。6月由军事委员会直辖。12月，第94师裁撤。1945年2月，第10师编入序列。8月抗战胜利后驻防重庆。1948年12月15日在安徽宿县被歼灭。

张际鹏

历任军长：
卫立煌（抗战全面爆发时—1937 年 9 月 7 日）
李默庵（1937 年 9 月 7 日—1938 年 6 月 21 日）
陈　铁（1938 年 6 月 21 日—1943 年 3 月 14 日）
张际鹏（1943 年 3 月 14 日—1945 年 2 月 8 日）
余锦源（1945 年 2 月 8 日—抗战胜利时）

陆军第15军（镇嵩军）

武庭麟

第 15 军于 1930 年 5 月 21 日在河南宁陵成立（所属部队源自镇嵩军）。抗战全面爆发前驻湖北麻城，隶属豫皖绥靖公署，辖第 64 师和第 65 师。1937 年 8 月改隶第 2 集团军，参加平汉铁路北段沿线之作战。9 月改隶第 13 军团，参加太原会战。1938 年 2 月参加太原攻势。此后长期在中条山游击。1939 年 2 月改隶第 5 集团军。10 月改隶第 14 集团军。1941 年 5 月参加晋南会战，遭到重创。1944 年 4 月参加豫中会战，再次遭到重创，少将附员万金声阵亡。7 月改隶第 1 战区。1945 年 3 月参加豫西鄂北会战。8 月抗战胜利后驻防河南登封。1947 年 11 月 4 日在河南郏县被歼灭（时为整编第 15 师）。

历任军长：
刘茂恩（抗战全面爆发时—1939 年 10 月 26 日）
武庭麟（1939 年 10 月 26 日—抗战胜利时）

陆军第16军（湘军1）

李韫珩

第 16 军于 1930 年 8 月 5 日在山东青岛成立（所属部队源自第 4 集团军暂编第 7 师军官教育团）。抗战全面爆发前驻四川重庆，隶属川康绥靖公署，辖第 53 师。1937 年 9 月改隶第 15 集团军，参加淞沪会战。12 月改隶武汉卫戍总司令部。1938 年 6 月，第 167 师编入序列，参加武汉会战。7 月 25 日因作战不力被撤销番号，第 53 师裁撤，第 167 师改编为第 118 师后拨归第 99 军。

历任军长：
李韫珩（抗战全面爆发时—1938 年 7 月 25 日）

陆军第16军（中央军2）

第 16 军于 1938 年 8 月 5 日在湖北武汉再次成立，隶属第 17 军团，辖第 28 师。9 月参加武汉会战。10 月，预备第 14 师编入序列。1939 年 1 月改隶第 10 战区，此后长期戍守陕西。

3 月，预 14 师改称预备第 1 师，预备第 3 师编入序列。1940 年 5 月改隶第 34 集团军。9 月，第 28 师拨归第 90 军，第 109 师编入序列。1945 年 7 月，预备第 1 师改称第 22 师，预备第 3 师改称第 94 师。8 月抗战胜利后驻防北平。1949 年 1 月 22 日在北平接受和平改编。

李正先

历任军长：

董　钊（1938 年 8 月 5 日—1943 年 6 月 30 日）

李正先（1943 年 6 月 30 日—抗战胜利时）

陆军第17军（陕军）

高桂滋

第 17 军于 1937 年 8 月 7 日在察哈尔赤城成立，隶属第 7 集团军，辖第 84 师。第 17 军成立后参加平汉铁路北段沿线之作战。9 月参加太原会战。1938 年 2 月参加太原攻势，此后长期在中条山游击。4 月改隶第 2 战区。1939 年 2 月改隶第 5 集团军。10 月改隶第 36 集团军。1940 年 6 月，新编第 2 师编入序列。1941 年 5 月参加晋南会战，遭到重创，参谋长金崇印被俘遇难。1943 年 10 月改隶第 8 战区，此后长期戍守陕西。1944 年 7 月改隶第 38 集团军。1945 年 8 月抗战胜利后驻防陕西固原。1949 年 12 月 29 日在四川三台被歼灭。

历任军长：

高桂滋（1937 年 8 月 7 日—抗战胜利时）

陆军第18军（中央军）

第 18 军于 1930 年 8 月 15 日在山东济南成立（所属部队源自福建陆军第 3 师和国民革命军总司令部警卫司令部）。抗战全面爆发前驻广东曲江，隶属广州行营，辖第 11 师、第 14 师、第 67 师、第 97 师和第 98 师。1937 年 8 月参加淞沪会战。9 月改隶第 16 军团，第 14 师拨归第 54 军，第 97 师拨归第 80 军，第 98 师拨归第 79 军，第 60 师编入序列。1938 年 7 月参加武汉会战。1939 年 1 月由军事委员会直辖，第 60 师拨归第 37 军。6 月，第 67 师拨归第 86 军。7 月，第 18 师和第 199 师编入序列。1940 年 5 月改隶长江上游江防军，参加枣宜会战。1943 年 2 月，第 199 师拨归暂编第 9 军，暂编第 34 师编入序列。5 月参加鄂西会战，在石牌告捷。7 月，暂编第 34 师拨归第 32 军，第 55 师编入序列。12 月参加常德会战。1945 年 4 月，第 55 师裁撤，第 118 师编入序列。5 月参加湘西会战。8 月抗战胜利后开赴湖南长沙、岳阳受降。1948 年 12 月 15 日在安徽宿县被歼灭。

历任军长：

罗卓英（抗战全面爆发时—1938 年 2 月 10 日）

黄　维（1938 年 2 月 10 日—1939 年 5 月 26 日）
彭　善（1939 年 5 月 26 日—1940 年 12 月 12 日）
方　天（1940 年 12 月 12 日—1943 年 8 月 3 日）
罗广文（1943 年 8 月 3 日—1944 年 8 月 13 日）
胡　琏（1944 年 8 月 13 日—抗战胜利时）

黄维

彭善

方天

罗广文

胡琏

陆军第19军（晋军）

第 19 军于 1934 年 11 月 30 日在山西平定成立（所属部队源自山西陆军第 6 旅第 11 团）。抗战全面爆发前驻太原，隶属太原绥靖公署，辖第 70 师、第 72 师和第 209 旅。1937 年 8 月改隶第 2 战区。9 月参加太原会战。10 月，第 209 旅编入第 72 师，第 68 师编入序列。12 月改隶第 2 战区。1938 年 2 月参加太原攻势，此后长期在晋西游击。10 月，第 210 旅编入序列。1939 年 2 月改隶第 13 集团军。7 月，第 70 师缩编为第 217 旅。12 月参加“晋西事变”。1940 年 12 月改隶第 6 集团军，第 210 旅扩编为暂编第 37 师，第 217 旅扩编为暂编第 38 师。1944 年 3 月，暂 38 师拨归第 33 军，暂编第 42 师编入序列。1945 年 8 月抗战胜利后驻防山西长子。10 月 12 日在山西沁河被歼灭。

历任军长：

王靖国（抗战全面爆发时—1939 年 8 月 10 日）
孟宪吉（1939 年 8 月 10 日—1940 年 3 月 1 日）
梁培璜（1940 年 3 月 1 日—1941 年 3 月 28 日）
刘召棠（1941 年 3 月 28 日—1944 年 1 月 18 日）
史泽波（1944 年 1 月 18 日—抗战胜利时）

王靖国

孟宪吉

梁培璜

史泽波

陆军第20军（川军）

第 20 军于 1926 年 11 月 21 日在四川万县成立（所属部队源自四川陆军第 1 混成旅）。抗战全面爆发前驻四川宜宾，隶属川康绥靖公署，辖第 133 师、第 134 师和第 135 师。1937 年 8 月改隶第 2 预备军，第 135 师裁撤。9 月改隶第 6 军团，参加淞沪会战。1938 年 5 月参加徐州会战。9 月参加武汉会战。1939 年 2 月改隶第 27 集团军。8 月参加第一次长沙会战。1941 年 3 月，暂编第 54 师编入序列。9 月参加第二次长沙会战。12 月参加第三次长沙会战，于影珠山告捷。1943 年 10 月，暂编第 54 师拨归第 9 战区，新编第 20 师编入序列。1944 年 5 月参加长衡会战。1945 年 7 月参加广西攻势。8 月抗战胜利后驻防广西龙胜。1949 年 4 月 24 日在安徽宣城被歼灭。

历任师长：

杨　森（抗战全面爆发时—1939 年 1 月 23 日）

杨汉域（1939 年 1 月 23 日—1945 年 4 月 1 日）

杨干才（1945 年 4 月 1 日—抗战胜利时）

杨汉域

杨干才

陆军第21军（川军）

第 21 军于 1926 年 11 月 26 日在四川重庆成立（所属部队源自四川陆军第 1 师）。抗战全面爆发前驻四川邛崃，隶属川康绥靖公署，辖第 145 师、第 146 师和第 162 师。1937 年 8 月改隶第 2 预备军，独立第 13 旅和独立第 14 旅编入序列。12 月改隶第 24 军团，参加南京保卫战，遭到重创。1938 年 2 月，第 162 师拨归第 67 军，独立第 13 旅和独立第 14 旅合编为新编第 7 师后拨归第 50 军。5 月参加徐州会战。1939 年 2 月改隶第 23 集团军，第 145 师拨归第 50 军，第 147 师和第 148 师编入序列。12 月参加冬季攻势。1942 年 5 月参加浙赣会战。9

月，第 148 师拨归第 50 军，第 145 师编入序列。1945 年 8 月抗战胜利后开赴安徽宁国。1949 年 12 月 21 日在四川大邑起义。

历任军长：

唐式遵（抗战全面爆发时—1939 年 2 月 4 日）

陈万仞（1939 年 2 月 4 日—1942 年 1 月 24 日）

刘雨卿（1942 年 1 月 24 日—抗战胜利时）

陈万仞

刘雨卿

陆军第22军（湘军1）

第 22 军于 1932 年 2 月 9 日在江西南昌成立（所属部队源自建国湘军）。抗战全面爆发前驻江西萍乡，隶属湘鄂赣边区绥靖公署，辖第 18 师和第 50 师。1937 年 8 月改隶第 4 预备军。9 月改隶第 10 军团，参加淞沪会战。1938 年 2 月，第 18 师拨归第 54 军。4 月参加徐州会战，遭到重创，副官处处长易式谷被俘后遇害。6 月 18 日，第 22 军因军长辞职被撤销番号，第 50 师由军事委员会直辖。

历任军长：

谭道源（抗战全面爆发时—1938 年 6 月 18 日）

陆军第22军（陕军2）

第 22 军于 1938 年 7 月 18 日在陕西榆林再次成立，隶属第 21 军团，辖第 86 师。1939 年 3 月改隶晋陕绥边区总司令部。12 月参加冬季攻势。1941 年 7 月，骑兵第 6 师编入序列。1945 年 8 月抗战胜利后驻防榆林。1949 年 6 月 1 日在榆林起义。

历任军长：

高双成（1938 年 7 月 18 日—1945 年 1 月 30 日）

左世允（1945 年 1 月 30 日—抗战胜利时）

高双成

左世允

陆军第23军（川军1）

第23军于1935年10月3日在四川名山成立（所属部队源自四川陆军第4师）。抗战全面爆发前驻四川成都，隶属川康绥靖公署，辖第147师、第148师、独立第15旅和独立第17旅。1937年8月改隶第2预备军，第144师编入序列。12月改隶第25军团，参加南京保卫战。1938年2月，第144师拨归第50军，独立第15旅和独立第17旅拨归第28集团军。1939年2月4日番号撤销，第147师和第148师拨归第21军。

历任军长：

潘文华（抗战全面爆发时—1938年9月27日）

陈万仞（1938年9月27日—1939年2月4日）

陆军第23军（晋军2）

第23军于1940年4月16日在山西大宁再次成立，隶属第6集团军，辖第73师、第196旅和独立第2旅。第23军成立后长期在晋西地区游击作战。1941年1月，第196旅扩编为暂编第39师，独立第2旅扩编为暂编第40师。1944年2月，第73师和暂39师拨归第43军，暂编第46师和暂编第47师编入序列。1945年8月抗战胜利后驻防襄垣。11月20日裁撤。

历任军长：

刘奉滨（1940年4月16日—1941年3月28日）

梁春溥（1941年3月28日—1942年11月11日）

许鸿林（1942年11月11日—抗战胜利时）

刘奉滨

许鸿林

陆军第24军（川军）

第24军于1927年1月1日在四川宜宾成立（所属部队源自四川陆军第8师独立旅）。抗战全面爆发前驻西康雅安，隶属川康绥靖公署，辖第136师、第137师和第138师。1937年8月，第138师裁撤。9月改隶第5军团。第24军长期戍守西康。1941年2月改隶西昌行辕。1945年8月抗战胜利后驻防雅安。1949年12月12日在雅安起义。

历任军长：

刘文辉（抗战全面爆发时—抗战胜利时）

陆军第25军（中央军1）

第25军于1935年10月9日在陕西汉中成立（所属部队源自鄂军团和贵州陆军步兵第2团）。抗战全面爆发前驻汉中，直属军事委员会，辖第13师和第140师。1937年9月改隶第19集团军，参加淞沪会战。11月改隶第3战区。1938年3月28日番号撤销，第13师拨归第75军，第140师拨归第46军。

历任军长：

万耀煌（抗战全面爆发时—1938年3月28日）

陆军第25军（中央军2）

第25军于1938年6月16日在江西瑞昌再次成立，隶属第3战区，辖第52师和第190师。第25军成立后参加武汉会战。8月改隶第37军团。12月，第108师编入序列。1939年2月改隶第32集团军，第190师拨归第4军，第40师编入序列。12月参加冬季攻势。1941年1月参加"皖南事变"，俘获新编第4军军长叶挺。1942年5月参加浙赣会战。1943年10月改隶第3战区。1945年8月抗战胜利后开赴浙江杭州受降。1948年11月22日在安徽宿县被歼灭。

历任军长：

王敬久（1938年6月16日—1939年8月16日）

张文清（1939年8月16日—1943年10月5日）

黄百韬（1943年10月5日—抗战胜利时）

张文清

黄百韬

陆军第26军（杂军）

第26军于1933年3月30日在河北三河成立（所属部队源自西北边防军第3师和国民军第2军第8混成旅），曾参加1933年的长城抗战。抗战全面爆发前驻湖北孝感，直属军事委员会，辖第44师和独立第4旅。1937年8月改隶第5集团军。9月改隶第11军团，参加淞沪会战。11月，独立第4旅裁撤，第33师编入序列。1938年1月改隶鄂豫皖边区游击司令部，第33师裁撤。2月，第32师编入序列。7月改隶第3兵团。8月参加武汉会战。1939年1月改隶第33集团军，第41师编入序列。7月改隶长江上游江防军。1940年5月参加枣宜会战。1941年2月由军事委员会直辖。9月改隶第9战区，参加第二次长沙会战。12月参加第三次长沙会战。1942年5月改隶第25集团军，参加浙赣会战。1944年5月改隶第27集团军，参加长衡会战。1945年1月，第32师裁撤。2月参加广西攻势。5月参加湘西会战。7月再次参加广西攻势。8 月抗战胜利后开赴芷江受降。1947 年 1 月 4 日在山东峄县被歼灭（时为整编第 26 师）。

历任军长：

萧之楚（抗战全面爆发时—1942 年 1 月 16 日）

丁治磐（1942 年 1 月 16 日—抗战胜利时）

萧之楚

丁治磐

陆军第27军（湘军1）

第 27 军于 1931 年 6 月 18 日在河南陈留成立（所属部队源自湖南省警备军和建国湘军）。抗战全面爆发前驻江西萍乡，隶属湘鄂赣边区绥靖公署，辖第 23 师和第 46 师。1937 年 8 月，第 23 师拨归第 2 集团军。9 月改隶第 15 军团，参加淞沪会战。1938 年 1 月 20 日，第 27 军及所属第 46 师因损失惨重被裁撤。

历任军长：

刘　兴（抗战全面爆发时—1938 年 1 月 20 日）

陆军第27军（中央军2）

第 27 军于 1938 年 4 月 13 日在湖南衡山再次成立，隶属第 1 战区，辖第 24 师、第 36 师和第 46 师。5 月参加徐州会战，第 61 师编入序列。6 月改隶第 17 军团，第 61 师拨归第 71 军。8 月，第 36 师拨归第 71 军，预备第 8 师编入序列。9 月，第 45 师编入序列。1939 年 1 月改隶第 34 集团军。2 月，第 24 师拨归第 76 军。7 月改隶第 1 战区。1941 年 5 月参加晋南会战，遭到重创。1942 年 1 月改隶第 24 集团军。6 月，参谋长谭天觉被俘遇难。1943 年 5 月改隶第 8 战区。1944 年 5 月改隶第 36 集团军，参加豫中会战。11 月 20 日番号撤销，第 45 师和第 46 师拨归第 57 军，预备第 8 师拨归暂编第 5 军。

历任军长：

桂永清（1938 年 4 月 13 日—5 月 8 日）

王敬久（1938 年 5 月 8 日—6 月 16 日）

胡宗南（1938 年 6 月 16 日—9 月 1 日）

范汉杰（1938 年 9 月 1 日—1942 年 1 月 17 日）

刘进（1942 年 1 月 17 日—1943 年 9 月 28 日）

周士冕（1943 年 9 月 28 日—1944 年 11 月 20 日）

桂永清

刘进

周士冕

陆军第27军（中央军3）

谢辅三

第27军于1945年6月4日在河南西峡第三次成立（原暂编第4军改称），隶属第31集团军，辖第47师、暂编第4师和暂编第64师。8月抗战胜利后开赴荥阳受降。1950年6月27日在云南盐津被歼灭。

历任军长：

谢辅三（1945年6月4日—抗战胜利时）

陆军第28军（湘军—中央军）

陶柳

陆军第28军于1930年10月7日在湖南长沙成立（所属部队源自湖南陆军第4师第9旅）。抗战全面爆发前驻湖南沅陵，隶属湘鄂赣边区绥靖公署，辖第15师、第16师、第62师和第63师。1937年8月改隶第8集团军，第15师和第16师拨归第73军，参加淞沪会战。10月改隶第22军团。1938年9月参加武汉会战。1939年2月改隶第10集团军，第63师拨归第91军，第192师编入序列。12月参加冬季攻势。1941年8月改隶第23集团军。1942年2月，第52师编入序列。5月参加浙赣会战。此后长期在天目山游击。1945年8月抗战胜利后开赴江苏徐州。1949年5月12日在浙江宁波被歼灭。

历任军长：

陶　广（抗战全面爆发时—1943年3月17日）

陶　柳（1943年3月17日—抗战胜利时）

陆军第29军（西北军1）

第29军于1931年6月17日在山西平定成立（所属部队源自北洋陆军第16混成旅）。抗战全面爆发前驻北平，隶属冀察绥靖公署，辖第37师、第38师、第132师、第143师、骑兵第9师、独立第25旅、独立第26旅、独立第27旅、独立第28旅、独立第29旅、独立第31旅、独立第39旅、独立第40旅、骑兵第13旅和特务旅。1937年7月参加平津抗战，副军长佟凌阁阵亡（注：佟凌阁死后误传为佟麟阁，流传至今）。8月改隶第1集团军。同月31日番号撤销，所属部队分别扩编为第1集团军所属各军、师。

历任军长：

宋哲元（抗战全面爆发时—1937年8月31日）

陆军第29军（杂军2）

陈安宝

第29军于1938年8月5日在江西永修再次成立，隶属第1兵团，辖第40师和第79师。第29军成立后参加武汉会战。10月，第40师拨归第25军，第102师编入序列。1939年1月改隶第32集团军。3月参加南昌会战，预备第5师编入序列。4月，第102师拨归第8军，第26师编入序列。5月反攻南昌遭到重创，军长陈安宝阵亡。6月改隶第3战区。12月参加冬季攻势。1940年5月6日番号撤销，第26师拨归第49军，预备第5师拨归第70军。

历任军长：

陈安宝（1938年8月5日—1939年5月6日）

刘雨卿（1939年5月6日—1940年5月6日）

陆军第29军（中央军3）

第29军于1941年2月26日在河南信阳第三次成立（原新编第2军改称），隶属第31集团军，辖第91师、第193师和暂编第16师。第29军成立后参加豫南会战。1942年4月改隶第3集团军。1943年3月改隶第1战区。1944年4月参加豫中会战。7月由军事委员会直辖。11月参加桂柳会战，在独山告捷。12月改隶黔桂湘边区总司令部，第193师拨归第73军，预备第11师编入序列。1945年1月，第169师编入序列。3月改隶第3方面军，第91师和暂编第16师并编为预备第11师，原预备第11师改称第91师拨归第71军。4月参加广西攻势。8月抗战胜利后驻防广西桂林。9月4日裁撤。

历任军长：

陈大庆（1941年2月26日—1943年2月18日）

马励武（1943年2月18日—1944年7月10日）

孙元良（1944年7月10日—1945年5月20日）

陈金城（1945年5月20日—抗战胜利时）

马励武

孙元良

陆军第30军（西北军）

第30军于1930年10月3日在河南淮阳成立（所属部队源自北洋陆军第16混成旅第2团）。抗战全面爆发前驻河南信阳，隶属第26路军，辖第30师和第31师。1937年9月改隶第1军团，参加平汉铁路北段沿线之作战。10月参加太原会战。1938年3月参加徐州会战，在台儿庄告捷。1939年1月改隶第2集团军。3月，第27师和独立第44旅编入序列。5月参加随枣会战。12月参加冬季攻势。1940年5月参加枣宜会战。11月，独立第44旅拨归第68军改编。1943年5月改隶长江上游江防军，参加鄂西会战。1945年6月，第31师裁撤，第67师编入序列。8月抗战胜利后开赴湖北宜昌受降。1949年4月24日在山西太原被歼灭。

历任军长：

孙连仲（兼）（抗战全面爆发时—1937年8月26日）

田镇南（1937年8月26日—1939年2月17日）

池峰城（1939年2月17日—1944年11月9日）

鲁崇义（1944年11月9日—抗战胜利时）

田镇南

池峰城

鲁崇义

陆军第31军（桂军）

第31军于1937年9月30日在广西南宁成立，隶属第9军团，辖第131师、第135师和第138师。1938年4月参加徐州会战。7月参加武汉会战，遭到重创。10月改隶第11集团军，第138师拨归第48军，第188师编入序列。1939年11月改隶第16集团军，参加桂南会战。1940年10月参加秋季攻势。1944年9月参加桂柳会战，遭到重创，参谋长吕旃蒙阵亡。1945年4月1日番号撤销，第131师和第135师裁撤，第188师拨归第46军。

历任军长：

刘士毅（1937年9月30日—1938年2月16日）

韦云淞（1938年2月16日—1941年7月31日）

贺维珍（1941年7月31日—1945年4月1日）

刘士毅

韦云淞

贺维珍

陆军第32军（晋军）

第32军于1931年6月17日在山西太原成立（所属部队源自山西陆军第1旅和第15旅）。抗战全面爆发前驻河北邢台，隶属冀察绥靖公署，辖第139师、第141师和第142师。1937年8月改隶第2集团军，参加平汉铁路北段沿线之作战。9月改隶第20集团军。1938年4月参加徐州会战。9月参加武汉会战。1939年1月改隶第19集团军。3月参加南昌会战。7月，第142师拨归第92军。12月参加冬季攻势。1940年8月改隶长江上游江防军。11月由军事委员会直辖。1941年8月改隶第26集团军。9月参加宜昌攻势。11月，第5师编入序列。1943年5月参加鄂西会战。7月，第5师拨归第94军，暂编第34师编入序列。1945年2月，暂34师裁撤。8月抗战胜利后驻防河南新乡受降。1950年5月25日撤编。

唐永良

历任军长：

商　震（抗战全面爆发时—1939年1月11日）

宋肯堂（1939年1月11日—1944年5月8日）

唐永良（1944年5月8日—抗战胜利时）

陆军第33军（晋军1）

第33军于1931年6月17日在山西太原成立（所属部队源自山西陆军第13旅）。抗战全面爆发前驻榆次，隶属太原绥靖公署，辖第68师、独立第3旅和独立第8旅。1937年7月，第68师扩建为第61军脱离序列。8月改隶第6集团军。9月参加太原会战。10月，独立第3旅和独立第8旅编入第68师。第33军因无所属部队，仅为空番号。1939年2月改隶第8集团军。7月1日，军番号交由第2战区第2预备军使用。

历任军长：

孙　楚（抗战全面爆发时—1939年7月1日）

陆军第33军（晋军2）

第33军于1939年7月1日在山西临县再次成立（原第2战区第2预备军改编），隶属第13集团军，辖第71师、第200旅和第202旅。第33军成立后长期在晋西地区游击。12月参加“晋西事变”。1940年10月改隶第7集团军。1941年1月，第200旅扩编为暂编第41师，第202旅扩编为暂编第42师。1944年3月，暂42师拨归第19军，暂编第38师编入序列。1945年8月抗战胜利开赴太原、平遥等地受降。11月1日，第33军重组。1949年4月24日在太原被歼灭。

历任军长：

郭宗汾（1939年7月1日—1940年5月6日）

于镇河（1940年5月6日—抗战胜利时）

郭宗汾

于镇河

陆军第34军（晋军）

第34军于1931年6月17日在山西太原成立（所属部队源自山西陆军第8旅和第10旅）。抗战全面爆发前驻汾阳，隶属太原绥靖公署，辖第71师、第73师、第196旅和第203旅。1937年8月改隶第6集团军。9月参加太原会战，第71师拨归第2战区第2预备军。10月，第196旅编入第69师，第203旅裁撤。11月，第73师拨归第35军，第201旅和第205旅编入。此后长期在晋南地区游击。1939年3月改隶第8集团军。8月，第218旅编入序列。1940年10月改隶第7集团军。1941年1月，第201旅扩编为暂编第43师，第205旅扩编为暂编第44师，第218旅扩编为暂编第45师。1944年2月，暂43师拨归第43军，第73师编入序列。1945年8月抗战胜利后开赴山西浮山受降。11月1日，第34军重组。1949年4月24日在太原被歼灭。

历任军长：

杨澄源（抗战全面爆发时—1939年6月1日）

彭毓斌（1939年6月1日—1941年1月1日）

王乾元（1941年1月1日—1942年7月16日）

张　翼（1942年7月16日—1943年12月21日）

高倬之（1943年12月21日—抗战胜利时）

杨澄源

彭毓斌

王乾元

张翼

高倬之

陆军第35军（晋军—绥军）

第35军于1931年6月17日在绥远集宁成立（所属部队源自山西陆军第4旅），曾参加1933年的长城抗战（伪称第59军）和1936年的绥远抗战，抗战全面爆发前驻归绥，隶属太原绥靖公署，辖第211旅和第218旅。1937年8月改隶第7集团军，参加平绥铁路沿线之作战。9月参加太原会战。11月，第211旅编入第73师，第218旅编入第101师，第73师和第101师编入序列。1938年2月参加太原攻势。6月，第211旅编入序列。1939年1月改隶第8战区。3月，第73师拨归第2战区，新编第31师和新编第32师编入序列。12月参加冬季攻势，歼灭伪绥西警备军。此后仍在绥远长期抗战。1945年6月改隶第12战区。8月抗战胜利后开赴大同、集宁、归绥受降。1948年12月22日在河北怀来被歼灭。

历任军长：

傅作义（抗战全面爆发时—1944年1月18日）

董其武（1944年1月18日—1945年5月24日）

鲁英麐（1945年5月24日—抗战胜利时）

董其武

鲁英麐

陆军第36军（中央军1）

第36军于1933年8月24日在江西黎川成立（所属部队源自江西陆军第4军第4支队）。抗战全面爆发前驻四川重庆，隶属四川行营，辖第5师和第96师。1937年8月改隶第3预备军。12月由军事委员会直辖。1938年8月，第96师主力改编为第167师编入序列。1939年1月，第167师拨归第1军。7月改隶重庆卫戍总司令部。1940年1月改隶第4战区，参加桂南会战，遭到重创。2月22日，第36军因作战不力被撤销番号，第5师和第96师由军事委员会直辖。

历任军长：

周浑元（抗战全面爆发时—1938年1月18日）

姚　纯（1938年1月18日—1940年2月22日）

周浑元

姚纯

陆军第36军（中央军2）

第36军于1940年5月12日在陕西临潼再次成立，隶属第34集团军，辖新编第34师和暂编第15师。第36军成立后长期戍守陕西。1941年5月，新34师拨归第57军，暂编第52师和暂编第59师编入序列。1942年6月改隶第37集团军。1945年8月抗战胜利后驻防陕西彬县。1949年12月27日在四川邛崃被歼灭。

历任军长：

赵锡光（1940年5月12日—1942年6月25日）

刘元瑭（1942年6月25日—10月15日）

罗历戎（1942年10月15日—1945年1月9日）

李世龙（1945年1月9日—7月9日）

钟　松（1945年7月9日—抗战胜利时）

赵锡光

刘元瑭

钟松

陆军第37军（湘军1）

第37军于1932年7月31日在江西南丰成立（所属部队源自湖南陆军第1师第1旅）。抗战全面爆发前驻陕西岐山，隶属西安行营，辖第8师和第24师。1937年8月改隶第4预备军，参加淞沪会战。9月30日改编为第76军。

历任军长：

毛炳文（抗战全面爆发时—1937年9月30日）

陆军第37军（中央军2）

第37军于1938年8月5日在湖北阳新再次成立，隶属第9战区，辖第50师和第92师。第37军成立后参加武汉会战。10月改隶第32军团，第50师拨归第54军，第140师编入序列。1939年1月改隶第15集团军，第92师拨归第99军，第60师和第95师编入序列。9月参加第一次长沙会战。1940年7月改隶第26集团军。1941年8月改隶第9战区。9月参加第二次长沙会战。12月参加第三次长沙会战。1944年5月参加长衡会战。1945年3月参加赣南攻势。6月1日因整军需要被撤销番号，第60师拨归第99军，第95师拨归第62军，第140师裁撤。

历任军长：

黄国樑（1938年8月5日—1939年1月11日）

关麟征（1939年1月11日—5月30日）

陈　沛（1939 年 5 月 30 日—1943 年 4 月 8 日）
罗　奇（1943 年 4 月 8 日—1945 年 6 月 1 日）

黄国樑

陈沛

罗奇

陆军第38军（陕军）

第 38 军于 1932 年 9 月 30 日在甘肃兰州成立（所属部队源自陕西靖国军第 5 游击支队）。抗战全面爆发前驻陕西三原，隶属西安行营，辖第 17 师和第 177 师。1937 年 8 月改隶第 1 战区，参加平汉铁路北段沿线之作战。10 月改隶第 2 战区，参加太原会战。1938 年 6 月改隶第 31 军团，第 177 师拨归第 96 军，独立第 46 旅编入序列。此后长期在中条山游击。1939 年 1 月改隶第 4 集团军。8 月，独 46 旅扩编为新编第 35 师。1941 年 1 月参加豫南会战。1944 年 4 月参加豫中会战。1945 年 6 月，第 177 师编入序列。7 月，新 35 师改称第 55 师。8 月抗战胜利后开赴河南开封受降。1950 年 1 月 21 日在四川茂县投诚。

张耀明

历任军长：
孙蔚如（抗战全面爆发时—1938 年 6 月 21 日）
赵寿山（1938 年 6 月 21 日—1944 年 2 月 1 日）
张耀明（1944 年 2 月 1 日—抗战胜利时）

陆军第39军（皖军）

第 39 军于 1933 年 12 月 21 日在福建延平成立（所属部队源自龙溪民团和安徽陆军第 2 混成旅）。抗战全面爆发前驻浙江吴兴，隶属苏浙边区绥靖公署，辖第 52 师和第 56 师。1937 年 7 月，第 34 师编入序列。8 月改隶第 9 集团军，参加淞沪会战。10 月改隶第 15 集团军。11 月，第 52 师裁撤。12 月改隶武汉卫戍总司令部。1938 年 4 月改隶第 1 战区，参加徐州会战。10 月参加武汉会战。12 月改隶第 5 战区。1939 年 3 月改隶第 11 集团军。4 月参加随枣会战。12 月参加冬季攻势。1940 年 2 月，第 34 师拨归第 1 战区。5 月参加枣宜会战，遭到重创。9 月改隶第 5 战区。11 月，暂编第 51 师编入序列。1941 年 6 月改隶第 33 集团军，此后长期戍守宜昌外围监视日军动向。1942 年 6 月改隶第 21 集团军。1944 年 5 月由军事委员会直辖。10 月改隶长江上游江防军。1945 年 6 月 23 日番号撤销，所部缩编为第 56 师拨归第 92 军。

历任军长：

刘和鼎（抗战全面爆发时—1943 年 3 月 17 日）

刘尚志（1943 年 3 月 17 日—1945 年 6 月 23 日）

刘和鼎

刘尚志

陆军第40军（西北军）

第 40 军于 1931 年 8 月 28 日在河北河间成立（所属部队源自国民军第 2 军补充团）。抗战全面爆发前驻山西运城，隶属豫皖绥靖公署，辖第 39 师。1937 年 8 月改隶第 1 集团军，骑兵第 14 旅编入，参加平汉铁路北段沿线之作战。9 月改隶第 3 军团。1938 年 3 月参加徐州会战，在临沂告捷。1939 年 1 月改隶冀察战区，第 106 师编入序列，此后长期在晋南地区游击。10 月改隶第 24 集团军。12 月参加冬季攻势，此后长期在太行山游击。1941 年 5 月，骑兵第 14 旅缩编为第 40 军骑兵团。1942 年 6 月，独立第 46 旅编入序列。1943 年 4 月在太行山遭到重创。6 月，独立第 46 旅扩编为新编第 40 师。12 月改隶冀察战区。1944 年 4 月改隶第 1 战区，参加豫中会战。1945 年 3 月参加豫西鄂北会战。6 月改隶第 11 战区，新编第 40 师裁撤。8 月抗战胜利后开赴河南安阳受降。1949 年 5 月 5 日在河南新乡接受和平改编。

马法五

历任军长：

庞炳勋（抗战全面爆发时—1942 年 5 月 30 日）

马法五（1942 年 5 月 30 日—抗战胜利时）

陆军第41军（川军）

第 41 军于 1935 年 5 月 2 日在西康雅安成立（所属部队源自四川陆军第 2 师骑兵团）。抗战全面爆发前驻绵阳，隶属川康绥靖公署，辖第 122 师、第 123 师和第 124 师。1937 年 8 月改隶第 2 预备军。9 月改隶第 22 集团军，参加太原会战。1938 年 4 月参加徐州会战，副官处处长傅哲民阵亡。7 月参加武汉会战。1939 年 4 月参加随枣会战。12 月参加冬季攻势。1940 年 5 月参加枣宜会战。1945 年 3 月参加豫西鄂北会战。6 月，第 123 师裁撤，第 104 师编入序列。8 月抗战胜利后开赴河南漯河受降。1948 年 12 月 10 日在江苏萧县被歼灭。

曾甦元

历任军长：

孙　震（抗战全面爆发时—1943 年 4 月 10 日）

曾甦元（1943 年 4 月 10 日—抗战胜利时）

陆军第42军（西北军1）

冯安邦

第 42 军于 1933 年 8 月 8 日在江西永丰成立（所属部队源自国民军第 1 军卫队旅）。抗战全面爆发前驻湖北孝感，隶属第 26 路军，辖第 27 师和独立第 44 旅。1937 年 8 月参加平汉铁路北段沿线之作战。9 月改隶第 1 军团。10 月参加太原会战。1938 年 3 月参加徐州会战，在台儿庄告捷。8 月参加武汉会战。11 月，军长冯安邦阵亡。1939 年 1 月改隶第 2 集团军。3 月 1 日番号撤销，第 27 师和独立第 44 旅拨归第 30 军。

历任军长：

孙连仲（抗战全面爆发时—1937 年 8 月 25 日）

冯安邦（1937 年 8 月 25 日—1938 年 11 月 3 日）

孙连仲（1938 年 11 月 3 日—1939 年 3 月 1 日）

陆军第42军（中央军2）

杨德亮

第 42 军于 1939 年 8 月 5 日在甘肃兰州再次成立，隶属第 8 战区，辖第 48 师、第 191 师和预备第 7 师。第 42 军长期担负甘肃、宁夏、新疆等地的防务。11 月，新编第 18 旅编入序列。1942 年 7 月，新编第 18 旅拨归第 91 军。1943 年 12 月，第 48 师拨归第 8 战区改编，新编第 41 师编入序列。1944 年 3 月改隶第 29 集团军。12 月，新编第 41 师拨归暂编第 5 军。1945 年 2 月第 191 师拨归第 91 军，暂编第 58 师编入序列。8 月抗战胜利后驻防新疆阿克苏。1949 年 9 月 25 日在新疆喀什起义（时为整编第 42 师）。

历任军长：

杨德亮（1939 年 8 月 5 日—抗战胜利时）

陆军第43军（川军1）

第 43 军于 1934 年 9 月 24 日在湖北阳新成立（所属部队源自四川陆军第 9 师第 17 旅）。抗战全面爆发前驻贵州都匀，隶属滇黔绥靖公署，辖第 26 师。9 月改隶第 4 预备军。10 月参

郭汝栋

加淞沪会战。11 月改隶第 3 战区。1938 年 3 月改隶江防司令部。6 月改隶第 34 军团。7 月参加武汉会战，遭到重创。9 月 2 日番号撤销，第 26 师拨归第 29 军。

历任军长：

郭汝栋（抗战全面爆发时—1938 年 9 月 2 日）

陆军第43军（鲁军2）

沈克

第 43 军于 1938 年 9 月 17 日在河南信阳再次成立，隶属第 17 军团，辖第 106 师。10 月参加武汉会战。1939 年 1 月 20 日撤销番号，第 106 师拨归第 40 军。

历任军长：

沈　克（1938 年 9 月 17 日—1939 年 1 月 20 日）

陆军第43军（晋军3）

第 43 军于 1940 年 5 月 6 日在山西乡宁第三次成立，隶属第 2 战区，辖独立第 3 旅、独立第 7 旅和独立第 8 旅。第 43 军成立后长期在晋南地区游击。10 月改隶第 8 集团军。12 月，独立第 3 旅拨归第 2 战区，第 70 师编入序列。1941 年 1 月，独立第 7 旅扩编为暂编第 46 师，独立第 8 旅扩编为暂编第 47 师。5 月参加晋南会战，遭到重创。1944 年 2 月，暂 46 师和暂 47 师拨归第 23 军，暂编第 39 师和暂编第 43 师编入序列。1945 年 8 月抗战胜利后驻防山西蒲县。11 月 1 日，第 43 军重组。1949 年 4 月 24 日在山西太原被歼灭。

赵世玲

历任军长：

郭宗汾（1940 年 5 月 6 日—12 月 17 日）

赵世玲（1940 年 12 月 17 日—1942 年 9 月 22 日）

刘效曾（1942 年 9 月 22 日—抗战胜利时）

陆军第44军（川军）

第 44 军于 1935 年 10 月 1 日在四川重庆成立（所属部队源自四川陆军第 9 师第 18 旅）。抗战全面爆发前驻成都，隶属川康绥靖公署，辖第 149 师、第 150 师和第 163 师。1937 年 8 月改隶第 4 预备军。12 月改隶第 7 战区。1938 年 1 月改隶第 29 集团军。2 月，第 163 师拨归川康绥靖公署。7月参加武汉会战，遭到重创。1939年5月参加随枣会战。12月参加冬季攻势。1940年5月参加枣宜会战。1943年1月，第161师和第162师编入序列。10月参加常德会战。1944年3月改隶第27集团军。5月参加长衡会战。8月改隶第30集团军。1945年4月，第149师裁撤。8月抗战胜利后开赴浙江衢县、安徽贵池受降。1948年11月18日在江苏邳县投诚。

历任军长：

王缵绪（抗战全面爆发时—1938年10月8日）

廖　震（1938年10月8日—1940年11月29日）

王泽浚（1940年11月29日—抗战胜利时）

廖震

王泽浚

陆军第45军（川军）

陈鼎勋

第45军于1935年5月15日在四川广元成立（四川陆军第2师第3旅）。抗战全面爆发前驻广元，隶属川康绥靖公署，辖第125师、第126师、第127师、第128师和第131师。8月改隶第2预备军，第128师和第131师裁撤。9月改隶第4军团。10月改隶第22集团军，参加太原会战。1938年4月参加徐州会战，第126师拨归第95军。8月参加武汉会战。1939年5月参加随枣会战。12月参加冬季攻势，此后长期在大洪山游击。1945年3月参加豫西鄂北会战。6月2日改编为第47军。

历任军长：

邓锡侯（抗战全面爆发时—1938年4月26日）

陈鼎勋（1938年4月26日—1945年6月2日）

陆军第46军（中央军1）

第46军于1935年12月23日在湖南洪江成立（所属部队源自鄂北清乡团和鄂陕军）。抗战全面爆发前驻陕西渭南，隶属西安行营，辖第28师和第79师。1937年10月，第79师拨归第3战区。1938年1月由军事委员会直辖。3月，第140师编入序列。4月改隶第20军团，参加徐州会战，第92师编入序列。5月，第140师拨归第8军，第49师编入序列。6月改隶第9战区。8月改隶第12军团，参加武汉会战，第28师拨归第16军，第92师拨归第37军。12月10日撤销番号，第49师拨归第6军。

历任军长：

樊崧甫（抗战全面爆发时—1938 年 12 月 10 日）

陆军第46军（桂军2）

第 46 军于 1939 年 1 月 26 日在广西南宁成立，隶属第 16 集团军，辖第 170 师、第 175 师和新编第 19 师。11 月参加桂南会战。1940 年 10 月参加秋季攻势。1944 年 9 月参加长衡会战。10 月参加桂柳会战，遭到重创。1945 年 3 月改隶第 2 方面军。4 月，第 170 师裁撤，第 188 师编入序列。8 月抗战胜利后开赴海南岛受降。1947 年 2 月 20 日在山东莱芜被歼灭（时为整编第 46 师）。

历任军长：

夏　威（兼）（1939 年 1 月 26 日—1939 年 11 月 15 日）

何　宣（1939 年 11 月 15 日—1940 年 5 月 1 日）

周祖晃（1940 年 5 月 1 日—1942 年 12 月 2 日）

黎行恕（1942 年 12 月 2 日—1945 年 5 月 24 日）

韩练成（1945 年 5 月 24 日—抗战胜利时）

何宣

黎行恕

韩练成

陆军第47军（川军1）

第 47 军于 1936 年 10 月 12 日在四川成都成立（所属部队源自四川陆军第 3 师第 6 旅）。抗战全面爆发前驻西昌，隶属川康绥靖公署，辖第 104 师。1937 年 8 月改隶第 2 预备军，第 178 师编入序列。9 月改隶第 22 集团军。10 月参加太原会战。1938 年 1 月改隶第 2 战区。2 月参加太原攻势，此后长期在晋东南地区游击。1939 年 1 月改隶第 4 集团军。10 月改隶第 36 集团军。1944 年 4 月参加豫中会战，遭到重创。8 月改隶第 22 集团军。1945 年 5 月参加豫西鄂北会战。6 月 2 日裁撤，第 104 师拨归第 41 军，第 178 师裁撤。

李宗昉

历任军长：

李家钰（抗战全面爆发时—1943 年 11 月 15 日）

李宗昉（1943 年 11 月 15 日—1945 年 6 月 2 日）

陆军第47军（川军2）

第47军于1945年6月2日在湖北襄阳再次成立（原第45军改称），隶属第22集团军，辖第125师和第127师。8月抗战胜利后开赴河南郑州受降。1948年12月10日在江苏萧县被歼灭。

历任军长：

陈鼎勋（1945年6月2日—抗战胜利时）

陆军第48军（桂军）

第48军于1937年3月3日在广西南宁成立（所属部队源自定桂军和讨贼军）。抗战全面爆发前驻南宁，隶属第5路军，辖第173师、第174师和第176师。8月改隶第11集团军。9月改隶第8军团，参加淞沪会战，遭到重创。1938年3月参加徐州会战。7月参加武汉会战。10月，第173师和第174师拨归第84军，第138师编入序列。1939年2月改隶第21集团军，此后长期在大别山游击。1943年1月参加立煌战役。1945年8月抗战胜利后驻防安徽太湖。1949年12月9日在广西博白被歼灭。

历任军长：

夏　威（抗战全面爆发时—1937年9月29日）

韦云淞（1937年9月29日—1938年2月16日）

廖　磊（1938年2月16日—7月7日）

张义纯（1938年7月7日—1939年11月19日）

区寿年（1939年11月19日—1940年7月1日）

苏祖馨（1940年7月1日—抗战胜利时）

张义纯

区寿年

苏祖馨

陆军第49军（东北军）

第49军于1937年6月2日在河南信阳成立（所属部队源自东北边防军司令长官公署卫队）。抗战全面爆发前驻信阳，隶属豫苏皖军事整理委员会，辖第105师和第109师。8月改隶第1战区，参加平汉铁路北段沿线之作战。10月改隶第3战区，参加淞沪会战，遭到重创。1938年3月改隶第5战区。6月改隶第34军团，第109师拨归第90军，预备第9师编入序列。12月改隶第19集团军。1939年3月参加南昌会战，再次遭到重创。9月参加第一次长沙会战。1940年5月改隶第32集团军，第26师编入序列。1941年1月，预备第9师拨归第19集团军，暂编第13师编入序列。3月参加上高会战。5月改隶第10集团军。1942年2

月，暂编第 13 师拨归第 25 军，预备第 5 师编入序列。5 月参加浙赣会战。9 月改隶第 25 集团军。1944 年 6 月参加衢县战役。1945 年 4 月，预备第 5 师裁撤，第 79 师编入序列。8 月抗战胜利后开赴浙江杭州、吴兴受降。1948 年 10 月 28 日在辽宁黑山被歼灭。

历任军长：

刘多荃（抗战全面爆发时—1941 年 12 月 17 日）

王铁汉（1941 年 12 月 17 日—抗战胜利时）

刘多荃

王铁汉

陆军第50军（陕军1）

杨渠统

第 50 军于 1937 年 9 月 3 日在安徽蚌埠成立（所属部队源自第 17 师），隶属第 5 战区，辖第 167 师和新编第 35 师。12 月 28 日因违抗命令被撤销番号，第 167 师和新编第 35 师拨归第 5 战区。

历任军长：

杨渠统（1937 年 9 月 3 日—12 月 28 日）

陆军第50军（川军2）

第 50 军于 1938 年 2 月 5 日在安徽青阳再次成立，隶属第 23 集团军，辖第 144 师和新编第 7 师。第 50 军成立后长期戍守皖南。1939 年 2 月，第 145 师编入序列。12 月参加冬季攻势。1941 年 1 月参加“皖南事变”。1942 年 9 月，第 145 师拨归第 21 军，第 148 师编入序列。1944 年 3 月，第 144 师由副师长张昌德率领在大通叛国投敌，以拒绝投降的该师官兵重建第 144 师。1945 年 2 月，第 144 师裁撤。7 月，第 148 师拨归第 25 军。8 月抗战胜利后驻防安徽贵池。10 月 2 日裁撤。

历任军长：

郭勋祺（1938 年 2 月 5 日—1939 年 12 月 8 日）

佟　毅（1939 年 12 月 8 日—1940 年 1 月 30 日）

范子英（1940 年 1 月 30 日—1943 年 1 月 9 日）

佟　毅（1943 年 1 月 9 日—9 月 7 日）

田钟毅（1943 年 9 月 7 日—抗战胜利时）

郭勋祺

佟毅

范子英

田钟毅

陆军第51军（东北军）

第51军于1933年2月12日在天津成立（所属部队源自北洋陆军第18混成旅），曾参加1933年的长城抗战。抗战全面爆发前驻江苏淮阴，隶属江苏绥靖公署，辖第113师和第114师。1937年10月改隶第3集团军，参加津浦铁路北段沿线之作战。1938年3月参加徐州会战。6月改隶第5集团军。8月参加武汉会战。1939年1月改隶鲁苏战区。此后长期在鲁南地区游击。1943年2月在城顶山战役中遭到重创，8月，辎重兵团团长董春光阵亡。1944年3月改隶第5战区。1945年1月改隶第15集团军。8月抗战胜利后驻防安徽阜阳。1947年1月21日在山东峄县被歼灭（时为整编第51师）。

历任军长：

于学忠（抗战全面爆发时—1939年3月18日）

牟中珩（1939年3月18日—1942年2月6日）

周毓瑛（1942年2月6日—抗战胜利时）

牟中珩

周毓瑛

陆军第52军（中央军）

第52军于1937年8月9日在河北保定成立，隶属第2集团军，辖第2师和第25师。第52军成立后参加平汉铁路北段沿线之作战。10月改隶第20军团。1938年3月参加徐州会战。6月改隶第32军团，第195师编入序列。8月参加武汉会战。1939年1月改隶第15集团军。9月参加第一次长沙会战。1940年7月改隶第9集团军，此后长期担负中越边境的守备任务。1945年3月改隶第1方面军。8月抗战胜利后开赴越南海防受降。第52军于1949年6月撤往台湾。1954年6月15日改编为第8军。1956年6月5日改称第3军。1976年1月1日改称第11军。8月16日改称第69军。1989年7月1日裁编。

赵公武

历任军长：

关麟征（1937 年 8 月 9 日—1938 年 9 月 28 日）

张耀明（1938 年 9 月 28 日—1943 年 2 月 18 日）

赵公武（1943 年 2 月 18 日—抗战胜利时）

陆军第53军（东北军）

周福成

第 53 军于 1933 年 2 月 12 日在北平成立（所属部队源自东北陆军第 16 旅、第 17 旅和第 34 团），曾参加 1933 年的长城抗战，抗战全面爆发前驻河北石家庄，隶属冀察绥靖公署，辖第 91 师、第 116 师和第 130 师。1937 年 8 月改隶第 1 集团军，参加平汉铁路北段沿线之作战。9 月改隶第 20 集团军。1938 年 3 月改隶第 26 军团。7 月参加武汉会战，第 91 师拨归第 85 军。12 月改隶第 9 战区，此后长期戍守洞庭湖西岸。1940 年 7 月改隶第 20 集团军。12 月，副军长兼第 130 师师长朱鸿勋阵亡。1944 年 5 月参加滇西攻势。1945 年 3 月改隶第 1 方面军。4 月，荣誉第 2 师编入序列。8 月抗战胜利后开赴越南河内受降。1948 年 11 月 1 日在辽宁沈阳投诚。

历任军长：

万福麟（抗战全面爆发时—1938 年 12 月 21 日）

周福成（1938 年 12 月 21 日—抗战胜利时）

陆军第54军（中央军）

第 54 军于 1937 年 10 月 17 日在上海成立，隶属第 16 军团，辖第 14 师。第 54 军成立后参加淞沪会战。12 月改隶武汉卫戍总司令部，第 55 师编入序列。1938 年 2 月，第 18 师编入序列。6 月参加武汉会战，第 55 师拨归第 94 军。7 月改隶第 3 兵团。10 月，第 50 师编入序列。12 月改隶第 20 集团军。1939 年 7 月，第 18 师拨归第 18 军，新编第 23 师编入序列。9 月参加第一次长沙会战。10 月，新编第 23 师拨归第 87 军，第 198 师编入序列。12 月改隶第 4 战区，参加冬季攻势。1940 年 1 月参加桂南会战。7 月改隶第 9 集团军。1941 年 9 月参加宜昌攻势。1943 年 8 月改隶昆明行营。1944 年 4 月改隶第 20 集团军，第 50 师拨归驻印军，第 36 师编入序列。5 月，第 14 师拨归驻印军。6 月参加滇西攻势，因功获颁荣誉旗（1945 年 6 月 21 日颁授）。1945 年 3 月，第 8 师编入序列。8 月抗战胜利后开赴广东广州受降。第 54 军于 1949 年 5 月撤往台湾。1954 年 7 月 1 日撤编。

历任军长：

霍揆彰（1937 年 10 月 17 日—1939 年 7 月 5 日）

陈烈（1939 年 7 月 5 日—1940 年 10 月 31 日）

黄　维（1940 年 11 月 1 日—1943 年 4 月 8 日）
张耀明（1943 年 4 月 8 日—8 月 3 日）
方　天（1943 年 8 月 3 日—1944 年 7 月 20 日）
阙汉骞（1944 年 7 月 20 日—抗战胜利时）

陈烈

阙汉骞

陆军第55军（西北军）

曹福林

第 55 军于 1937 年 8 月 19 日在山东惠民成立，隶属第 3 集团军，辖第 29 师和手枪旅。9 月参加津浦铁路北段沿线之作战。1938 年 1 月，手枪旅拨归第 3 集团军，第 74 师编入序列。3 月参加徐州会战。6 月拨归第 3 兵团，参加武汉会战，参谋处处长杜德五阵亡。10 月改隶第 33 集团军。1939 年 12 月参加冬季攻势。1940 年 5 月参加枣宜会战。1941 年 1 月参加豫南会战。3 月改隶第 2 集团军。1944 年 4 月参加豫中会战。8 月，第 81 师编入序列。1945 年 3 月参加豫西鄂北会战。8 月抗战胜利后开赴河南临颍受降。1949 年 10 月 21 日裁撤。

历任军长：

曹福林（1937 年 8 月 19 日—抗战胜利时）

陆军第56军（西北军1）

第 56 军于 1937 年 8 月 19 日在山东黄县成立，隶属第 3 集团军，辖第 22 师和第 74 师。9 月参加津浦铁路北段沿线之作战。1938 年 1 月，第 74 师拨归第 55 军。2 月 22 日番号撤销，第 22 师拨归第 3 集团军。

历任军长：

谷良民（1937 年 8 月 19 日—1938 年 2 月 22 日）

谷良民

陆军第56军（川军2）

郭昌明

第56军于1938年3月19日在四川成都再次成立，隶属第28集团军，辖第163师和第164师。第56军成立后长期戍守川北地区。1939年2月改隶川陕鄂边区绥靖公署。1945年8月抗战胜利后驻防四川成都、南充。1947年3月12日裁撤（时为整编第56师）。

历任军长：

郭昌明（1938年3月19日—1941年8月30日）

潘文华（1941年8月30日—抗战胜利时）

陆军第57军（东北军1）

缪澄流

第57军于1933年2月12日在热河滦县成立（所属部队源自东北陆军第5旅和第12旅），曾参加1933年的长城抗战。抗战全面爆发前驻陕西高陵，隶属西安行营，辖第111师和第112师。1937年8月改隶第5战区。11月抽调部队参加淞沪会战。同月改隶第25集团军。12月抽调部队参加南京保卫战。1938年1月改隶第3战区。2月改隶第24集团军。3月参加徐州会战。9月参加武汉会战。1939年1月改隶鲁苏战区，此后长期在苏北地区游击。1940年9月，因军长缪澄流试图投敌，致部队兵变。11月8日，第57军因兵变事件被撤销番号，第111师和第112师拨归鲁苏战区总司令部。

历任军长：

缪澄流（抗战全面爆发时—1940年11月8日）

陆军第57军（中央军2）

第57军1941年5月25日在陕西华县再次成立，隶属第34集团军，辖第8师、第97师和新编第34师。第57军成立后长期戍守陕西。1942年6月改隶第38集团军。1944年1月，新34师拨归第1战区直辖。5月参加豫中会战，遭到重创。7月，第97师裁撤。11月，第45师和第46师编入序列。12月改隶黔桂湘边区总司令部。1945年2月9日因整军需要被番号撤销，第46师裁撤，第8师拨归第54军，第45师拨归第5军。

刘安祺

历任军长：

丁德隆（1941年5月25日—1944年4月20日）

刘安祺（1944年4月20日—1945年2月9日）

陆军第58军（滇军）

鲁道源

第58军于1938年6月6日在云南昆明成立，隶属第30军团，辖新编第10师、新编第11师和新编第12师。10月参加武汉会战，新12师拨归新编第3军。1939年1月改隶第1集团军。3月参加南昌会战。9月参加赣北攻势。12月参加冬季攻势。1941年9月参加第二次长沙会战。12月参加第三次长沙会战，在影珠山告捷。1942年5月参加浙赣会战。1943年11月参加常德会战。1944年6月参加长衡会战。1945年8月抗战胜利后开赴江西南昌受降。1949年12月28日在广西容县被歼灭。

历任军长：

孙　渡（1938年6月6日—1942年10月16日）

鲁道源（1942年10月16日—抗战胜利时）

陆军第59军（西北军）

第59军于1937年8月31日在河北青县成立，隶属第1集团军，辖第38师、独立第26旅、独立第39旅和骑兵第13旅。第59军成立后参加平汉铁路北段沿线之作战。9月，独立第26旅编入第38师，由第38师第113旅和独39旅合编为第180师。10月参加津浦铁路北段沿线之作战。1938年3月参加徐州会战。4月改隶第27军团，在临沂告捷。9月参加武汉会战。1939年1月改隶第33集团军。5月参加随枣会战。12月参加冬季攻势。1940年5月参加枣宜会战，兼军长张自忠阵亡。12月，骑兵第13旅裁撤，暂编第53师编入序列。1941年9月参加第二次长沙会战。1945年6月，暂53师裁撤。8月抗战胜利后开赴河南信阳受降。1948年11月8日，所属主力在山东台儿庄宣布起义，残部于1949年3月1日裁撤。

历任军长：

宋哲元（1937年8月31日—1938年2月11日）

张自忠（兼）（1938年2月11日—1940年5月16日）

黄维纲（1940年5月16日—1943年8月3日）

刘振三（1943年8月17日—抗战胜利时）

黄维纲

刘振三

陆军第60军（滇军）

安恩溥

第60军于1937年8月30日在云南昆明成立，隶属第3预备军，辖第182师、第183师和第184师。12月改隶武汉卫戍总司令部。1938年4月改隶第5战区，参加徐州会战。6月改隶第30军团。9月参加武汉会战。10月第184师拨归新编第3军。1939年1月改隶第1集团军，第182师拨归新编第3军，第184师编入序列。3月参加南昌会战。9月参加第一次长沙会战。12月参加冬季攻势。1940年8月起长期戍守滇南地区。1941年5月，第183师拨归新编第3军，第182师编入序列。1945年3月改隶第1方面军。6月，暂编第21师编入序列。8月抗战胜利后开赴越南河内受降。1948年10月17日在吉林长春起义。

历任军长：

卢　汉（1937年8月30日—1939年7月13日）

安恩溥（1939年7月13日—抗战胜利时）

陆军第61军（晋军1）

李服膺

第61军于1937年7月19日在山西大同成立（由第68师师部升编），隶属太原绥靖公署，辖第101师和第200旅。8月改隶第7集团军，参加平绥铁路沿线之作战。9月参加太原会战。同月15日，军长李服膺因指挥不力被逮捕枪决，第61军番号交由他部编组。

历任军长：

李服膺（1937年7月19日—9月15日）

陆军第61军（晋军2）

第61军于1937年9月15日在山西代县再次成立，隶属第7集团军，辖第72师。第61军成立后参加太原会战。12月，第69师编入序列。此后长期在吕梁山游击。1938年8月，第208旅编入序列。1939年12月参加“晋西事变”。1940年10月改隶第8集团军。11月，第69师和第208旅互换番号。1941年1月，第208旅扩编为暂编第48师。此后长期在晋南地区游击。1945年8月抗战胜利后驻防山西长治。11月20日重组。1949年4月24日在山西太原被歼灭。

历任军长：

陈长捷（1937年9月15日—1939年7月1日）

吕瑞英（1939年7月1日—1941年11月25日）

梁培璜（1941年11月25日—抗战胜利时）

陆军第62军（粤军）

第62军于1937年8月22日在广东琼崖成立，隶属第12集团军，辖第151师和第152师。1938年10月在广东阻击日军。12月，第151师拨归第66军，第157师编入序列。1939年12月参加第一次粤北战役。1940年3月，第152师拨归第63军，第151师和第154师编入序列。5月参加第二次粤北战役。1943年5月，第154师拨归第65军，第158师编入序列。1944年6月参加长衡会战。1945年3月改隶第2方面军。4月，第158师拨归第7战区，第95师编入序列。8月抗战胜利后开赴台湾台中、嘉义、高雄受降。1949年1月15日在天津被歼灭。

历任军长：

张　达（1937年8月22日—1939年9月8日）

黄　涛（1939年9月8日—抗战胜利时）

张达

黄涛

陆军第63军（粤军）

张瑞贵

第63军于1937年8月22日在广东从化成立，隶属第12集团军，辖第153师和第154师。10月，第154师拨归第83军，第186师编入序列。1938年2月，第186师拨归第83军，第154师编入序列。10月在广东阻击日军。12月，第186师编入序列。1939年12月参加第一次粤北战役。1940年3月，第154师拨归第62军，第152师编入序列。5月参加第二次粤北战役。1945年8月抗战胜利后开赴广东惠州受降。1948年11月12日在江苏灌云被歼灭。

历任军长：

张瑞贵（1937年8月22日—抗战胜利时）

陆军第64军（粤军）

第64军于1937年8月22日在广东潮安成立，隶属第12集团军，辖第155师和第156师。10月，第156师拨归第83军，第187师编入序列。1938年5月参加徐州会战。6月改隶第29军团，参加武汉会战。12月第187师拨归第65军，第156师编入序列。1939年2月改隶第16集团军。10月改隶第35集团军。12月参加第一次粤北战役。1940年1月参加桂南会战。3月，第159师编入序列。10月参加秋季攻势。1944年7月参加桂柳会战。1945年3月改隶第2方面军。4月参加广西攻势，第155师改称第131师。8月抗战胜利后开赴广东中山、顺德受降。1948 年 11 月 22 日在江苏邳县被歼灭。

历任军长：

李汉魂（1937 年 8 月 22 日—1938 年 12 月 21 日）

邓龙光（1938 年 12 月 21 日—1940 年 3 月 19 日）

陈公侠（1940 年 3 月 19 日—1944 年 6 月 5 日）

张　弛（1944 年 6 月 5 日—抗战胜利时）

陈公侠

张弛

陆军第65军（粤军）

第 65 军于 1937 年 8 月 22 日在广东广州成立，隶属第 12 集团军，辖第 157 师和第 158 师。1938 年 10 月在广东阻击日军。12 月，第 157 师拨归第 62 军，第 187 师编入序列。1939 年 5 月改隶第 9 集团军。12 月改隶第 4 战区，参加第一次粤北战役。1940 年 3 月改隶第 12 集团军，第 160 师编入序列。5 月参加第二次粤北战役。1943 年 5 月，第 158 师拨归第 62 军，第 154 师编入序列。1944 年 9 月参加桂柳会战。1945 年 8 月抗战胜利后开赴广东惠州、韶关受降。1949 年 12 月 12 日在四川大邑被歼灭。

历任军长：

李振球（1937 年 8 月 22 日—1939 年 4 月 15 日）

缪培南（1939 年 4 月 15 日—11 月 15 日）

黄国樑（1939 年 11 月 15 日—抗战胜利时）

李振球

缪培南

陆军第66军（粤军1）

第 66 军于 1937 年 8 月 22 日在广东新兴成立，隶属第 12 集团军，辖第 159 师和第 160 师。11 月改隶第 15 集团军，参加淞沪会战。12 月改隶南京卫戍总司令部，参加南京保卫战，副官处处长容正平阵亡。1938 年 1 月改隶第 12 集团军。7 月参加武汉会战。9 月改隶第 38 军团。1939 年 1 月改隶第 12 集团军。11 月改隶第 37 集团军。12 月参加第一次粤北战役。1940 年 1 月参加桂南会战，遭到重创。3 月 2 日因作战失利被撤销番号，第 151 师拨归第 62 军，第 159 师拨归第 64 军，第 160 师拨归第 65 军。

谭邃

历任军长：

叶　肇（1937 年 8 月 22 日—1939 年 4 月 11 日）

谭　邃（1939 年 4 月 11 日—10 月 4 日）

陈　骥（1939 年 10 月 4 日—1940 年 3 月 2 日）

陆军第66军（中央军2）

第 66 军于 1942 年 2 月 11 日在贵州普安再次成立，隶属第 11 集团军，辖新编第 28 师、新编第 29 师和新编第 38 师。4 月改隶远征军第 1 路，开赴缅甸参加第一次远征，遭到重创，参谋处作战科科长张致广阵亡。7 月由军事委员会直辖。9 月 7 日因作战失利被撤销番号，新 28 师和新 29 师并编为新 28 师后拨归第 6 军，新 38 师拨归驻印军。

历任军长：

张　轸（1942 年 2 月 11 日—9 月 7 日）

陆军第66军（中央军3）

第 66 军于 1943 年 10 月 4 日在湖北松滋第三次成立（原暂编第 9 军改称），隶属第 10 集团军，辖第 185 师和第 199 师。11 月参加常德会战。1944 年 5 月参加长衡会战。1945 年 6 月，第 13 师编入序列。8 月抗战胜利后开赴湖北武汉受降。1947 年 7 月 28 日在山东金乡被歼灭（时为整编第 66 师）。

历任军长：

方　靖（1943 年 10 月 4 日—1944 年 8 月 29 日）

宋瑞珂（1944 年 8 月 29 日—抗战胜利时）

方靖

宋瑞珂

陆军第67军（东北军1）

第67军于1933年3月8日在河北密云成立（所属部队源自东北陆军第1旅和第2旅），曾参加1933年的长城抗战。抗战全面爆发前驻安徽阜阳，隶属豫皖绥靖公署，辖第107师和第108师。8月改隶第1战区，参加平汉铁路北段沿线之作战。9月改隶第1集团军。10月改隶第3战区，参加淞沪会战，遭到重创，军长吴克仁和参谋长吴桐冈阵亡。11月30日，第67军因兵员不足被撤销番号，第107师裁撤，第108师拨归第79军。

历任军长：

吴克仁（抗战全面爆发时—1937年11月10日）

贺　奎（1937年11月11日—1937年11月30日）

吴克仁

贺奎

陆军第67军（川军2）

第67军于1938年2月5日在四川重庆再次成立，隶属第29集团军，辖第161师和第162师。7月参加武汉会战。1939年12月参加冬季攻势。1940年5月参加枣宜会战。1943年1月24日番号撤销，第161师和第162师拨归第44军。

历任军长：

许绍宗（1938年2月5日—1940年11月29日）

佘念慈（1940年11月29日—1943年1月24日）

许绍宗

佘念慈

陆军第67军（中央军3）

第67军于1943年9月13日在绥远后套第三次成立，隶属陕绥边区总司令部，辖新编第26师和骑兵第7师。第67军成立后长期在河套地区游击。1945年8月抗战胜利后驻防后套。1946年3月20日裁撤。

何文鼎

历任军长：

何文鼎（1943 年 9 月 15 日—抗战胜利时）

陆军第68军（西北军）

第 68 军于 1937 年 8 月 31 日在察哈尔宣化成立，隶属第 7 集团军，辖第 143 师、独立第 29 旅和独立第 31 旅。第 68 军成立后参加平汉铁路北段沿线之作战。9 月改隶第 1 集团军，独 31 旅和独 40 旅合编为第 119 师。10 月参加津浦铁路北段沿线之作战。12 月改隶第 5 战区。1938 年 1 月，独立第 27 旅编入序列。3 月参加徐州会战。6 月改隶第 28 军团。7 月参加武汉会战。1939 年 1 月改隶第 2 集团军，此后长期在桐柏山区游击。12 月参加冬季攻势。1940 年 5 月参加枣宜会战。11 月，暂编第 36 师编入序列（同时独立第 27 旅并入暂 36 师）。1941 年 1 月参加豫南会战。1944 年 4 月参加豫中会战。1945 年 3 月参加豫西鄂北会战。8 月抗战胜利后开赴河南南阳受降。1949 年 10 月 21 日裁撤。

刘汝珍

历任军长：

刘汝明（1937 年 8 月 31 日—1943 年 4 月 23 日）

刘汝珍（1943 年 4 月 23 日—抗战胜利时）

陆军第69军（五省军1）

阮肇昌

第 69 军于 1937 年 8 月 31 日在上海成立，隶属第 8 集团军，辖第 55 师和第 57 师。第 69 军成立后参加淞沪会战。10 月改隶第 15 集团军。12 月改隶武汉卫戍总司令部，第 55 师拨归第 54 军。1938 年 1 月 20 日番号撤销，第 57 师拨归武汉卫戍总司令部。

历任军长：

阮肇昌（1937 年 8 月 31 日—1938 年 1 月 20 日）

陆军第69军（西北军2）

第 69 军于 1938 年 3 月 28 日在河南孟县再次成立，隶属第 1 战区，辖第 181 师、新编第

6师和骑兵第9师。第69军成立后长期在沂蒙山区游击。7月改隶第10军团。1939年1月改隶冀察战区，骑兵第9师拨归第33集团军。8月，暂编第3师和特务旅（由教导总队和特务团合编）编入序列。1940年2月，特务旅扩编为教导师。4月改隶第39集团军。12月，兼军长石友三因涉嫌投敌，被部属逮捕处决。1941年2月，暂3师改称暂编第28师。5月，新6师拨归新编第8军。11月，军长毕泽宇及所属教导师在甄城被日军包围后投敌。1942年6月改隶第2集团军。1944年11月改隶第22集团军。1945年8月抗战胜利后驻防河南泌阳。11月20日裁撤。

历任军长：

石友三（1938年3月28日—1940年12月1日）

毕泽宇（1940年12月2日—1941年11月3日）

米文和（1941年11月4日—抗战胜利时）

毕泽宇

米文和

陆军第70军（湘军—中央军）

第70军于1937年8月31日在浙江镇海成立，隶属第10集团军，辖第19师。第70军成立后参加淞沪会战。11月，第128师编入序列。12月改隶第3战区。1938年6月改隶第15军团，参加武汉会战。8月，第128师裁撤，第16师编入序列。1939年1月改隶第19集团军。3月参加南昌会战。6月，第16师拨归第86军，第107师编入序列。9月改隶第27集团军，参加第一次长沙会战。10月改隶第25集团军。12月由军事委员会直辖，参加冬季攻势。1940年5月改隶第32集团军，预备第5师编入序列。8月改隶第19集团军。1941年3月参加上高会战。4月，预5师拨归第19集团军，预备第9师编入序列。8月改隶第25集团军，第19师拨归第100军，第80师编入序列。1942年5月参加浙赣会战。8月改隶第3战区。1945年7月，预9师裁撤，第75师编入序列。8月抗战胜利后开赴浙江宁波受降。1947年12月15日在山东济宁被歼灭（时为整编第70师）。

陈孔达

历任军长：

李　觉（1937年8月31日—1941年8月24日）

陈孔达（1941年8月24日—抗战胜利时）

陆军第71军（中央军）

第71军于1937年9月12日在上海成立，隶属第9集团军，辖第87师。第71军成立后参加淞沪会战。10月，补充旅编入。11月改隶南京卫戍总司令部，补充旅编入第87师。12月参加南京保卫战，遭到重创。1938年1月改隶第1战区，预备第8师编入序列。5月，第88师编入序列。6月参加徐州会战，第61师编入序列。8月参加武汉会战，预8师拨归第27军，第36师编入序列。10月，第61师拨归第17军团。11月由军事委员会直辖，此后一度调往晋南地区游击。1941年11月改隶第11集团军。1942年4月起在滇西阻击日军。1944年4月，第36师拨归第54军，新编第28师编入序列。5月参加滇西攻势。1945年3月改隶第3方面军，新28师裁撤，第91师编入序列。8月抗战胜利后开赴江苏苏州受降。1948年10月28日在辽宁黑山被歼灭。

历任军长：

王敬久（1937年9月12日—1938年5月1日）
宋希濂（1938年5月1日—1940年7月29日）
陈瑞河（1940年7月29日—1942年3月30日）
钟　彬（1942年3月30日—1944年12月20日）
陈明仁（1944年12月20日—抗战胜利时）

钟彬

陈明仁

陆军第72军（中央军1）

第72军于1937年9月12日在上海成立，隶属第9集团军，辖第88师。第72军成立后参加淞沪会战。10月，补充旅编入。11月改隶南京卫戍总司令部。12月参加南京保卫战，遭到重创。1938年1月25日番号撤销，第88师改隶武汉卫戍总司令部，补充旅并入第88师。

历任军长：

孙元良（1937年9月12日—1938年1月25日）

陆军第72军（川军2）

第72军于1938年4月6日在四川成都再次成立，隶属第30集团军，辖新编第13师和新编第14师。7月参加武汉会战。12月新13师拨归第78军，新编第15师编入序列。1939年3月参加南昌会战。9月参加第一次长沙会战。1941年3月参加上高会战。8月，新14师改称第34师。9月参加第二次长沙会战。12月参加第三次长沙会战。1942年5月参加浙赣会战。1943年6月，新编第13师编入序列。9月抽调一部参加常德会战。1944年6月参加长衡会战。1945 年 3 月参加赣南攻势。8 月抗战胜利后驻防湖北阳新。1949 年 1 月 9 日在河南永城投诚。

历任军长：

王陵基（兼）（1938 年 4 月 6 日—1940 年 2 月 13 日）

韩全朴（1940 年 2 月 13 日—1942 年 4 月 1 日）

傅　翼（1943 年 2 月 18 日—抗战胜利时）

韩全朴

傅翼

陆军第73军（湘军—中央军）

第 73 军于 1937 年 8 月 31 日在上海成立，隶属第 10 集团军，辖第 15 师、第 16 师、第 77 师和独立第 32 旅。第 73 军成立后参加淞沪会战。10 月改隶第 19 集团军，独立第 32 旅扩编为预备第 11 师脱离序列。11 月改隶江防司令部。1938 年 6 月改隶第 34 军团，参加武汉会战。8 月，第 16 师拨归第 70 军。12 月改隶第 9 战区。1939 年 3 月参加南昌会战。9 月改隶第 27 集团军，参加第一次长沙会战。12 月参加冬季攻势。1940 年 2 月，暂编第 5 师编入序列。7 月改隶长江上游江防军。1941 年 9 月改隶第 20 集团军，参加宜昌攻势。1942 年 2 月改隶第 9 战区。1943 年 3 月改隶第 30 集团军。5 月参加鄂西会战。10 月参加常德会战。1944 年 4 月改隶第 24 集团军。6 月参加长衡会战。12 月，暂 5 师裁撤，第 193 师编入序列。1945 年 3 月改隶第 4 方面军。5 月参加湘西会战。8 月抗战胜利后驻防新化、岳阳。1947 年 2 月 23 日在山东莱芜被歼灭。

历任军长：

王东原（1937 年 8 月 31 日—1938 年 12 月 31 日）

彭位仁（1938 年 12 月 31 日—1943 年 3 月 14 日）

汪之斌（1943 年 3 月 14 日—12 月 23 日）

彭位仁（1943 年 12 月 23 日—1945 年 1 月 26 日）

韩　浚（1945 年 1 月 26 日—抗战胜利时）

彭位仁

汪之斌

韩浚

陆军第74军（中央军）

第74军于1937年8月30日在上海成立，隶属第9集团军，辖第51师和第58师。第74军成立后参加淞沪会战。10月改隶第15集团军。11月改隶南京卫戍总司令部。12月参加南京保卫战。1938年1月改隶武汉卫戍总司令部。5月参加徐州会战。6月改隶第1兵团，第40师编入序列。7月参加武汉会战。8月改隶第36军团，第40师拨归第29军。10月在万家岭告捷。11月，第57师编入序列。1939年1月改隶第20集团军。3月参加南昌会战。6月改隶第19集团军。9月参加第一次长沙会战。12月参加冬季攻势。1940年5月参加夏季攻势。1941年2月改制为攻击军。3月参加上高会战，军部和军属炮兵团因功获颁荣誉旗（1944年8月3日颁授）。9月由军事委员会直辖，参加第二次长沙会战。1942年5月参加浙赣会战。1943年5月参加鄂西会战。12月参加常德会战。1944年2月改隶第24集团军。5月参加长衡会战。1945年3月改隶第4方面军。5月参加湘西会战。8月抗战胜利后开赴湖南衡阳受降。1947年5月16日在山东蒙阴被歼灭（时为整编第74师）。

施中诚

历任军长：

俞济时（1937年8月30日—1939年6月24日）

王耀武（1939年6月24日—1944年3月4日）

施中诚（1944年3月4日—抗战胜利时）

陆军第75军（中央军）

第75军于1937年8月31日在上海成立，隶属第3战区，辖第6师。第75军成立后参加淞沪会战。9月改隶第19集团军。12月改隶武汉卫戍总司令部。1938年3月改隶第20军团，参加徐州会战，第13师、第93师编入序列。6月改隶第15军团。7月参加武汉会战。8月，第93师拨归第6军，预备第4师编入序列。1939年1月改隶第9战区。4月改隶长江上游江防军。12月参加冬季攻势。1940年7月改隶第26集团军。1941年9月参加宜昌攻势。1943年3月在天宝山告捷。5月，第13师拨归第86军。6月，第16师编入序列。11月参加常德会战。1945年4月，预4师裁撤。8月抗战胜利后开赴湖北安陆、仙桃受降。1948年7月1日在河南睢县被歼灭（时为整编第75师）。

周嵒

施北衡

柳际明

历任军长：

周　砻（1937 年 8 月 31 日—1941 年 3 月 28 日）

施北衡（1941 年 3 月 28 日—1943 年 10 月 13 日）

柳际明（1943 年 10 月 13 日—抗战胜利时）

陆军第76军（中央军）

第 76 军于 1937 年 9 月 30 日在上海成立（原第 37 军改称），隶属第 3 战区，辖第 8 师和第 24 师。第 76 军成立后参加淞沪会战。1938 年 1 月改隶第 1 战区。3 月改隶第 11 军团。4 月，第 24 师拨归第 27 军，预备第 14 师拨归序列。7 月改隶第 1 战区。10 月，预 14 师拨归第 16 军。11 月改隶天水行营。1939 年 2 月由军事委员会直辖，第 24 师和第 196 师编入序列，此后长期戍守陕西和四川。7 月改隶第 34 集团军。1941 年 1 月抽调一部参加豫南会战。6 月，第 8 师拨归第 57 军，暂编第 57 师编入序列。1942 年 8 月，第 196 师由军事委员会直辖，新编第 5 师编入序列。10 月由军事委员会直辖。1944 年 12 月，新 5 师裁撤。1945 年 3 月改隶第 37 集团军。8 月抗战胜利后开赴湖北秭归、当阳受降。1948 年 11 月 27 日在陕西永丰被歼灭。

廖昂

历任军长：

陶峙岳（1937 年 9 月 30 日—1938 年 7 月 28 日）

李铁军（1938 年 7 月 28 日—1943 年 9 月 28 日）

廖昂（1943 年 9 月 28 日—抗战胜利时）

陆军第77军（西北军）

第 77 军于 1937 年 8 月 31 日在河北青县成立，隶属第 1 集团军，辖第 37 师、第 132 师、独立第 25 旅和独立第 28 旅。第 77 军成立后参加平汉铁路北段沿线之作战。9 月，独立第 25 旅和独立第 28 旅合编为第 179 师。10 月改隶第 19 军团，参加津浦铁路北段沿线之作战。1938 年 4 月参加徐州会战。8 月参加武汉会战。1939 年 1 月改隶第 33 集团军。1939 年 5 月参加随枣会战。此后长期戍守豫鄂边区。1945 年 3 月参加豫西鄂北会战。5 月，第 179 师裁撤。8 月抗战胜利后开赴湖北南漳受降。1948 年 11 月 8 日，所属主力在山东台儿庄宣布起义，残部于 1949 年 1 月 10 日在河南永城被歼灭。

何基沣

历任军长：

冯治安（1937 年 8 月 31 日—1943 年 9 月 16 日）

何基沣（1943 年 9 月 16 日—抗战胜利时）

陆军第78军（中央军1）

第78军于1937年9月13日在上海成立，隶属第9集团军，辖第36师。第78军成立后参加淞沪会战。11月改隶南京卫戍总司令部，补充旅编入序列。12月参加南京保卫战，遭到重创。1938年1月25日番号撤销，第36师由军事委员会直辖，补充旅并入第36师。

历任军长：

宋希濂（1937年9月13日—1938年1月25日）

陆军第78军（川军2）

夏首勋

第78军于1938年5月11日在四川成都再次成立，隶属第30集团军，辖新编第15师和新编第16师。7月参加武汉会战。12月，新15师拨归第72军，新编第13师编入序列。1939年3月参加南昌会战。9月参加第一次长沙会战。1941年12月参加第三次长沙会战。1942年5月参加浙赣会战。1943年6月13日番号撤销，新13师拨归第72军，新16师拨归第30集团军。

历任军长：

张斯可（1938年5月11日—1939年2月10日）

夏首勋（1939年2月10日—1942年7月1日）

沈久成（1942年7月1日—1943年6月13日）

陆军第78军（中央军3）

赖汝雄

第78军于1944年2月29日在河南方城第三次成立，隶属第28集团军，辖新编第42师、新编第43师和新编第44师。4月参加豫中会战。1945年3月参加豫西鄂北会战。8月抗战胜利后驻防陕西西安。12月30日裁撤。

历任军长：

赖汝雄（1944年2月29日—抗战胜利时）

陆军第79军（中央军）

第79军于1937年9月13日在上海成立，隶属第9集团军，辖第98师。第79军成立后参加淞沪会战，遭到重创。11月改隶第25集团军。12月，第108师编入序列。1938年1月改隶第19集团军。3月，第76师编入序列。6月改隶第32集团军。12月，第108师拨归第25军，第118师编入序列。1939年3月参加南昌会战，参谋处处长王禹九阵亡。5月改隶第9战区。9月改隶第19集团军，参加第一次长沙会战。12月由军事委员会直辖。1940年1月，第76师拨归第2军。2月，暂编第6师编入序列。4月，第118师拨归第87军，第82师编入序列。1941年9月改隶第9战区，参加第二次长沙会战。11月，第82师拨归第8军，第

194师编入序列。12月改隶第20集团军，参加第三次长沙会战。1943年2月参加鄂西会战。5月改隶第10集团军。10月参加常德会战。1944年6月改隶第27集团军，参加长衡会战，军长王甲本阵亡。10月由军事委员会直辖。1945年6月，暂编第6师裁撤，暂编第2师编入序列。8月抗战胜利后驻防内江、乐山、达县等地。1949年12月20日在四川什邡起义。

历任军长：

夏楚中（1937年9月13日—1943年3月17日）

王甲本（1943年3月17日—1944年9月7日）

方　靖（1944年9月8日—抗战胜利时）

夏楚中

王甲本

陆军第80军（中央军）

第80军于1937年9月29日在甘肃天水成立，隶属西安行营，辖第43师和第97师。第80军成立后长期戍守甘肃。11月改隶第8战区。1939年2月，第43师拨归第87军，第165师编入序列。1940年6月改隶第34集团军。8月改隶第2战区，新编第27师编入序列。1941年3月，第97师拨归新编第12军，第34师编入序列。5月参加晋南会战，遭到重创，第34师裁撤，新编第37师编入序列。6月改隶第37集团军，此后长期戍守河南、陕西。1945年8月抗战胜利后驻防陕西洛川。1946年1月10日裁撤。

历任军长：

刘绍先（1937年9月29日—11月9日）

孔令恂（1937年11月9日—1942年1月5日）

王文彦（1942年1月5日—1943年6月30日）

袁　朴（1943年6月30日—抗战胜利时）

刘绍先

孔令恂

王文彦

袁朴

陆军第81军（宁马军）

马鸿宾

第 81 军于 1937 年 10 月 4 日在宁夏中宁成立，直属军事委员会，辖第 35 师。11 月改隶第 17 集团军。1938 年 3 月，独立第 35 旅编入序列。1939 年 12 月参加冬季攻势。此后长期戍守宁绥边区。1944 年 1 月，独 35 旅改称暂编第 60 师。1945 年 8 月抗战胜利后驻防宁夏中宁、固原。1949 年 9 月 19 日在宁夏中卫起义。

历任军长：

马鸿宾（1937 年 10 月 4 日—抗战胜利时）

陆军第82军（青马军）

马继援

第 82 军于 1937 年 10 月 11 日在青海西宁（原新编第 2 军改称），隶属西安行营，辖第 100 师、骑兵第 1 旅、骑兵第 2 旅和补充旅。第 82 军成立后长期戍守青海。11 月改隶第 8 战区。1939 年 2 月增编骑兵第 3 旅。1941 年 3 月，骑兵第 2 旅缩编为骑兵团，骑兵第 3 旅裁撤。1943 年 9 月改隶第 40 集团军，骑兵第 1 旅改称骑兵旅。1944 年 1 月，补充旅改编为暂编第 61 师。10 月，骑兵旅改编为新编骑兵第 8 师。1945 年 8 月抗战胜利后驻防青海西宁。1949 年 9 月 11 日在青海湟中投诚。

历任军长：

马步芳（1937 年 10 月 11 日—1943 年 3 月 11 日）

马继援（1943 年 3 月 11 日—抗战胜利时）

陆军第83军（粤军1）

莫希德

第 83 军于 1937 年 10 月 14 日在广东东莞成立，隶属第 12 集团军，辖第 154 师和第 156 师。11 月改隶第 3 战区，参加淞沪会战。12 月改隶南京卫戍总司令部，参加南京保卫战。1938 年 1 月改隶第 12 集团军。2 月，第 154 师拨归第 63 军，第 186 师编入序列。10 月在广东阻击日军。12 月 24 日因作战不力被撤销番号，第 156 师拨归第 64 军，第 186 师拨归第 63 军。

历任军长：

邓龙光（1937 年 10 月 14 日—1938 年 9 月 27 日）

莫希德（1938 年 9 月 27 日—12 月 24 日）

陆军第83军（晋军2）

第 83 军于 1939 年 4 月 1 日在山西吉县再次成立，隶属第 6 集团军，辖第 66 师和第 206 旅。第 83 军成立后长期在晋西南地区游击。1940 年 8 月，第 66 师缩编为第 204 旅，第 206

旅扩编为第66师，另行成立第206旅。12月改隶第13集团军。1941年1月，第204旅改称暂编第49师，第206旅改称暂编第50师。1945年8月抗战胜利后一部驻防山西乡宁、陕西韩城，一部开赴太原受降。11月20日裁撤。

历任军长：

杜春沂（1939年4月1日—1941年3月28日）

孙福麟（1941年3月28日—抗战胜利时）

杜春沂

孙福麟

陆军第84军（桂军）

第84军于1938年4月12日在广西南宁成立，隶属第8军团，辖第188师和第189师。7月参加武汉会战。10月，第188师拨归第31军，第173师和第174师编入序列。1939年2月改隶第11集团军。3月参加南昌会战。5月参加随枣会战。11月改隶第21集团军。12月参加冬季攻势。1940年5月参加枣宜会战，此后长期在鄂东地区游击。1942年4月，第173师拨归第7军。12月参加立煌战役。1945年8月25日裁撤。

历任军长：

夏　威（1938年4月12日—6月21日）

覃连芳（1938年6月21日—1939年6月29日）

莫树杰（1939年6月29日—1943年7月19日）

张光玮（1943年7月19日—1945年8月25日）

覃连芳

莫树杰

张光玮

陆军第85军（中央军）

第85军于1937年11月6日在安徽亳县成立，隶属第20军团，辖第4师和第89师。第85军成立后参加太原会战。1938年3月参加徐州会战，在台儿庄告捷。7月参加武汉会战，

第 91 师编入序列。10 月，第 89 师拨归第 13 军，第 23 师编入序列。1939 年 2 月改隶第 31 集团军。5 月参加随枣会战。1940 年 1 月参加冬季攻势。4 月，第 91 师拨归新编第 2 军，预备第 11 师编入序列。5 月参加枣宜会战。1941 年 1 月参加豫南会战。1942 年 4 月，第 4 师拨归第 13 军，第 110 师编入序列。1943 年 9 月改隶第 28 集团军。1944 年 4 月改隶第 15 集团军，参加豫中会战，遭到重创。9 月改隶第 31 集团军。12 月，预备第 11 师拨归第 29 军，暂编第 55 师编入序列。1945 年 4 月参加豫西鄂北会战。7 月，暂 55 师改称第 49 师。8 月抗战胜利后驻防河南西平。1948 年 12 月 10 日在安徽宿县被歼灭。

历任军长：

王仲廉（1937 年 11 月 6 日—1940 年 11 月 5 日）

李楚瀛（1940 年 11 月 5 日—1943 年 10 月 5 日）

吴绍周（1943 年 10 月 5 日—抗战胜利时）

李楚瀛

吴绍周

陆军第86军（黔军1）

何知重

第 86 军于 1937 年 12 月 18 日在湖南平江成立，直属军事委员会，辖第 103 师和第 121 师。1938 年 6 月改隶第 4 兵团。7 月参加武汉会战，遭到重创。8 月改隶第 9 集团军。11 月 28 日番号撤销，第 103 师和第 121 师由军事委员会直辖。

历任军长：

何知重（1937 年 12 月 18 日—1938 年 11 月 28 日）

陆军第86军（中央军2）

第 86 军于 1939 年 6 月 21 日在浙江金华再次成立，直属军事委员会，辖第 15 师、第 67 师和预备第 10 师。12 月参加冬季攻势。1940 年 5 月改隶第 3 战区，预 10 师拨归第 10 军，第 79 师编入序列。6 月改隶第 32 集团军。9 月改隶第 10 集团军。1941 年 10 月改隶第 3 战区。1942 年 2 月改隶第 25 集团军。5 月参加浙赣会战。6 月由军事委员会直辖。1943 年 2 月改隶长江上游江防军。5 月参加鄂西会战。6 月，第 16 师拨归第 75 军，第 79 师拨归第 88 军，调第 13 师和暂编第 32 师编入序列。11 月改隶第 6 战区，参加常德会战。1945 年 6 月 23 日因整军需要番号被撤销，第 13 师拨归第 66 军，第 67 师拨归第 30 军，暂 32 师裁撤。

历任军长：

俞济时（1939 年 6 月 21 日—12 月 29 日）
冯圣法（1939 年 12 月 29 日—1940 年 3 月 21 日）
莫与硕（1940 年 3 月 21 日—1942 年 7 月 19 日）
方日英（1942 年 7 月 19 日—1943 年 7 月 13 日）
朱鼎卿（1943 年 7 月 13 日—1945 年 6 月 23 日）

冯圣法

莫与硕

方日英

朱鼎卿

陆军第87军（中央军）

第 87 军于 1938 年 1 月 22 日在湖北武汉成立，隶属第 26 集团军，辖第 198 师和第 199 师。6 月改隶第 3 兵团，参加武汉会战。7 月，第 199 师拨归第 18 军。8 月改隶第 9 集团军。1939 年 2 月改隶第 20 集团军，第 43 师编入序列。10 月，第 198 师拨归第 54 军，新编第 23 师编入序列。1940 年 4 月，第 118 师编入序列。1940 年 6 月参加枣宜会战。1941 年 9 月参加宜昌攻势。1942 年 10 月改隶长江上游江防军。1943 年 4 月改隶第 6 战区。5 月参加鄂西会战。1944 年 10 月改隶第 10 集团军。12 月，新 23 师裁撤。1945 年 4 月，第 118 师拨归第 18 军。5 月 20 日番号撤销，第 43 师拨归第 94 军。

历任军长：

刘膺古（1938 年 1 月 22 日—1939 年 2 月 7 日）
周祥初（1939 年 2 月 7 日—1941 年 9 月 22 日）
高卓东（1941 年 9 月 22 日—1944 年 8 月 13 日）
罗广文（1944 年 8 月 13 日—1945 年 5 月 20 日）

刘膺古

周祥初

高卓东

陆军第88军（川军—中央军）

第88军于1938年2月5日在四川涪陵成立，直属军事委员会。第88军成立时仅有军部，无所属部队。1939年1月，新编第21师编入序列。3月改隶第10集团军，此后长期在浙东地区游击。1940年10月改隶第32集团军。1942年3月，新编第30师和暂编第32师编入序列。5月参加浙赣会战。6月改隶第25集团军。8月，新30师拨归第10集团军。1943年6月，暂32师拨归第86军，第79师和暂编第33师编入序列。1945年4月，第79师拨归第49军。8月抗战胜利后驻防浙江丽水。1949年6月5日裁撤。

历任军长：

范绍增（1938年2月5日—1942年3月16日）

何绍周（1942年3月16日—1943年1月29日）

刘嘉树（1943年1月29日—抗战胜利时）

范绍增

刘嘉树

陆军第89军（中央军）

第89军于1938年2月18日在江苏海安成立，隶属第24集团军，辖第33师和第117师。第89军成立后长期在苏北地区游击。5月参加徐州会战。1939年2月改隶鲁苏战区。12月，独立第6旅编入序列。1940年10月在黄桥与新编第4军作战时遭到重创，军长李守维阵亡。1941年2月，参谋处处长陈师洛阵亡。1943年5月，第33师拨归苏鲁豫皖边区总司令部。9月改隶第19集团军。1944年1月，第117师拨归第13军，新编第1师编入序列。3月改隶第28集团军。5月参加豫中会战。1945年8月抗战胜利后驻防陕西白河、安康。1946年1月10日裁撤。

韩德勤

李守维

顾锡九

历任军长：

韩德勤（1938年2月18日—1939年3月19日）

李守维（1939年3月19日—1940年10月5日）

韩德勤（1940 年 10 月 5 日—1941 年 10 月 11 日）

顾锡九（1941 年 10 月 11 日—抗战胜利时）

陆军第90军（中央军）

第 90 军于 1938 年 2 月 7 日在河南开封成立，隶属第 1 战区，辖第 195 师和第 196 师。6 月，第 195 师拨归第 52 军，第 109 师编入序列，此后长期戍守陕西。10 月，第 196 师由军事委员会直辖，第 53 师编入序列。12 月改隶西安行营。1939 年 1 月改隶第 34 集团军。3 月，第 61 师编入序列。1940 年 1 月起在晋南地区游击。9 月回戍陕西，第 109 师拨归第 16 军，第 28 师编入序列。1941 年 10 月和 12 月两度驰援晋南告捷。1943 年 3 月改隶第 4 集团军。1945 年 2 月改隶第 34 集团军。5 月参加豫西鄂北会战。8 月抗战胜利后开赴河南洛阳受降。1948 年 3 月 1 日在陕西宜川被歼灭（时为整编第 90 师）。

历任军长：

彭进之（1938 年 2 月 7 日—6 月 27 日）

李　文（1938 年 6 月 27 日—1945 年 1 月 9 日）

严　明（1945 年 1 月 9 日—抗战胜利时）

彭进之

严明

陆军第91军（中央军1）

郜子举

第 91 军于 1938 年 2 月 12 日在河南洛阳成立，隶属第 1 战区，辖第 166 师。第 91 军成立后在河南阻击日军，此后长期在太行山游击。1939 年 2 月 4 日番号移交友军使用，第 166 师拨归第 93 军。

历任军长：

郜子举（1938 年 2 月 12 日—1939 年 2 月 4 日）

陆军第91军（中央军2）

第 91 军于 1939 年 2 月 4 日在安徽临溪再次成立，隶属第 10 集团军，辖第 63 师、第 194 师和预备第 10 师。第 91 军成立后在皖南地区游击。6 月，预备第 10 师拨归第 86 军。此后在苏南地区游击。1940 年 5 月 6 日番号撤销，第 63 师和第 194 师拨归第 3 战区。

宣铁吾

历任军长：

宣铁吾（1939年2月4日—1940年3月21日）

冯圣法（1940年3月21日—5月6日）

陆军第91军（中央军3）

第91军于1942年7月10日在甘肃河州第三次成立，隶属第8战区，辖暂编第58师和新编第18旅。第91军成立后长期戍守河西走廊。1943年7月，新编第18旅改称陆军混成旅后拨归第8战区，新编第4师和骑兵第10师编入序列。1943年9月改隶第3集团军。1945年2月，暂58师拨归第42军，第191师编入序列。8月抗战胜利后驻防甘肃张掖、武威、玉门。1949年9月24日在甘肃酒泉起义。

历任军长：

韩锡侯（1942年7月10日—1943年6月30日）

周士冕（1943年6月30日—10月23日）

王　晋（1943年10月23日—抗战胜利时）

陆军第92军（中央军）

第92军于1938年2月12日在河南郑州成立，隶属第1战区。3月参加徐州会战。6月改隶第32军团。7月参加武汉会战。1939年1月改隶第31集团军，第95师拨归第37军，第82师编入序列。7月，第142师编入序列。1940年4月改隶第21集团军，第82师拨归第79军。5月，暂编第14师编入序列。12月改隶第31集团军。1941年5月改隶第15集团军，暂14师拨归骑兵第2军，暂编第56师编入序列。1943年2月改隶第28集团军，此后在鲁南地区游击。1944年8月由军事委员会直辖。12月，暂56师裁撤。1945年1月改隶第10集团军。5月参加湘西会战。6月，第56师编入序列。8月抗战胜利后开赴湖北武汉受降，继又调往北平受降。1949年1月22日在北平接受和平改编。

侯镜如

历任军长：

李仙洲（1938年2月12日—1943年1月6日）

侯镜如（1943年1月6日—抗战胜利时）

陆军第93军（中央军1）

第93军于1938年3月7日在山西平陆成立，隶属第2战区。第93军成立后长期在晋南地区游击。6月改隶第33军团，第94师拨归第97军。1939年1月改隶第14集团军，第83师拨归第14军，第10师和新编第8师编入序列。2月，第166师编入序列。1940年9月配合参加百团大战。1941年5月参加晋南会战。1942年8月由军事委员会直辖，第166师拨归重庆卫戍总司令部，暂编第2师编入序列，此后长期卫戍重庆。1944年7月参加桂柳会战。8月改隶第16集团军，遭到重创。1945年2月4日，第93军因沿途撤退时军纪败坏被撤销番号，第10师拨归第14军，新编第8师裁撤，暂编第2师拨归重庆卫戍总司令部。

历任军长：

刘　戡（1938年3月7日—1942年9月22日）

陈牧农（1942年9月22日—1944年9月20日）

符昭骞（1944年9月20日—10月15日）

甘丽初（1944年10月15日—1945年2月4日）

陈牧农

符昭骞

陆军第93军（滇军2）

卢浚泉

第93军于1945年6月4日在云南建水再次成立，隶属第1方面军，辖暂编第18师、暂编第20师和暂编第22师。8月抗战胜利后开赴越南河内受降。1948年10月15日在辽宁锦州被歼灭。

历任军长：

卢浚泉（1945年6月4日—抗战胜利时）

陆军第94军（中央军）

第94军于1938年4月19日在湖北武汉成立，隶属武汉警备司令部，辖第185师。6月，第55师编入序列。10月参加武汉会战。11月改隶第9战区。1939年1月，第121师编入序列。4月改隶长江上游江防军。1940年1月参加冬季攻势。1941年9月参加宜昌攻势。1943年5月参加鄂西会战。7月，第55师拨归第18军，第5师编入序列。10月，第185师拨归第66军，暂编第35师编入序列。1945年1月由军事委员会直辖。5月，暂35师裁撤，第43

师编入序列。同月参加湘西会战。7月参加广西攻势。8月抗战胜利后开赴上海、杭州受降。1949年1月22日在北平接受和平改编。

历任军长：

郭　忏（1938年4月19日—1940年1月24日）

李及兰（1940年1月24日—1942年10月18日）

牟廷芳（1942年10月18日—抗战胜利时）

郭忏

李及兰

牟廷芳

陆军第95军（川军）

黄隐

第95军于1938年4月26日在四川彭县成立，隶属川康绥靖公署，辖第126师和新编第9师。第95军成立后长期戍守川西地区。1945年8月抗战胜利后驻防彭县。1949年12月9日在彭县起义。

历任军长：

黄　隐（1938年4月26日—抗战胜利时）

陆军第96军（陕军）

第96军于1938年6月21日在山西猗氏成立，隶属第31军团，辖第177师和独立第47旅。第96军成立后长期在中条山游击。1939年1月改隶第4集团军。1940年8月配合参加百团大战。1941年1月参加豫南会战。1942年8月，独47旅扩编为新编第14师。1944年4月参加豫中会战。1945年6月26日因整军需要番号撤销，第177师拨归第38军，新14师裁撤。

历任军长：

李兴中（1938年6月21日—1945年6月26日）

陆军第97军（中央军1）

第97军于1938年6月22日在河北磁安成立，隶属第1战区。第97军成立后在冀西地区游击。1939年4月，骑4师改编为新编第24师，此后在冀南地区游击。11月改隶冀察战区。1940年5月6日番号撤销，第94师拨归第14军，新24师拨归第9军。

朱怀冰

历任军长：

朱怀冰（1938 年 6 月 22 日—1940 年 5 月 6 日）

陆军第97军（中央军2）

第 97 军于 1943 年 2 月 13 日在重庆再次成立，隶属重庆卫戍总司令部，辖第 166 师和第 196 师。1944 年 8 月参加桂柳会战，遭到重创。10 月由军事委员会直辖。1945 年 4 月 6 日番号撤销，第 166 师由军事委员会直辖，第 196 师裁撤。

历任军长：

李明灏（1943 年 2 月 13 日—1944 年 7 月 20 日）

陈素农（1944 年 7 月 20 日—12 月 26 日）

陈　武（1944 年 12 月 26 日—1945 年 4 月 6 日）

李明灏

陈素农

陈武

陆军第97军（中央军3）

王毓文

第 97 军于 1945 年 6 月 4 日在安徽临泉第三次成立（原暂编第 1 军改称），隶属第 19 集团军，辖第 33 师、第 82 师和新编第 29 师。8 月抗战胜利后开赴江苏徐州受降。1950 年 3 月 9 日裁撤。

历任军长：

王毓文（1945 年 6 月 4 日—抗战胜利时）

陆军第98军（中央军1）

张刚

第98军于1938年6月21日在江西新喻成立，隶属第20军团，辖第82师、第193师和预备第13师。8月参加武汉会战，预13师并入第82师。10月，第193师拨归第13军。1939年1月10日番号撤销，第82师拨归第92军。

历任军长：

汤恩伯（兼）（1938年6月21日—7月27日）

张　刚（1938年7月27日—1939年1月10日）

陆军第98军（陕军—中央军2）

第98军于1939年4月29日在山西平遥再次成立（原第14军团改编），隶属第14集团军，辖第42师和第169师。第98军成立后长期在太行山游击。12月参加冬季攻势。1941年5月参加晋南会战。9月在沁水遭到重创，军长武士敏阵亡，参谋长秦逸民被俘。12月改隶第34集团军，此后长期戍守陕西。1943年2月由军事委员会直辖。1944年10月参加桂柳会战，再次遭到重创。11月改隶黔桂湘边区总司令部。1945年1月26日番号撤销，第42师与第169师并编为第169师后拨归第29军。

历任军长：

冯钦哉（1939年4月29日—10月23日）

武士敏（1939年10月23日—1941年9月29日）

刘希程（1941年10月1日—1945年1月26日）

武士敏

刘希程

陆军第99军（中央军）

第99军于1938年6月29日在贵州遵义成立，直属军事委员会，辖第99师。8月，第118师编入序列。12月，第118师拨归第79军。1939年1月第92师编入序列。10月改隶第26集团军。11月改隶第38集团军。12月参加桂南会战。1940年1月，第197师编入序列。2月改隶第9战区。1941年9月参加第二次长沙会战。12月参加第三次长沙会战。1943年11月参加常德会战。1944年5月参加长衡会战。1945年6月，第197师裁撤，调第60师编入序列。8月抗战胜利后开赴江西南昌、九江受降。1946年12月19日在江苏沭阳被歼灭（时为整编第69师）。

历任军长：

傅仲芳（1938 年 6 月 29 日—1943 年 4 月 6 日）

梁汉明（1943 年 4 月 6 日—抗战胜利时）

傅仲芳

梁汉明

陆军第100军（中央军）

第 100 军于 1938 年 9 月 29 日在福建漳州成立，隶属驻闽绥靖公署，辖第 75 师和第 80 师。第 100 军成立后长期在福建阻击日军。1939 年 3 月改隶第 25 集团军，新编第 20 师编入序列。1941 年 4 月转往赣东地区游击。8 月，第 80 师拨归第 70 军，第 19 师编入序列。9 月参加第二次长沙会战。1942 年 3 月改隶第 3 战区。5 月参加浙赣会战。6 月改隶第 32 集团军。10 月改隶第 3 战区，新 20 师拨归第 9 战区，第 63 师编入序列。1943 年 11 月由军事委员会直辖，参加常德会战。1944 年 2 月改隶第 24 集团军。5 月参加长衡会战。9 月参加桂柳会战。1945 年 3 月改隶第 4 方面军。4 月参加湘西会战。同月，第 75 师裁撤。8 月抗战胜利后开赴湖南常德受降。1948 年 11 月 21 日在江苏邳县被歼灭。

历任军长：

陈　琪（1938 年 9 月 29 日—1941 年 6 月 26 日）

刘广济（1941 年 6 月 26 日—1942 年 11 月 5 日）

施中诚（1942 年 11 月 5 日—1944 年 3 月 4 日）

李天霞（1944 年 3 月 4 日—抗战胜利时）

陈琪

刘广济

李天霞

陆军新编第1军（甘军1）

新编第 1 军于 1933 年 11 月 8 日在甘肃兰州成立（所属部队源自甘肃民团）。抗战全面爆发前驻兰州，隶属西安行营。新编第 1 军成立后长期戍守甘肃。1937 年 10 月改隶第 21 军团。1939 年 1 月改隶晋陕绥边区总司令部。1940 年 5 月 8 日番号撤销，新 10 旅扩编为暂编第 15 师后拨归第 36 军，新 11 旅拨归晋陕绥边区总司令部。

历任军长：

邓宝珊（抗战全面爆发时—1940 年 5 月 8 日）

陆军新编第1军（中央军2）

孙立人

新编第 1 军于 1943 年 1 月 29 日在印度兰姆伽再次成立，隶属驻印军，辖新编第 22 师和新编第 38 师。10 月参与缅北攻势，连战皆捷。1944 年 7 月在密支那告捷，因功获颁荣誉旗（1945 年 6 月 21 日颁授）。9 月，新 22 师拨归新编第 6 军，调新编第 30 师编入序列。1945 年 4 月，第 50 师编入序列。6 月改隶陆军总司令部。8 月抗战胜利后开赴广东广州受降。1948 年 10 月 28 日在辽宁黑山被歼灭。

历任军长：

郑洞国（1943 年 1 月 29 日—1944 年 9 月 4 日）

孙立人（1944 年 9 月 4 日—抗战胜利时）

陆军新编第2军（青马军1）

新编第 2 军于 1934 年 3 月 16 日在青海西宁成立（所属部队源自宁海军）。抗战全面爆发前驻西宁，隶属西安行营。1937 年 10 月 11 日改称第 82 军。

历任军长：

马步芳（抗战全面爆发时—1937 年 10 月 11 日）

陆军新编第2军（甘军2）

鲁大昌

新编第 2 军于 1938 年 9 月 27 日在甘肃岷县再次成立，隶属第 21 军团，辖第 165 师。1939 年 1 月 28 日番号撤销，第 165 师拨归第 8 战区。

历任军长：

鲁大昌（1938 年 9 月 27 日—1939 年 1 月 28 日）

陆军新编第2军（中央军3）

新编第 2 军于 1940 年 4 月 25 日在河南信阳第三次成立，隶属第 31 集团军，辖第 91 师、第 193 师和暂编第 16 师。5 月参加枣宜会战。1941 年 2 月 26 日改称第 29 军。

历任军长：

陈大庆（1940 年 4 月 25 日—1941 年 2 月 26 日）

陆军新编第2军（中央军4）

新编第 2 军于 1944 年 3 月 1 日在甘肃酒泉第四次成立，隶属第 29 集团军，辖新编第 45 师和新编第 46 师。新编第 2 军成立后进驻新疆哈密、精河、奇台。1945 年 8 月抗战胜利后仍驻原防。1949 年 9 月 25 日在新疆景化起义（时为整编第 78 师）。

历任军长：

李铁军（1944 年 3 月 1 日—抗战胜利时）

陆军新编第3军（滇军）

新编第 3 军于 1938 年 10 月 11 日在湖北崇阳成立，隶属第 30 军团，辖第 184 师和新编第 12 师。新编第 3 军成立后参加武汉会战。1939 年 1 月改隶第 1 集团军，第 184 师拨归第 60 军，第 182 师编入序列。1941 年 3 月参加上高会战。5 月，第 182 师拨归第 60 军，第 183 师编入序列。9 月参加第二次长沙会战。12 月参加第三次长沙会战。1942 年 5 月参加浙赣会战。1944 年 7 月抽调一部参加长衡会战。1945 年 8 月抗战胜利后开赴江西九江受降。10 月 2 日裁撤。

历任军长：

张　冲（1938 年 10 月 11 日—1939 年 7 月 20 日）

高荫槐（1939 年 7 月 20 日—1940 年 5 月 10 日）

杨宏光（1940 年 5 月 10 日—抗战胜利时）

张冲

高荫槐

杨宏光

陆军新编第4军（中共军）

新编第 4 军属于由中国共产党领导的抗日队伍，本篇从略。

陆军新编第5军（冀北民军）

孙殿英

新编第 5 军于 1939 年 1 月 26 日在河南林县成立，隶属冀察战区，辖暂编第 3 师和暂编第 4 师。新编第 5 军成立后长期在豫北地区游击。1942 年 1 月改隶第 24 集团军。1943 年 4 月 24 日在太行山遭到日军重兵围攻后向日军投降。12 月 23 日改编为伪军暂编第 11 军（汪伪）。1944 年 10 月 10 日扩编为第 6 方面军。1945 年 9 月接受国民政府改编为自新军新编第 4 路军。1947 年 5 月 1 日在河南汤阴被歼灭（时为暂编第 3 纵队）。

历任军长：

孙殿英（1939 年 1 月 26 日—1943 年 4 月 24 日）

陆军新编第6军（湘军1）

新编第 6 军于 1939 年 6 月 1 日在湖南桃源成立，隶属第 9 战区，辖暂编第 5 师和暂编第 6 师。1940 年 2 月 10 日番号撤销，暂 5 师拨归第 73 军，暂 6 师拨归第 79 军。

历任军长：

薛　岳（1939 年 6 月 1 日—1940 年 2 月 10 日）

陆军新编第6军（中央军2）

廖耀湘

新编第 6 军于 1944 年 9 月 4 日在缅甸孟拱再次成立，隶属驻印军，辖第 14 师、第 50 师、新编第 22 师。新编第 6 军成立后参加缅北攻势，因功获颁荣誉旗（1945 年 6 月 21 日颁授）。8 月，第 14 师和第 50 师编入序列。1945 年 1 月改隶陆军总司令部。4 月，第 50 师拨归新编第 1 军。8 月抗战胜利后开赴南京受降。1948 年 10 月 26 日在辽宁黑山被歼灭。

历任军长：

廖耀湘（1944 年 9 月 4 日—抗战胜利时）

陆军新编第7军（汪伪军—中央军）

新编第 7 军于 1940 年 8 月 12 日在河南郑州成立，隶属第 1 战区，辖暂编第 24 师、暂编第 25 师和暂编第 26 师。1941 年 5 月改隶第 34 集团军，此后长期戍守陕西。1942 年 6 月改隶第 37 集团军。1943 年 5 月，暂 25 师裁撤，另以第 8 战区突击兵团改编为暂 25 师编入序列。1945 年 7 月 9 日因整军需要番号撤销，军直并入第 36 军，所属 3 个师并编为暂编第 25 师后改称第 32 师，拨归第 3 军。

历任军长：

张人杰（1940 年 8 月 12 日—1941 年 4 月 4 日）

彭杰如（1941 年 4 月 4 日—1945 年 4 月 13 日）

钟　松（1945 年 4 月 13 日—7 月 9 日）

张人杰

彭杰如

陆军新编第8军（西北军）

胡伯翰

新编第 8 军于 1941 年 5 月 6 日在河南濮阳成立，隶属第 39 集团军，辖新编第 6 师和暂编第 29 师。新编第 8 军成立后长期在鲁西南地区游击。1944 年 5 月参加豫中会战，遭到重创。9 月改隶冀察战区。1945 年 6 月改隶第 11 战区。8 月抗战胜利后开赴河南新乡受降。10 月 30 日在河北邯郸起义。

历任军长：

高树勋（1941 年 5 月 6 日—1943 年 10 月 15 日）

胡伯翰（1943 年 10 月 15 日—抗战胜利时）

陆军新编第9军—新编第10军，番号空缺。

陆军新编第11军（中央军1）

新编第 11 军于 1938 年 10 月 1 日在湖南湘潭成立，直属军事委员会，辖第 200 师和新编第 22 师，是全国唯一的机械化军。1939 年 2 月 18 日改称第 5 军。

历任军长：

徐庭瑶（1938 年 10 月 1 日—1939 年 2 月 17 日）

陆军新编第11军（中央军2）

新编第 11 军于 1940 年 4 月 2 日在湖北江陵再次成立，隶属第 6 战区，辖第 5 师、第 103 师和荣誉第 1 师。1941 年 9 月 9 日改称第 8 军。

历任军长：

郑洞国（1940 年 4 月 2 日—1941 年 9 月 9 日）

陆军新编第12军（杂军—中央军）

新编第 12 军于 1940 年 6 月 21 日在河南洛阳成立，隶属第 1 战区，辖第 34 师和新编第 37 师。1941 年 3 月改隶第 34 集团军，第 34 师拨归第 80 军，第 97 师编入序列，此后长期戍守陕西。5 月第 97 师拨归第 57 军，新编第 37 师拨归第 80 军，暂编第 58 师编入序列。1942 年 6 月 25 日番号撤销，暂编第 58 师拨归第 8 战区。

历任军长：

刘元瑭（1940 年 6 月 21 日—1942 年 6 月 25 日）

陆军暂编第1军（晋军1）

暂编第 1 军于 1939 年 5 月 1 日在山西隰县成立（又称第 2 战区司令长官部警卫军），隶属第 8 集团军，辖第 214 旅、第 217 旅、暂编第 1 旅和暂编第 2 旅。暂编第 1 军成立后曾在晋南地区游击。7 月，第 217 旅改称第 70 师。1940 年 1 月，暂编第 2 旅被山西新军歼灭。3

月改隶第2战区，长期担负司令长官部的警卫任务。12月1日撤销番号，第70师拨归第43军，其余部队拨归第2战区。

傅存怀

历任军长：

傅存怀（1939年5月1日—1940年12月1日）

陆军暂编第1军（中央军2）

暂编第1军于1944年9月14日在河南永城再次成立，隶属第19集团军，辖第33师、第117师和暂编第30师。1945年6月4日改称第97军。

历任军长：

王毓文（1944年9月14日—1945年6月4日）

陆军暂编第2军（中央军）

暂编第2军于1939年11月23日在广东肇庆成立，隶属第35集团军，辖暂编第7师、暂编第8师和预备第6师。暂编第2军成立后长期戍守西江地区。1941年10月参加第二次长沙会战，预备第6师拨归闽粤赣边区总司令部。12月参加第三次长沙会战。1943年11月参加常德会战。1944年6月参加长衡会战。1945年3月由军事委员会直辖。8月抗战胜利后驻防湖南永兴。10月2日裁撤。

历任军长：

邹　洪（1939年11月23日—1942年5月30日）

古鼎华（1942年5月30日—1944年4月1日）

沈发藻（1944年4月1日—抗战胜利时）

邹洪

古鼎华

沈发藻

陆军暂编第3军（绥军）

暂编第3军于1940年6月12日在绥远东胜成立，隶属第8战区，辖暂编第11师、暂编第 17 师和新编骑兵第 3 师。暂编第 3 军成立后长期在绥西地区游击。1942 年 10 月，新骑 3 师拨归骑兵第 4 军，暂编第 10 师编入序列。1945 年 6 月改隶第 12 战区。8 月抗战胜利后开赴包头受降。1949 年 1 月 22 日在北平接受和平改编（时为第 104 军）。

历任军长：

孙兰峰（1940 年 6 月 12 日—1945 年 8 月 4 日）

袁庆荣（1945 年 8 月 4 日—抗战胜利时）

孙兰峰

袁庆荣

陆军暂编第4军（绥军1）

暂编第 4 军于 1940 年 6 月 12 日在绥远五原成立，隶属第 8 战区，辖暂编第 10 师、新编骑兵第 4 师和第 203 旅。暂编第 4 军成立后长期在绥西地区游击。1942 年 10 月 13 日改称骑兵第 4 军。

历任军长：

董其武（1940 年 6 月 12 日—1942 年 10 月 13 日）

陆军暂编第4军（中央军2）

暂编第 4 军于 1943 年 12 月 24 日在陕西雒南再次成立，隶属第 14 集团军，辖第 47 师和暂编第 4 师。1944 年 4 月参加豫中会战，遭到重创。1945 年 4 月改隶第 31 集团军，参加豫西鄂北会战。6 月 4 日改称第 27 军。

历任军长：

谢辅三（1943 年 12 月 24 日—1945 年 6 月 4 日）

陆军暂编第5军（中央军）

李汉章

暂编第 5 军于 1944 年 12 月 13 日在陕西西安成立，隶属第 36 集团军，辖新编第 41 师和预备第 8 师。暂编第 5 军成立后长期戍守陕西。1945 年 1 月改隶第 1 战区。8 月抗战胜利后驻防西安。1946 年 1 月 8 日裁撤。

历任军长：

李汉章（1944 年 12 月 13 日—抗战胜利时）

陆军暂编第6军—暂编第8军，番号空缺。

陆军暂编第9军（中央军1）

暂编第9军于1940年11月5日在浙江嵊县成立，隶属第10集团军，辖暂编第32师、暂编第33师和暂编第34师。暂编第9军成立后长期在浙东地区游击。1942年3月，暂32师拨归第88军，暂编第35师编入序列。5月参加浙赣会战。1943年2月，暂34师拨归第18军，第199师编入序列。6月，暂33师拨归第88军。10月4日改称第66军。

历任军长：

冯圣法（1940年11月5日—1942年12月18日）

方　靖（1942年12月18日—1943年10月4日）

陆军暂编第9军（东北军2）

暂编第9军于1943年10月22日在安徽阜阳再次成立，隶属第19集团军，辖第111师和第112师。暂编第9军成立后长期戍守豫皖边区。1944年10月23日改称第12军。

历任军长：

霍守义（1943年10月22日—1944年10月23日）

陆军暂编第9军（中央军3）

暂编第9军于1944年10月23日在湖北兴山第三次成立，隶属第6战区，辖第117师和暂编第27师。1945年8月抗战胜利后驻防安徽阜阳。1946年2月27日裁撤。

历任军长：

傅立平（1944年10月23日—抗战胜利时）

陆军暂编第10军—暂编第14军，番号空缺。

陆军暂编第15军（西北军）

刘昌义

暂编第15军于1941年9月27日在河南偃师成立，隶属第4集团军，辖暂编第27师。1942年10月改隶第31集团军，新编第29师编入序列。1943年11月改隶第28集团军。1944年4月参加豫中会战，遭到重创。6月27日因伤亡过重被裁撤。

历任军长：

刘昌义（1941年9月27日—1944年6月27日）

陆军骑兵军（东北军）

骑兵军于 1935 年 8 月 14 日在陕西咸阳成立（所属部队源自东北陆军骑兵第 3 旅、第 4 旅、第 5 旅和第 6 旅）。抗战全面爆发前驻咸阳，隶属西安行营，辖骑兵第 3 师、骑兵第 4 师和骑兵第 6 师。1937 年 8 月 31 日改称骑兵第 2 军。

历任军长：

何柱国（抗战全面爆发时—1937 年 8 月 31 日）

陆军骑兵第1军（晋军）

骑兵第 1 军于 1937 年 8 月 31 日在绥远丰镇成立，隶属第 2 战区，辖骑兵第 1 师和骑兵第 2 师。骑兵第 1 军成立后参加平汉铁路北段沿线之作战。9 月参加太原会战。1938 年 11 月，第 200 旅编入序列。1939 年 3 月改隶第 7 集团军。7 月，第 200 旅改称新编骑兵第 1 旅。12 月参加“晋西事变”，遭到重创。1940 年 1 月，新编骑兵第 1 旅扩编为骑兵第 4 师。12 月改隶第 13 集团军。1942 年 7 月在平遥遭到重创。1945 年 8 月抗战胜利后开赴山西太原受降。11 月 1 日裁撤。

历任军长：

赵承绶（1937 年 8 月 31 日—1939 年 3 月 25 日）
白濡青（1939 年 3 月 25 日—1940 年 1 月 10 日）
温怀光（1940 年 1 月 10 日—1942 年 8 月 1 日）
沈　瑞（1942 年 8 月 1 日—抗战胜利时）

温怀光

沈瑞

陆军骑兵第2军（东北军）

骑兵第 2 军于 1937 年 8 月 31 日在陕西咸阳成立（原骑兵军改编），直属军事委员会，辖骑兵第 3 师和骑兵第 4 师。1937 年 9 月改隶第 2 战区，参加太原会战。10 月，骑兵第 4 师拨归骑兵第 3 军。1938 年起长期在晋北地区游击。4 月，骑兵第 6 师编入序列。12 月改隶第 21 军团。1939 年 1 月增编步兵旅。3 月改隶晋陕绥边区总司令部。1940 年起长期在豫皖边区游击。1941 年 5 月改隶第 15 集团军，骑兵第 6 师裁撤，步兵旅扩编为暂编第 56 师后拨归第 92 军，暂编第 14 师编入序列。1944 年 4 月参加豫中会战。1945 年 8 月抗战胜利后驻防安徽阜阳。1948 年 4 月 27 日在山东潍县被歼灭（时为整编第 45 师）。

历任军长：

何柱国（1937 年 8 月 31 日—1941 年 5 月 6 日）

徐　梁（1941 年 5 月 6 日—1943 年 10 月 5 日）

廖运泽（1943 年 10 月 5 日—抗战胜利时）

徐梁

廖运泽

陆军骑兵第3军（西北军1）

郑大章

骑兵第 3 军于 1937 年 8 月 31 日在河北邯郸成立，隶属第 1 集团军，辖骑兵第 9 师。骑兵第 3 军成立后参加平汉铁路北段沿线之作战。10 月改隶第 1 战区，骑兵第 4 师编入序列。1938 年 2 月 20 日番号撤销，骑兵第 4 师和骑兵第 9 师拨归第 1 战区。

历任军长：

郑大章（1937 年 8 月 31 日—1938 年 2 月 20 日）

陆军骑兵第3军（东北军—中央军2）

骑兵第 3 军于 1941 年 1 月 21 日在陕西陇县再次成立（原绥东骑兵司令部改编），隶属第 34 集团军，辖骑兵第 9 师和骑兵第 10 师。骑兵第 3 军成立后长期戍守陕西。1942 年 8 月改隶第 38 集团军。1943 年 7 月，骑兵第 10 师拨归第 91 军，新编骑兵第 7 师编入序列。1945 年 8 月抗战胜利后仍驻陇县。10 月 2 日裁撤。

历任军长：

郭希鹏（1941 年 1 月 21 日—1943 年 9 月 28 日）

贺光谦（1943 年 9 月 28 日—抗战胜利时）

郭希鹏

贺光谦

陆军骑兵第4军（东北军1）

檀自新

骑兵第4军于1937年8月31日在河南新乡成立，隶属第1战区，辖骑兵第10师。骑兵第4军成立后参加平汉铁路北段沿线之作战。9月改隶第20集团军。12月18日缩编为新编第5师。

历任军长：

檀自新（1937年8月31日—12月18日）

陆军骑兵第4军（绥军2）

骑兵第4军于1942年10月13日在绥远五原再次成立（原暂编第4军改称），隶属第8战区，辖新编骑兵第3师、新编骑兵第4师和步兵旅。骑兵第4军成立后长期在大青山游击。1945年6月改隶第12战区。8月4日番号撤销，所属两个骑兵师并编为新编骑兵第4师后拨归第12战区，步兵旅改称第12战区独立旅。

历任军长：

董其武（1942年10月13日—1944年1月18日）

袁庆荣（1944年1月18日—1945年8月4日）

陆军骑兵第5军（青马军）

骑兵第5军于1937年9月8日在甘肃武威成立，直属军事委员会，辖骑兵第5师。骑兵第5军成立后长期戍守河西走廊。11月改隶第8战区。1941年5月，暂编骑兵第1师编入序列。1943年9月改隶第40集团军。1945年8月抗战胜利驻防新疆迪化、奇台等地。1949年9月25日在新疆奇台起义（时为整编骑兵第1师）。

历任军长：

马步青（1937年9月8日—1943年12月13日）

马呈祥（1943年12月13日—抗战胜利时）

马步青

马呈祥

陆军骑兵第6军（中央军）

门炳岳

骑兵第 6 军于 1937 年 10 月 17 日在绥远包头成立，隶属第 2 战区，辖骑兵第 7 师、新编骑兵第 4 师和新编第 5 旅。骑兵第 6 军成立后参加太原会战，此后长期在绥远游击。1939 年 1 月改隶第 8 战区。12 月参加冬季攻势，新 5 旅改编为扩编第 10 师。1940 年 6 月 18 日番号撤销，骑兵第 7 师拨归第 8 战区，新编骑兵第 4 师和暂编第 10 师拨归暂编第 4 军。

历任军长：

门炳岳（1937 年 10 月 17 日—1940 年 6 月 18 日）

第七篇 各师历史概况

从晚清新建陆军开始，“师”就是最高级的常设军事单位，被称为“战略单位”，一直延续到北洋政府时期。这一时期的师，无论是中央陆军还是各省部队，都采取两旅四团的方块师结构，配属骑兵、炮兵、工兵、辎重兵、通信兵等直属团、营，官兵约8000至10000人，拥有独立执行战役任务的能力。北洋政府前期，浙江这样的富裕省份仅有两个师，“无湘不成军”的湖南也只有四个师，依靠全省税收供养，多能保证兵员足额、装备齐全。

北伐时期的国民革命军以军为战略单位，师则在苏联军事顾问的指导下，采取三团编制。炮兵、工兵、通信兵等兵种由军部直接统辖，师部只是一个步兵指挥机构。按照编制，北伐军的师仅辖3717人。与此对应，各路北洋军队的师也因战乱变得五花八门，没有统一的编制可言，人数多在3000至5000不等。随着北伐过程中各路军队的加入，国民革命军的师也变得千奇百怪。

完成北伐之后，国民政府于1928年召开编遣会议，师被重新确定为常设战略单位。“军—师—团”的体系恢复为北洋早期的“师—旅—团”模式，骑兵、炮兵等兵种也转由师司令部统辖，师的人数预计为10000人左右。1929年，国民政府颁布了“民国十八年编制”，提出了甲、乙、丙三种陆军师结构，分别是两旅六团、三旅六团、两旅四团。1930年中原大战结束后，又提出“民国十九年编制”，将三旅六团制定为甲种师，两旅六团制定为乙种师。以一直为甲种师的第2师为例，该师在1929年9月改编完毕后，辖第4、第6两个旅，共6个步兵团，在1932年2月调整为第4、第5、第6三个步兵旅，仍然是6个步兵团。各师在统编番号的旅、团之外，还会辖有其他部队，如第1师在1934年时，除辖第1、第2两个旅共6个团外，还有独立旅、补充旅各3个团，加上师属骑兵团，全师共有13个团之多，和抗战中后期的一些集团军体量相同。

20世纪30年代，国民政府以师的编制为中心进行了大量抗战准备工作。先后提出了“民国二十一年暂行编制”“民国二十四年整理师编制”“民国二十五年调整师编制”等多个编制表，不断对师的结构，特别是团、营、连、排各级兵力、火力配备，炮兵、工兵、通信兵和医疗机构的设置进行调整，以求实现适应中国国情和财力，又能与假想敌日军师团对抗的目标。

截至1937年，国民政府以“民国二十五年调整师编制”为基础，陆续调整了30个步兵师。这些师原则上辖有步兵两个旅共四个团，以及炮兵、工兵、通信兵各一营，骑兵、辎重兵各一连等，以采购自德国、瑞士、捷克等国的武器装备部队，聘请德国军事顾问指导训练。这些部队的装备和编制并未做到整齐划一，但已经成为日后抗日战争中的核心，也就是坊间所称的“德械师”。参加过淞沪、南京、武汉各役的第36师、第87师、第88师，徐州会战中在台儿庄奋战的第 2 师、第 4 师、第 25 师、第 27 师、第 89 师，都属于这 30 个调整师之列。

与步兵相比，骑兵师的情况较为简单，大部分为三团制，包括中央军的样板部队骑兵第 7 师。但青海马家军所属的骑兵第 5 师、骑兵暂编第 1 师、骑兵暂编第 2 师，以及第 29 军所属的骑兵第 9 师则设有旅的建制。

抗战全面爆发之后，军队迅速扩张。据军政部统计，1937 年全国陆军共有 182 个师，到 1944 年已经翻了一倍，达到 354 个之多。在常规的步兵、骑兵师之外，各种步兵师名目繁多，种类各异。

其中，新编师、暂编师来自旅、团级部队扩编，或者非正规军队改编，但彼此之间并无多少规律可循。如同属税警，财政部缉私署直属的税警总团改编为新编第 38 师，广东省的税警总团则被改编为暂编第 8 师。又如第 15 补充兵训练处改编为暂编第 2 师，第 25 补充兵训练处则被改编为新编第 30 师。

相比之下，预备师、荣誉师的来源较为整齐。前者除少数部队外，均为保安部队改编或军、师管区征召新兵编成。后者则由负伤归队的“荣誉军官”“荣誉士兵”组成。除此之外，还有一些地方色彩很强烈的师，如山西第 2 战区有“政治保卫师”，绥远则有“游击师”，等等。

这些师的番号虽然各异，但在编制上基本遵循同一个方向演进。1938 年 12 月第一次南岳军事会议后，确定了以军为战略单位，师内废除旅一级结构，改编为三团制的方针，并决定在过渡时期采用将师属团的番号调整为三个统编番号加一个野战补充团，在师部设置步兵指挥官安置编余旅长的方式实施过渡。到 1939 年，已经有 171 个师调整完毕，编制人数为 9007 人。此后直到抗战胜利，陆军师的地位和“师—团”结构都没有再发生变化，编制的调整主要集中在增加战斗兵员上。1942 年推出的“民国三十一年编制”是抗战时期陆军师的最终形态，普通师的编制人数约 7300 人，除辖三个步兵团之外，直属部队仅有骑兵、工兵、通信、辎重、特务各一连而已，加强师也不过多了一连战车防御炮，却缩减了辎重连。到 1945 年时，大部分步兵师都采取了这一编制，但实现形式、满员程度仍然各有不同。

常规步兵师之外，也有一些特殊编制的师存在。1944 年前，正规师的番号控制在 200 以内，第 200 师正是一个特殊编制的部队，该师被称为机械化师，直辖四个团，其中两个为战车兵团、一个为汽车兵团、一个为机械化步兵团。1939 年 2 月确定以军为战略单位后，第 200 师将机械化装备上交其所隶属的第 5 军，才调整为普通步兵师。但在 1944 年后，又成立了辖有四个配备战车、装甲车和拖曳火炮团的第 48 师。除此之外，远征军、驻印军、青年军也拥有各自独立的编制。

附：陆军师组织系统表

民国二十五年（调整师）编制

师司令部—参谋处、副官处、军械处、军需处、军医处

步兵第 1 旅　　步兵第 2 旅

步兵第 1 团、步兵第 2 团　步兵第 3 团、步兵第 4 团
步兵第 1 营、步兵第 2 营、步兵第 3 营
步兵第 1 连、步兵第 2 连、步兵第 3 连
步兵第 1 排、步兵第 2 排、步兵第 3 排
特务连、骑兵连、炮兵营（或连）、工兵连、通信兵连、军医院

注：五团制之师，除步兵连旅外，另设一补充团；三团制之师不另设步兵旅司令部，其余同四团制之师。

民国二十七年（暂行）编制

师司令部—参谋处、副官处、军械处、军需处、军医处、军法处
步兵第 1 旅　步兵第 2 旅
步兵第 1 团、步兵第 2 团　步兵第 3 团、步兵第 4 团
步兵第 1 营、步兵第 2 营、步兵第 3 营、步兵炮连、通信兵排
步兵第 1 连、步兵第 2 连、步兵第 3 连、机关枪第 1 连
步兵第 1 排、步兵第 2 排、步兵第 3 排
特务连、骑兵连、炮兵营（或连）、工兵营、辎重兵营、军医院

民国三十三年（暂行）编制

师司令部—参谋处、副官处、军械处、军需处、军医处、军法处、炮兵指挥组
步兵第 1 团　步兵第 2 团　步兵第 3 团
步兵第 1 营、步兵第 2 营、步兵第 3 营、迫击炮连（或战车防御炮连）、输送第 1 连、输送第 2 连、通信兵排、特务排、卫生队
步兵第 1 连、步兵第 2 连、步兵第 3 连、机关枪第 1 连
步兵第 1 排、步兵第 2 排、步兵第 3 排、步兵第 4 排
搜索连、山炮兵第 1 营、山炮兵第 2 营、工兵营、通信兵营、辎重兵营、特务连、防毒排、卫生队、兽医所、野战医院

民国三十四年（乙种师）编制

师司令部—参谋处、副官处、军械处、军需处、军医处
步兵第 1 团　步兵第 2 团　步兵第 3 团
步兵第 1 营、步兵第 2 营、步兵第 3 营、搜索排、迫击炮连、通信兵排、特务排、输送连、卫生队
步兵第 1 连、步兵第 2 连、步兵第 3 连、机关枪连、迫击炮排
步兵第 1 排、步兵第 2 排、步兵第 3 排、迫击炮排

陆军第1师（中央军）

第1师于1928年7月25日在江苏徐州成立（源自黄埔军校教导团）。抗战全面爆发前驻江苏徐州，隶属第1军，辖第1旅（辖第1团、第2团）和第2旅（辖第3团、第4团），是第三期调整师（未完成编组）。1937年8月参加淞沪会战，遭到重创，第1旅副旅长兼第2团团长杨杰、第4团团长李友梅阵亡。1938年5月参加徐州会战。9月参加武汉会战。1939年3月裁撤旅部，辖第1团、第2团、第3团和补充团，此后长期戍守陕西。1945年8月抗战胜利后驻防陕西渭南。1946年9月23日在山西浮山被歼灭（时为整编第1旅）。

杲春湧

历任师长：

李铁军（抗战全面爆发时—1938年5月12日）

李正先（1938年5月12日—1943年6月30日）

杲春湧（1943年6月30日—抗战胜利时）

历任旅长：

第1旅：刘超寰—陈鞠旅

第2旅：严明—曹日晖

陆军第2师（中央军）

第2师于1928年7月25日在安徽蚌埠成立（源自黄埔军校教导团），曾参加1933年的长城抗战。抗战全面爆发前驻江苏徐州，直属军事委员会，辖第4旅（辖第7团、第8团）、第6旅（辖第11团、第12团）和补充旅（辖第1团、第2团、第3团），是第一期调整师。1937年7月，补充旅改编为独立第20旅脱离序列。8月改隶第52军，参加平汉铁路北段沿线之作战。1938年3月参加徐州会战。8月参加武汉会战。1940年2月裁撤旅部，辖第4团、第5团、第6团和补充团，此后调往云南长期戍守中越边境。1945年8月抗战胜利后开赴越南海防受降。1949年6月撤往台湾，现为台军机械化步兵第333旅。

刘玉章

历任师长：

郑洞国（抗战全面爆发时—1938年7月4日）

赵公武（1938年7月4日—1942年7月12日）

刘玉章（1942年7月12日—抗战胜利时）

历任旅长：

第4旅：赵公武—廖慷—钟祖荫

第6旅：邓仕富—廖慷

补充旅：钟松

陆军第3师（中央军1）

第3师于1928年7月25日在上海成立（源自黄埔军校教导团），抗战全面爆发前驻江西宜春，隶属第2军，辖第8旅（辖第13团、第15团）和第9旅（辖第16团、第18团），是第二期调整师。1937年10月参加淞沪会战。1938年7月改隶第8军。8月参加武汉会战。1939年3月参加南昌会战。1940年5月改隶第10军，裁撤旅部，辖第7团、第8团、第9

团和补充团。1941 年 9 月参加第二次长沙会战。12 月参加第三次长沙会战，因功获颁荣誉旗（1942 年 9 月 8 日颁授）。1943 年 11 月参加常德会战，第 9 团团长张惠民阵亡。1944 年 6 月参加长衡会战，坚守衡阳 47 天，遭到重创，第 7 团团长鞠震寰阵亡，残部于 8 月 8 日被日军歼灭，师长周庆祥、副师长彭问津、参谋长张定国、第 9 团团长萧圭田被俘。

历任师长：

李玉堂（抗战全面爆发时—1938 年 6 月 8 日）

赵锡田（1938 年 6 月 8 日—1940 年 7 月 16 日）

胡蕴山（1940 年 7 月 16 日—1941 年 8 月 2 日）

周庆祥（1941 年 8 月 2 日—1944 年 8 月 6 日）

历任旅长：

第 8 旅：赵锡田—周庆祥—樊龄

第 9 旅：胡蕴山—刘秉哲—赖传湘

胡蕴山

周庆祥

陆军第3师（中央军2）

第 3 师于 1944 年 12 月 27 日在陕西城固再次成立（原第 3 师收容官兵为骨干、补以四川各师管区的新兵重建），隶属第 10 军，辖第 7 团、第 8 团、第 9 团。8 月抗战胜利后驻防陕西白河。1946 年 9 月 6 日在河南考城被歼灭（时为整编第 3 旅）。

历任师长：

周庆祥（1944 年 12 月 27 日—抗战胜利时）

陆军第4师（中央军）

第 4 师于 1930 年 11 月 10 日在河南开封成立（源自中央军校教导团筹备处），曾参加 1936 年的绥远抗战。抗战全面爆发前驻绥远丰镇，隶属第 13 军，辖第 10 旅（辖第 19 团、第 20 团）和第 12 旅（辖第 23 团、第 24 团），是第二期调整师。1937 年 8 月参加平汉铁路北段沿线之作战，第 12 旅副旅长张本禹阵亡。11 月改隶第 85 军，参加太原会战。1938 年 3 月参加徐州会战，第 23 团团长陈纯一阵亡。7 月参加武汉会战。12 月裁撤旅部，辖第 10 团、第 11 团、第 12 团和补充团。1939 年 5 月参加随枣会战。1940 年 1 月参加冬季攻势。5 月参加枣宜会战。1941 年 2 月参加豫南会战。9 月在查山告捷。1942 年 4 月改隶第 13 军。1944 年 4 月参加豫中会战。1945 年 7 月参加广西攻势。8 月抗战胜利后驻防广东广州。1949 年 1 月 22 日在北平接受和平改编。

历任师长：

王万龄（抗战全面爆发时—1937 年 12 月 10 日）

陈大庆（1937 年 12 月 10 日—1939 年 1 月 5 日）

石　觉（1939 年 1 月 5 日—1942 年 3 月 28 日）

蔡剑鸣（1942 年 3 月 28 日—1945 年 7 月 1 日）

骆振韶（1945 年 7 月 1 日—抗战胜利时）

历任旅长：

第 10 旅：马励武—倪祖耀

第 12 旅：石觉—蒋当翊

王万龄

蔡剑鸣

骆振韶

陆军第5师（赣军—中央军）

第 5 师于 1928 年 8 月 9 日在上海成立（源自江西陆军第 4 军第 4 支队）。抗战全面爆发前驻四川重庆，隶属第 36 军，辖第 14 旅（辖第 25 团、第 26 团）和第 15 旅（辖第 29 团、第 30 团），是第三期调整师（未完成编组）。1938 年 11 月将所属士兵分编第 96 师和新编第 23 师，重新接收新兵，为陆军试行“后调师”制度之始。此时裁撤旅部，辖第 13 团、第 14 团、第 15 团和补充团。1939 年 11 月参加桂南会战，遭到重创。1940 年 2 月由军事委员会直辖。3 月改隶新编第 11 军。1941 年 9 月改隶第 8 军，参加宜昌攻势。11 月改隶第 32 军。12 月参加第三次长沙会战。1943 年 5 月参加鄂西会战。7 月改隶第 94 军。1944 年 10 月参加桂柳会战。1945 年 4 月参加湘西会战，在武阳告捷。7 月参加广西攻势。8 月抗战胜利后开赴浙江杭州受降，继又调往河北唐山受降。1949 年 1 月 22 日在北平接受和平改编。

历任师长：

谢溥福（抗战全面爆发时—1938 年 3 月 13 日）

盛逢尧（1938 年 3 月 13 日—11 月 18 日）

刘采廷（1938 年 11 月 18 日—1942 年 8 月 1 日）

刘云瀚（1942 年 8 月 1 日—1943 年 10 月 1 日）

李则芬（1943 年 10 月 1 日—抗战胜利时）

历任旅长：

第 14 旅：刘采廷

第 15 旅：丘健—丘卓云

谢溥福

盛逢尧

刘采廷

刘云瀚

李则芬

陆军第6师（中央军）

第6师于1928年8月13日在南京成立（源自陆军第21镇第41协第82标）。抗战全面爆发前驻陕西南郑，隶属豫皖绥靖公署，辖第17旅（辖第31团、第33团）和第18旅（辖第34团、第36团），是第二期调整师。1937年8月改隶第75军，参加淞沪会战，遭到重创。1938年3月参加徐州会战，第34团团长李仁民阵亡。7月参加武汉会战。9月裁撤旅部，辖第16团、第17团、第18团和补充团。1939年12月参加冬季攻势。1941年9月参加第二次长沙会战。12月参加第三次长沙会战。1943年3月在天宝山告捷。11月参加常德会战。1944年9月参加桂柳会战。1945年8月抗战胜利后开赴湖北安陆、仙桃受降。1948年7月1日在河南睢县被歼灭（时为整编第6旅）。

历任师长：

周　碞（抗战全面爆发时—1938年2月12日）

张　珙（1938年2月12日—1940年9月21日）

丁友松（1940年9月21日—1941年11月15日）

沈澄年（1941年11月15日—1943年10月11日）

吴仲直（1943年10月11日—1945年4月1日）

林曦祥（1945年4月1日—抗战胜利时）

历任旅长：

第17旅：丁友松—吴振华

第18旅：翁国华—欧阳棻—徐达

张珙

丁友松

沈澄年

吴仲直

林曦祥

陆军第7师（滇军）

第7师于1928年8月20日在江西永阳成立（源自云南护国第2军第2梯团）。抗战全面爆发前驻河南郑州，隶属第3军，辖第19旅（辖第37团、第38团）和第21旅（辖第41团、第42团）。1937年8月参加平汉铁路北段沿线之作战，第21旅副旅长兼第41团团长尉迟毓鸣阵亡。10月参加太原会战。1938年2月参加太原攻势，此后长期在太行山、中条山游击。1939年1月裁撤旅部，辖第19团、第20团和第21团。12月参加冬季攻势。1941年5月参加晋南会战，遭到重创，此后长期戍守陕西、甘肃。1945年8月抗战胜利后开赴河北石家庄受降。1947年10月21日在河北定县被歼灭。

李用章

历任师长：

曾万钟（抗战全面爆发时—1937年8月27日）

李世龙（1937年8月27日—1944年4月11日）

李用章（1944年4月11日—抗战胜利时）

历任旅长：

第19旅：王开桢

第21旅：沈元镇—张学文

陆军第8师（湘军—中央军）

第8师于1928年8月13日在安徽合肥成立（源自湖南陆军第1师第1旅）。抗战全面爆发前驻陕西武功，隶属第37军，辖第22旅（辖第43团、第44团、第45团）和第24旅（辖第46团、第47团、第48团）。9月改隶第76军，参加淞沪会战。11月裁撤第45团和第46团。1939年2月起长期戍守陕西。11月裁撤旅部，辖第22团、第23团、第24团和补充团。1940 年 1 月参加冬季攻势。1941 年 6 月改隶第 57 军。1944 年 5 月参加豫中会战，副师长王剑岳阵亡。1945 年 2 月改隶第 54 军。6 月参加广西攻势。8 月抗战胜利后驻防广西南宁。1949 年 5 月撤往台湾。1952 年 8 月 1 日裁编。

历任师长：

陶峙岳（抗战全面爆发时—1938 年 7 月 8 日）
曾致远（1938 年 7 月 8 日—1939 年 2 月 22 日）
袁　朴（1939 年 2 月 22 日—1943 年 6 月 30 日）
吴　俊（1943 年 6 月 30 日—抗战胜利时）

历任旅长：

第 22 旅：史策—黄克虎
第 24 旅：曾致远—刘振世

曾致远

吴俊

陆军第9师（中央军）

第 9 师于 1928 年 7 月 25 日在山东济南成立（源自黄埔军校教导团）。抗战全面爆发前驻福建建瓯，隶属第 2 军，辖第 25 旅（辖第 49 团、第 50 团）和第 26 旅（辖第 51 团、第 52 团），是第二期调整师。1937 年 9 月参加淞沪会战，第 52 团团长窦长清阵亡。1938 年 3 月参加徐州会战。7 月参加武汉会战。1939 年 11 月裁撤旅部，辖第 25 团、第 26 团、第 27 团和补充团。12 月参加桂南会战，遭到重创，兼师长郑作民阵亡。1940 年 5 月参加枣宜会战。1941 年 9 月参加宜昌攻势，此后长期戍守贵州、云南。1944 年 4 月参加滇西攻势，在象达、芒市告捷，因功获颁荣誉旗（1945 年 9 月 27 日颁授），击毙日军步兵第 148 联队大佐联队长楠野豊重（追晋少将）。1945 年 8 月抗战胜利后驻防云南祥云。1950 年 1 月 3 日在四川筠连起义。

历任师长：

李延年（抗战全面爆发时—1938 年 3 月 15 日）
郑作民（1938 年 3 月 15 日—1940 年 2 月 3 日）
张　琼（1940 年 2 月 3 日—1941 年 5 月 1 日）
张金廷（1941 年 5 月 1 日—1944 年 10 月 3 日）
陈克非（1944 年 10 月 3 日—抗战胜利时）

历任旅长：

第 25 旅：张琼—夏德贵—张金廷
第 26 旅：夏德贵—杨宝谷

郑作民

张琼

张金廷

陈克非

陆军第10师（中央军）

第10师于1931年5月28日在安徽蚌埠成立（源自国民军第5军第2旅）。抗战全面爆发前驻陕西西安，隶属第14军，辖第28旅（辖第56团、第57团）和第30旅（辖第58团、第59团），是第二期调整师。1937年9月参加平汉铁路北段沿线之作战。10月参加太原会战。1938年2月参加太原攻势，此后长期在中条山游击。1939年1月改隶第93军。1940年12月裁撤旅部，辖第28团、第29团、第30团和补充团。1941年5月参加晋南会战，补充团团长杨人溪阵亡，此后长期戍守四川。1944年9月参加桂柳会战，遭到重创。1945年2月改隶第14军。8月抗战胜利后驻防四川江津。1948年12月14日在安徽宿县被歼灭。

历任师长：

李默庵（抗战全面爆发时—1937年9月7日）
彭杰如（1937年9月7日—1939年1月14日）
王劲修（1939年1月14日—1940年12月1日）
陈牧农（1940年12月1日—1942年1月1日）
王声溢（1942年1月1日—1945年4月1日）
谷炳奎（1945年4月1日—抗战胜利时）

历任旅长：

第28旅：刘明夏
第30旅：谷乐军—刘嘉树—盛文—王声溢

王劲修

王声溢

谷炳奎

陆军第11师（中央军）

第 11 师于 1928 年 7 月 25 日在安徽芜湖成立（源自福建陆军第 3 师和国民革命军总司令部警卫司令部所属部队）。抗战全面爆发前驻广东曲江，隶属第 18 军，辖第 31 旅（辖第 61 团、第 62 团）和第 33 旅（辖第 65 团、第 66 团），是第一期调整师。1937 年 8 月参加淞沪会战。1938 年 7 月参加武汉会战。1939 年 3 月裁撤旅部，辖第 31 团、第 32 团、第 33 团和补充团。1940 年 5 月参加枣宜会战。1941 年 12 月起长期驻防石牌。1943 年 5 月参加鄂西会战，在石牌告捷。12 月参加常德会战。1945 年 5 月参加湘西会战。8 月抗战胜利后开赴湖南湘阴受降。1948 年 12 月 15 日在安徽宿县被歼灭。

历任师长：

彭　善（抗战全面爆发时—1939 年 5 月 26 日）
叶佩高（1939 年 5 月 26 日—1940 年 4 月 16 日）
方　靖（1940 年 4 月 16 日—1942 年 3 月 1 日）
胡　琏（1942 年 3 月 1 日—1944 年 1 月 1 日）
刘云瀚（1944 年 1 月 1 日—1945 年 4 月 1 日）
杨伯涛（1945 年 4 月 1 日—抗战胜利时）

历任旅长：

第 31 旅：王严—梅春华
第 33 旅：叶佩高—王严—尹作干

叶佩高

杨伯涛

陆军第12师（滇军）

第 12 师于 1928 年 8 月 24 日在江西吉安成立（源自由湘、黔籍新兵编组的独立第 16 师）。抗战全面爆发前驻河南开封，隶属第 3 军，辖第 34 旅（辖第 68 团、第 69 团）和第 35 旅（辖第 70 团、第 72 团）。1937 年 8 月参加平汉铁路北段沿线之作战。10 月参加太原会战。1938 年 2 月参加太原攻势，政训处处长张廷玉阵亡，此后长期在中条山游击。1939 年 1 月裁撤旅部，辖第 34 团、第 35 团和第 36 团。12 月参加冬季攻势。1941 年 5 月参加晋南会战，遭到重创，师长寸性奇、第 36 团团长黄仙谷阵亡，政治部主任李石安被俘遇害，击毙日军步兵第 227 联队大佐联队长上田胜（追晋少将）。此后长期戍守陕西、甘肃。1945 年 8 月抗战胜利后驻防甘肃兰州。1949 年 12 月 25 日在四川德阳起义。

历任师长：

唐淮源（抗战全面爆发时—1939 年 7 月 2 日）

寸性奇（1939 年 7 月 2 日—1941 年 5 月 13 日）
吕继周（1941 年 5 月 13 日—1944 年 4 月 15 日）
陈子干（1944 年 4 月 15 日—抗战胜利时）

历任旅长：

第 34 旅：寸性奇
第 35 旅：朱淮—吕继周

寸性奇

吕继周

陈子干

陆军第13师（鄂军—中央军）

第 13 师于 1928 年 8 月 24 日在山东兖州成立（源自鄂军团）。抗战全面爆发前驻河南洛阳，隶属第 25 军，辖第 37 旅（辖第 73 团、第 74 团）和第 39 旅（辖第 76 团、第 77 团），是第三期调整师（未完成编组）。1937 年 9 月参加淞沪会战。11 月调整建制，第 38 旅改称第 39 旅。1938 年 3 月改隶第 75 军。4 月参加徐州会战。9 月参加武汉会战，第 37 旅副旅长汪成钧、第 73 团团长田耘阵亡。12 月裁撤旅部，辖第 37 团、第 38 团、第 39 团和补充团。1939 年 12 月参加冬季攻势。1941 年 9 月参加宜昌攻势。1942 年 12 月参加第二次长沙会战。1943 年 5 月参加鄂西会战。6 月改隶第 86 军。11 月参加常德会战。1945 年 6 月改隶第 66 军。8 月抗战胜利后驻防湖北荆门。1947 年 7 月 28 日在山东金乡被歼灭（时为整编第 13 旅）。

历任师长：

万耀煌（抗战全面爆发时—1937 年 11 月 3 日）
吴良琛（1937 年 11 月 3 日—1938 年 7 月 2 日）
方　靖（1938 年 7 月 2 日—1940 年 4 月 16 日）
朱鼎卿（1940 年 4 月 16 日—1943 年 4 月 1 日）
曹金轮（1943 年 4 月 1 日—6 月 22 日）
靳力三（1943 年 6 月 22 日—1945 年 6 月 23 日）
罗贤达（1945 年 6 月 23 日—抗战胜利时）

吴良琛

曹金轮

靳力三

罗贤达

历任旅长：

第 37 旅：潘祖信—张亚一

第 38 旅：夏鼎新

第 39 旅：夏鼎新—朱鼎卿

陆军第14师（中央军）

第 14 师于 1930 年 11 月 19 日在湖北武汉成立（源自中央军校武汉分校教职员为基干编成的教导第 3 师）。抗战全面爆发前驻湖南常德，隶属第 18 军，辖第 40 旅（辖第 79 团、第 80 团）和第 42 旅（辖第 83 团、第 84 团），是第一期调整师。1937 年 8 月参加淞沪会战。10 月改隶第 54 军。1938 年 6 月参加武汉会战。1939 年 4 月裁撤旅部，辖第 40 团、第 41 团、第 42 团和补充团。1939 年 11 月参加桂南会战，此后长期戍守云南。1944 年 4 月改隶中国驻印军，参加缅北攻势。9 月改隶新编第 6 军。1945 年 8 月抗战胜利后开赴南京受降。1948 年 10 月 28 日在辽宁黑山被歼灭。

龙天武

历任师长：

霍揆彰（抗战全面爆发时—1937 年 10 月 17 日）

陈　烈（1937 年 10 月 17 日—1939 年 7 月 5 日）

阙汉骞（1939 年 7 月 5 日—1944 年 4 月 20 日）

龙天武（1944 年 4 月 20 日—抗战胜利时）

历任旅长：

第 40 旅：方天—阙汉骞—向敏思

第 42 旅：宋瑞珂—曾粤汉—郭汝瑰—罗广文—王中柱

陆军第15师（湘军）

第 15 师于 1929 年 12 月 25 日在湖南长沙成立（源自湖北陆军第 4 混成旅）。抗战全面爆发前驻芷江，隶属第 28 军，辖第 43 旅（辖第 85 团、第 86 团、第 87 团）和第 45 旅（辖第 88 团、第 89 团、第 90 团）。1937 年 8 月改隶第 73 军，参加淞沪会战，第 45 旅旅长张毂中阵亡。10 月，第 87 团和第 88 团裁撤。1938 年 6 月参加武汉会战。1939 年 3 月参加南昌会战。11 月裁撤旅部，辖第 43 团、第 44 团、第 45 团和补充团。12 月参加冬季攻势。1941 年 9 月参加宜昌攻势。12 月参加第三次长沙会战。1943 年 5 月参加鄂西会战，第 45 团团长陈涉藩阵亡。11 月参加常德会战。1944 年 6 月参加长衡会战。1945 年 3 月参加豫西鄂北会战。5 月参加湘西会战。8 月抗战胜利后驻防湖南新化。1947 年 2 月 23 日在山东莱芜被歼灭。

历任师长：

王东原（抗战全面爆发时—1937 年 10 月 30 日）

汪之斌（1937 年 10 月 30 日—1940 年 2 月 3 日）

陈为韩（1940 年 2 月 3 日—1942 年 3 月 31 日）

梁祇六（1942 年 3 月 31 日—1945 年 6 月 2 日）

梁化中（1945 年 6 月 2 日—抗战胜利时）

历任旅长：

第 43 旅：陈孔达—刘履德—胡良玉—徐洞

第 45 旅：张毂中—梁祇六—王志刚

陈为韩

梁祇六

梁化中

陆军第16师（湘军—中央军）

第 16 师于 1929 年 12 月 25 日在湖南邵阳成立（源自湖南陆军第 1 师第 2 旅）。抗战全面爆发前驻浙江江山，隶属第 28 军，辖第 46 旅（辖第 91 团、第 92 团）和第 48 旅（辖第 95 团、第 96 团），是第三期调整师（未完成编组）。1937 年 8 月改隶第 73 军，参加淞沪会战。1938 年 6 月参加武汉会战。8 月改隶第 70 军。1939 年 4 月参加南昌会战。6 月改隶第 86 军。11 月裁撤旅部，辖第 46 团、第 47 团、第 48 团和补充团。12 月参加冬季攻势，第 47 团团长陈叔远阵亡。1942 年 5 月参加浙赣会战，遭日军重创，参谋处主任袁福崇阵亡。1943 年 5 月参加鄂西会战。6 月改隶第 75 军。1945 年 8 月抗战胜利后开赴湖北天门受降。1948 年 7 月 2 日在河南睢县被歼灭（时为整编第 16 旅）。

章亮基

彭松龄

杜道周

曹振铎

唐肃

黄一华

历任师长：

章亮基（抗战全面爆发时—1937 年 7 月 24 日）

彭松龄（1937 年 7 月 24 日—11 月 19 日）

何　平（1937 年 11 月 19 日—1939 年 5 月 11 日）

杜道周（1939 年 5 月 11 日—1940 年 11 月 29 日）

曹振铎（1940 年 11 月 29 日—1942 年 9 月 1 日）

唐　肃（1942 年 9 月 1 日—1944 年 10 月 1 日）

林曦祥（1944 年 10 月 1 日—1945 年 4 月 1 日）

黄一华（1945 年 4 月 1 日—抗战胜利时）

历任旅长：

第 46 旅：何平—唐肃

第 48 旅：杜道周—刘埙浩

陆军第17师（陕军）

第 17 师于 1930 年 2 月 8 日在河南南阳成立（源自陕西陆军第 3 混成团第 1 营）。抗战全面爆发前驻陕西三原，隶属第 38 军，辖第 49 旅（辖第 97 团、第 98 团）、第 51 旅（辖第 101 团、第 102 团）和补充团。1937 年 8 月参加平汉铁路北段沿线之作战。10 月参加太原会战，第 51 旅第 102 团团长张世俊因违抗命令丢失阵地被枪决。1938 年 2 月参加太原攻势，此后长期在中条山游击。1939 年 3 月和 6 月两次在张茅公路告捷。1940 年 11 月调往河南战场。1941 年 10 月在郑州告捷。1942 年 2 月裁撤旅部，辖第 49 团、第 50 团和第 51 团。1944 年 4 月参加豫中会战。1945 年 7 月，第 50 团、第 51 团，第 49 团一个营，以及师直一部起义。8 月抗战胜利后开赴河南开封受降。1949 年 12 月 28 日在四川蒲江被歼灭。

历任师长：

赵寿山（抗战全面爆发时—1938 年 6 月 21 日）

耿志介（1938 年 6 月 21 日—1942 年 7 月 5 日）

申及智（1942 年 7 月 5 日—1945 年 7 月 18 日）

李维民（1945 年 7 月 18 日—抗战胜利时）

历任旅长：

第 49 旅：耿志介—李维民

第 51 旅：张骏京—陈硕儒—孙子坤—申及智

耿志介

申及智

李维民

陆军第18师（湘军—中央军）

第18师于1928年9月15日在湖南长沙成立（源自讨贼湘军）。抗战全面爆发前驻江西万载，隶属第22军，辖第52旅（辖第103团、第104团）和第54旅（辖第107团、第108团）。1937年9月参加淞沪会战，遭到重创，师长朱耀华因自戕重伤。1938年9月参加武汉会战，再次遭到重创，第108团团长谢世庆阵亡。1939年3月裁撤旅部，辖第52团、第53团、第54团和补充团。7月改隶第18军。1940年6月参加枣宜会战。1943年5月参加鄂西会战，在石牌告捷。1945年5月参加湘西会战，在新化告捷。8月抗战胜利后开赴湖北岳阳受降。1948年12月15日在安徽宿县被歼灭。

历任师长：

朱耀华（抗战全面爆发时—1937年10月26日）

萧文铎（1937年10月26日—1938年7月1日）

李芳郴（1938年7月1日—10月15日）

罗广文（1938年10月15日—1943年5月1日）

覃道善（1943年5月1日—抗战胜利时）

历任旅长：

第52旅：黄钟—康文岳—覃道善

第54旅：喻镜渊—刘刚

朱耀华

萧文铎

李芳郴

覃道善

陆军第19师（湘军）

第19师于1928年9月15日在湖南常德成立（湖南陆军第1师骑兵团）。抗战全面爆发前驻浙江温州，隶属浙闽赣皖边区绥靖公署，辖第55旅（辖第109团、第110团）和第57旅（辖第113团、第114团）。1937年8月改隶第70军，参加淞沪会战，第113团团长秦庆武阵亡。1938年7月参加武汉会战，第114团团长刘阳生阵亡。1939年3月参加南昌会战。5月裁撤旅部，辖第55团、第56团、第57团和补充团。9月参加第一次长沙会战。12月参加冬季攻势。1941年3月参加上高会战，在奉新告捷。8月改隶第100军。9月参加第二次长沙会战。1942年5月参加浙赣会战。1943年11月参加常德会战。1944年5月参加长衡会战。1945年4月参加湘西会战，在隆回告捷。8月抗战胜利后驻防湖南常德。1948年9月23日在山东济南被歼灭（时为整编第19旅）。

历任师长：

李　觉（抗战全面爆发时—1939年6月18日）

唐伯寅（1939 年 6 月 18 日—1945 年 1 月 8 日）
杨　荫（1945 年 1 月 8 日—抗战胜利时）

历任旅长：

第 55 旅：唐伯寅—刘湘辅
第 57 旅：庄文枢—周昆源

唐伯寅

杨荫

陆军第20师（西北军）

第 20 师于 1928 年 10 月 2 日在陕西潼关成立（源自北洋陆军第 16 混成旅补充大队）。抗战全面爆发前驻山东兖州，隶属第 12 军，辖第 58 旅（辖第 115 团、第 116 团）、第 59 旅（辖第 117 团、第 118 团）和第 60 旅（辖第 119 团、第 120 团）。1937 年 11 月参加津浦铁路北段沿线之作战。1938 年 3 月参加徐州会战，第 115 团团长刘泮水阵亡。6 月参加武汉会战，遭到重创。10 月裁撤第 59 旅及所属第 117 团和第 118 团。1939 年 11 月裁撤旅部，辖第 58 团、第 59 团和第 60 团，此后长期在河南作战。1944 年 4 月参加豫中会战，遭到重创，第 58 团团长曹和光阵亡、第 59 团团长刘国昌自戕。8 月改隶第 89 军。1945 年 8 月抗战胜利后开赴河南南阳受降。1947 年 12 月 26 日在河南郾城被歼灭（时为整编第 20 旅）。

历任师长：

孙桐萱（抗战全面爆发时—1938 年 10 月 16 日）
周遵时（1938 年 10 月 16 日—1942 年 8 月 29 日）
刘　琛（1942 年 8 月 29 日—1943 年 11 月 10 日）
赵桂森（1943 年 11 月 10 日—1944 年 7 月 17 日）
单裕丰（1944 年 6 月 1 日—7 月 17 日）
谭乃大（1944 年 7 月 17 日—抗战胜利时）

周遵时

赵桂森

单裕丰

谭乃大

历任旅长：

第 58 旅：张清秀—陈延年

第 59 旅：赵心德

第 60 旅：孙学发—周遵时—孙正训

陆军第21师（中央军）

第 21 师于 1930 年 5 月 21 日在山东烟台成立（源自直鲁联军特务第 2 团）。抗战全面爆发前驻陕西绥德，直属军事委员会，辖第 61 旅（辖第 121 团、第 122 团、第 123 团）和第 63 旅（辖第 124 团、第 125 团、第 126 团）。1937 年 8 月参加平汉铁路北段沿线之作战，第 122 团团长刘芳贵阵亡。9 月参加太原会战。12 月裁撤第 123 团和第 126 团。1938 年 2 月改隶第 92 军。3 月参加徐州会战。7 月参加武汉会战，第 61 旅副旅长金连城阵亡。1939 年 10 月裁撤旅部，辖第 61 团、第 62 团、第 63 团和补充团。1940 年 6 月参加枣宜会战，此后长期在安徽和山东作战。1945 年 5 月参加湘西会战。8 月抗战胜利后开赴湖北武汉受降。1949 年 1 月 22 日在北平接受和平改编。

郭惠苍

历任师长：

李仙洲（抗战全面爆发时—1938 年 6 月 8 日）

侯镜如（1938 年 6 月 8 日—1942 年 5 月 31 日）

聂松溪（1942 年 5 月 31 日—1943 年 8 月 2 日）

黄恢亚（1943 年 8 月 2 日—1944 年 12 月 25 日）

郭惠苍（1944 年 12 月 25 日—抗战胜利时）

历任旅长：

第 61 旅：崔振东—赵琳—聂松溪

第 63 旅：吕祥云

陆军第22师（西北军1）

第 22 师于 1928 年 12 月 18 日在山东济南成立（源自京卫军警卫第 2 团）。抗战全面爆发前驻山东临沂，隶属第 6 军，辖第 64 旅（辖第 127 团、第 128 团、第 129 团）和第 66 旅（辖第 130 团、第 131 团、第 132 团）。1937 年 8 月改隶第 56 军。12 月参加津浦铁路北段沿线之作战。1938 年 2 月改隶第 3 集团军。5 月改隶第 12 军。8 月参加武汉会战，遭到重创。10 月裁撤旅部，辖第 64 团、第 65 团、第 66 团和补充团，此后长期在河南作战。1941 年 10 月在郑州告捷，补充团团长张廷彦阵亡。1944 年 4 月参加豫中会战。8 月改隶第 2 集团军。1945 年 3 月参加豫西鄂北会战。6 月 22 日裁撤，所属官兵补充第 81 师。

历任师长：

谷良民（抗战全面爆发时—1938 年 5 月 21 日）

时同然（1938 年 5 月 21 日—10 月 24 日）

张测民（1938 年 10 月 24 日—1943 年 9 月 4 日）

谭乃大（1943 年 9 月 4 日—1944 年 7 月 17 日）

张测民

单裕丰（1944 年 7 月 17 日—1945 年 6 月 22 日）

历任旅长：

第 64 旅：宁纯孝—时同然—葛开祥

第 66 旅：薛明亮

陆军第22师（中央军2）

冯龙

第 22 师于 1945 年 7 月 1 日在陕西华县再次成立（原预备第 1 师改称），隶属第 16 军，辖第 64 团、第 65 团和第 66 团。8 月抗战胜利后开赴北平受降。1949 年 1 月 22 日在北平接受和平改编。

历任师长：

冯　龙（1945 年 7 月 1 日—抗战胜利时）

陆军第23师（湘军—中央军）

第 23 师于 1930 年 10 月 2 日在河南陈留成立（源自湖南陆军第 4 师第 8 旅）。抗战全面爆发前驻陕西潼关，隶属第 27 军，辖第 67 旅（辖第 133 团、第 134 团）和第 69 旅（辖第 137 团、第 138 团）。1937 年 8 月改隶第 2 集团军，参加平汉铁路北段沿线之作战。9 月改隶第 6 战区，参加津浦铁路北段沿线之作战。1938 年 2 月改隶第 5 战区。5 月改隶第 13 军，参加徐州会战。6 月改隶第 85 军，遭到重创，师长李必蕃、参谋长黄启东、第 134 团团长刘冠雄阵亡。8 月参加武汉会战。1939 年 3 月裁撤旅部，辖第 67 团、第 68 团、第 69 团和补充团。4 月参加随枣会战。1940 年 1 月参加冬季攻势。5 月参加枣宜会战。1941 年 1 月参加豫南会战，此后长期在河南、安徽作战。1944 年 4 月参加豫中会战，遭到重创。1945 年 4 月参加豫西鄂北会战。8 月抗战胜利后驻防河南卢氏。1948 年 12 月 10 日在安徽宿县投诚。

历任师长：

李必蕃（抗战全面爆发时—1938 年 5 月 14 日）

欧阳棻（1938 年 5 月 14 日—10 月 2 日）

李楚瀛（1938 年 10 月 2 日—1940 年 11 月 5 日）

倪祖耀（1940 年 11 月 5 日—1943 年 2 月 18 日）

张文心（1943 年 2 月 18 日—1944 年 6 月 29 日）

黄子华（1944 年 6 月 29 日—抗战胜利时）

历任旅长：

第 67 旅：李森—刘鸿基

第 69 旅：李岳峻

李必蕃

张文心

黄子华

陆军第24师（湘军—中央军）

第 24 师于 1930 年 10 月 2 日在山东郓城成立（源自第 8 军补充旅）。抗战全面爆发前驻陕西岐山，隶属第 37 军，辖第 70 旅（辖第 139 团、第 140 团）和第 72 旅（辖第 143 团、第 144 团）。1937 年 9 月改隶第 76 军，参加淞沪会战，遭到重创。10 月裁撤第 70 旅旅部和所属第 140 团，第 139 团改由师部直辖。1938 年 4 月改隶第 27 军。5 月参加徐州会战，再次遭到重创。9 月，第 72 旅旅部裁撤，所属 3 个团由师部直辖。10 月起长期戍守陕西、贵州、四川。1939 年 2 月改隶第 76 军。3 月更换团番号为第 70 团、第 71 团和第 72 团。1945 年 8 月抗战胜利后开赴湖北秭归受降。1948 年 3 月 3 日在陕西宜川被歼灭（时为整编第 24 旅）。

历任师长：

李　英（抗战全面爆发时—1938 年 1 月 27 日）
杨光钰（1938 年 1 月 27 日—1940 年 7 月 1 日）
廖　昂（1940 年 7 月 1 日—1943 年 9 月 28 日）
刘劲持（1943 年 9 月 28 日—抗战胜利时）

历任旅长：

第 70 旅：杨光钰
第 72 旅：许振初—夏季屏—胡长青

杨光钰

刘劲持

陆军第25师（中央军）

第 25 师于 1932 年 12 月 30 日在安徽霍邱成立（由第 4 师第 11 旅和补充第 1 团、补充第 2 团合编），曾参加 1933 年的长城抗战。抗战全面爆发前驻陕西咸阳，直属军事委员会，辖第 73 旅（辖第 145 团、第 146 团）、第 75 旅（辖第 149 团、第 150 团）和补充团，是第一期调整师。1937 年 8 月改隶第 52 军，参加平汉铁路北段沿线之作战，第 150 团团长曾谦阵亡。1938 年 3 月参加徐州会战，第 150 团团长高鹏阵亡。8 月参加武汉会战。1939 年 10 月参加第一次长沙会战。1940 年 2 月裁撤旅部，辖第 73 团、第 74 团、第 75 团和补充团。10 月起长期戍守中越边境。1945 年 8 月抗战胜利后开赴越南海防受降。1946 年 11 月 2 日在辽宁新开岭被歼灭。

历任师长：

关麟征（抗战全面爆发时—1937 年 8 月 9 日）

张耀明（1937 年 8 月 9 日—1938 年 9 月 28 日）

张汉初（1938 年 9 月 28 日—1941 年 12 月 1 日）

姚国俊（1941 年 12 月 1 日—1944 年 11 月 20 日）

刘世懋（1944 年 11 月 20 日—抗战胜利时）

历任旅长：

第 73 旅：梁恺—戴安澜—覃异之—刘世懋

第 75 旅：张耀明—张汉初—郑明新

张汉初

姚国俊

刘世懋

陆军第26师（川军—中央军）

第 26 师于 1930 年 9 月 15 日在湖北黄冈成立（源自四川陆军第 1 混成旅）。抗战全面爆发前驻贵州都匀，隶属第 43 军，辖第 76 旅（辖第 151 团、第 152 团）和第 78 旅（辖第 155 团、第 156 团）。1937 年 10 月参加淞沪会战，遭到重创，第 152 团团长解固基阵亡。1938 年 7 月参加武汉会战，再次遭到重创，第 152 团长张荣发阵亡。战后缩编为第 78 旅，另调独立第 6 旅改编为第 76 旅编入序列。9 月改隶第 29 军。1939 年 4 月参加南昌会战，第 156 团团长谢北亭阵亡。5 月裁撤旅部，辖第 76 团、第 77 团、第 78 团和补充团。1940 年 5 月改隶第 49 军。1941 年 3 月参加上高会战。10 月参加第二次长沙会战，此后长期在浙江作战。1944 年 6 月参加衢州战役，第 78 团团长于丕富阵亡，击毙日军步兵第 62 旅团少将旅团长横山武彦（追晋中将）。1945 年 8 月抗战胜利后驻防江苏丹阳。1949 年 1 月 15 日在天津被歼灭。

历任师长：

刘雨卿（抗战全面爆发时—1939 年 5 月 14 日）

刘广济（1939 年 5 月 14 日—1940 年 11 月 17 日）

王克俊（1940 年 11 月 17 日—1943 年 12 月 22 日）

曹天戈（1943 年 12 月 22 日—抗战胜利时）

历任旅长：

第 76 旅：朱载堂—周志群

第 78 旅：马福祥—王克俊

王克俊

曹天戈

陆军第27师（西北军）

第 27 师于 1930 年 11 月 16 日在山西晋城成立（源自西北边防军第 34 混成旅和第 35 混成旅）。抗战全面爆发前驻湖北孝感，隶属第 42 军，辖第 79 旅（辖第 157 团、第 158 团）和第 80 旅（辖第 159 团、第 160 团），是第二期调整师。1937 年 8 月参加平汉铁路北段沿线之作战。10 月参加太原会战。1938 年 3 月参加徐州会战，在台儿庄告捷。8 月参加武汉会战。1939 年 2 月裁撤旅部，辖第 79 团、第 80 团、第 81 团和补充团。3 月改隶第 30 军。12 月参加冬季攻势。1940 年 5 月参加枣宜会战，此后长期在湖北作战。1945 年 8 月抗战胜利后驻防湖北宜昌。1949 年 4 月 24 日在山西太原被歼灭。

历任师长：

冯安邦（抗战全面爆发时—1938 年 3 月 15 日）

黄樵松（1938 年 3 月 15 日—1941 年 5 月 1 日）

许文耀（1941 年 5 月 1 日—抗战胜利时）

历任旅长：

第 79 旅：黄樵松—黄宗颜—杨守道

第 80 旅：阎廷俊—侯象麟

黄樵松

许文耀

陆军第28师（陕军—中央军）

第 28 师于 1930 年 12 月 20 日在江西东固成立（源自湖北省警备军第 1 旅）。抗战全面爆发前驻陕西西安，隶属第 46 军，辖第 82 旅（辖第 163 团、第 164 团）和第 83 旅（辖第 165

团、第166团）。1938年4月参加徐州会战。8月改隶第16军。9月参加武汉会战，此后长期戍守陕西。1939年3月裁撤旅部，辖第82团、第83团、第84团和补充团。1940年9月改隶第90军。1945年4月参加豫西鄂北会战。8月抗战胜利后驻防宁夏固原。1949年12月28日在四川邛崃被歼灭。

历任师长：

董　钊（抗战全面爆发时—1939年3月21日）

李梦笔（1939年3月21日—1940年9月19日）

王应尊（1940年9月19日—抗战胜利时）

历任旅长：

第82旅：李梦笔

第83旅：张景骞

李梦笔

王应尊

陆军第29师（西北军）

第29师于1928年10月2日在河南新乡成立（源自首都警备第1旅和警备第2旅）。抗战全面爆发前驻山东济南，隶属第3路军，辖第85旅（辖第169团、第170团）、第86旅（辖第171团、第172团）和第87旅（辖第173团、第174团）。1937年8月改隶第55军。9月参加津浦铁路北段沿线之作战。1938年5月参加徐州会战。8月参加武汉会战，第86旅旅长陈德馨阵亡。10月裁撤第86旅及所属第171团和第172团。1939年11月裁撤旅部，辖第85团、第86团、第87团和补充团。1940年5月参加枣宜会战。1941年1月参加豫南会战。1942年1月起在大别山游击。1944年4月参加豫中会战。1945年8月抗战胜利后开赴河南临颍受降。1949年10月撤往台湾。1950年1月20日裁撤。

历任师长：

曹福林（抗战全面爆发时—1938年10月16日）

许文耀（1938年10月16日—1941年5月1日）

李曾志（1941年5月1日—1942年6月8日）

荣光兴（1942年6月8日—抗战胜利时）

历任旅长：

第85旅：王士琦—白耀先—乔如玺

第86旅：陈德馨

第87旅：荣光兴—高蓝田

李曾志

荣光兴

陆军第30师（西北军）

第30师于1930年10月3日在河南淮阳成立（源自北洋陆军第25混成旅）。抗战全面爆发前驻河南信阳，隶属第30军，辖第88旅（辖第175团、第176团）和第89旅（辖第177团、第178团）。1937年8月参加平汉铁路北段沿线之作战。10月参加太原会战。1938年3月参加徐州会战，在台儿庄告捷。9月参加武汉会战。1939年2月裁撤旅部，辖第88团、第89团、第90团和补充团。5月参加随枣会战。12月参加冬季攻势。1940年5月参加枣宜会战，此后长期在湖北作战。1943年5月参加鄂西会战。1945年8月抗战胜利后驻防湖北宜昌。1949年5月22日在陕西凤翔被歼灭。

历任师长：

张金照（抗战全面爆发时—1939年2月17日）

张华棠（1939年2月17日—1943年2月18日）

王　震（1943年2月18日—抗战胜利时）

历任旅长：

第88旅：任泮兰—李俊荣—袁有德

第89旅：侯镜如—黄鼎新

张金照

张华棠

王震

陆军第31师（西北军）

第31师于1930年10月3日在河南淮阳成立（源自京卫军警卫第2团）。抗战全面爆发前驻河南洛阳，隶属第30军，辖第91旅（辖第181团、第182团）和第93旅（辖第185团、第186团）。1937年8月参加平汉铁路北段沿线之作战。10月参加太原会战。1938年3月参加徐州会战，在台儿庄告捷。9月参加武汉会战。1939年2月裁撤旅部，辖第91团、第

92 团、第 93 团和补充团。5 月参加随枣会战。12 月参加冬季攻势。1940 年 5 月枣宜会战，此后长期在湖北作战。1945 年 6 月 5 日裁撤，所部官兵补充第 27 师和第 30 师。

乜子彬

历任师长：

池峰城（抗战全面爆发时—1939 年 2 月 17 日）

乜子彬（1939 年 2 月 17 日—1945 年 6 月 5 日）

历任旅长：

第 91 旅：黄鼎新—王冠五

第 93 旅：刘恒德—乜子彬

陆军第32师（西北军1）

第 32 师于 1930 年 10 月 6 日在河南郑州成立（源自京卫军警卫第 2 团和第 2 集团军卫队旅）。抗战全面爆发前驻安徽怀宁，隶属豫皖绥靖公署，辖第 94 旅（辖第 187 团、第 188 团）、第 95 旅（辖第 189 团、第 190 团）和补充团。1937 年 9 月改隶第 3 战区，参加淞沪会战，遭到重创。1938 年 2 月改隶第 26 军。8 月参加武汉会战。1939 年 1 月裁撤旅部，辖第 94 团、第 95 团、第 96 团和补充团。12 月参加冬季攻势。1940 年 6 月参加枣宜会战。1941 年 9 月参加第二次长沙会战。1942 年 1 月参加第三次长沙会战。5 月参加浙赣会战，此后长期在江西作战。1945 年 1 月 26 日裁撤，所部官兵补充第 169 师。

历任师长：

王修身（抗战全面爆发时—1942 年 4 月 27 日）

蒋修仁（1942 年 4 月 27 日—1943 年 10 月 1 日）

樊焕卿（1943 年 10 月 1 日—1945 年 1 月 26 日）

历任旅长：

第 94 旅：时德学

第 95 旅：高国钧—蒋修仁

王修身

蒋修仁

樊焕卿

陆军第32师（中央军2）

刘英

第32师于1945年7月9日在山西侯马再次成立（原暂编第25师改称），隶属第3军，辖第94团、第95团和第96团。8月抗战胜利后开赴河北石家庄受降。1947年11月6日在石家庄被歼灭。

历任师长：

刘　英（1945年7月9日—抗战胜利时）

陆军第33师（西北军1）

第33师于1930年11月30日在河南许昌成立（源自直隶陆军第2混成旅）。抗战全面爆发前驻河南信阳，隶属豫皖绥靖公署，辖第97旅（辖第193团、第194团）和第99旅（辖第197团、第198团）。1937年8月改隶第5集团军。9月改隶第11军团，参加淞沪会战，遭到重创，第194团团长雍济时阵亡。11月改隶第26军，裁撤旅部和第194团，剩余三团由师部直辖。1938年1月29日裁撤，士兵补充第32师，所留军官和士官另行组建预备第11师。

历任师长：

冯兴贤（抗战全面爆发时—1937年11月20日）

赵定昌（1937年11月20日—1938年1月29日）

历任旅长：

第97旅：高玉洁

第99旅：张池

冯兴贤

赵定昌

陆军第33师（中央军2）

第33师于1938年2月15日在江苏海安再次成立（原江苏省保安总团第3团、第4团、第5团和第6团合编），隶属第89军，辖第97旅（辖第193团、第194团）和第99旅（辖第197团、第198团）。第33师成立后长期在苏北地区游击。11月在宿迁受挫，第198团团长刘振璜阵亡。1940年10月在黄桥遭到新编第4军重创，师长孙启人、第99旅旅长苗体瑞被俘。1942年8月裁撤旅部，辖第97团、第98团和第99团。1943年5月改隶苏鲁豫皖边区总司令部，此后长期在安徽作战。1944 年 9 月改隶暂编第 1 军。1945 年 4 月改隶第 97 军。8 月抗战胜利开赴山东临城受降。1949 年 12 月 13 日在广西上林被歼灭。

历任师长：

贾韫山（1938 年 2 月 15 日—1939 年 7 月 1 日）

孙启人（1939 年 7 月 1 日—1940 年 10 月 6 日）

姜云清（1940 年 10 月 6 日—1943 年 5 月 18 日）

段海洲（1943 年 5 月 18 日—抗战胜利时）

历任旅长：

第 97 旅：曹滂—姜云清—黄炎

第 99 旅：高鹤飞—翁达—陈海波—朱祥符

贾韫山

孙启人

姜云清

段海洲

陆军第34师（陕军—中央军1）

第 34 师于 1930 年 12 月 29 日在湖北孝感成立（源自国民军第 2 军）。抗战全面爆发前驻湖北宜昌，隶属豫鄂皖边区绥靖公署，辖第 100 旅（辖第 199 团、第 200 团）和第 102 旅（辖第 203 团、第 204 团）。1937 年 7 月改隶第 39 军。8 月参加淞沪会战，遭到重创，所属旅、团裁撤，余部分别补充第 36 师和第 87 师，另调军事委员会别动总队一部重建第 199 团、第 201 团和第 204 团编入序列。1938 年 6 月参加武汉会战，此后长期在大洪山游击。1939 年 12 月参加冬季攻势。1940 年 2 月改隶第 1 战区，此后长期在中条山游击。4 月改隶新编第 12 军。1941 年 3 月改隶第 80 军。5 月参加晋南会战，遭到重创，师长公秉藩被俘，第 199 团团长薛金吾阵亡。5 月 18 日裁撤，所部官兵补充第 3 军。

历任师长：

张迺葳（抗战全面爆发时—1937 年 8 月 25 日）

公秉藩（1937 年 8 月 25 日—1941 年 5 月 18 日）

张迺葳

公秉藩

历任旅长：

第 100 旅：董廷伯

第 102 旅：薛鸿哉

陆军第34师（川军2）

祝顺锟

第 34 师于 1941 年 8 月 1 日在湖北通山再次成立（原新编第 14 师改称），隶属第 72 军，辖第 100 团、第 101 团和第 102 团。9 月参加第二次长沙会战。12 月参加第三次长沙会战。1942 年 5 月参加浙赣会战。1944 年 5 月参加长衡会战。1945 年 8 月抗战胜利后驻防湖北阳新。1947 年 4 月 27 日在山东泰安被歼灭（时为整编第 34 旅）。

历任师长：

陈良基（1941 年 8 月 1 日—1942 年 2 月 2 日）

祝顺锟（1942 年 2 月 2 日—抗战胜利时）

陆军第35师（宁马军）

第 35 师于 1932 年 12 月 13 日在宁夏中宁成立（源自甘肃新军）。抗战全面爆发前驻中宁，隶属第 11 军，辖第 103 旅（辖第 205 团、第 206 团）、第 104 旅（辖第 207 团、第 208 团）和第 105 旅（辖第 209 团、第 210 团）。1937 年 10 月改隶第 81 军。1938 年 3 月第 105 旅番号撤销，所部改编为独立第 35 旅脱离序列。5 月开赴绥远作战。1940 年 1 月参加冬季攻势。3 月裁撤旅部，辖第 205 团、第 206 团、第 207 团和第 208 团。1942 年 3 月起长期戍守宁夏。1943 年 8 月所属各团改称第 103 团、第 104 团、第 105 团和补充团。1945 年 8 月抗战胜利后驻防宁夏中宁、固原。1949 年 9 月 19 日在宁夏中卫起义。

历任师长：

马鸿宾（抗战全面爆发时—1938 年 3 月 15 日）

马腾蛟（1938 年 3 月 15 日—1943 年 8 月 1 日）

马惇靖（1943 年 8 月 1 日—抗战胜利时）

历任旅长：

第 103 旅：马玉麟

第 104 旅：马献文—马继融—马培清

第 105 旅：韩起功

马腾蛟

马惇靖

陆军第36师（中央军）

第36师于1933年9月15日在南京成立（原第87师补充第1团、补充第2团，第88师补充第1团、补充第2团合编）。抗战全面爆发前驻陕西西安，隶属京沪警备司令部，辖第106旅（辖第211团、第212团）和第108旅（辖第215团、第216团），是第一期调整师。1937年8月改隶第9集团军，参加淞沪会战。9月改隶第78军。12月参加南京保卫战，遭到重创。1938年1月由军事委员会直辖。4月改隶第27军。5月参加徐州会战。8月改隶第71军。9月参加武汉会战，再次遭到重创。1939年11月裁撤旅部，辖第106团、第107团、第108团和补充团。1940年3月起在晋南地区游击。5月在晋城告捷，第108团团长陈汶虎阵亡。此后长期戍守四川。1942年3月起长期戍守云南，副师长兼政治部主任闵季连阵亡。1944年4月改隶第54军。5月参加滇西攻势，因功获颁荣誉旗（1945年6月21日颁授）。1945年8月抗战胜利后开赴广东广州。1949年10月撤往台湾，现为台军关渡地区指挥部。

历任师长：

宋希濂（抗战全面爆发时—1938年1月25日）

蒋伏生（1938年1月25日—8月19日）

陈瑞河（1938年8月19日—1940年7月29日）

李志鹏（1940年7月29日—抗战胜利时）

历任旅长：

第106旅：陈瑞河—李志鹏—谢懋权

第108旅：彭戢光—刘英—伍光宗—顾葆裕

蒋伏生

李志鹏

陆军第37师（西北军）

第37师于1931年6月17日在山西平定成立（源自首都警备第1旅、第2旅，国民军第1军第1混成旅和第7混成旅等部），曾参加1933年的长城抗战。抗战全面爆发前驻北平，隶属第29军，辖第109旅（辖第217团、第218团）、第110旅（辖第219团、第220团）、第111旅（辖第221团、第222团）和特务团。1937年7月参加平津抗战。8月改隶第77军，特务团编归军属，参加平汉铁路北段沿线之作战。10月参加津浦铁路北段沿线之作战。1938年4月参加徐州会战。8月参加武汉会战。11月裁撤第109旅及所属第217团和第218团。1939年5月参加随枣会战，此后长期在湖北作战。10月裁撤旅部，辖第109团、第110团和第111团。1943年11月参加常德会战。1945年3月参加豫西鄂北会战。8月抗战胜利后驻防湖北南漳。1949年1月10日在河南永城被歼灭。

历任师长：
冯治安（抗战全面爆发时—1937 年 8 月 31 日）
刘自珍（1937 年 8 月 31 日—10 月 1 日）
张凌云（1937 年 10 月 1 日—1939 年 1 月 30 日）
吉星文（1939 年 1 月 30 日—抗战胜利时）
历任旅长：
第 109 旅：陈春荣—王为贤—谢世全—戴守义
第 110 旅：何基沣—吉星文—王子亮
第 111 旅：曾国佐—吴振声—王为贤

刘自珍

张凌云

吉星文

陆军第38师（西北军）

第 38 师于 1931 年 6 月 17 日在山西阳泉成立（源自北伐时期的第 2 集团军第 28 师和山东曹属民团），曾参加 1933 年的长城抗战。抗战全面爆发前驻天津，隶属第 29 军，辖第 112 旅（辖第 223 团、第 224 团）、第 113 旅（辖第 225 团、第 226 团）、第 114 旅（辖第 227 团、第 228 团）和特务团。1937 年 7 月参加平津抗战。8 月改隶第 59 军，特务团编归军属，参加平汉铁路北段沿线之作战。9 月，第 113 旅与独立第 26 旅互换番号变更建制。10 月参加津浦铁路北段沿线之作战。1938 年 3 月参加徐州会战，在临沂告捷。9 月参加武汉会战。10 月裁撤第 113 旅及所第 225 团和第 226 团。1939 年 2 月裁撤旅部，辖第 112 团、第 113 团、第 114 团和补充团。4 月参加随枣会战。12 月参加冬季攻势。1940 年 5 月参加枣宜会战，补充团团长宿之杰阵亡，此后长期在湖北作战。1941 年 9 月参加第二次长沙会战。1943 年 10 月参加秋季攻势。1945 年 4 月参加豫西鄂北会战。8 月抗战胜利后开赴河南信阳受降。1948 年 11 月 8 日，师主力在台儿庄起义，未起义部队重新整编后于 1949 年 3 月 1 日裁撤。

李九思

历任师长：
张自忠（抗战全面爆发时—1937 年 8 月 20 日）
黄维纲（1937 年 8 月 20 日—1940 年 7 月 16 日）
李九思（1940 年 7 月 16 日—抗战胜利时）
历任旅长：
第 112 旅：黄维纲—李金镇—李九思
第 113 旅：刘振三—李九思—朱春芳
第 114 旅：董升堂—翟紫封

陆军第39师（西北军）

第39师于1931年6月17日在河北河间成立（源自国民军第3军第2补充旅），曾参加1933年的长城抗战。抗战全面爆发前驻山西安邑，隶属第40军，辖第115旅（辖第229团、第230团）、第116旅（辖第231团、第232团）、补充第1团和补充第2团。1937年8月参加平汉铁路北段沿线之作战。12月，补充第2团裁撤，补充第1团改称补充团。1938年3月参加徐州会战，在临沂告捷。5月遭到重创，第115旅旅长朱家麟阵亡，此后长期在河南作战。1939年12月参加冬季攻势。1940年2月起长期在太行山游击。1942年5月裁撤旅部，辖第115团、第116团和第117团。1943年4月在太行山遭到重创，第115团团长李国干阵亡。1944年4月参加豫中会战。1945年3月参加豫西鄂北会战。8月抗战胜利后驻防河南安阳。1949年7月撤往台湾，所部几经改编于2007年7月1日裁编。

历任师长：

庞炳勋（抗战全面爆发时—1937年12月8日）

马法五（1937年12月8日—1939年1月20日）

刘世荣（1939年1月20日—1942年5月30日）

李运通（1942年5月30日—1944年5月1日）

司元恺（1944年5月1日—抗战胜利时）

历任旅长：

第115旅：刘世荣—朱家麟—李振清—黄书勋—赵天兴

第116旅：李运通—崔玉海

刘世荣

李运通

司元恺

陆军第40师（杂军1）

刘培绪

第40师于1935年8月27日在湖北崇阳成立（源自护党救国军残部）。抗战全面爆发前驻河南邓县，隶属豫鄂陕边区绥靖公署，辖第235团、第237团和第240团。1937年8月改隶第5集团军。9月改隶第11军团，参加淞沪会战，遭到重创。1938年1月21日裁撤，所余官兵补充第76师。

历任师长：

刘培绪（抗战全面爆发时—1938年1月21日）

陆军第40师（中央军2）

第40师于1938年2月3日在安徽阜阳再次成立（原税警总团缩编），隶属第8军，辖第235团、第237团、第240团和补充团。6月改隶第74军，参加徐州会战。8月改隶第29军，增编旅部，辖第118旅（辖第235团、第236团）和第120旅（辖第239团、第240团）。9月参加武汉会战，此后长期在鄱阳湖地区游击。1939年2月改隶第25军。10月裁撤旅部，辖第118团、第119团、第120团和补充团。12月参加冬季攻势。1941年1月参加“皖南事变”。1942年5月参加浙赣会战，此后长期在江西作战。1945年7月参加江西攻势。8月抗战胜利后驻防浙江杭州。1948年11月22日在安徽宿县被歼灭。

历任师长：

黄　杰（1938年2月3日—5月1日）

罗历戎（1938年5月1日—8月24日）

詹忠言（1938年8月24日—1939年10月21日）

方日英（1939年10月21日—1942年7月19日）

陈士章（1942年7月19日—抗战胜利时）

历任旅长：

第118旅：陈士章

第120旅：方日英—唐三山

詹忠言

陈士章

陆军第41师（直鲁军—中央军）

第41师于1931年4月23日在湖北沙市成立（原第48师第142旅扩编）。抗战全面爆发前驻贵州桐梓，隶属第10军，辖第121旅（辖第241团、第242团）和第123旅（辖第245团、第246团）。1937年12月参加南京保卫战。1938年4月参加徐州会战。6月参加武汉会战。1939年1月改隶第26军。11月裁撤旅部，辖第121团、第122团、第123团和补充团。12月参加冬季攻势，第123团团长高志学阵亡。1940年6月参加枣宜会战。1941年9月参加第二次长沙会战。12月参加第三次长沙会战。1942年5月参加浙赣会战。1944年6月参加长衡会战。11月参加桂柳会战。1945年2月参加广西攻势。5月参加湘西会战。8月抗战胜利后驻防湖南长沙。1949年5月25日在上海投诚。

历任师长：

徐源泉（抗战全面爆发时—1937年11月9日）

丁治磐（1937年11月9日—1942年5月8日）

董继陶

董继陶（1942 年 5 月 8 日—抗战胜利时）

历任旅长：

第 121 旅：张习崇

第 123 旅：芮勤学—董继陶

陆军第42师（陕军1）

第 42 师于 1931 年 4 月 10 日在陕西大荔成立（源自第 17 师第 49 旅）。抗战全面爆发前驻大荔，隶属第 27 路军，辖第 124 旅（辖第 247 团、第 248 团）和第 126 旅（辖第 251 团、第 252 团）。1937 年 8 月参加平汉铁路北段沿线之作战。9 月改隶第 14 军团。10 月参加太原会战，遭到重创。1938 年 2 月参加太原攻势，此后长期在中条山游击。1939 年 4 月改隶第 98 军。1940 年 3 月裁撤旅部，辖第 247 团、第 248 团、第 251 团和第 252 团。1941 年 5 月参加晋南会战，再次遭到重创，师长王克敬、第 251 团团长薛如兰被俘，参谋长王儒钦、参谋处主任余开纬、第 247 团团长楚宪曾、第 252 团团长戾久哉阵亡。9 月缩编，辖第 124 团、第 125 团和第 126 团，此后长期戍守陕西。1944 年 11 月参加桂柳会战，第三次遭到重创。1945 年 1 月 26 日裁撤，所部官兵补充第 169 师。

历任师长：

柳彦彪（抗战全面爆发时—1939 年 10 月 22 日）

王克敬（1939 年 10 月 22 日—1941 年 9 月 30 日）

王宏业（1941 年 9 月 30 日—1942 年 5 月 23 日）

彭克定（1942 年 5 月 23 日—1943 年 10 月 1 日）

姚升瀛（1943 年 10 月 1 日—1944 年 10 月 1 日）

李德生（1944 年 10 月 1 日—1945 年 1 月 26 日）

历任旅长：

第 124 旅：郭景唐—景行—赵子章

第 126 旅：王克敬—薛如兰

柳彦彪

彭克定

姚升瀛

李德生

陆军第42师（中央军2）

刘仲荻

第42师于1945年2月1日在陕西汉中再次成立（原中央军校第一分校练习团扩编），直属军事委员会，辖第124团、第125团和第126团。8月抗战胜利后仍驻汉中。1946年3月18日裁撤。

历任师长：

刘仲荻（1945年2月1日—抗战胜利时）

陆军第43师（中央军）

金德洋

第43师于1930年10月27日在河南郑州成立（原第47师第139旅扩编）。抗战全面爆发前驻甘肃平凉，直属军事委员会，辖第253团、第255团、第258团和补充团。1937年8月改隶第5军团。9月改隶第11军团，旋改隶第80军。1939年2月改隶第87军，所属各团改称第127团、第128团、第129团和补充团，此后长期在湖北作战。1941年9月参加宜昌攻势。1943年5月参加鄂西会战。1945年4月参加湘西会战。5月改隶第94军，参加湘西会战。7月参加广西攻势。8月抗战胜利后驻防上海。1948年1月7日在辽宁公主屯被歼灭。

历任师长：

周祥初（抗战全面爆发时—1939年2月7日）

金德洋（1939年2月7日—1941年4月1日）

李士林（1941年4月1日—抗战胜利时）

陆军第44师（陕军）

第44师于1928年12月31日在河北密云成立（源自陕西陆军第2混成旅），曾参加1933年的长城抗战。抗战全面爆发前驻湖北孝感，隶属第26军，辖第130旅（辖第259团、第260团）和第132旅（辖第263团、第264团）。1937年9月参加淞沪会战，遭到重创。1938年8月参加武汉会战。1939年3月裁撤旅部，辖第130团、第131团、第132团和补充团。1940年6月参加枣宜会战。1941年12月参加第三次长沙会战。1942年5月参加浙赣会战。1944年5月参加长衡会战。10月参加桂柳会战。1945年7月参加广西攻势。8月抗战胜利后驻防湖南芷江。1947年1月4日在山东峄县被歼灭（时为整编第44旅）。

历任师长：

陈　永（抗战全面爆发时—1941年11月15日）

于兆龙（1941年11月15日—1943年10月1日）

蒋修仁（1943年10月1日—抗战胜利时）

历任旅长：

第 130 旅：王金墉

第 132 旅：于兆龙

于兆龙

蒋修仁

陆军第45师（建国豫军—中央军）

第 45 师于 1931 年 5 月 29 日在河南固始成立（源自建国豫军独立第 1 旅）。抗战全面爆发前驻陕西蒲城，隶属豫皖绥靖公署，辖第 133 旅（辖第 265 团、第 266 团）和第 135 旅（辖第 269 团、第 270 团）。1937 年 8 月改隶第 10 集团军。10 月参加淞沪会战。11 月改隶第 20 军团，此后长期在河南作战。1938 年 9 月改隶第 27 军。1939 年 2 月裁撤旅部，辖第 133 团、第 134 团、第 135 团和补充团，此后长期在晋南游击。12 月参加冬季攻势。1941 年 5 月参加晋南会战，遭到重创后仍在太行山坚持游击，至 1943 年 6 月退过黄河后长期戍守陕西、云南。1944 年 11 月改隶第 57 军。1945 年 2 月改隶第 5 军。8 月抗战胜利后驻防云南曲靖。1949 年 1 月 10 日在河南永城投诚。

历任师长：

戴民权（抗战全面爆发时—1937 年 11 月 9 日）

刘　进（1937 年 11 月 9 日—1940 年 6 月 15 日）

李用章（1940 年 6 月 15 日—1942 年 3 月 14 日）

胡长青（1942 年 3 月 14 日—抗战胜利时）

历任旅长：

第 133 旅：谭青云—刘国明

第 135 旅：戴民权—林茂华

戴民权

胡长青

陆军第46师（湘军1）

第46师于1933年5月13日在江西新淦成立（源自建国湘军）。抗战全面爆发前驻江西赣州，隶属第27军，辖第136旅（辖第271团、第272团）和第137旅（辖第273团、第274团）。1937年10月参加淞沪会战，遭到重创。1938年1月20日裁撤，所余官兵补充第11师和第67师。

戴嗣夏

历任师长：

戴嗣夏（抗战全面爆发时—1938年1月20日）

历任旅长：

第136旅：鲁渭平

第137旅：曹典江—李蔼堂

陆军第46师（中央军2）

第46师于1938年3月15日在河南开封再次成立（原中央军校教导总队缩编），直属军事委员会，辖第136旅（辖第271团、第272团）和第138旅（辖第275团、第276团）。4月改隶第27军。5月参加徐州会战，遭到重创，第138旅旅长马威龙、第276团团长毛麟义阵亡。1939年2月裁撤旅部，辖第136团、第137团、第138团和补充团。此后长期在晋南地区游击。1941年5月参加晋南会战，再次遭到重创，坚持至1943年8月退过黄河，此后长期戍守陕西。1944年6月参加豫中会战。11月改隶第57军。1945年2月20日裁撤，所部官兵补充第8师。

历任师长：

桂永清（1938年3月15日—4月13日）

李良荣（1938年4月13日—7月1日）

黄祖埙（1938年7月1日—1942年11月2日）

苏秋若（1942年11月2日—1943年12月1日）

李日基（1943年12月1日—1945年1月12日）

历任旅长：

第136旅：李昌龄—王翰卿—戚永年

第138旅：马威龙—王隆玑—张新

李良荣

黄祖埙

苏秋若

李日基

陆军第47师（五省军—中央军）

第47师于1928年12月31日在河北怀来成立（源自北洋陆军第2师、第10师、第12师、第8混成旅、第9混成旅、第24混成旅、第76混成旅、江西陆军第3师和沪杭路护路队各一部）。抗战全面爆发前驻陕西汉中，隶属第9军，辖第139旅（辖第277团、第278团）和第141旅（辖第281团、第282团）。1937年8月参加平汉铁路北段沿线之作战。10月参加太原会战。1938年2月参加太原攻势，此后长期在晋南游击。1939年11月裁撤旅部，辖第139团、第140团和第141团。1941年3月起长期在河南作战。1943年12月改隶暂编第4军。1944年5月参加豫中会战，遭到重创。1945年3月参加豫西鄂北会战。6月改隶第27军。8月抗战胜利后驻防河南汜水。1949年12月27日在四川邛崃被歼灭。

历任师长：

裴昌会（抗战全面爆发时—1942年3月30日）

郭贻珩（1942年3月30日—8月14日）

张信成（1942年8月14日—1943年12月24日）

杨　蔚（1943年12月24日—1944年10月1日）

李奇亨（1944年10月1日—抗战胜利时）

历任旅长：

第139旅：张信成

第141旅：郭贻珩—杜凌云

郭贻珩

杨蔚

李奇亨

陆军第48师（直鲁军1）

徐继武

第48师于1928年12月31日在河北昌平成立（源自直鲁联军第6军）。抗战全面爆发前驻湖北沙市，隶属第10军，辖第142旅（辖第283团、第284团）和第144旅（辖第287团、第288团）。1937年12月参加南京保卫战。1938年5月参加徐州会战。7月参加武汉会战。1939年1月10日裁撤，所部官兵补充第41师。

历任师长：

徐继武（抗战全面爆发时—1939年1月10日）

历任旅长：

第142旅：牛乐亭

第144旅：韩浚

陆军第48师（中央军2）

谢义锋

第48师于1939年7月11日在甘肃天水再次成立（原第37补充兵训练处第3团和河南、陕西地方团队各一部）扩编，隶属第42军，辖第142团、第143团和第144团。第48师成立后长期戍守甘肃。1943年12月30日改称新编第45师。

历任师长：

罗　列（1939年7月11日—1941年12月1日）

谢义锋（1941年12月1日—1943年12月30日）

陆军第48师（中央军3）

郑庭笈

第48师于1944年1月1日在云南昆明第三次成立（原第5军直属部队合编），隶属第5集团军，辖第142团（原第5军装甲兵团）、第143团（原第5军汽车兵团）、第144团（原第5军工兵团）和搜索兵团（原第5军骑兵团），是第一支摩托化师。第48师成立后长期戍守昆明，曾于1944年6月抽调战车防御炮营参加衡阳保卫战。1945年5月30日裁撤，师部改组为昆明机场守备司令部，第142团编为战车第1团，第143团编为第52军补充团，第144团、搜索团编为机场守备第1团和第2团。

历任师长：

郑庭笈（1944年1月1日—1945年5月30日）

陆军第49师（中央军1）

第49师于1934年1月28日在福建永定成立（源自福建靖国军）。抗战全面爆发前驻甘肃天水，直属军事委员会，辖第289团、第291团和第294团。10月扩编后辖第145旅（辖第289团、第290团）和第147旅（辖第293团、第294团）。1938年5月改隶第46军，参加徐州会战，遭到重创。1938年8月参加武汉会战。12月改隶第6军。1939年1月裁撤旅部，辖第145团、第146团、第147团和补充团。1940年1月参加桂南会战，再次遭到重创，此后长期戍守古周、云南。1942年3月开赴缅甸参加第一次远征，第三次遭到重创，此后长期戍守中缅边境。1943年1月改隶第5军。1945年3月17日裁撤，所部官兵补充第200师。

历任师长：

李及兰（抗战全面爆发时—4月19日）

周士冕（1938年4月19日—1938年7月2日）

李精一（1938年7月2日—1940年2月16日）

彭璧生（1940年2月16日—1943年1月17日）

刘观龙（1943年1月17日—1945年1月22日）

罗友伦（1945年1月22日—3月17日）

历任旅长：

第 145 旅：李精一—陈嘘云

第 147 旅：王禄丰

李精一

彭璧生

刘观龙

罗友伦

陆军第49师（中央军2）

李守正

第 49 师于 1945 年 7 月 1 日在河南巩县再次成立（原暂编第 55 师改称），隶属第 85 军，辖第 145 团、第 146 团和第 147 团。8 月抗战胜利后仍驻巩县。1947 年 4 月 18 日在河南淇县被歼灭（时为整编第 49 旅）。

历任师长：

李守正（1945 年 7 月 1 日—抗战胜利时）

陆军第50师（湘军—中央军）

第 50 师于 1928 年 11 月 16 日在湖南常德成立（源自湖南陆军第 7 团第 3 营，湖南第 3 区守备队、护字营）。抗战全面爆发前驻湖南浏阳，隶属第 22 军，辖第 148 旅（辖第 295 团、第 296 团）、第 149 旅（辖第 297 团、第 298 团）和补充团。1938 年 4 月参加徐州会战，遭到重创，副师长彭璋、第 148 旅副旅长杨炼煊阵亡。7 月改隶第 37 军。10 月改隶第 54 军。1939 年 3 月裁撤旅部，辖第 148 团、第 149 团、第 150 团和补充团，此后长期戍守云南。1944 年 4 月改隶驻印军。5 月参加缅北攻势。9 月改隶新编第 6 军。1945 年 4 月改隶新编第 1 军。8 月抗战胜利后开赴广东佛山受降。1948 年 10 月 28 日在辽宁黑山被歼灭。

历任师长：

成光耀（抗战全面爆发时—1938 年 8 月 24 日）

张　琼（1938 年 8 月 24 日—1940 年 2 月 3 日）

杨文瑔（1940 年 2 月 3 日—1942 年 10 月 18 日）

郑挺锋（1942 年 10 月 18 日—1944 年 4 月 3 日）

潘裕昆（1944 年 4 月 3 日—抗战胜利时）

历任旅长：

第 148 旅：彭诗圭—李邦藩

第 149 旅：朱刚伟—郑挺锋

成光耀

杨文琼

郑挺锋

潘裕昆

陆军第51师（中央军）

第51师于1936年8月26日在陕西汉中成立（源自军事委员会补充第1旅）。抗战全面爆发前驻汉中，直属军事委员会，辖第301团、第303团和第306团，是第三期调整师（未完成编组）。1937年8月改隶第74军，参加淞沪会战。9月扩编，辖第151旅（辖第301团、第302团）和第153旅（辖第305团、第306团）。12月参加南京保卫战，第302团团长程智阵亡。1938年5月参加徐州会战，第302团团长纪鸿儒阵亡。8月参加武汉会战，在万家岭告捷。1939年3月参加南昌会战。9月裁撤旅部，辖第151团、第152团、第153团和补充团，参加第一次长沙会战。1940年5月参加夏季攻势。1941年3月参加上高会战，在上高告捷。9月参加第二次长沙会战。1942年5月参加浙赣会战。1943年5月参加鄂西会战。11月参加常德会战。1944年5月参加长衡会战。1945年4月参加湘西会战，在雪峰山告捷，获颁荣誉旗（1945年11月24日颁授）。8月抗战胜利后开赴湖南衡阳受降。1947年5月16日在山东蒙阴被歼灭（时为整编第51旅）。

周志道

历任师长：

王耀武（抗战全面爆发时—1939年6月24日）

李天霞（1939年6月24日—1942年12月4日）

周志道（1942年12月4日—抗战胜利时）

历任旅长：

第151旅：周志道—张汉铎

第153旅：李天霞—张灵甫—邱维达

陆军第52师（闽军1）

卢兴荣

第52师于1933年12月13日在福建尤溪成立（源自尤溪民团）。抗战全面爆发前驻浙江龙泉，隶属第39军，辖第154旅（辖第307团、第308团）和第156旅（辖第311团、第312团）。1937年10月参加淞沪会战，遭到重创，第312团团长杨作源阵亡。11月17日裁撤，所余官兵补充第61师。

历任师长：

卢兴荣（抗战全面爆发时—1937年11月17日）

历任旅长：

第 154 旅：罗景星

第 156 旅：卢新铭

陆军第52师（中央军2）

第 52 师于 1938 年 3 月 15 日在湖南湘乡再次成立（原预备第 3 师改称），隶属第 25 军，辖第 154 旅（辖第 305 团、第 306 团）和第 156 旅（辖第 311 团、第 312 团）。7 月参加武汉会战，在星子告捷。10 月裁撤旅部，辖第 307 团、第 309 团、第 312 团和补充团，此后长期在苏浙皖边区游击。1940 年 1 月所属各团改换番号，辖第 154 团、第 155 团、第 156 团和补充团。1941 年 1 月参加“皖南事变”。1942 年 2 月改隶第 28 军。1945 年 6 月在天目山与新编第 4 军作战受挫，副师长韩德考被俘，第 154 团团长张俊清阵亡。8 月抗战胜利后开赴安徽宣城受降。1949 年 5 月 12 日裁撤。

历任师长：

冷　欣（1938 年 3 月 15 日—10 月 25 日）

唐云山（1938 年 10 月 25 日—1939 年 7 月 11 日）

王禄丰（1939 年 7 月 11 日—1940 年 1 月 22 日）

刘秉哲（1940 年 1 月 22 日—1944 年 3 月 12 日）

张迺鑫（1944 年 3 月 12 日—抗战胜利时）

历任旅长：

第 154 旅：孙启人—段沄

第 156 旅：刘秉哲

冷欣

王禄丰

陆军第53师（湘军1）

第 53 师于 1930 年 2 月 8 日在湖南常德成立（源自第 2 军教导师）。抗战全面爆发前驻四川重庆，隶属第 16 军，辖第 157 旅（辖第 313 团、第 314 团、第 315 团）和第 159 旅（辖第 316 团、第 317 团、第 318 团）。1937 年 10 月参加淞沪会战，战后裁撤第 315 团和第 316 团。1938 年 6 月参加武汉会战，遭到重创。7 月 25 日裁撤，所余官兵补充第 118 师。

历任师长：

李韫珩（抗战全面爆发时—1938 年 6 月 8 日）

周启铎（1938 年 6 月 8 日—7 月 25 日）

周启铎

历任旅长：

第 157 旅：周启铎—黄人英

第 159 旅：李清献—莫岳中

陆军第53师（中央军2）

第 53 师于 1938 年 10 月 16 日在陕西大荔再次成立（原预备第 7 师改称），隶属第 90 军，辖第 157 团、第 158 团、第 159 团和补充团。第 53 师成立后长期戍守陕西。1940 年间曾调往晋南地区游击。1941 年 10 月再次驰援晋南，在韩城告捷。1945 年 4 月参加豫西鄂北会战。8 月抗战胜利后驻防河南洛阳。1948 年 3 月 1 日在陕西宜川被歼灭（时为整编第 53 旅）。

历任师长：

曹日晖（1938 年 10 月 16 日—1941 年 11 月 6 日）

袁杰三（1941 年 11 月 6 日—抗战胜利时）

曹日晖

袁杰三

陆军第54师（东北军—中央军）

第 54 师于 1928 年 11 月 24 日在河北滦县成立（源自东北国民军第 5 军）。抗战全面爆发前驻贵州兴义，隶属第 9 军，辖第 161 旅（辖第 321 团、第 322 团）和第 162 旅（辖第 323 团、第 324 团）。1937 年 9 月参加平汉铁路北段沿线之作战。10 月参加太原会战，师长刘家麒阵亡。1938 年 2 月参加太原攻势，此后长期在中条山游击。1939 年 1 月裁撤旅部，辖第 160 团、第 161 团和第 162 团。1941 年 5 月参加晋南会战，遭到重创，此后长期戍守陕西。1944 年 4 月参加豫中会战，再次遭到重创。1945 年 5 月改隶第 13 军。7 月参加广西攻势。8 月抗战胜利后开赴香港九龙。1948 年 10 月 28 日在辽宁黑山被歼灭。

历任师长：

刘家麒（抗战全面爆发时—1937 年 10 月 16 日）

孔繁瀛（1937 年 10 月 16 日—1940 年 2 月 3 日）

王　晋（1940 年 2 月 3 日—1943 年 2 月 3 日）

史松泉（1943 年 2 月 3 日—抗战胜利时）

历任旅长：

第 161 旅：孔繁瀛—王藻臣

第 162 旅：王晋—李棠

刘家麒

孔繁瀛

史松泉

陆军第55师（五省军—中央军1）

第 55 师于 1929 年 12 月 18 日在山东兖州成立（源自镇军第 1 镇）。抗战全面爆发前驻江西婺源，隶属浙闽赣皖边区绥靖公署，辖第 163 旅（辖第 325 团、第 327 团）和第 165 旅（辖第 328 团、第 330 团）。1937 年 8 月改隶第 69 军，参加淞沪会战。12 月改隶第 54 军。1938 年 3 月，补充第 1 师并入。6 月改隶第 94 军。9 月参加武汉会战，此后长期在湖北作战。1939 年 3 月裁撤旅部，辖第 163 团、第 164 团、第 165 团和补充团。12 月参加冬季攻势，第 165 团团长张整维阵亡。1941 年 9 月参加宜昌攻势。1943 年 5 月参加鄂西会战。7 月改隶第 18 军。1945 年 4 月 2 日裁撤，所部官兵补充第 118 师。

历任师长：

李松山（抗战全面爆发时—1938 年 3 月 2 日）

柳际明（1938 年 3 月 2 日—9 月 2 日）

李及兰（1938 年 9 月 2 日—1940 年 1 月 24 日）

杨　勃（1940 年 1 月 24 日—1943 年 1 月 6 日）

吴光朝（1943 年 1 月 6 日—10 月 1 日）

武泉远（1943 年 10 月 1 日—1945 年 4 月 2 日）

历任旅长：

第 163 旅：杨名芳—张彬

第 165 旅：张彬—周中礼—雷世光—王廷柱

李松山

杨勃

吴光朝

武泉远

陆军第55师（陕军2）

孔从洲

第55师于1945年7月1日在河南洛宁再次成立（原新编第35师改称），隶属第38军，辖第163团、第164团和第165团。8月抗战胜利后开赴河南郑州受降。1946年5月15日裁撤。

历任师长：

孔从洲（1945年7月1日—抗战胜利时）

陆军第56师（皖军）

第56师于1928年12月6日在湖北武汉成立（源自安徽陆军第2混成旅）。抗战全面爆发前驻浙江吴兴，隶属第39军，辖第166旅（辖第331团、第332团、第333团）和第168旅（辖第334团、第335团、第336团），是第三期调整师（未完成编组）。1937年8月参加淞沪会战。11月裁撤第333团和第334团。1938年6月参加徐州会战。10月参加武汉会战。1939年4月参加随枣会战。12月参加冬季攻势。1940年5月参加枣宜会战，遭到重创，第336团团长田荣昌阵亡。1941年6月裁撤旅部，辖第166团、第167团和第168团。9月参加宜昌攻势，此后长期在鄂东地区作战。1945年6月改隶第92军。8月抗战胜利后开赴湖北咸宁、蒲圻受降。1949年1月22日在北平接受和平改编。

汤邦桢

历任师长：

刘尚志（抗战全面爆发时—1939年1月25日）

汤邦桢（1939年1月25日—7月11日）

厉鼎璋（1939年7月11日—1942年8月15日）

孔海鲲（1942年8月15日—抗战胜利时）

历任旅长：

第166旅：汤邦桢—宋邦屏

第168旅：桂振远—徐世光

陆军第57师（五省军—中央军）

第57师于1930年9月20日在山东滕县成立（原第1路军补充第1旅、补充第2旅和补充第5团合编）。抗战全面爆发前驻陕西西安，隶属西安行营，辖第169旅（辖第337团、第339团）和第171旅（辖第340团、第342团）。1937年8月改隶第69军，参加淞沪会战。1938年1月改隶武汉卫戍总司令部。7月改隶第11军团，参加武汉会战，遭到重创，第340团团长龙子育阵亡。11月改隶第74军。1939年4月参加南昌会战。9月裁撤旅部，辖第169团、第170团、第171团和补充团，参加第一次长沙会战。12月参加冬季攻势。1941年4月参加上高会战，在上高告捷。9月参加第二次长沙会战，步兵指挥官李翰卿阵亡。1942年5月参加浙赣会战。1943年11月参加常德会战，遭到重创，第169团团长柴意新阵亡，因功获颁荣誉旗（1944年8月3日颁授），击毙日军步兵第109联队大佐联队长布上照一（追晋少将）。1944 年 7 月参加长衡会战。1945 年 4 月参加湘西会战，于洞口告捷。8 月抗战胜利后开赴南京受降。1947 年 5 月 16 日在山东蒙阴被歼灭（时为整编第 57 旅）。

余程万

历任师长：

阮肇昌（抗战全面爆发时—1938 年 1 月 17 日）
施中诚（1938 年 1 月 17 日—1940 年 9 月 5 日）
余程万（1940 年 9 月 5 日—1944 年 1 月 1 日）
李　琰（1944 年 1 月 1 日—抗战胜利时）

历任旅长：

第 169 旅：施中诚—李琰
第 171 旅：谈经国—杨宗鼎

陆军第58师（中央军）

第 58 师于 1931 年 4 月 10 日在河南郑州成立（源自国民革命军先遣军和浙江省保安部队）。抗战全面爆发前驻湖北岳阳，直属军事委员会，辖第 172 旅（辖第 343 团、第 344 团）和第 174 旅（辖第 347 团、第 348 团），是第三期调整师（未完成编组）。1937 年 8 月改隶第 74 军，参加淞沪会战，第 174 旅旅长吴继光阵亡。12 月参加南京保卫战，遭到重创，第 174 旅副旅长刘国用阵亡。1938 年 5 月参加徐州会战。7 月参加武汉会战，在万家岭告捷。1939 年 3 月参加南昌会战。9 月参加第一次长沙会战。11 月裁撤旅部，辖第 172 团、第 173 团、第 174 团和补充团。12 月参加冬季攻势。1941 年 3 月参加上高会战，在奉新告捷。9 月参加第二次长沙会战，师长廖龄奇因指挥作战失利被撤职枪决。1942 年 5 月参加浙赣会战。1943 年 5 月参加鄂西会战。11 月参加常德会战，上校附员杨剑秋阵亡。1944 年 6 月参加长衡会战。1945 年 4 月参加湘西会战。8 月抗战胜利后开赴湖南衡阳受降。1947 年 5 月 16 日在山东蒙阴被歼灭（时为整编第 58 旅）。

历任师长：

俞济时（抗战全面爆发时—1937 年 11 月 20 日）
冯圣法（1937 年 11 月 20 日—1939 年 7 月 9 日）
陈式正（1939 年 7 月 9 日—1940 年 7 月 16 日）
廖龄奇（1940 年 7 月 16 日—1941 年 10 月 24 日）
张灵甫（1941 年 10 月 24 日—1944 年 5 月 30 日）
蔡仁杰（1944 年 5 月 30 日—抗战胜利时）

陈式正

廖龄奇

张灵甫

蔡仁杰

历任旅长：

第 172 旅：何凌霄—朱奇—方日英—邱维达—廖龄奇

第 174 旅：吴继光—陈式正—朱奇—劳冠英

陆军第59师（粤军）

第 59 师于 1934 年 2 月 24 日在江西永丰成立（原第 90 师第 270 旅扩编）。抗战全面爆发前驻贵州贵阳，隶属第 4 军，辖第 175 旅（辖第 349 团、第 350 团）和第 177 旅（辖第 353 团、第 354 团）。1937 年 9 月参加淞沪会战，遭到重创，第 354 团团长罗醒尘阵亡。1938 年 8 月参加武汉会战。1939 年 2 月参加南昌会战。9 月参加第一次长沙会战。11 月裁撤旅部，辖第 175 团、第 176 团、第 177 团和补充团。1941 年 9 月参加第二次长沙会战。12 月参加第三次长沙会战，此后仍长期在湖南作战。1944 年 5 月参加长衡会战，遭到重创，第 177 团团长杨继震因指挥作战不力被撤职枪决，第 176 团裁撤。1945 年 8 月抗战胜利后驻防江西新淦。1949 年 4 月 28 日在浙江泗安被歼灭。

历任师长：

韩汉英（抗战全面爆发时—1938 年 3 月 10 日）

张德能（1938 年 3 月 10 日—1942 年 5 月 1 日）

林贤察（1942 年 5 月 1 日—1944 年 7 月 27 日）

谢　铮（1944 年 7 月 27 日—抗战胜利时）

历任旅长：

第 175 旅：黄国俊—黄道南

第 177 旅：林贤察

韩汉英

林贤察

谢铮

陆军第60师（中央军）

第 60 师于 1934 年 1 月 29 日在福建福州成立（建国粤军第 1 师第 1 旅）。抗战全面爆发前驻贵州遵义，隶属滇黔绥靖公署，辖第 355 团、第 357 团和第 360 团。8 月扩编，辖第 178 旅（辖第 355 团、第 356 团）和第 180 旅（辖第 358 团、第 360 团）。1937 年 9 月改隶第 18 军，参加淞沪会战。1938 年 2 月起在皖南地区游击，第 359 团团长杨绍卿阵亡。6 月参加武汉会战，第 360 团团长杨家骝阵亡。1939 年 1 月改隶第 37 军。9 月参加第一次长沙会战。11 月裁撤旅部，辖第 178 团、第 179 团、第 180 团和补充团。12 月参加冬季攻势。1941 年 9 月参加第二次长沙会战。12 月参加第三次长沙会战，此后仍长期在湖南作战。1944 年 5 月参加长衡会战，遭到重创。1945 年 3 月参加江西攻势。6 月改隶第 99 军。8 月抗战胜利后驻防江西南昌。1946 年 12 月 18 日在江苏宿迁被歼灭（时为整编第 60 旅）。

历任师长：

陈　沛（抗战全面爆发时—1939 年 5 月 30 日）

梁仲江（1939 年 5 月 30 日—1940 年 5 月 14 日）

董　煜（1940 年 5 月 14 日—1943 年 10 月 1 日）

黄保德（1943 年 10 月 1 日—抗战胜利时）

历任旅长：

第 178 旅：梁仲江—黄保德

第 180 旅：董煜

梁仲江

董煜

黄保德

陆军第61师（中央军）

第 61 师于 1934 年 1 月 29 日在福建泉州成立（建国粤军第 1 师第 1 旅）。抗战全面爆发前驻陕西灵宝，隶属西安行营，辖第 361 团、第 363 团和第 366 团。1937 年 8 月改隶第 9 集团军，参加淞沪会战，遭到重创。同月，独立第 20 旅并入后扩编，辖第 181 旅（辖第 361 团、第 362 团）和第 183 旅（辖第 365 团、第 366 团）。10 月改隶第 8 军，旋又改隶第 17 军团，第 361 团团长李忠、第 365 团团长季韦佩阵亡，击毙日军步兵第 101 联队大佐联队长加纳治雄（追晋少将）。1938 年 1 月改隶武汉卫戍总司令部。5 月改隶第 27 军，参加徐州会战。6 月改隶第 71 军。9 月参加武汉会战。10 月改隶第 17 军团。1939 年 1 月起长期戍守陕西，曾两次驰援晋南。3 月改隶第 90 军，裁撤旅部，辖第 181 团、第 182 团、第 183 团和补充团。1945 年 4 月参加豫西鄂北会战。8 月抗战胜利后开赴河南洛阳受降。1948 年 3 月 1 日在陕西宜川被歼灭（时为整编第 61 旅）。

历任师长：

杨步飞（抗战全面爆发时—1937 年 8 月 25 日）

钟　松（1937 年 8 月 25 日—1942 年 2 月 21 日）

邓钟梅（1942 年 2 月 21 日—抗战胜利时）

历任旅长：

第 181 旅：杨文瑔—朱侠

第 183 旅：邓钟梅—何蕃

杨步飞

邓钟梅

陆军第62师（湘军）

第62师于1931年9月18日在江西萍乡成立（原第19师第56旅扩编）。抗战全面爆发前驻浙江海盐，隶属第28军，辖第184旅（辖第367团、第368团、第369团）和第186旅（辖第370团、第371团、第372团）。1937年9月参加淞沪会战，遭到重创，第367团团长张空逸阵亡。12月裁撤第369团和第370团，此后长期在安徽、浙江作战。1941年3月裁撤旅部，辖第184团、第185团、第186团和补充团。1942年3月在金华受挫，第184团团长贺炎煌阵亡。5月参加浙赣会战。1945年8月抗战胜利后驻防安徽广德。1947年10月10日在安徽六安被歼灭（时为整编第62旅）。

谭道平

历任师长：

陶　柳（抗战全面爆发时—1942年3月31日）

刘埙浩（1942年3月31日—1944年12月20日）

谭道平（1944年12月20日—抗战胜利时）

历任旅长：

第184旅：谢龙—汤新昭

第186旅：刘建文

陆军第63师（湘军—中央军）

第63师于1931年9月18日在湖南茶陵成立（源自湘东剿匪司令部）。抗战全面爆发前驻江西上饶，隶属第28军，辖第187旅（辖第373团、第374团）和第189旅（辖第377团、第378团）。1937年9月参加淞沪会战，遭到重创，第187旅旅长李伯蛟阵亡，此后长期在安徽、浙江作战。1939年2月改隶第91军。12月参加冬季攻势。1940年5月改隶第3战区。1942年5月参加浙赣会战。10月改隶第100军。1943年11月参加常德会战，第189团团长陶绍唐阵亡。1944年6月参加长衡会战。1945年5月参加湘西会战，在黔阳告捷。8月抗战胜利后驻防湖南邵阳。1948年11月21日在江苏邳县被歼灭。

历任师长：

陈光中（抗战全面爆发时—1938年6月8日）

谈经国（1938年6月8日—1939年3月21日）

王　仡（1939年3月21日—1940年12月1日）

冷　欣（1940 年 12 月 1 日—1941 年 2 月 1 日）
赵锡田（1941 年 2 月 1 日—1944 年 6 月 3 日）
徐志勖（1944 年 6 月 3 日—抗战胜利时）

历任旅长：

第 187 旅：李伯蛟—汤宏怀—蔡凤翁
第 189 旅：王德彰—陈齐—杨焜

陈光中

谈经国

徐志勖

陆军第64师（镇嵩军）

第 64 师于 1931 年 5 月 21 日在河南博爱成立（源自镇嵩军）。抗战全面爆发前驻安徽安庆，隶属第 15 军，辖第 191 旅（辖第 381 团、第 382 团）、第 192 旅（辖第 383 团、第 384 团）和补充团。1937 年 9 月参加平汉铁路北段沿线之作战。10 月参加太原会战。1938 年 2 月参加太原攻势，此后长期在中条山游击。1939 年 10 月裁撤旅部，辖第 190 团、第 191 团和第 192 团。1941 年 5 月参加晋南会战，遭到重创，此后长期在河南作战。1944 年 4 月参加豫中会战，再次遭到重创，参谋长王宇震阵亡。1945 年 3 月参加豫西鄂北会战。8 月抗战胜利后开赴河南开封受降。1948 年 6 月 21 日在开封被歼灭（时为整编第 64 旅）。

历任师长：

武庭麟（抗战全面爆发时—1939 年 10 月 26 日）
姚北辰（1939 年 10 月 26 日—1943 年 11 月 1 日）
刘献捷（1943 年 11 月 1 日—抗战胜利时）

历任旅长：

第 191 旅：邢清忠
第 192 旅：杨天民

姚北辰

刘献捷

陆军第65师（镇嵩军）

第65师于1930年5月21日在河南睢县成立（源自镇嵩军）。抗战全面爆发前驻安徽霍山，隶属第15军，辖第194旅（辖第387团、第388团）、第195旅（辖第389团、第390团）和独立团。1937年9月参加平汉铁路北段沿线之作战。10月参加太原会战。1938年2月参加太原攻势，此后长期在中条山游击。1939年10月裁撤旅部，辖第193团、第194团和第195团。1941年5月参加晋南会战，遭到重创，第195团团长杨俊峰阵亡，此后长期在河南作战。1944年4月参加豫中会战，再次遭到重创。1945年3月参加豫西鄂北会战。8月抗战胜利后开赴河南开封受降。1946年4月28日裁撤。

李纪云

历任师长：

刘茂恩（抗战全面爆发时—1939年2月7日）

邢清忠（1939年2月7日—1941年4月30日）

李纪云（1941年5月1日—抗战胜利时）

历任旅长：

第194旅：姚北辰

第195旅：马祺臻

陆军第66师（晋军1）

第66师于1936年6月1日在山西太原成立（源自山西军务善后事宜督办公署卫队），抗战全面爆发前驻太原，隶属太原绥靖公署，辖第1团和第2团。1937年8月改隶第2战区，同月扩编，第1团和第2团合编为第204旅，另调晋绥军补充第1团和补充第2团合编为第206旅，辖第204旅（辖第408团、第409团）和第206旅（辖第431团、第432团）。10月参加太原会战。1938年1月增编第401团（归第206旅序列）和第402团（归第204旅序列）。1939年4月裁撤旅部（其中第206旅改为独立旅脱离序列），辖第408团、第409团和新编第18团。1940年8月31日缩编为第204旅。

历任师长：

杜春沂（抗战全面爆发时—1940年8月31日）

历任旅长：

第204旅：郭作霖—赵叔鸿

第206旅：孙福麟

陆军第66师（晋军2）

第66师于1940年8月31日在山西吉县再次成立（原第206旅扩编），隶属第83军，辖第401团、第431团和第432团。第66师成立后长期在晋西地区游击。12月所属各团改换番号，辖第196团、第197团和第198团。1945年8月抗战胜利后开赴山西太原受降。11月20日缩编为第70师第209团。

萧荫轩

历任师长：

孙福麟（1940 年 8 月 31 日—1940 年 12 月 1 日）

萧荫轩（1940 年 12 月 1 日—1943 年 1 月 1 日）

李佩膺（1943 年 1 月 1 日—抗战胜利时）

陆军第67师（中央军）

第 67 师于 1933 年 8 月 10 日在江西南城成立（原第 11 师第 32 旅扩编）。抗战全面爆发前驻浙江云和，隶属第 18 军，辖第 199 旅（辖第 397 团、第 398 团）和第 201 旅（辖第 401 团、第 402 团），是第一期调整师。1937 年 8 月参加淞沪会战，遭到重创，第 201 旅旅长蔡丙炎、副旅长兼第 402 团团长李维藩阵亡。1938 年 9 月参加武汉会战，此后长期在苏皖边区游击。1939 年 6 月改隶第 86 军。11 月裁撤旅部，辖第 199 团、第 200 团、第 201 团和补充团，此后长期在浙赣会战，遭到重创。1943 年 5 月参加鄂西会战。11 月参加常德会战，此后长期在湖北作战。1945 年 6 月改隶第 30 军。8 月抗战胜利后驻防湖北宜昌。1949 年 1 月 15 日在天津被歼灭。

历任师长：

李树森（抗战全面爆发时—1937 年 9 月 28 日）

黄　维（1937 年 9 月 28 日—1938 年 2 月 10 日）

莫与硕（1938 年 2 月 10 日—1939 年 12 月 29 日）

陈颐鼎（1939 年 12 月 29 日—1942 年 7 月 19 日）

罗贤达（1942 年 7 月 19 日—1945 年 6 月 23 日）

李学正（1945 年 6 月 23 日—抗战胜利时）

历任旅长：

第 199 旅：李芳郴—胡琏

第 201 旅：蔡丙炎—杨勃—曹振铎

李树森

陈颐鼎

李学正

陆军第68师（晋军1）

第68师于1930年3月14日在山西大同成立（源自山西陆军第13旅）。抗战全面爆发前驻大同，隶属第33军，辖第200旅（辖第399团、第400团）和第414团。1937年7月19日，师部升编为第61军，所属部队统一编入第200旅改归第61军指挥。

历任师长：

李服膺（抗战全面爆发时—1937年7月19日）

历任旅长：

第200旅：刘潭馥

陆军第68师（晋军2）

第68师于1937年10月22日在山西五台再次成立（原独立第2旅、独立第3旅、独立第8旅并编），隶属第19军，辖第203旅（辖第405团、第406团）和第210旅（辖第622团、第624团）。第68师成立后参加太原会战。1938年2月参加太原攻势，此后长期在晋西地区游击。10月裁撤旅部（其中第210旅改为独立旅脱离序列），辖第405团、第410团和第624团。1939年5月在离石受挫，副师长蔡熊飞、参谋长王锻被俘。12月参加冬季攻势。1940年11月所属各团改换番号，辖第202团、第203团和第204团。1945年8月抗战胜利后开赴山西长治受降。11月20日缩编为第66师第196团。

李修礼

历任师长：

孟宪吉（1937年10月22日—1938年10月16日）

刘召棠（1938年10月16日—1941年3月28日）

李修礼（1941年3月28日—1943年4月1日）

郭天辛（1943年4月1日—抗战胜利时）

历任旅长：

第203旅：刘召棠

第210旅：蔡熊飞

陆军第69师（晋军1）

第69师于1937年10月22日在山西临汾成立（原第72师第208旅、第34军直属第196旅和新编第1团并编。注：第69师番号在抗战爆发时为空番号，由太原绥靖公署保留使用权），隶属第34军，辖第196旅（辖第391团、第392团）和第208旅（辖第415团、第416团）。第69师成立后参加太原会战。12月改隶第61军，此后长期在吕梁山游击。1938年8月裁撤旅部，辖第391团、第392团和第416团。12月受挫，第416团团长魏鸣霄阵亡。1940年11月1日缩编为第208旅。

历任师长：

吕瑞英（抗战全面爆发时—1939年7月1日）

黄士桐（1939年7月1日—1940年11月1日）

黄士桐

历任旅长：
第 196 旅：高金波
第 208 旅：于镇河

陆军第69师（晋军2）

第 69 师于 1940 年 11 月 1 日在山西乡宁再次成立（原第 208 旅扩编），隶属第 61 军，辖第 415 团、第 417 团和第 435 团。第 69 师成立后长期晋西、晋南地区游击。1941 年 1 月所属各团更换番号，辖第 205 团、第 206 团和第 207 团。在 1942 年与第 18 集团军的战斗中，第 206 团团长李丙申阵亡，第 205 团团长辛远来因指挥作战失利被撤职枪决。1945 年 8 月抗战胜利后开赴山西长治受降。11 月 20 日缩编为第 69 师第 205 团。

历任师长：
高金波（1940 年 11 月 1 日—1942 年 8 月 23 日）
周建祉（1942 年 8 月 23 日—1944 年 11 月 6 日）
赵向斗（1944 年 11 月 6 日—抗战胜利时）

陆军第70师（晋军1）

第 70 师于 1931 年 6 月 17 日在绥远包头成立（源自山西陆军第 5 旅和第 9 旅各一部）。抗战全面爆发前驻包头，隶属第 19 军，第 205 旅（辖第 407 团、第 409 团、第 410 团）和第 215 旅（辖第 408 团、第 429 团、第 430 团）。1937 年 9 月参加太原会战遭到重创，第 407 团团长刘良相、第 408 团团长李秀亭、第 410 团团长石焕然、第 429 团团长卢仪欧阵亡。11 月缩编，辖第 205 旅（辖第 407 团、第 410 团）和第 215 旅（辖第 411 团、第 420 团）。1938 年 2 月参加太原攻势，第 205 旅旅长赵锡章阵亡，此后长期在晋南地区游击。1938 年 7 月裁撤旅部，第 410 团拨补第 68 师，辖第 407 团、第 411 团和第 420 团。9 月在柳林告捷，击毙日军步兵第 119 联队大佐联队长石田金藏（追晋少将）。1939 年 6 月在中阳受挫，第 411 团团长汤家谟被俘。7 月 11 日缩编为第 217 旅。

历任师长：
王靖国（抗战全面爆发时—1937 年 11 月 2 日）
杜　堃（1937 年 11 月 2 日—1938 年 7 月 29 日）
马凤岗（1938 年 7 月 29 日—1939 年 7 月 11 日）

历任旅长：
第 205 旅：田树梅—赵锡章—田宝銮
第 215 旅：杜堃—陈庆华—马凤岗

杜堃

马凤岗

陆军第70师（晋军2）

第70师于1939年7月11日在山西阳城再次成立（原第217旅扩编），隶属暂编第1军，辖第417团、第431团和第432团。第70师成立后长期在晋西、晋南地区游击。1940年10月所属各团更换番号，辖第208团、第209团和第210团。12月改隶第43军。1941年5月参加晋南会战，遭到重创，师长石作衡阵亡。1943年2月在稷山受挫，副师长王立业阵亡。1945年8月抗战胜利后驻防山西汾南。11月20日缩编为暂编第45师第2团。

历任师长：

陈庆华（1939年7月11日—1940年10月10日）

赵世铃（1940年10月10日—12月17日）

石作衡（1940年12月17日—1941年9月6日）

赵世铃（1941年9月6日—1942年8月1日）

刘墉之（1942年8月1日—10月10日）

郑继周（1942年10月10日—抗战胜利时）

陈庆华

赵世铃

石作衡

刘墉之

陆军第71师（晋军）

第71师于1936年6月1日在山西平遥成立（原第69师第202旅和第214旅合编）。抗战全面爆发前驻平遥，隶属第34军，辖第202旅（辖第403团、第404团）和第214旅（辖第428团、第431团）。1937年9月改隶第2战区第2预备军，参加太原会战。11月整编，第214旅所属部队缩编为第428团，另以第203旅残部缩编为第427团编入序列。1938年2月参加太原攻势。5月，独立第1旅并入整编，辖第202旅（辖第403团、第404团、第433团）和第214旅（辖第427团、第428团、第434团），此后长期在晋南地区游击。1939年

7月改隶第33军，裁撤旅部（其中第202旅改为独立旅脱离序列），辖第427团、第428团和第434团。12月参加“晋西事变”。1940年5月在孝义与第18集团军作战受挫，师长樊钊阵亡。1941年1月所属各团更换番号，辖第211团、第212团和第213团。1945年8月抗战胜利后开赴山西太原受降。11月20日缩编为第71师第212团。

历任师长：

郭宗汾（抗战全面爆发时—1939年7月1日）

赵　晋（1939年7月1日—1940年3月1日）

樊　钊（1940年3月1日—5月16日）

商得功（1940年5月17日—1941年10月1日）

阎俊贤（1941年10月1日—1944年3月1日）

卫玉昆（1944年3月1日—抗战胜利时）

历任旅长：

第202旅：刘光斗—郑锡安—樊钊

第214旅：赵晋—王恩灏

赵晋

樊钊

陆军第72师（晋军）

第72师于1931年6月17日在山西阳泉成立（源自山西陆军第6旅）。抗战全面爆发前驻天镇，隶属第19军，辖第208旅（辖第415团、第416团）和第217旅（辖第433团、第434团）。1937年8月参加平汉铁路北段沿线之作战。9月改隶第2战区第1预备军，旋改隶第61军，参加太原会战，第416团团长张树桢、第433团团长曹炳、第434团团长程继贤阵亡。10月整编，第208旅裁撤，所余官兵补充第217旅，另调第209旅（辖第417团、第418团）编入序列。1938年2月参加太原攻势，第434团团长刘崇一阵亡，此后长期在晋西地区游击。1939年8月裁撤旅部，辖第418团、第433团和第434团。12月参加“晋西事变”。1941年1月所属各团更换番号，辖第214团、第215团和第216团。1945年8月抗战胜利后驻防山西介休。11月20日缩编为第69师第206团。

历任师长：

陈长捷（抗战全面爆发时—1937年10月22日）

段树华（1937年10月22日—1938年10月16日）

梁春溥（1938年10月16日—1941年3月28日）

许鸿林（1941年3月28日—1942年11月11日）

段树华

郭唐贤（1942 年 11 月 11 日—1944 年 10 月 1 日）
王熙明（1944 年 10 月 1 日—抗战胜利时）

历任旅长：

第 208 旅：吕瑞英
第 217 旅：梁春溥—韩万岚
第 209 旅：王鸿浦

陆军第73师（晋军）

第 73 师于 1936 年 6 月 1 日在山西临县成立（原第 66 师第 197 旅和第 212 旅合编）。抗战全面爆发前驻临县，隶属第 34 军，辖第 197 旅（辖第 393 团、第 394 团）和第 212 旅（辖第 423 团、第 424 团）。1937 年 9 月参加太原会战，遭到重创，第 424 团团长吕超然阵亡。11 月改隶第 35 军，所属部队缩编为第 197 旅，调第 211 旅（辖第 421 团、第 422 团）编入序列。1938 年 2 月参加太原攻势，此后调往绥远作战。6 月裁撤旅部（其中第 211 旅改为独立旅脱离序列），辖第 393 团、第 422 团和第 426 团。1939 年 3 月改隶第 2 战区，第 422 团脱离序列由第 35 军改编。4 月起长期在晋西地区游击。12 月参加“晋西事变”。1940 年 4 月改隶第 23 军。6 月增编第 394 团。1941 年 1 月所属各团更换番号，辖第 217 团、第 218 团和第 219 团。1944 年 2 月改隶第 34 军。1945 年 8 月抗战胜利后开赴山西运城受降。11 月 20 日缩编为第 73 师第 217 团。

历任师长：

刘奉滨（抗战全面爆发时—1940 年 4 月 16 日）
高倬之（1940 年 4 月 16 日—1943 年 12 月 21 日）
席安仁（1943 年 12 月 21 日—1945 年 7 月 4 日）
祁国朝（1945 年 7 月 4 日—抗战胜利时）

历任旅长：

第 197 旅：王思田
第 212 旅：葛振邦
第 211 旅：孙兰峰

陆军第74师（西北军）

第 74 师于 1930 年 9 月 27 日在山东潍县成立（原第 29 师第 86 旅扩编）。抗战全面爆发前驻潍县，隶属第 6 军，第 220 旅（辖第 439 团、第 440 团）和第 222 旅（辖第 443 团、第 444 团）。1937 年 8 月改隶第 56 军。9 月参加津浦铁路北段沿线之作战。1938 年 1 月改隶第 55 军。5 月参加徐州会战。8 月参加武汉会战。1939 年 2 月起长期在鄂豫边区游击。12 月参加冬季攻势。1940 年 5 月参加枣宜会战。7 月裁撤旅部，辖第 220 团、第 221 团、第 222 团和补充团。1941 年 1 月参加豫南会战。1944 年 5 月参加豫中会战。1945 年 3 月参加豫西鄂北会战。8 月抗战胜利后开赴河南临颍受降。1949 年 10 月 17 日在福建厦门被歼灭。

历任师长：

李汉章（抗战全面爆发时—1940 年 5 月 2 日）

李益智（1940 年 5 月 2 日—抗战胜利时）

历任旅长：

第 220 旅：黄芳俊

第 222 旅：马贯一

陆军第75师（镇嵩军1）

第 75 师于 1930 年 12 月 9 日在河南临汝成立（源自镇嵩军）。抗战全面爆发前驻福建漳州，隶属第 20 路军，辖第 223 旅（辖第 445 团、第 446 团）和第 225 旅（辖第 449 团、第 450 团）。9 月改隶第 12 军团。12 月改隶驻闽绥靖公署。1938 年 5 月起长期在福建作战，第 223 旅副旅长纪乃武、参谋主任楚怀民阵亡。9 月改隶第 100 军。1940 年 2 月裁撤旅部，辖第 223 团、第 224 团、第 225 团和补充团。1942 年 5 月参加浙赣会战。1945 年 4 月 1 日裁撤，士兵编入第 209 师。

宋天才

历任师长：

宋天才（抗战全面爆发时—1938 年 6 月 1 日）

韩文英（1938 年 6 月 1 日—1942 年 3 月 31 日）

朱惠荣（1942 年 3 月 31 日—1945 年 4 月 1 日）

历任旅长：

第 223 旅：范宏亮—卢天福

第 225 旅：史克勤

陆军第75师（中央军2）

罗折东

第 75 师于 1945 年 4 月 1 日在江西南城再次成立（原暂编第 13 师改称），隶属第 25 军，辖第 223 团、第 224 团和第 225 团。第 75 师成立后在赣东、闽南地区作战。7 月改隶第 70 军。8 月抗战胜利后开赴浙江宁波受降。1947 年 7 月 15 日在山东济宁被歼灭（时为整编第 139 旅）。

历任师长：

罗折东（1945 年 4 月 1 日—抗战胜利时）

陆军第76师（镇嵩军—中央军）

第 76 师于 1930 年 12 月 9 日在河南开封成立（源自镇嵩军和豫西民军）。抗战全面爆发前驻福建南城，隶属第 20 路军，辖第 227 旅（辖第 453 团、第 454 团）和第 228 旅（辖第 455 团、第 456 团）。1937 年 9 月改隶第 12 军团，参加淞沪会战，遭到重创。10 月改隶第 11

军团。11月整编，辖第227旅（辖第451团、第452团）和第228旅（辖第455团、第456团），此后长期在浙皖边区游击。1938年3月改隶第79军。1939年3月参加南昌会战，参谋处主任龚选登阵亡。11月裁撤旅部，辖第226团、第227团、第228团和补充团。1940年1月改隶第2军，参加桂南会战，此后长期在湖北作战。1942年3月起长期戍守西康、云南。1944年4月参加滇西攻势。1945年8月抗战胜利后驻防云南保山。1950年4月13日在邓川被歼灭。

历任师长：

张　钫（抗战全面爆发时—1937年11月21日）

王凌云（1937年11月21日—1942年6月25日）

夏德贵（1942年6月25日—1945年7月1日）

刘　平（1945年7月1日—抗战胜利时）

历任旅长：

第227旅：王凌云—李学正—方靖—龚传文

第228旅：王殿阁—李群峨—李堃—覃道善

夏德贵

刘平

陆军第77师（湘军—中央军）

第77师于1930年9月20日在湖北咸宁成立（源自第8军教导师）。抗战全面爆发前驻湖南衡阳，隶属湘鄂赣边区绥靖公署，辖第230旅（辖第459团、第460团）和第231旅（辖第461团、第462团）。1937年8月改隶第73军。9月参加淞沪会战，遭到重创。1938年7月参加武汉会战，第460团团长陈奇乳、第462团团长程福铨阵亡。12月裁撤旅部，辖第457团、第459团、第462团和补充团。1939年3月参加南昌会战。9月参加第一次长沙会战。11月所属各团更换番号，辖第229团、第230团、第231团和补充团。12月参加冬季攻势。1941年9月参加第二次长沙会战。12月参加第三次长沙会战。1943年5月参加鄂西会战，再次遭到重创。11月参加常德会战。1944年5月参加长衡会战。1945年4月参加湘西会战。8月抗战胜利后开赴湖北岳阳受降。1947年2月22日在山东莱芜被歼灭。

历任师长：

罗　霖（抗战全面爆发时—1937年10月12日）

陈孔达（1937年10月12日—1938年3月10日）

彭位仁（1938年3月10日—12月31日）

柳际明（1938年12月31日—1941年3月28日）

韩　浚（1941年3月28日—1943年11月12日）

唐生海（1943 年 11 月 12 日—抗战胜利时）

历任旅长：

第 230 旅：胡良玉—刘履德—董廷伯

第 231 旅：席秉钧—蒋汉槎

罗霖

唐生海

陆军第78师（中央军）

第 78 师于 1936 年 9 月 9 日在陕西咸阳成立（原第 1 师第 3 旅和第 1 师独立旅改编）。抗战全面爆发前驻江苏海州，隶属第 1 军，辖第 232 旅（辖第 463 团、第 464 团）和第 234 旅（辖第 467 团、第 468 团），是第三期调整师（未完成编组）。1937 年 9 月参加淞沪会战，遭到重创。1938 年 5 月参加徐州会战。9 月参加武汉会战，此后长期戍守陕西。1939 年 3 月裁撤旅部，辖第 232 团、第 233 团、第 234 团和补充团。1944 年 5 月参加豫中会战。1945 年 8 月抗战胜利后开赴河南郑州受降。1949 年 12 月 27 日在四川邛崃投诚。

许良玉

历任师长：

李　文（抗战全面爆发时—1938 年 6 月 27 日）

刘安祺（1938 年 6 月 27 日—1940 年 12 月 1 日）

韩锡侯（1940 年 12 月 1 日—1941 年 5 月 25 日）

许良玉（1941 年 5 月 25 日—抗战胜利时）

历任旅长：

第 232 旅：周士冕—康庄

第 234 旅：李用章—许良玉

陆军第79师（浙军—中央军）

第 79 师于 1931 年 7 月 16 日在江西临川成立（源自山陕讨贼军）。抗战全面爆发前驻陕西潼关，隶属第 46 军，辖第 235 旅（辖第 469 团、第 470 团）、第 237 旅（辖第 473 团、第 474 团）和补充团。1937 年 10 月改隶第 3 战区，参加淞沪会战，此后长期在浙江作战。1938 年 8 月改隶第 29 军。1939 年 3 月裁撤旅部，辖第 235 团、第 236 团、第 237 团和补充团。同月参加南昌会战，师长段朗如因指挥作战失利被撤职枪决。6 月改隶第 10 军，此后长期在江西、浙江作战。1941 年 1 月参加“皖南事变”。5 月改隶第 86 军。1942 年 5 月参加浙赣会战。1943 年 5 月参加鄂西会战。6 月改隶第 88 军。1945 年 4 月改隶第 49 军。8 月抗战胜利后开赴浙江临安受降。1947 年 12 月 28 日在辽宁彰武被歼灭。

历任师长：

陈安宝（抗战全面爆发时—1938 年 8 月 5 日）

段朗如（1938 年 8 月 5 日—1939 年 4 月 29 日）

李祖白（1939 年 4 月 29 日—7 月 11 日）

张性白（1939 年 7 月 11 日—1940 年 2 月 2 日）

段霖茂（1940 年 2 月 2 日—抗战胜利时）

历任旅长：

第 235 旅：段朗如—尚望

第 237 旅：叶裳—冯宗毅

段朗如

李祖白

段霖茂

陆军第80师（中央军）

第 80 师于 1931 年 11 月 28 日在河南许昌成立（源自镇嵩军）。抗战全面爆发前驻福建福州，隶属第 2 军，辖第 238 旅（辖第 476 团、第 477 团）和第 239 旅（辖第 478 团、第 479 团），是第二期调整师。1937 年 9 月改隶驻闽绥靖公署。1938 年 5 月起长期在福建作战。9 月改隶第 100 军。1940 年 2 月裁撤旅部，辖第 238 团、第 239 团、第 240 团和补充团。1941 年 4 月在长乐遭到重创。8 月改隶第 70 军。9 月在福州告捷。1945 年 8 月抗战胜利后开赴浙江杭州受降。1947 年 1 月 8 日在山东枣庄被歼灭（时为整编第 80 旅）。

历任师长：

陈　琪（抗战全面爆发时—1939 年 7 月 11 日）

王继祥（1939 年 7 月 11 日—1940 年 12 月 1 日）

何凌霄（1940 年 12 月 1 日—1941 年 4 月 24 日）

钱东亮（1941 年 4 月 24 日—8 月 1 日）

李良荣（1941 年 8 月 1 日—抗战胜利时）

王继祥

何凌霄

钱东亮

历任旅长：

第 238 旅：王继祥—李人淑—周品三—王思静

第 239 旅：钱东亮—都堪—周品三

陆军第81师（西北军）

第 81 师于 1931 年 8 月 10 日在山东德州成立（原第 20 师第 58 旅扩编）。抗战全面爆发前驻德州，隶属第 6 军，辖第 241 旅（辖第 481 团、第 482 团）和第 243 旅（辖第 485 团、第 486 团）。1937 年 8 月改隶第 12 军。9 月参加津浦铁路北段沿线之作战。1938 年 7 月参加武汉会战，此后长期在河南作战。1944 年 5 月参加豫中会战，遭到重创。8 月改隶第 55 军。1945 年 3 月参加豫西鄂北会战。8 月抗战胜利后驻防河南杞县。1949 年 5 月 3 日在江西弋阳投诚。

展书堂

历任师长：

展书堂（抗战全面爆发时—1939 年 3 月 21 日）

贺粹之（1939 年 3 月 21 日—1943 年 4 月 1 日）

葛开祥（1943 年 4 月 1 日—抗战胜利时）

历任旅长：

第 241 旅：唐邦植—薛明亮

第 243 旅：运其昌

陆军第82师（鄂军1）

第 82 师于 1931 年 10 月 2 日在河南柳林成立（源自豫英军）。抗战全面爆发前驻湖北谷城，隶属豫鄂陕边区绥靖公署，辖第 487 团、第 489 团和第 492 团。1937 年 8 月由军事委员会直辖。1938 年 6 月改隶第 98 军。7 月 27 日所部缩编为第 193 师第 561 旅。

历任师长：

张　刚（抗战全面爆发时—1938 年 7 月 27 日）

陆军第82师（黔军—中央军2）

1938 年 7 月 27 日，第 82 师在湖南常德再次成立（原预备第 13 师、第 13 军补充团合编），隶属第 98 军，辖第 244 旅（辖第 487 团、第 488 团）和第 246 旅（辖第 491 团、第 492 团）。10 月参加武汉会战。1939 年 1 月改隶第 92 军。9 月参加第一次长沙会战。11 月裁撤旅部，辖第 244 团、第 245 团、第 246 团和补充团。12 月参加冬季攻势。1940 年 4 月改隶第 79 军。1941 年 9 月参加第二次长沙会战。11 月改隶第 8 军，此后长期在湖北作战。1943 年 5 月起长期戍守云南。1944 年 6 月参加滇西攻势。1945 年 1 月 23 日裁撤，所余官兵补充第 103 师。

历任师长：

罗启疆（1938 年 7 月 27 日—1940 年 4 月 5 日）

欧百川（1940 年 4 月 5 日—1942 年 4 月 1 日）
吴剑平（1942 年 4 月 1 日—1944 年 1 月 5 日）
王伯勋（1944 年 1 月 5 日—1945 年 1 月 23 日）

历任旅长：

第 244 旅：杨恩贵
第 246 旅：曾鲁—张国勋

罗启疆

欧百川

吴剑平

王伯勋

陆军第82师（中央军3）

洪显成

第 82 师于 1945 年 6 月 4 日在安徽临泉第三次成立（原暂编第 30 师改称），隶属第 97 军，辖第 244 团、第 245 团和第 246 团。8 月抗战胜利后开赴江苏徐州受降。1950 年 3 月 9 日裁撤。

历任师长：

洪显成（1945 年 6 月 4 日—抗战胜利时）

陆军第83师（中央军）

第 83 师于 1931 年 10 月 4 日在江西吉安成立（原第 10 师独立旅扩编），曾参加 1933 年的长城抗战。抗战全面爆发前驻陕西华县，隶属第 14 军，辖第 247 旅（辖第 493 团、第 494 团）和第 249 旅（辖第 497 团、第 498 团），是第二期调整师。1937 年 8 月参加平汉铁路北段沿线之作战。10 月参加太原会战，第 498 团团长曾宪邦阵亡。1938 年 2 月参加太原攻势。3 月改隶第 93 军，此后长期在晋南地区游击。1939 年 1 月改隶第 14 军。3 月裁撤旅部，辖第 247 团、第 248 团、第 249 团和补充团。1941 年 5 月参加晋南会战，遭到重创，此后长期在河南作战。1944 年 5 月参加豫中会战。1945 年 8 月抗战胜利后驻防重庆。1949 年 4 月 24 日在山西太原被歼灭。

历任师长：

刘　戡（抗战全面爆发时—1938 年 3 月 7 日）
陈　武（1938 年 3 月 7 日—1942 年 7 月 23 日）
沈向奎（1942 年 7 月 23 日—抗战胜利时）

沈向奎

历任旅长：

第 247 旅：李楚瀛—凌光亚—李纪云

第 249 旅：陈武—余锦源—李奇亨

陆军第84师（陕军）

第 84 师于 1931 年 10 月 4 日在河北邯郸成立（国民军第 2 军独立团），曾参加 1933 年的长城抗战。抗战全面爆发前驻陕西绥德，隶属西安行营，辖第 250 旅（辖第 499 团、第 500 团）和第 251 旅（辖第 501 团、第 502 团）。1937 年 8 月改隶第 17 军，参加平汉铁路北段沿线之作战。9 月参加太原会战。1938 年 2 月参加太原攻势，此后长期在晋南地区游击，第 501 团团长吕晓韬阵亡。1940 年 9 月裁撤旅部，辖第 250 团、第 251 团、第 252 团和补充团。1941 年 5 月参加晋南会战，补充团团长艾亚春阵亡，此后长期戍守甘肃。1942 年 3 月起屡次抽调部队返回晋南游击，第 251 团团长杨世立阵亡。1945 年 8 月抗战胜利后驻防甘肃固原。1949 年 12 月 29 日在四川南部投诚。

历任师长：

高桂滋（抗战全面爆发时—1941 年 12 月 1 日）

高建白（1941 年 12 月 1 日—1943 年 12 月 27 日）

任子勋（1943 年 12 月 27 日—抗战胜利时）

历任旅长：

第 250 旅：刘天禄—李少棠—李秾藻

第 251 旅：高建白

高建白

任子勋

陆军第85师（中央军）

第 85 师于 1931 年 12 月 1 日在湖北通山成立（源自黔东南清乡部队）。抗战全面爆发前驻安徽蚌埠，直属军事委员会，辖第 253 旅（辖第 505 团、第 506 团）和第 255 旅（辖第 509 团、第 510 团），是第三期调整师（未完成编组）。1937 年 8 月参加平汉铁路北段沿线之作战。9月改隶第14军，参加太原会战，第510团团长刘眉生阵亡。1938年2月参加太原攻势，此后长期在晋南地区游击。1939年3月裁撤旅部，辖第253团、第254团、第255团和补充团。1941年5月参加晋南会战，遭到重创，第254团团长欧阳远鹏阵亡，此后长期在河南作战。1944年5月参加豫中会战，再次遭到重创。1945年8月抗战胜利后驻防四川綦江。1948年12月15日在安徽宿县被歼灭。

历任师长：

陈　铁（抗战全面爆发时—1938年6月21日）

陈鸿远（1938年6月21日—1940年12月1日）

谷　熹（1940年12月1日—1941年8月1日）

张际鹏（1941年8月1日—1943年3月14日）

王连庆（1943年3月14日—1945年1月1日）

王景渊（1945年1月1日—抗战胜利时）

历任旅长：

第253旅：陈鸿远—张际鹏

第255旅：郝家骏—符昭骞—麋藕池

陈鸿远

谷熹

王连庆

王景渊

陆军第86师（陕军）

第86师于1931年12月3日在陕西榆林成立（源自陕西陆军第2混成团）。抗战全面爆发前驻榆林，隶属西安行营，辖第256旅（辖第511团、第512团）、第258旅（辖第515团、第516团）、骑兵团、暂编第1团和暂编第2团。1937年10月抽调两个团开赴绥远作战。1938年7月改隶第22军，暂1团改称补充团，暂2团改称第22军补充团。1940年1月参加冬季攻势。1941年7月缩编，骑兵团编入骑兵第6师，辖第256团、第257团和第258团。1945年8月抗战胜利后仍驻榆林。1949年6月1日在榆林起义。

徐之佳

历任师长：

高双成（抗战全面爆发时—1941年10月7日）

徐之佳（1941年10月7日—抗战胜利时）

历任旅长：

第256旅：左世允

第258旅：姜占奎

陆军第87师（中央军）

第 87 师于 1932 年 1 月 11 日在南京成立（原中央军校教导第 1 师、国民政府警卫军特务第 1 团、特务第 2 团和陆海空军总司令部侍卫总队合编），曾参加 1932 年的淞沪抗战。抗战全面爆发前驻南京，隶属京沪警备司令部，辖第 259 旅（辖第 517 团、第 518 团）和第 261 旅（辖第 521 团、第 522 团），是第一期调整师。1937 年 8 月改隶第 9 集团军，参加淞沪会战。9 月改隶第 71 军，增编补充团。10 月补充团扩编为第 71 军补充旅。12 月，第 71 军补充旅改称第 260 旅（辖第 519 团、第 520 团）编入序列。同月参加南京保卫战，第 259 旅旅长易安华、第 519 团团长谢家珣阵亡，第 260 旅旅长刘启雄被俘。1938 年 1 月，第 260 旅及所属第 519 团和第 520 团裁撤。5 月参加徐州会战。9 月参加武汉会战，第 517 团团长李之用阵亡。1939 年 5 月裁撤旅部，辖第 259 团、第 260 团、第 261 团和补充团，此后长期戍守陕西。1941 年 3 月调往晋南地区游击。11 月起长期戍守云南。1944 年 4 月参加滇西攻势，因功获颁荣誉旗（1945 年 6 月 21 日颁授）。1945 年 8 月抗战胜利后驻防上海。1948 年 10 月 28 日在辽宁黑山被歼灭。

历任师长：

王敬久（抗战全面爆发时—1937 年 10 月 15 日）
沈发藻（1937 年 10 月 15 日—1939 年 5 月 26 日）
向凤武（1939 年 5 月 26 日—1942 年 6 月 16 日）
张绍勋（1942 年 6 月 16 日—1945 年 1 月 1 日）
黄　炎（1945 年 1 月 1 日—抗战胜利时）

历任旅长：

第 259 旅：沈发藻—易安华—刘漫天—孙天放
第 260 旅：刘启雄
第 261 旅：刘安祺—陈颐鼎—向凤武

向凤武

张绍勋

黄炎

陆军第88师（中央军）

第 88 师于 1932 年 1 月 11 日在南京成立（源自国民政府警卫团），曾参加 1932 年的淞沪抗战。抗战全面爆发前驻江苏苏州，隶属京沪警备司令部，辖第 262 旅（辖第 523 团、第 524 团）和第 264 旅（辖第 527 团、第 528 团），是第二期调整师。1937 年 8 月改隶第 9 集团军，参加淞沪会战。第 264 旅旅长黄梅兴阵亡。9 月改隶第 72 军，增编补充团。10 月补充团扩编为第 72 军补充旅。12 月参加南京保卫战，遭到重创，第 262 旅旅长朱赤、第 264 旅旅长高致嵩、第 524 团团长韩宪元、第 527 团团长李杰阵亡，击毙日军野炮兵第 14 联队大佐联队长井手龙男（追晋少将）。1938 年 1 月改隶武汉卫戍总司令部。2 月，预备第 1 师主力编入。5 月改隶第 71 军，参加徐州会战，第 527 团团长梁国勋阵亡，师长龙慕韩因指挥作战不力被撤职枪决。8 月参加武汉会战。1939 年 5 月裁撤旅部，辖第 262 团、第 263 团、第 264 团和补充团，此后曾调往晋南地区游击。1941 年 11 月起长期戍守云南。1944 年 4 月参加滇西攻势，因功获颁荣誉旗（1945 年 6 月 21 日颁授）。1945 年 8 月抗战胜利后驻防上海。1948 年 10 月 15 日在辽宁锦州被歼灭。

历任师长：

孙元良（抗战全面爆发时—1938 年 2 月 12 日）

龙慕韩（1938 年 2 月 12 日—5 月 24 日）

宋希濂（1938 年 5 月 24 日—7 月 2 日）

钟　彬（1938 年 7 月 2 日—1939 年 5 月 2 日）

杨　彬（1939 年 5 月 2 日—1941 年 4 月 29 日）

顾葆裕（1941 年 4 月 29 日—1942 年 4 月 1 日）

胡家骥（1942 年 4 月 1 日—抗战胜利时）

历任旅长：

第 262 旅：彭巩英—朱赤—邓经儒

第 264 旅：黄梅兴—高致嵩—廖龄奇

龙慕韩

杨彬

顾葆裕

胡家骥

陆军第89师（中央军）

第 89 师于 1931 年 12 月 29 日在湖北武汉成立（原武汉要塞及所属部队改编），曾参加 1936 年的绥远抗战。抗战全面爆发前驻绥远集宁，隶属第 13 军，辖第 265 旅（辖第 529 团、第 530 团）和第 267 旅（辖第 533 团、第 534 团），是第二期调整师。1937 年 8 月参加平汉铁路北段沿线之作战。11 月改隶第 85 军，参加太原会战。1938 年 4 月参加徐州会战，在台儿庄告捷，第 529 团团长罗芳珪阵亡。6 月改隶第 13 军。9 月参加武汉会战。1939 年 4 月参加随枣会战。12 月裁撤旅部，辖第 265 团、第 266 团、第 267 团和补充团。1940 年 1 月参加冬季攻势。5 月参加枣宜会战。1941 年 1 月参加豫南会战，此后长期在河南作战。1944 年 4 月参加豫中会战。1945 年 7 月参加广西攻势。8 月抗战胜利后驻防广东广州。1949 年 1 月 22 日在北平接受和平改编。

历任师长：

王仲廉（抗战全面爆发时—1938 年 2 月 17 日）
张雪中（1938 年 2 月 17 日—1940 年 2 月 3 日）
舒　荣（1940 年 2 月 3 日—1943 年 6 月 17 日）
金　式（1943 年 6 月 17 日—1944 年 6 月 20 日）
王光汉（1944 年 6 月 20 日—12 月 7 日）
靳汝民（1944 年 12 月 7 日—1945 年 4 月 24 日）
万宅仁（1945 年 4 月 24 日—抗战胜利时）

历任旅长：

第 265 旅：李铣—吴绍周—赖汝雄—刘汉兴
第 267 旅：赖汝雄—舒荣—倪祖耀

舒荣

王光汉

靳汝民

万宅仁

陆军第90师（粤军）

第 90 师于 1932 年 2 月 9 日在湖南醴陵成立（源自大元帅府警卫团第 3 营）。抗战全面爆发前驻贵州遵义，隶属第 4 军，辖第 268 旅（辖第 535 团、第 536 团）和第 270 旅（辖第 539 团、第 540 团）。1937 年 9 月参加淞沪会战，第 270 旅旅长官惠民阵亡。1938 年 6 月参加武汉会战。1939 年 9 月参加第一次长沙会战。11 月裁撤旅部，辖第 268 团、第 269 团、第 270 团和补充团。1941 年 9 月参加第二次长沙会战。12 月参加第三次长沙会战。1943 年 11 月参加常德会战。1944 年 5 月参加长衡会战，遭到重创，第 268 团团长朱始营被俘。1945 年 7 月参加赣西攻势。8 月抗战胜利后驻防江西吉安。1949 年 4 月 29 日在安徽广德被歼灭。

历任师长：

欧　震（抗战全面爆发时—1938 年 6 月 24 日）
陈荣机（1938 年 6 月 24 日—1941 年 5 月 1 日）
陈　侃（1941 年 5 月 1 日—1944 年 7 月 27 日）
薛仲述（1944 年 7 月 27 日—抗战胜利时）

历任旅长：

第 268 旅：黄占春
第 270 旅：官惠民—陈侃—薛纯武

陈侃

薛仲述

陆军第91师（东北军—中央军1）

第91师于1933年2月12日在热河开鲁成立（源自东三省陆军步兵第34团，亦称吉林督军公署卫队团），曾参加1933年的长城抗战。抗战全面爆发前驻河北高邑，隶属第53军，辖第271旅（辖第541团、第542团）、第272旅（辖第543团、第544团）和第273旅（辖第545团、第546团）。1937年8月参加平汉铁路北段沿线之作战，第272旅副旅长庞泰峰、第544团团长刘济滨阵亡。10月，第272旅裁撤。1938年7月改隶第85军，参加武汉会战，遭到重创，第271旅旅长王锡山阵亡。1939年1月裁撤旅部，辖第271团、第272团、第273团和补充团。5月参加随枣会战，此后长期在河南作战。1940年4月改隶新编第2军。1941年2月改隶第29军，参加豫南会战。1944年4月参加豫中会战，再次遭到重创。11月参加桂柳会战。1945年3月2日与暂编第16师并编为预备第11师。

历任师长：

冯占海（抗战全面爆发时—1939年1月21日）

王毓文（1939年1月21日—1942年10月9日）

全　瑛（1942年10月9日—1944年11月12日）

王铁麟（1944年11月12日—1945年3月2日）

历任旅长：

第271旅：王锡山

第272旅：赵文质

第273旅：赵维斌

冯占海

全瑛

王铁麟

陆军第91师（中央军2）

赵琳

第91师于1945年3月2日在广西南丹再次成立（原预备第11师改称），隶属第71军，辖第271团、第272团和第273团。6月参加广西攻势。8月抗战胜利后开赴江苏南通受降。1948年10月28日在辽宁黑山被歼灭。

历任师长：

赵　琳（1945年3月2日—抗战胜利时）

陆军第92师（中央军）

第92师于1933年9月29日在江西吉安成立（源自湖北省警备第2旅）。抗战全面爆发前驻贵州贵阳，隶属第4军，辖第274旅（辖第547团、第548团）和第276旅（辖第551团、第552团）。1938年4月改隶第46军，参加徐州会战。8月改隶第37军。9月参加武汉会战，遭到重创。1939年1月改隶第99军。3月参加南昌会战。11月裁撤旅部，辖第274团、第275团、第276团和补充团。12月参加桂南会战。1941年9月参加第二次长沙会战。12月参加第三次长沙会战。1943年11月参加常德会战。1944年6月参加长衡会战，再次遭到重创。1945年8月抗战胜利后开赴江西九江受降。1946年12月19日在江苏沭阳被歼灭（时为整编第92旅）。

艾瑷

历任师长：

陈　烈（抗战全面爆发时—1937年10月17日）

黄国樑（1937年10月17日—1938年8月5日）

梁汉明（1938年8月5日—1942年5月18日）

艾　瑷（1942年5月18日—抗战胜利时）

历任旅长：

第274旅：梁汉明—徐荣光

第276旅：林英—林卧薪—艾瑷

陆军第93师（中央军）

第93师于1933年9月29日在江西新淦成立（源自国民军第2军）。抗战全面爆发前驻广东东莞，隶属第5军，辖第277旅（辖第553团、第554团）和第279旅（辖第557团、第558团）。1937年8月改隶第12集团军。1938年3月改隶第75军，参加徐州会战。8月改隶第6军，参加武汉会战。1939年1月裁撤旅部，辖第277团、第278团、第279团和补充团。12月参加桂南会战。1942年3月开赴缅甸参加第一次远征，遭到重创，此后长期戍守中泰边境。1945年3月改隶第1方面军。8月抗战胜利后开赴老挝受降。1950年1月17日在云南蒙自被击溃，残部发展为金三角残军一部。

吕国铨

历任师长：

甘丽初（抗战全面爆发时—1939 年 1 月 30 日）

吕国铨（1939 年 1 月 30 日—抗战胜利时）

历任旅长：

第 277 旅：邓春华—刘观龙

第 279 旅：陈金城—彭佐熙

陆军第94师（中央军1）

第 94 师于 1936 年 2 月 5 日在湖北恩施成立（源自皖西民团、襄郧保安部队和第 10 军特务团）。抗战全面爆发前驻山西新绛，隶属西安行营，辖第 280 旅（辖第 559 团、第 560 团）和第 282 旅（辖第 563 团、第 564 团）。1937 年 8 月改隶第 7 集团军，参加平汉铁路北段沿线之作战。9 月参加太原会战。10 月改隶第 14 集团军。1938 年 2 月参加太原攻势，兵站支部长韩宇清阵亡。3 月改隶第 93 军，此后长期在太行山和冀西地区游击。6 月改隶第 97 军。1939 年 3 月裁撤旅部，辖第 280 团、第 281 团、第 282 团和补充团。1940 年 5 月改隶第 14 军。1941 年 5 月参加晋南会战，遭到重创，师长刘明夏被俘，此后长期在河南作战。1944 年 5 月参加豫中会战，再次遭到重创，参谋长蒋希斌被俘。12 月 27 日裁撤，所余官兵补充第 201 师。

陈希平

蔡劭

刘明夏

张世光

邹轸善

历任师长：

朱怀冰（抗战全面爆发时—1939 年 4 月 29 日）

陈希平（1939 年 4 月 29 日—7 月 11 日）

蔡　劭（1939 年 7 月 11 日—1940 年 1 月 20 日）

刘明夏（1940 年 1 月 20 日—1941 年 5 月 10 日）
王连庆（1941 年 5 月 21 日—1943 年 3 月 14 日）
张世光（1943 年 3 月 14 日—1944 年 10 月 1 日）
邹轸善（1944 年 10 月 1 日—12 月 27 日）
历任旅长：
第 280 旅：蒋作均—陈希平—李建平
第 282 旅：阎心有—潘春霆

陆军第94师（中央军2）

陈鞠旅

第 94 师于 1945 年 7 月 1 日在陕西华县再次成立（原预备第 3 师改称），隶属第 16 军，辖第 280 团、第 281 团和第 282 团。8 月抗战胜利后驻防北平。1949 年 1 月 22 日在北平接受和平改编。

历任师长：
陈鞠旅（1945 年 7 月 1 日—抗战胜利时）

陆军第95师（中央军）

第 95 师于 1934 年 6 月 20 日在河南开封成立（源自第 35 师和河南省保安部队）。抗战全面爆发前驻陕西潼关，隶属西安行营，辖第 283 旅（辖第 565 团、第 566 团）、第 285 旅（辖第 569 团、第 570 团）和补充旅（辖 5 个营）。1937 年 10 月由军事委员会直辖。1938 年 2 月改隶第 92 军，补充旅裁撤。7 月参加武汉会战。1939 年 1 月改隶第 37 军。9 月参加第一次长沙会战。11 月裁撤旅部，辖第 283 团、第 284 团、第 285 团和补充团。12 月参加冬季攻势。1941 年 9 月参加第二次长沙会战。12 月参加第三次长沙会战，第 284 团团长黄红阵亡，此后长期戍守陕晋边区。1944 年 5 月参加长衡会战。9 月参加桂柳会战。1945 年 6 月改隶第 62 军。8 月抗战胜利后开赴台湾高雄受降。1950 年 5 月撤往台湾，现为台军步兵第 104 旅。

段沄

历任师长：
罗　奇（抗战全面爆发时—1942 年 3 月 1 日）
何旭初（1942 年 3 月 1 日—1944 年 11 月 1 日）
段　沄（1944 年 11 月 1 日—抗战胜利时）
历任旅长：
第 283 旅：冯士英
第 285 旅：徐中岳—徐树南
补充旅：廖运泽

陆军第96师（赣军—中央军）

第96师于1933年8月24日在江西黎川成立（原第5师第13旅扩编）。抗战全面爆发前驻四川重庆，隶属第36军，辖第286旅（辖第571团、第572团）和第288旅（辖第575团、第576团）。1938年8月将所部主力改编为第167师，另招新兵补充缺额。1939年3月裁撤旅部，辖第286团、第287团、第288团和补充团。1940年1月参加桂南会战，遭到重创。2月由军事委员会直辖。4月改隶第5军。1942年3月开赴缅甸参加第一次远征，遭到重创，副师长胡义宾、第288团团长凌则民阵亡，此后长期戍守云南。1945年8月抗战胜利后驻防云南昆明。1949年1月10日在江苏萧县被歼灭。

历任师长：

赵锡光（抗战全面爆发时—1938年8月24日）

余　韶（1938年8月24日—1943年1月28日）

黄　翔（1943年1月28日—抗战胜利时）

历任旅长：

第286旅：李弥—田湘藩

第288旅：胡义宾

余韶

黄翔

陆军第97师（中央军）

第97师于1933年9月24日在陕西西安成立（原第43师第127旅扩编）。抗战全面爆发前驻甘肃兰州，隶属第18军，辖第577团、第579团、第582团。1937年9月改隶第80军，长期戍守甘肃。1938年2月扩编为两旅四团制，辖第289旅（辖第577团、第578团）和第291旅（辖第581团、第582团）。1940年3月裁撤旅部，辖第289团、第290团、第291团和补充团。8月起长期在中条山游击。1941年3月改隶新编第12军，此后长期戍守陕西。5月改隶第57军。1944年5月参加豫中会战，遭到重创，师长傅维藩因指挥作战失利被撤职枪决。7月2日撤销番号，所属官兵补充第45师。

傅维藩

历任师长：

孔令恂（抗战全面爆发时—1937年11月9日）

韩锡侯（1937年11月9日—1940年12月1日）

刘安祺（1940年12月1日—1944年4月20日）

傅维藩（1944年4月20日—6月25日）

历任旅长：

第 289 旅：董德乾—赵天铎

第 291 旅：陈梦庚

陆军第98师（中央军）

第 98 师于 1933 年 9 月 29 日在江西临川成立（源自第 11 师独立旅和陆海空军总司令部攻城旅）。抗战全面爆发前驻湖北武汉，隶属第 18 军，辖第 292 旅（辖第 583 团、第 584 团）和第 294 旅（辖第 587 团、第 588 团），是第三期调整师（未完成编组）。1937 年 8 月参加淞沪会战，遭到重创，政治训练处处长睦宗熙、第 583 团团长路景荣阵亡。9 月改隶第 79 军。12 月起长期在皖南地区游击。1939 年 3 月参加南昌会战。9 月参加第一次长沙会战。11 月裁撤旅部，辖第 292 团、第 293 团、第 294 团和补充团。1941 年 9 月参加第二次长沙会战。12 月参加第三次长沙会战。1943 年 5 月参加鄂西会战。11 月参加常德会战。1944 年 6 月参加长衡会战，第 293 团团长马登云阵亡，此后长期戍守四川。1945 年 8 月抗战胜利后驻防重庆。1949 年 12 月 7 日在四川梁山被歼灭。

向敏思

历任军长：

夏楚中（抗战全面爆发时—1937 年 11 月 9 日）

莫与硕（1937 年 11 月 9 日—1938 年 2 月 10 日）

王甲本（1938 年 2 月 10 日—1942 年 8 月 14 日）

向敏思（1942 年 8 月 14 日—抗战胜利时）

历任旅长：

第 292 旅：吕国铨—王严—朱志席

第 294 旅：方靖—龚传文—郑侨

陆军第99师（中央军）

第 99 师于 1933 年 9 月 29 日在江西黎川成立（源自四川边防军第 1 混成旅）。抗战全面爆发前驻贵州桐梓，隶属第 5 军，辖第 295 旅（辖第 589 团、第 590 团）和第 297 旅（辖第 593 团、第 594 团）。1938 年 6 月改隶第 99 军。1939 年 7 月裁撤旅部，辖第 295 团、第 296 团、第 297 团和补充团。12 月参加桂南会战。1941 年 9 月参加第二次长沙会战。12 月参加第三次长沙会站。1943 年 11 月参加常德会战。1944 年 5 月参加长衡会战。1945 年 8 月抗战胜利后驻防江西万载。1946 年 12 月 19 日在江苏沭阳被歼灭（时为整编第 99 旅）。

历任师长：

傅仲芳（抗战全面爆发时—1939 年 3 月 8 日）

姜敦亨（1939 年 3 月 8 日—1940 年 2 月 3 日）

高魁元（1940 年 2 月 3 日—1942 年 8 月 1 日）

朱志席（1942 年 8 月 1 日—抗战胜利时）

历任旅长：

第 295 旅：李士林—高魁元—龙水津

第 297 旅：温良—古鼎华—李芳郴—孙鼎元

姜敦亨

高魁元

朱志席

陆军第100师（青马军）

第 100 师于 1934 年 2 月 19 日在青海西宁成立（源自宁海军）。抗战全面爆发前驻西宁，隶属新编第 2 军，辖第 298 旅（辖第 595 团、第 596 团）、第 299 旅（辖第 597 团、第 598 团）、第 300 旅（辖第 599 团、第 600 团）。1937 年 10 月改隶第 82 军，长期戍守青海。1940 年 2 月裁撤第 299 旅及所属第 597 团和第 598 团。1942 年 3 月裁撤旅部，辖第 298 团、第 299 团和第 300 团。1945 年 8 月抗战胜利时仍驻西宁。1949 年 9 月 8 日在西宁投诚。

谭成祥

历任师长：

马步芳（抗战全面爆发时—1940 年 2 月 3 日）

韩起功（1940 年 2 月 3 日—1944 年 10 月 1 日）

谭成祥（1944 年 10 月 1 日—抗战胜利时）

历任旅长：

第 298 旅：马步康

第 299 旅：马继融—马致远

第 300 旅：韩起功—马继融

陆军第101师（晋军）

第 101 师于 1936 年 6 月 1 日在山西大同成立（原第 68 师第 201 旅和第 213 旅合编）。抗战全面爆发前驻大同，隶属太原绥靖公署，辖第 201 旅（辖第 401 团、第 402 团）和第 213 旅（辖第 425 团、第 426 团）。1937 年 7 月改隶第 61 军。9 月参加太原会战，遭到重创，旋改隶第 7 集团军。11 月改隶第 35 军，原部队缩编为第 213 旅，第 218 旅（辖第 435 团、第 436 团）编入。1938 年 2 月参加太原攻势，此后长期在绥远作战。6 月裁撤旅部，辖第 394 团、第 425 团和第 436 团。1939 年 3 月所属各团改换番号，辖第 301 团、第 302 团和第 303 团。12 月参加冬季攻势，在五原告捷。1945 年 8 月抗战胜利后开赴集宁受降。1948 年 12 月 22 日在河北怀来被歼灭。

历任师长：

李俊功（抗战全面爆发时—1937 年 11 月 30 日）

董其武（1937 年 11 月 30 日—1940 年 6 月 12 日）

郭景云（1940 年 6 月 12 日—抗战胜利时）

郭景云

历任旅长：

第 201 旅：王丕荣

第 213 旅：杨维垣—阎应禧

第 218 旅：姚骊祥

陆军第102师（黔军）

第 102 师于 1935 年 4 月 21 日在贵州威宁成立（源自贵州陆军步兵第 6 团）。抗战全面爆发前驻湖北大悟，隶属豫鄂皖边区绥靖公署，辖第 607 团、第 609 团、第 612 团和补充团。1937 年 8 月改隶第 8 集团军，参加淞沪会战。10 月改隶第 17 军团。11 月改隶南京卫戍总司令部。1938 年 1 月改隶第 8 战区。5 月改隶第 8 军，参加徐州会战，第 607 团团长陈蕴瑜阵亡。6 月改隶第 1 战区。10 月改隶第 29 军，参加武汉会战。1939 年 2 月改隶第 4 军，所属各团改换番号，辖第 304 团、第 305 团、第 306 团和补充团。3 月参加南昌会战。9 月参加第一次长沙会战。1941 年 9 月参加第二次长沙会战。12 月参加第三次长沙会战。1944 年 5 月参加长衡会战，遭到重创，第 304 团团长许世俊阵亡。1945 年 8 月抗战胜利后驻防江西吉安。1949 年 10 月 5 日在浙江金塘被歼灭。

历任师长：

柏辉章（抗战全面爆发时—1942 年 5 月 21 日）

陈伟光（1942 年 5 月 21 日—1944 年 7 月 27 日）

梁　勃（1944 年 7 月 27 日—抗战胜利时）

柏辉章

陈伟光

陆军第103师（黔军—中央军）

第 103 师于 1935 年 4 月 18 日在贵州安顺成立（源自贵州陆军第 2 师）。抗战全面爆发前驻河口，隶属川鄂湘黔边区绥靖公署，辖第 613 团、第 615 团和第 618 团。1937 年 9 月改隶第 15 军团，参加淞沪会战。11 月改隶南京卫戍总司令部。12 月参加南京保卫战，第 613 团团长罗熠斌阵亡，旋改隶第 86 军。1938 年 7 月参加武汉会战。11 月由军事委员会直辖，此后长期戍守四川。1939 年 3 月改隶第 2 军。11 月所属各团改换番号，辖第 307 团、第 308 团和第309团。12月参加桂南会战。1940年4月改隶新编第11军。1941年9月改隶第8军，参加第二次长沙会战。1943年5月起长期戍守云南。1944年6月参加滇西攻势，因功获颁荣誉旗（1945年6月21日颁授）。1945年8月抗战胜利后开赴山东青岛受降。1949年10月15日在广东三水起义。

历任师长：

何知重（抗战全面爆发时—1938年7月2日）

何绍周（1938年7月2日—1942年3月16日）

熊绶春（1942年3月16日—1945年4月1日）

梁筱斋（1945年4月1日—抗战胜利时）

熊绶春

梁筱斋

陆军第104师（川军）

第104师于1935年10月5日在四川成都成立（源自四川陆军第3师第6旅第11团）。抗战全面爆发前驻成都，隶属第47军，辖第1旅（辖第1团、第2团、第3团）、第2旅（辖第4团、第5团、第6团）、第3旅（辖第7团、第8团、第9团）和补充团。8月缩编后辖第310旅（辖第619团、第620团）和第312旅（辖第623团、第624团）。1937年11月参加太原会战。1938年2月参加太原攻势，此后长期在晋东、晋南地区游击。1940年7月裁撤旅部，辖第310团、第311团和第312团。8月起在河南作战。1944年4月参加豫中会战，遭到重创，步兵指挥官陈绍堂阵亡。1945年3月参加豫西鄂北会战。6月改隶第41军。8月抗战胜利开赴河南许昌受降。1946年11月22日在河南滑县被歼灭（时为整编第104旅）。

历任师长：

李青廷（抗战全面爆发时—1942年10月14日）

李　伦（1942年10月14日—1944年2月3日）

杨显明（1944年2月3日—抗战胜利时）

李青廷

李伦

杨显明

历任旅长：

第 310 旅：陈绍堂

第 312 旅：李克源

陆军第105师（东北军）

第 105 师于 1933 年 2 月 12 日在北平成立（源自东北边防军司令长官公署卫队），曾参加 1933 年的长城抗战。抗战全面爆发前驻河南南阳，隶属第 49 军，辖第 313 旅（辖第 625 团、第 626 团）和第 315 旅（辖第 629 团、第 630 团），是第四期调整师（未完成编组）。1937 年 8 月参加平汉铁路北段沿线之作战。11 月参加淞沪会战，遭到重创，第 625 团团长顾惠全阵亡。1938 年 6 月参加武汉会战。1939 年 3 月参加南昌会战，击毙日军步兵第 113 联队大佐联队长饭野贤十（追晋少将）。5 月裁撤旅部，辖第 313 团、第 314 团、第 315 团和补充团。9 月参加第一次长沙会战。12 月参加冬季攻势。1941 年 3 月参加上高会战。1942 年 5 月参加浙赣会战，此后长期在浙江、江西作战。1944 年 6 月参加衢州战役。1945 年 8 月抗战胜利后开赴浙江吴兴受降。1948 年 10 月 28 日在辽宁黑山被歼灭。

刘汉玉

历任师长：

高鹏云（抗战全面爆发时—1938 年 9 月 22 日）

王铁汉（1938 年 9 月 22 日—1941 年 12 月 17 日）

应鸿纶（1941 年 12 月 17 日—1944 年 6 月 20 日）

刘汉玉（1944 年 6 月 20 日—抗战胜利时）

历任旅长：

第 313 旅：应鸿纶—康景濂

第 315 旅：王景烈—卢广伟—王守清

陆军第106师（鲁军—西北军）

第 106 师于 1933 年 2 月 12 日在河北迁安成立（源自护国军第 7 军），曾参加 1933 年的长城抗战。抗战全面爆发前驻河南汝南，隶属豫皖绥靖公署，辖第 316 旅（辖第 631 团、第 632 团）和第 318 旅（辖第 635 团、第 636 团）。1937 年 8 月改隶第 2 集团军，参加平汉铁路北段沿线之作战。10 月改隶第 1 战区。1938 年 5 月参加徐州会战，遭到重创。9 月改隶第 43 军。10 月参加武汉会战。1939 年 1 月改隶第 40 军，裁撤旅部，辖第 316 团、第 317 团、第 318 团和补充团，此后长期在晋南地区游击，副师长王淦尘阵亡。12 月参加冬季攻势。1943 年 4 月在太行山遭到重创，此后长期在河南作战。1944 年 4 月参加豫中会战。1945 年 3 月参加豫西鄂北会战。8 月抗战胜利后开赴河南安阳受降。1949 年 5 月 5 日在河南新乡接受和平改编。

历任师长：

沈克（抗战全面爆发时—1939 年 1 月 20 日）

马法五（1939 年 1 月 20 日—1942 年 5 月 30 日）

李振清（1942 年 5 月 30 日—抗战胜利时）

李振清

历任旅长：

第 316 旅：蒋其远

第 318 旅：徐宝筵

陆军第107师（东北军1）

金奎璧

第 107 师于 1933 年 2 月 12 日在河北密云成立（源自镇威军第 3、4 方面军团卫队），曾参加 1933 年的长城抗战。抗战全面爆发前驻河南沈丘，隶属第 67 军，辖第 319 旅（辖第 637 团、第 638 团）和第 321 旅（辖第 641 团、第 642 团）。1937 年 8 月参加平汉铁路北段沿线之作战。10 月参加淞沪会战，遭到重创，参谋长邓玉琢、第 321 旅旅长朱芝荣阵亡。11 月 30 日裁撤，所余官兵补充第 108 师和第 112 师。

历任师长：

金奎璧（抗战全面爆发时—1937 年 11 月 30 日）

历任旅长：

第 319 旅：吴骞

第 321 旅：朱芝荣

陆军第107师（湘军—中央军2）

第 107 师于 1938 年 4 月 1 日在湖南永嘉再次成立（原暂编第 12 旅和暂编第 13 旅合编），隶属第 10 集团军，辖第 319 旅（辖第 637 团、第 638 团）和第 321 旅（辖第 641 团、第 642 团）。1939 年 3 月参加南昌会战。5 月裁撤旅部，辖第 319 团、第 320 团和第 321 团。6 月改隶第 70 军。9 月参加第一次长沙会战。1941 年 3 月参加上高会战。1942 年 5 月参加浙赣会战，此后长期在福建作战。1945 年 8 月抗战胜利后开赴台湾新竹受降。1947 年 7 月 15 日在山东济宁被歼灭（时为整编第 140 旅）。

历任师长：

刘建绪（1938 年 4 月 1 日—15 日）

段　珩（1938 年 4 月 15 日—1939 年 11 月 22 日）

宋英仲（1939 年 11 月 22 日—1942 年 10 月 5 日）

黄华国（1942 年 10 月 5 日—抗战胜利时）

历任旅长：

第 319 旅：王校膺

第 321 旅：欧阳烈

段珩

宋英仲

黄华国

陆军第108师（东北军）

第108师于1933年2月12日在热河凌源成立（源自东北陆军第5旅），曾参加1933年的长城抗战。抗战全面爆发前驻安徽太和，隶属第67军，辖第322旅（辖第643团、第644团）和第324旅（辖第647团、第648团）。1937年8月参加平汉铁路北段沿线之作战。10月参加淞沪会战，遭到重创，第322旅旅长刘启文、第648团团长王熙瑞阵亡。12月改隶第79军，此后长期在浙皖边区游击。1938年12月改隶第25军，此后长期在皖南地区游击。1939年12月参加冬季攻势。1941年1月参加"皖南事变"。2月裁撤旅部，辖第322团、第323团、第324团和补充团。1942年5月参加浙赣会战。1945年8月抗战胜利后开赴江苏扬州受降。1948年11月22日在江苏邳县被歼灭。

顾宏扬

历任师长：

张文清（抗战全面爆发时—1939年8月16日）

戎纪五（1939年8月16日—1942年11月1日）

顾宏扬（1942年11月1日—抗战胜利时）

历任旅长：

第322旅：刘启文—岳如升—唐德

第324旅：夏树勋—朱惠荣—夏树勋

陆军第109师（东北军—中央军）

第109师于1936年1月24日在陕西富平成立（源自东北陆军步兵第3团）。抗战全面爆发前驻河南淮阳，隶属第49军，辖第325旅（辖第649团、第650团）和第327旅（辖第653团、第654团）。1937年8月参加平汉铁路北段沿线之作战。11月参加淞沪会战，遭到重创，第650团团长姜奎举阵亡。1938年1月，预备第5师编入。6月改隶第90军，此后长期戍守陕西。1939年11月裁撤旅部，辖第325团、第326团、第327团和补充团。1940年1月起在晋南地区游击。9月改隶第16军，仍回戍陕西。1944年5月参加豫中会战，遭到重创，第325团团长刘明因指挥作战失利被撤职枪决。1945年8月抗战胜利后开赴北平受降。1949年1月22日在北平接受和平改编。

历任师长：

赵　毅（抗战全面爆发时—1938年5月19日）

李树森（1938 年 5 月 19 日—12 月 21 日）
胡松林（1938 年 12 月 21 日—1940 年 7 月 16 日）
陈金城（1940 年 7 月 16 日—1943 年 8 月 4 日）
戴慕真（1943 年 8 月 4 日—1944 年 6 月 25 日）
朱光墀（1944 年 6 月 25 日—抗战胜利时）

历任旅长：

第 325 旅：葛晏春—王秉钺—谢义锋
第 327 旅：赵镇藩—陈孝强

赵毅

胡松林

戴慕真

朱光墀

陆军第110师（中央军）

第 110 师于 1938 年 3 月 15 日在河南巩县成立（原补充第 2 师改称），隶属第 13 军，辖第 328 旅（辖第 655 团、第 656 团）和第 330 旅（辖第 659 团、第 660 团）。第 110 师成立后参加徐州会战。9 月参加武汉会战。1939 年 4 月参加随枣会战。6 月裁撤旅部，辖第 328 团、第 329 团、第 330 团和补充团。12 月参加冬季攻势。1941 年 2 月参加豫南会战，第 330 团团长陈钦文阵亡。1942 年 4 月改隶第 85 军。1944 年 4 月参加豫中会战，遭到重创。1945 年 4 月参加豫西鄂北会战。8 月抗战胜利后开赴河南新乡受降。1948 年 11 月 27 日在安徽宿县起义。

廖运周

历任师长：

张　轸（1938 年 3 月 15 日—6 月 11 日）
吴绍周（1938 年 6 月 11 日—1942 年 3 月 28 日）
廖运周（1942 年 3 月 28 日—抗战胜利时）

历任旅长：

第 328 旅：辛少亭—黄子华
第 330 旅：李世勳—蔡剑鸣—廖运周

第111师（东北军）

第 111 师于 1933 年 2 月 12 日在天津成立（源自东北陆军第 5 旅），曾参加 1933 年的长城抗战。抗战全面爆发前驻河南周口，隶属第 57 军，辖第 331 旅（辖第 661 团、第 662 团）和第 333 旅（辖第 665 团、第 666 团）。1937 年 11 月参加淞沪会战。1938 年 3 月参加徐州会战。9 月参加武汉会战，此后长期在苏北地区游击。1939 年 1 月起在鲁南地区游击。1940 年 11 月改隶鲁苏战区。1942 年 8 月，所属一部参加第 18 集团军。1943 年 10 月改隶暂编第 9 军，此后长期在豫皖边区作战。1944 年 1 月裁撤旅部，辖第 331 团、第 332 团和第 333 团。10 月改隶第 12 军。1945 年 8 月抗战胜利后开赴河南兰封受降。1948 年 7 月 13 日在山东兖州被歼灭（时为整编第 111 旅）。

历任师长：

常恩多（抗战全面爆发时—1942 年 8 月 9 日）

孙焕彩（1942 年 8 月 10 日—抗战胜利时）

历任旅长：

第 331 旅：唐君尧—孙焕彩—孙维嵩

第 333 旅：邱立峙—王肇治—万毅—刘晋武

常恩多

孙焕彩

陆军第112师（东北军）

第 112 师于 1933 年 2 月 12 日在北平成立（源自东北陆军步兵第 91 团），曾参加 1933 年的长城抗战。抗战全面爆发前驻河南太康，隶属第 57 军，辖第 334 旅（辖第 667 团、第 668 团）和第 336 旅（辖第 671 团、第 672 团）。1937 年 11 月参加淞沪会战。12 月参加南京保卫战，上校参谋陶振华、第 336 旅副旅长李兰池阵亡。1938 年 3 月参加徐州会战。9 月参加武汉会战，此后长期在苏北地区游击。1939 年 1 月起在鲁南地区游击。1940 年 11 月改隶鲁苏战区。1943 年 6 月，副师长荣子恒率第 336 旅三个营投敌，扩编为伪军第 10 军（汪伪）。10 月改隶暂编第 9 军，此后长期在豫皖边区作战。1944 年 1 月裁撤旅部，辖第 334 团、第 335 团和第 336 团。10 月改隶第 12 军。1945 年 8 月抗战胜利后开赴河南兰封受降。1948 年 7 月 13 日在山东兖州被歼灭（时为整编第 112 旅）。

历任师长：

霍守义（抗战全面爆发时—1943 年 5 月 12 日）

王秉钺（1943 年 5 月 12 日—1944 年 9 月 14 日）

于一凡（1944 年 9 月 14 日—抗战胜利时）

历任旅长：

第 334 旅：马万珍—荣子恒—于一凡

第 336 旅：李德明—刘宗颜—马万珍—车元勋

王秉钺

于一凡

陆军第113师（东北军）

第113师于1933年2月12日在天津成立（源自东北陆军第23旅），曾参加1933年的长城抗战，抗战全面爆发前驻江苏宿迁，隶属第51军，辖第337旅（辖第673团、第674团）和第339旅（辖第677团、第678团）。1938年3月参加徐州会战。8月参加武汉会战。1939年3月起长期在鲁南地区游击。1943年2月在安邱遭到重创，师长韩子乾、副师长兼政治部主任潘国屏被俘，参谋长张植桴、第673团团长曹业彭、第678团团长刘斌阵亡。7月因屡遭打击被迫转移到安徽作战。8月裁撤旅部，辖第337团、第338团和第339团。1945年8月抗战胜利后驻防安徽阜阳。1947年1月21日在山东峄县被歼灭（时为整编第113旅）。

历任师长：

周光烈（抗战全面爆发时—1938年6月20日）

周毓瑛（1938年6月20日—1942年2月6日）

韩子乾（1942年2月6日—1943年2月21日）

李玉唐（1943年2月21日—抗战胜利时）

历任旅长：

第337旅：窦光电—韩子乾—李葆玉

第339旅：孟宪周—梁忠武—李玉唐

韩子乾

李玉唐

陆军第114师（东北军）

第114师于1933年2月12日在天津成立（源自北洋陆军第18混成旅），曾参加1933年的长城抗战。抗战全面爆发前驻江苏淮阴，隶属第51军，辖340旅（辖第679团、第680团）和第342旅（辖第683团、第684团）。1938年3月参加徐州会战，第340旅旅长扈先梅、第 684 团团长刘明让阵亡。8 月参加武汉会战，第 679 团团长李超林阵亡。1939 年 3 月起长期在鲁南地区游击，第 679 团团长何士宽、第 683 团团长王鹏举阵亡。6 月在蒙阴受挫，师长方叔洪阵亡。1943 年 5 月再次在蒙阴受挫，第 683 团团长张本枝阵亡。7 月因屡遭打击被迫转移到安徽作战，部队突围时师长黄德兴、第 342 旅旅长王松元阵亡。8 月裁撤旅部，辖第 340 团、第 341 团和第 342 团。1945 年 8 月抗战胜利后驻防安徽阜阳。1947 年 1 月 21 日在山东峄县被歼灭（时为整编第 114 旅）。

历任师长：

牟中珩（抗战全面爆发时—1939 年 3 月 18 日）

方叔洪（1939 年 3 月 18 日—6 月 25 日）

张福禄（1939 年 6 月 25 日—1942 年 4 月 1 日）

黄德兴（1942 年 4 月 1 日—1943 年 8 月 1 日）

李步青（1943 年 8 月 1 日—抗战胜利时）

历任旅长：

第 340 旅：扈先梅—方叔洪—张福禄—李步青

第 342 旅：李雨霖—黄德兴—李选峰—王松元

方叔洪

黄德兴

李步青

陆军第115师（中共军）

第 115 师属于由中国共产党领导的抗日队伍，本篇从略。

陆军第116师（东北军）

第 116 师团于 1933 年 2 月 12 日在河北昌黎成立（源自东北陆军第 16 旅），曾参加 1933 年的长城抗战。抗战全面爆发前驻定县，隶属第 53 军，辖第 346 旅（辖第 691 团、第 692 团）和第 348 旅（辖第 695 团、第 696 团）。1937 年 9 月参加平汉铁路北段沿线之作战。1938 年 7 月参加武汉会战，此后长期在湖北作战。12 月裁撤旅部，辖第 346 团、第 347 团、第 348 团和补充团。1943 年 1 月起长期戍守云南。1944 年 5 月参加滇西攻势。1945 年 8 月抗战胜利后开赴越南河内受降。1947 年 10 月 2 日在辽宁开原被歼灭。

历任师长：

周福成（抗战全面爆发时—1938 年 12 月 21 日）

赵绍宗（1938 年 12 月 21 日—1940 年 4 月 16 日）

赵镇藩（1940 年 4 月 16 日—1944 年 10 月 23 日）

刘润川（1944 年 10 月 23 日—抗战胜利时）

历任旅长：

第 346 旅：丛兆麟

第 348 旅：赵绍宗

赵绍宗

赵镇藩

刘润川

陆军第117师（中央军）

第 117 师于 1938 年 2 月 18 日在江苏海安成立（原江苏省三个保安团改编。注：该师番号曾于 1937 年拟授予反正的张庆余冀东保安第 1 总队，因故未能编成），隶属第 89 军，辖第 349 旅（辖第 697 团、第 698 团）和第 351 旅（辖第 701 团、第 702 团）。第 117 师成立后长期在苏北地区游击。1938 年 5 月参加徐州会战。1940 年 10 月在黄桥与新编第 4 军作战中遭到重创，第 701 团团长陈学武被俘。1943 年 2 月在车桥遭到重创，第 351 旅旅长吴漱泉被俘。3 月裁撤旅部，辖第 349 团、第 350 团和第 351 团，此后长期在安徽作战。1944 年 1 月改隶第 13 军。4 月参加豫中会战。9 月改隶暂编第 1 军。10 月改隶暂编第 9 军。1945 年 8 月抗战胜利后驻防安徽蒙城。1947 年 9 月 9 日在山东菏泽被歼灭（时为整编第 117 旅）。

历任师长：

李守维（1938 年 2 月 18 日—1939 年 3 月 19 日）

顾锡九（1939 年 3 月 19 日—1940 年 5 月 18 日）

刘漫天（1940 年 5 月 18 日—1944 年 10 月 1 日）

廖运升（1944 年 10 月 1 日—抗战胜利时）

历任旅长：

第 349 旅：张仲莘—王锴—余世梅

第 351 旅：顾锡九—单洪培—纪毓智—吴漱泉

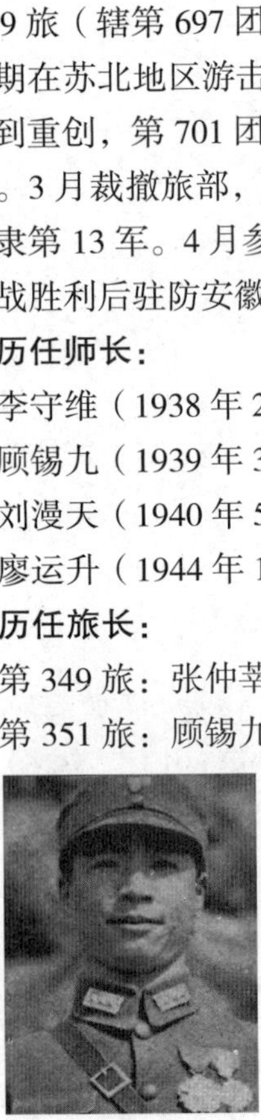
刘漫天

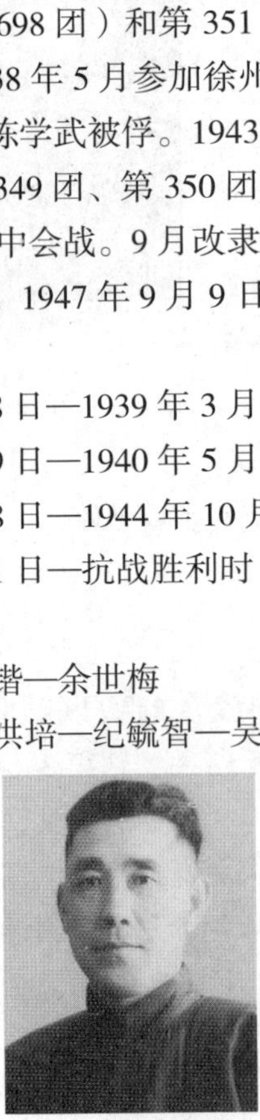
廖运升

陆军第118师（中央军）

第118师于1938年8月24日在江西浮梁成立（原第167师改编。注：该师番号曾于1937年拟授予反正的张砚田冀东保安第2总队，因故未能编成），隶属第99军，辖第352旅（辖第703团、第704团）和第354旅（辖第707团、第708团）。12月改隶第79军。1939年3月参加南昌会战，军需处主任何天杰阵亡。9月参加第一次长沙会战。11月裁撤旅部，辖第352团、第353团、第354团和补充团。1940年4月改隶第87军。6月参加枣宜会战，此后长期在湖北作战。1943年5月参加鄂西会战，第352团团长薛庆云阵亡。1945年4月改隶第18军。5月参加湘西会战。8月抗战胜利后开赴湖南邵阳受降。1948年12月15日在安徽宿县被歼灭。

历任师长：

王　严（1938年8月24日—1944年8月12日）

李学正（1944年8月12日—1945年6月23日）

戴　朴（1945年6月23日—抗战胜利时）

历任旅长：

第352旅：王邦御

第354旅：胡博

王严

戴朴

陆军第119师（西北军）

第119师于1937年9月7日在河北石门成立（原独立第29旅和独立第31旅合编），隶属第68军，辖独立第29旅（辖第685团、第687团）和独立第31旅（辖第691团、第693团）。第119师成立后参加平汉铁路北段沿线之作战。11月参加津浦铁路北段沿线之作战。1938年3月参加徐州会战。7月参加武汉会战，参谋长陈先正阵亡。9月所属各旅、团更换番号，辖第355旅（辖第709团、第710团）和第357旅（辖第713团、第714团）。1939年5月参加随枣会战。9月裁撤旅部，辖第355团、第356团、第357团和补充团。12月参加冬季攻势。1940年5月参加枣宜会战。1941年1月参加豫南会战，此后长期在河南作战。1944年4月参加豫中会战。1945年3月参加豫西鄂北会战。8月抗战胜利后开赴河南固始受降。1949年10月21日裁撤。

历任师长：

李金田（1937年9月7日—1939年7月27日）

田温其（1939年7月27日—1940年7月16日）

陈新起（1940 年 7 月 16 日—1942 年 11 月 7 日）
刘广信（1942 年 11 月 7 日—抗战胜利时）

历任旅长：

第 355 旅（独 29 旅）：田温其—李明舜
第 357 旅（独 31 旅）：张汉英

田温其

陈新起

刘广信

陆军第120师（中共军）

第 120 师属于由中国共产党领导的抗日队伍，本篇从略。

陆军第121师（黔军—中央军）

第 121 师于 1935 年 4 月 21 日在贵州金织成立（源自贵州陆军第 9 混成旅）。抗战全面爆发前驻安徽芜湖，隶属豫皖绥靖公署，辖第 361 团、第 362 团和第 363 团。1937 年 9 月改隶第 3 战区，参加淞沪会战。12 月改隶第 86 军。1938 年 7 月参加武汉会战，遭到重创。11 月由军事委员会直辖。1939 年 1 月改隶第 94 军。1940 年 1 月参加冬季攻势。6 月参加枣宜会战。1941 年 9 月参加宜昌攻势。1943 年 5 月参加鄂西会战。1945 年 5 月参加湘西会战，第 361 团团长霍世才阵亡。7 月参加广西攻势。8 月抗战胜利后开赴天津受降。1949 年 1 月 22 日在北平接受和平改编。

历任师长：

吴剑平（抗战全面爆发时—1938 年 4 月 4 日）
牟廷芳（1938 年 4 月 4 日—1942 年 10 月 18 日）
戴之奇（1942 年 10 月 18 日—1944 年 8 月 13 日）
朱敬民（1944 年 8 月 13 日—抗战胜利时）

戴之奇

朱敬民

陆军第122师（川军）

第122师于1935年8月23日在四川德阳成立（源自四川陆军第7师）。抗战全面爆发前驻德阳，隶属第41军，辖第1旅（辖第1团、第2团）、第2旅（辖第3团、第4团）和第3旅（辖第5团、第6团）。1937年8月缩编，辖第364旅（辖第727团、第728团）和第366旅（辖第731团、第732团）。9月参加太原会战。1938年3月参加徐州会战，师长王铭章、参谋长赵渭宾、副官处处长罗甲辛阵亡。7月参加武汉会战。1939年4月参加随枣会战。9月裁撤旅部，辖第364团、第365团和第366团。12月参加冬季攻势。1940年5月参加枣宜会战，此后长期在湖北作战。1945年3月参加豫西鄂北会战。8月抗战胜利后开赴河南漯河受降。1948年12月10日在河南永城被歼灭。

历任师长：

王铭章（抗战全面爆发时—1938年3月17日）

王志远（1938年3月18日—1940年6月7日）

张宣武（1940年6月7日—抗战胜利时）

历任旅长：

第1旅：张熙民

第2旅：童澄

第3旅：王志远

第364旅：王志远—张宣武

第366旅：童澄—胡临聪

王铭章

王志远

张宣武

陆军第123师（川军）

第123师于1935年8月23日在四川绵阳成立（源自北洋陆军第21师炮兵团）。抗战全面爆发前驻绵阳，隶属第41军，辖第4旅（辖第7团、第8团、第9团）和第5旅（辖第10团、第11团、第12团）。1937年8月缩编，辖第367旅（辖第733团、第734团）和第369旅（辖第737团、第738团）。第123师长期戍守四川。1939年9月裁撤旅部，辖第367团、第368团和第369团。12月参加冬季攻势。1940年5月参加枣宜会战，此后长期在湖北作战。1945年3月参加豫西鄂北会战。6月8日裁撤，所部官兵补充第122师和第124师。

历任师长：

曾宪栋（抗战全面爆发时—1939年10月6日）

陈宗进（1939年10月6日—1943年4月10日）

汪朝濂（1943年4月10日—1945年6月8日）

曾宪栋

历任旅长：

第 4 旅：马泽

第 5 旅：陈宗进

第 367 旅：马泽—汪朝濂

第 369 旅：陈宗进

陆军第124师（川军）

第 124 师于 1935 年 8 月 23 日在四川绵阳成立（源自四川陆军骑兵独立旅）。抗战全面爆发前驻绵阳，隶属第 41 军，辖第 6 旅（辖第 13 团、第 14 团）、第 7 旅（辖第 15 团、第 16 团）和第 8 旅（辖第 17 团、第 18 团）。1937 年 8 月缩编，辖第 370 旅（辖第 739 团、第 740 团）和第 372 旅（辖第 743 团、第 744 团）。9 月参加太原会战。1938 年 3 月参加徐州会战，参谋长邹绍孟、第 740 团团长王麟阵亡。7 月参加武汉会战。1939 年 4 月参加随枣会战。9 月裁撤旅部，辖第 370 团、第 371 团和第 372 团。12 月参加冬季攻势。1940 年 5 月参加枣宜会战，此后长期在湖北作战。1945 年 3 月参加豫西鄂北会战。8 月抗战胜利后开赴河南漯河受降。1948 年 12 月 10 日在河南永城被歼灭。

历任师长：

孙　震（抗战全面爆发时—1938 年 7 月 2 日）

曾甦元（1938 年 7 月 2 日—1942 年 5 月 24 日）

刘公台（1942 年 5 月 24 日—抗战胜利时）

历任旅长：

第 6 旅：吕康

到 7 旅：曾甦元

第 8 旅：李炜如

第 370 旅：吕康—王文振

第 372 旅：曾甦元—刘公台

陆军第125师（川军）

第 125 师于 1935 年 8 月 23 日在四川大邑成立（源自四川陆军第 2 师第 3 旅第 5 团）。抗战全面爆发前驻大邑，隶属第 45 军，辖第 1 旅（辖第 1 团、第 2 团、第 3 团）和第 2 旅（辖第 4 团、第 5 团）。1937 年 8 月缩编，辖第 373 旅（辖第 745 团、第 746 团）和第 375 旅（辖第 749 团、第 750 团）。9 月参加太原会战。1938 年 3 月参加徐州会战。7 月参加武汉会战。1939 年 5 月参加随枣会战。9 月裁撤旅部，辖第 373 团、第 374 团和第 375 团。12 月参加冬季攻势。1940 年 5 月参加枣宜会战，此后长期在大洪山游击。1945 年 3 月参加豫西鄂北会战，在老河口告捷。6 月改隶第 47 军。8 月抗战胜利后开赴河南郑州受降。1948 年 12 月 10 日在河南永城被歼灭。

历任师长：

陈鼎勋（抗战全面爆发时—1938 年 4 月 26 日）

王仕俊（1938 年 4 月 26 日—1942 年 3 月 22 日）

刘万抚（1942 年 3 月 22 日—1943 年 11 月 28 日）

汪匣锋（1943 年 11 月 28 日—抗战胜利时）

历任旅长：

第 1 旅：杨晒轩

第 2 旅：卢济清

第 373 旅：卢济清

第 375 旅：林翼如—瞿联丞

王仕俊

汪匣锋

陆军第126师（川军）

第 126 师于 1935 年 8 月 23 日在四川灌县成立（源自四川江防军）。抗战全面爆发前驻广汉，隶属第 45 军，辖第 1 旅（辖第 1 团、第 2 团、第 3 团）和第 2 旅（辖第 4 团、第 5 团）。1937 年 8 月缩编，辖第 376 旅（辖第 751 团、第 752 团）和第 378 旅（辖第 755 团、第 756 团）。第 126 师长期戍守四川。1938 年 4 月改隶第 95 军。1942 年 3 月裁撤旅部，辖第 376 团、第 377 团和第 378 团。1945 年 8 月抗战胜利后驻防四川广汉。1949 年 12 月 12 日在四川彭县起义。

历任师长：

黄　隐（抗战全面爆发时—1938 年 4 月 26 日）

谢无圻（1938 年 4 月 26 日—抗战胜利时）

历任旅长：

第 1 旅：龚渭清

第 2 旅：黄鳌

第 376 旅：龚渭清—刘耀奎

第 378 旅：李树骅

陆军第127师（川军1）

第 127 师于 1935 年 8 月 23 日在四川温江成立（源自北洋陆军第 31 师第 61 旅）。抗战全面爆发前驻温江，隶属第 45 军，辖第 1 旅（辖第 1 团、第 2 团）和第 2 旅（辖第 3 团、第 4 团）。1937 年 8 月 1 日裁撤。

马毓智

历任师长：

马毓智（抗战全面爆发时—1937 年 8 月 1 日）

历任旅长：

第 1 旅：刘乃铸

第 2 旅：李树骅

陆军第127师（川军2）

第 127 师于 1937 年 8 月 1 日在四川郫县再次成立（原第 131 师改称），辖第 379 旅（辖第 757 团、第 758 团）和第 381 旅（辖第 761 团、第 762 团）。9 月参加太原会战。1938 年 3 月参加徐州会战。7 月参加武汉会战。1939 年 5 月参加随枣会战。9 月裁撤旅部，辖第 379 团、第 380 团和第 381 团。12 月参加冬季攻势。1940 年 5 月参加枣宜会战，此后长期在大洪山游击。1945 年 3 月参加豫西鄂北会战。6 月改隶第 47 军。8 月抗战胜利后开赴河南郑州受降。1948 年 12 月 10 日在河南永城被歼灭。

历任师长：

陈　离（1937 年 8 月 1 日—1942 年 4 月 10 日）

王澄熙（1942 年 4 月 10 日—1945 年 6 月 2 日）

李家英（1945 年 6 月 2 日—抗战胜利时）

历任旅长：

第 379 旅：陶宗伯—王澄熙—陈泽

第 381 旅：杨宗礼—程资民

陈离

王澄熙

陆军第128师（川军1）

第 128 师于 1935 年 8 月 23 日在四川崇庆成立（源自四川陆军第 3 师骑兵团）。抗战全面爆发前驻崇庆，隶属第 45 军，辖第 1 旅（辖第 1 团、第 2 团）和第 2 旅（辖第 3 团、第 4 团）。1937 年 8 月 1 日裁撤。

历任师长：

邓锡侯（抗战全面爆发时—1937 年 8 月 1 日）

历任旅长：

第 1 旅：林翼如

第 2 旅：黄时英

陆军第128师（湘军2）

第128师于1937年10月28日在浙江萧山再次成立（原新编第34师改称），隶属第10集团军，辖第382旅（辖第763团、第764团）和第384旅（辖第767团、第768团）。11月改隶第70军，参加淞沪会战，遭到重创。1938年7月参加武汉会战，再次遭到重创。8月7日裁撤，所余官兵补充第19师、第155师和第187师。

历任师长：

顾家齐（1937年10月28日—1938年8月7日）

历任旅长：

第382旅：谭文烈—舒安卿

第384旅：刘文华

陆军第128师（陕军3）

第128师于1938年9月21日在湖北武汉第三次成立（原新编第35师改称），隶属第5战区，辖第382旅（辖第763团、第764团）和第384旅（第767团、第768团）。第128师成立后长期以沔阳为根据地独立作战。10月增编第383旅（辖第765团、第766团）。从1940年起陆续增编独立第1旅、独立第2旅、独立第3旅、独立第4旅、独立第5旅、独立第6旅、特务团、独立第1团和独立第2团。1942年8月，第384旅旅长古鼎新、独立第1旅旅长潘尚武率部投敌，改编为伪军第43师（汪伪）。1943年2月25日在沔阳被日军歼灭。师长王劲哉、参谋长李德兴、第382旅旅长任兰圃、第383旅旅长薛豫屏被俘，第384旅旅长赵天时、独立第2旅旅长苏景华、独立第4旅旅长程权五率部投敌。

王劲哉

历任师长：

王劲哉（1938年9月21日—1943年2月25日）

历任旅长：

第382旅：李俊彦

第383旅：龚熏南—薛豫屏

第384旅：古鼎新—赵天时

独立第1旅：潘尚武

独立第2旅：赵天时—苏景华

独立第3旅：辛文礼

独立第4旅：程权五

独立第5旅：苏振东

独立第6旅：李鼎新—侯若愚

陆军第128师（新疆军4）

第128师于1943年10月10日在新疆迪化第四次成立（原新疆陆军机械化旅、骑兵第10团和骑兵第12团改编），隶属第8战区，辖第382团、第383团和第384团。第128师成立后长期戍守新疆。1945年8月抗战胜利后驻防新疆吐鲁番。1949年9月25日在新疆焉耆起义（时为整编第128旅）。

历任师长：

柳正欣（1943 年 10 月 10 日—1944 年 8 月 11 日）

徐　达（1944 年 8 月 11 日—抗战胜利时）

柳正欣

徐达

陆军第129师（中共军）

第 129 师属于由中国共产党领导的抗日队伍，本篇从略。

陆军第130师（东北军）

第 130 师于 1933 年 2 月 12 日在热河凌源成立（源自东北陆军第 17 旅），曾参加 1933 年的长城抗战。抗战全面爆发前驻河北徐水，隶属第 53 军，辖第 388 旅（辖第 775 团、第 776 团）和第 390 旅（辖第 779 团、第 780 团）。1937 年 9 月参加平汉铁路北段沿线之作战。1938 年 1 月转入太行山游击，第 775 团团长徐荣奎阵亡。7 月参加武汉会战。12 月裁撤旅部，辖第 388 团、第 389 团第 390 团和补充团，此后长期在湖北作战。1940 年 12 月，兼师长朱鸿勋阵亡。1943 年 1 月起长期戍守云南。1944 年 5 月参加滇西攻势。1945 年 8 月抗战胜利后开赴越南河内受降。1948 年 11 月 1 日在辽宁沈阳投诚。

历任师长：

朱鸿勋（抗战全面爆发时—1940 年 12 月 30 日）

张玉珽（1940 年 12 月 30 日—1944 年 5 月 18 日）

王理寰（1944 年 5 月 18 日—抗战胜利时）

历任旅长：

第 388 旅：刘元勋—王佑之

第 390 旅：张玉珽

朱鸿勋

张玉珽

王理寰

陆军第131师（川军1）

第 131 师于 1935 年 8 月 23 日在四川成都成立（源自四川陆军第 3 师炮兵团）。抗战全面爆发前驻障县，隶属第 45 军，辖第 1 旅（辖第 1 团、第 2 团）和第 2 旅（辖第 3 团、第 4 团）。1937 年 8 月 1 日改称第 127 师。

历任师长：

陈　离（抗战全面爆发时—1937 年 8 月 1 日）

历任旅长：

第 1 旅：陶宗伯

第 2 旅：杨宗礼

陆军第131师（桂军2）

第 131 师于 1937 年 9 月 30 日在广西南宁再次成立（源自广西民团改编成立的第 5 路军第 55 师），隶属第 31 军，辖第 391 旅（辖第 781 团、第 782 团）和第 393 旅（辖第 785 团、第 786 团）。1938 年 4 月参加徐州会战。7 月参加武汉会战，此后长期戍守广西。1939 年 7 月裁撤旅部，辖第 391 团、第 392 团、第 393 团和补充团。11 月参加桂南会战，第 392 团团长韦灿阵亡。1940 年 10 月参加秋季攻势。1944 年 9 月参加桂柳会战，遭到重创，师长阚维雍自戕，第 392 团团长吴展阵亡。1945 年 4 月 1 日裁撤，所部官兵补充第 188 师。

历任师长：

覃连芳（1937 年 9 月 30 日—1938 年 6 月 21 日）

林赐熙（1938 年 6 月 21 日—1939 年 4 月 29 日）

贺维珍（1939 年 4 月 29 日—1940 年 12 月 1 日）

萧兆鹏（1940 年 12 月 1 日—1942 年 4 月 1 日）

阚维雍（1942 年 4 月 1 日—1944 年 11 月 10 日）

黄炳钿（1944 年 11 月 11 日—1945 年 4 月 1 日）

历任旅长：

第 391 旅：黎式谷—钟纪

第 393 旅：粟廷勋

林赐熙

萧兆鹏

阚维雍

陆军第131师（粤军3）

张显岐

第131师于1945年4月16日在广东清远第三次成立（原第155师改称），隶属第64军，辖第391团、第392团和第393团。8月抗战胜利后开赴广东顺德受降。1950年5月20日裁撤。

历任师长：

张显岐（1945年4月16日—抗战胜利时）

陆军第132师（西北军）

第132师于1933年6月18日在河北石门成立（原第37师第109旅扩编）。抗战全面爆发前驻河间，隶属第29军，辖第1旅（辖第1团、第2团）和第2旅（辖第3团、第4团）。1937年7月参加平津抗战，师长赵登禹、副官长赵国治阵亡。8月改隶第77军，参加平汉铁路北段沿线之作战。10月参加津浦铁路北段沿线之作战。1938年4月参加徐州会战。8月参加武汉会战。9月所属各旅、团更换番号，辖第394旅（辖第787团、第788团）和第396旅（辖第791团、第792团）。1939年1月裁撤旅部，辖第394团、第395团、第396团和补充团。5月参加随枣会战，此后长期在湖北作战。1943年11月参加常德会战。1945年3月参加豫西鄂北会战。8月抗战胜利后驻防湖北南漳。1948年11月8日在山东台儿庄起义。

历任师长：

赵登禹（抗战全面爆发时—1937年7月28日）

王长海（1937年7月29日—抗战胜利时）

历任旅长：

第1旅：王长海——许炳亚——张仁珍

第2旅：刘景山——王子亮——王昆山

第394旅：张仁珍

第396旅：王昆山

赵登禹

王长海

陆军第133师（川军）

第133师于1935年10月20日在贵州毕节成立（源自四川陆军第1混成旅）。抗战全面爆发前驻毕节，隶属第20军，辖第1旅（辖第1团、第2团）和第2旅（辖第3团、第4团）。1937年8月改编，辖第397旅（辖第793团、第794团）和第399旅（辖第797团、第798团）。9月参加淞沪会战。1938年9月参加武汉会战。1939年1月裁撤旅部，辖第397团、第398团和第399团。9月参加第一次长沙会战。1941年9月参加第二次长沙会战。12月参加第三次长沙会战，在影珠山告捷。1944年5月参加长衡会战。11月参加桂柳会战，第397团团长彭泽生阵亡。1945年7月参加广西攻势。8月抗战胜利后驻防广西桂林。1949年4月24日在安徽宣城被歼灭。

夏炯

历任师长：

杨汉域（抗战全面爆发时—1939年1月23日）

夏　炯（1939年1月23日—1943年7月1日）

周翰熙（1943年7月1日—1945年1月1日）

陈亲民（1945年1月1日—抗战胜利时）

历任旅长：

第1旅：高德周

第2旅：周翰熙

第397旅：周翰熙

第399旅：高德周—蔡慎猷—刘席涵

陆军第134师（川军1）

第134师于1935年10月20日在贵州安顺成立（源自四川陆军第1混成旅）。抗战全面爆发前驻安顺，隶属第20军，辖第3旅（辖第5团、第6团）和第4旅（辖第7团、第8团）。1937年8月1日裁撤。

历任师长：

夏　炯（抗战全面爆发时—1937年8月1日）

历任旅长：

第3旅：李朝信

第4旅：杨干才

陆军第134师（川军2）

第134师于1937年8月1日在贵州大定再次成立（原第135师改称。注：更换番号命令下达后，该师拖延至淞沪会战结束后才正式启用），隶属第20军，辖第401旅（辖第801团、第802团）和第402旅（辖第803团、第804团）。9月参加淞沪会战，第802团团长林相侯阵亡。1938年9月参加武汉会战。1939年1月裁撤旅部，辖第400团、第401团和第402团。9月参加第一次长沙会战。1941年9月参加第二次长沙会战。12月参加第三次长沙会战。1944年5月参加长衡会战。11月参加桂柳会战。1945年7月参加广西攻势。8月抗战胜利后驻防广西桂林。1949年4月24日在安徽宣城被歼灭。

历任师长：

杨汉忠（1937 年 8 月 1 日—1938 年 10 月 24 日）

杨干才（1938 年 10 月 24 日—1942 年 7 月 1 日）

刘席涵（1942 年 7 月 1 日—1944 年 9 月 29 日）

伍重严（1944 年 9 月 29 日—抗战胜利时）

历任旅长：

第 401 旅：罗润德

第 402 旅：杨干才

杨汉忠

伍重严

陆军第135师（川军1）

第 135 师于 1935 年 10 月 20 日在贵州大定成立（源自四川陆军第 1 混成旅）。抗战全面爆发前驻大定，隶属第 20 军，辖第 5 旅（辖第 9 团、第 10 团）和第 6 旅（辖第 11 团、第 12 团）。1937 年 8 月 1 日改称第 134 师。

历任师长：

杨汉忠（抗战全面爆发时—1937 年 8 月 1 日）

历任旅长：

第 5 旅：罗润德

第 6 旅：刘席涵

陆军第135师（桂军2）

第 135 师于 1937 年 9 月 30 日在广西柳州成立（源自广西民团改编成立的第 5 路军第 56 师），隶属第 31 军，辖第 403 旅（辖第 805 团、第 806 团）和第 405 旅（辖第 809 团、第 810 团）。1938 年 4 月参加徐州会战。7 月参加武汉会战，此后长期戍守广西。1939 年 7 月裁撤旅部，辖第 403 团、第 404 团、第 405 团和补充团。11 月参加桂南会战。1940 年 10 月参加秋季攻势。1944 年 9 月参加桂柳会战，遭到重创。1945 年 4 月 1 日裁撤，所部官兵补充第 188 师。

历任师长：

苏祖馨（1937 年 9 月 30 日—1940 年 7 月 1 日）

颜僧武（1940 年 7 月 1 日—1943 年 10 月 5 日）

杨赞模（1943 年 10 月 5 日—1945 年 4 月 1 日）

历任旅长：

第 403 旅：萧兆鹏

第 405 旅：魏镇

颜僧武

杨赞模

陆军第136师（川军1）

陈光藻

第 136 师于 1935 年 10 月 20 日在西康雅安成立（源自四川陆军第 8 师独立旅）。抗战全面爆发前驻雅安，隶属第 24 军，辖第 1 旅（辖第 1 团、第 2 团）和第 2 旅（辖第 3 团、第 4 团）。1937 年 8 月 1 日裁撤。

历任师长：

陈光藻（抗战全面爆发时—1937 年 8 月 1 日）

历任旅长：

第 1 旅：杨学端

第 2 旅：刘元瑄

陆军第136师（川军2）

第 136 师于 1937 年 8 月 1 日在西康雅安再次成立（原第 138 师改称），隶属第 24 军，辖第 406 旅（辖第 811 团、第 812 团）和第 408 旅（辖第 815 团、第 816 团）。第 136 师成立后长期戍守西康。1942 年 3 月裁撤旅部，辖第 406 团、第 407 团和第 408 团。1945 年 8 月抗战胜利后驻防西昌。1949 年 12 月 12 日在雅安起义。

历任师长：

唐　英（1937 年 8 月 1 日—1944 年 10 月 1 日）

刘元瑄（1944 年 10 月 1 日—抗战胜利时）

唐英

刘元瑄

历任旅长：
第 406 旅：张巽中
第 408 旅：刘元瑄—曾言枢

陆军第137师（川军）

第 137 师于 1935 年 10 月 20 日在西康雅安成立（源自四川陆军第 8 师独立旅）。抗战全面爆发前驻雅安，隶属第 24 军，辖第 3 旅（辖第 5 团、第 6 团）和第 4 旅（辖第 7 团、第 8 团）。1937 年 8 月改编，辖第 409 旅（辖第 817 团、第 818 团）和第 411 旅（第 821 团、第 822 团）。第 137 师长期戍守西康。1942 年 3 月裁撤旅部，辖第 409 团、第 410 团和第 411 团。1945 年 8 月抗战胜利后驻防雅安。1949 年 12 月 12 日在雅安起义。

刘元塘

历任师长：
刘元塘（抗战全面爆发时—1940 年 6 月 21 日）
陈光藻（1940 年 6 月 21 日—1943 年 5 月 31 日）
刘元琮（1943 年 5 月 31 日—抗战胜利时）
历任旅长：
第 3 旅：袁镛
第 4 旅：杨生武
第 409 旅：杨学端—杨生武—刘元琮
第 411 旅：曾言枢—刘元瑄

陆军第138师（川军1）

第 138 师于 1935 年 10 月 20 日在西康康定成立（源自四川陆军第 8 师独立旅）。抗战全面爆发前驻康定，隶属第 24 军，辖第 5 旅（辖第 9 团、第 10 团）和第 6 旅（辖第 11 团、第 12 团）。1937 年 8 月 1 日改称第 136 师。

历任师长：
唐　英（抗战全面爆发时—1937 年 8 月 1 日）
历任旅长：
第 5 旅：张巽中
第 6 旅：刘元琮

陆军第138师（桂军2）

第 138 师于 1937 年 9 月 30 日在广西柳州成立（源自广西民团改编成立的第 5 路军第 57 师），隶属第 31 军，辖第 412 旅（辖第 823 团、第 824 团）和第 414 旅（辖第 827 团、第 828 团）。1938 年 4 月参加徐州会战。7 月参加武汉会战。10 月改隶第 48 军，此后长期在大别山游击。1939 年 7 月裁撤旅部，辖第 412 团、第 413 团、第 414 团和补充团。1942 年 12 月在太湖击毙日军第 11 军中将司令官塚田攻（追晋大将）和大佐高级参谋藤原武（追晋少将）。1945 年 8 月抗战胜利后驻防安徽宿县。1949 年 12 月 9 日在广西博白被歼灭。

历任师长：

莫德宏（1937 年 9 月 30 日—1941 年 7 月 28 日）

李本一（1941 年 7 月 28 日—1943 年 12 月 13 日）

李英俊（1943 年 12 月 13 日—抗战胜利时）

历任旅长：

第 412 旅：赖刚

第 414 旅：钟毅—郭少文—龙炎武

莫德宏

李本一

李英俊

陆军第139师（晋军）

第 139 师于 1933 年 2 月 12 日在河北滦州成立（源自山西陆军第 1 旅），曾参加 1933 年的长城抗战。抗战全面爆发前驻邯郸，隶属第 32 军，辖第 1 旅（辖第 717 团、第 725 团）和第 2 旅（辖第 726 团、补充第 1 团）。1937 年 8 月参加平汉铁路北段沿线之作战。1938 年 2 月，第 725 团拨归第 142 师第 6 旅，调第 724 团编归第 1 旅。4 月参加徐州会战，参谋长邓佐虞、第 1 旅副旅长吕汝爽、第 2 旅副旅长兼补充第 1 团团长马骥德阵亡。6 月调整建制，辖第 1 旅（辖第 715 团、第 717 团）和第 2 旅（辖第 716 团、补充第 1 团）。9 月参加武汉会战，第 716 团团长柴敬忠阵亡。1939 年 2 月裁撤旅部，辖第 415 团、第 416 团、第 417 团和补充团。3 月参加南昌会战。1941 年 9 月参加宜昌攻势。1943 年 5 月参加鄂西会战。1945 年 8 月抗战胜利后驻防河南新乡。1947 年 7 月 15 日在山东金乡被歼灭（时为整编第 149 旅）。

历任师长：

黄光华（抗战全面爆发时—1938 年 4 月 11 日）

李兆锳（1938 年 4 月 11 日—1939 年 9 月 18 日）

孙定超（1939 年 9 月 18 日—抗战胜利时）

黄光华

李兆锳

孙定超

历任旅长：

第 1 旅：孙定超

第 2 旅：李兆锳—张效援

陆军第140师（黔军）

第 140 师于 1935 年 10 月 14 日在四川广元成立（源自贵州陆军步兵第 2 团）。抗战全面爆发前驻陕西凤翔，隶属第 25 军，辖第 718 团、第 719 团和第 720 团。1937 年 8 月扩编，辖第 418 旅（辖第 835 团、第 836 团）、第 419 旅（辖第 837 团、第 838 团）和第 420 旅（辖第 839 团、第 840 团）。9 月参加淞沪会战。12 月，第 419 旅改编为第 58 师第 172 旅脱离序列。1938 年 1 月裁撤旅部，辖第 835 团、第 837 团、第 839 团和补充团。3 月改隶第 46 军。4 月参加徐州会战。5 月改隶第 8 军。6 月改隶第 1 战区。10 月改隶第 37 军，参加武汉会战。1939 年 9 月参加第一次长沙会战。11 月所属各团改换番号，辖第 418 团、第 419 团、第 420 团和补充团。12 月参加冬季攻势。1941 年 9 月参加第二次长沙会战。12 月参加第三次长沙会战。1944 年 5 月参加长衡会战。1945 年 6 月 1 日裁撤，所部官兵补充第 60 师和第 99 师。

历任师长：

王文彦（抗战全面爆发时—1938 年 10 月 16 日）

宋思一（1938 年 10 月 16 日—1939 年 7 月 27 日）

李　棠（1939 年 7 月 27 日—1943 年 1 月 6 日）

毛定松（1943 年 1 月 6 日—1945 年 6 月 1 日）

历任旅长：

第 418 旅：李靖化

第 419 旅：方日英

第 420 旅：林秀生

宋思一

李棠

毛定松

陆军第141师（晋军）

第 141 师于 1933 年 2 月 12 日在河北滦州成立（源自山西陆军第 1 旅），曾参加 1933 年的长城抗战。抗战全面爆发前驻邢台，隶属第 32 军，辖第 3 旅（辖第 721 团、第 723 团）和第 4 旅（辖第 715 团、补充第 2 团）。1937 年 8 月参加平汉铁路北段沿线之作战，补充第 2 团团长王成桂、陈行先先后阵亡。1938 年 4 月参加徐州会战。6 月调整建制，辖第 3 旅（辖第 721 团、补充第 2 团）和第 4 旅（辖第 722 团、第 723 团）。9 月参加武汉会战。1939 年 2

月裁撤旅部，辖第 421 团、第 422 团、第 423 团和补充团。3 月参加南昌会战。1941 年 9 月参加宜昌攻势。1943 年 5 月参加鄂西会战。1945 年 8 月抗战胜利后驻防河南辉县。1949 年 8 月 10 日裁撤。

林作桢

历任师长：

宋肯堂（抗战全面爆发时—1938 年 8 月 4 日）

唐永良（1938 年 8 月 4 日—1942 年 4 月 1 日）

林作桢（1942 年 4 月 1 日—抗战胜利时）

历任旅长：

第 3 旅：唐永良—徐鸿诚

第 4 旅：林作桢

陆军第142师（晋军—中央军）

第 142 师于 1933 年 2 月 12 日在河北滦州成立（源自第 32 军招募新兵编组的独立第 42 旅），曾参加 1933 年的长城抗战。抗战全面爆发前驻永年，隶属第 32 军，辖第 5 旅（辖第 722 团、第 724 团）和第 6 旅（辖第 716 团、补充第 3 团）。1937 年 8 月参加平汉铁路北段沿线之作战。1938 年 2 月，第 724 团拨归第 139 师第 1 旅，调第 716 团编归第 5 旅，第 725 团编归第 6 旅。5 月参加徐州会战。6 月调整建制，辖第 5 旅（辖第 724 团、第 726 团）和第 6 旅（辖第 725 团、补充第 3 团）。9 月参加武汉会战，第 725 团团长郑克己阵亡。1939 年 2 月裁撤旅部，辖第 424 团、第 425 团、第 426 团和补充团。3 月参加南昌会战。7 月改隶第 92 军，此后长期在湖北作战。1940 年 6 月参加枣宜会战，此后长期在安徽、山东作战。1945 年 5 月参加湘西会战。8 月抗战胜利后开赴北平受降。1949 年 1 月 22 日在北平接受和平改编。

历任师长：

吕　济（抗战全面爆发时—1938 年 8 月 24 日）

傅立平（1938 年 8 月 24 日—1942 年 8 月 1 日）

刘春岭（1942 年 8 月 1 日—抗战胜利时）

历任旅长：

第 5 旅：杨钟—刘春岭

第 6 旅：崔翼—周树棠

吕济

刘春岭

陆军第143师（西北军）

第143师于1936年3月1日在河北宣化成立（源自首都警备第1旅、第2旅）。抗战全面爆发前驻察哈尔张家口，隶属第29军，辖第1旅（辖第1团、第2团）、第2旅（辖第3团、第4团）和特务团。1937年8月参加平汉铁路北段沿线之作战，第4团团长刘芸田阵亡。9月特务团裁撤。11月参加津浦铁路北段沿线之作战。1938年3月参加徐州会战。7月参加武汉会战。9月所属各旅、团更换番号，辖第427旅（第853团、第854团）和第429旅（辖第857团、第858团）。1939年5月参加随枣会战，第853团团长姚镇宇阵亡。9月裁撤旅部，辖第427团、第428团、第429团和补充团。12月参加冬季攻势。1940年5月参加枣宜会战。1941年1月参加豫南会战，此后长期在河南作战。1944年4月参加豫中会战。1945年3月参加豫西鄂北会战。8月抗战胜利后开赴河南开封受降。1949年10月21日裁撤。

历任师长：

刘汝明（抗战全面爆发时—1937年9月7日）

李曾志（1937年9月7日—1941年5月1日）

黄樵松（1941年5月1日—抗战胜利时）

历任旅长：

第1旅：李金田—阎尚元

第2旅：李曾志—陈禄德

第427旅：阎尚元

第429旅：陈禄德

陆军第144师（川军1）

第144师于1936年5月12日在四川眉山成立（源自第21军模范师）。抗战全面爆发前驻眉山，隶属川康绥靖公署，辖第1旅（辖第1团、第2团、第3团）、第2旅（辖第4团、第5团）和第3旅（辖第6团、第7团）。1937年8月缩编，辖第430旅（辖第859团、第860团）和第432旅（辖第863团、第864团）。同月改隶第23军。11月参加南京保卫战。1938年2月改隶第50军，此后长期在皖南地区游击。1939年12月参加冬季攻势。1940年2月裁撤旅部，辖第430团、第431团和第432团。1941年1月参加“皖南事变”。1944年3月29日，副师长张昌德率全师在安徽铜陵投敌，改编为伪军皖南独立方面军（汪伪）。

柏良

历任师长：

郭勋祺（抗战全面爆发时—1938年2月5日）

范子英（1938年2月5日—1940年1月30日）

刘儒斋（1940年1月30日—1941年5月1日）

唐明昭（1941年5月1日—1943年10月1日）

柏　良（1943年10月1日—1944年3月29日）

历任旅长：

第1旅：袁治

第2旅：唐明昭

第 3 旅：廖敬安

第 430 旅：唐明昭—刘儒斋

第 432 旅：黄伯光—唐映华—许元白

陆军第144师（川军2）

1944 年 6 月 20 日在安徽贵池再次成立（原第 144 师未投敌官兵为基础重编），隶属第 50 军，辖第 430 团、第 431 团和第 432 团。1945 年 2 月 8 日裁撤，士兵编入第 208 师。

历任师长：

罗洁莹（1944 年 6 月 20 日—1945 年 2 月 8 日）

陆军第145师（川军）

第 145 师于 1936 年 5 月 12 日在四川邛崃成立（源自四川陆军第 1 师）。抗战全面爆发前驻邛崃，隶属第 21 军，辖第 1 旅（辖第 1 团、第 2 团）、第 2 旅（辖第 3 团、第 4 团）和第 3 旅（辖第 5 团、第 6 团）。1937 年 8 月缩编，辖第 433 旅（辖第 865 团、第 866 团）和第 435 旅（辖第 869 团、第 870 团）。11 月参加南京保卫战，师长饶国华自戕，此后长期在皖南地区游击。1939 年 2 月改隶第 50 军。12 月参加冬季攻势。1940 年 2 月裁撤旅部，辖第 433 团、第 434 团和第 435 团。1941 年 1 月参加"皖南事变"。1942 年 9 月改隶第 21 军。1944 年 5 月参加衢州战役，第 435 团团长刘一阵亡。1945 年 8 月抗战胜利后驻防江西鹰潭。1949 年 10 月 2 日裁撤。

历任师长：

饶国华（抗战全面爆发时—1937 年 11 月 30 日）

佟　毅（1937 年 12 月 1 日—1939 年 12 月 8 日）

孟浩然（1939 年 12 月 8 日—1944 年 6 月 20 日）

凌谏衔（1944 年 6 月 20 日—抗战胜利时）

历任旅长：

第 1 旅：彭焕章

第 2 旅：佟毅

第 3 旅：刘兆藜

第 433 旅：佟毅—戴传薪

第 435 旅：孟浩然

饶国华

孟浩然

凌谏衔

陆军第146师（川军）

第146师于1936年5月12日在四川新都成立（源自四川江防军）。抗战全面爆发前驻广汉，隶属第21军，辖第1旅（辖第1团、第2团）、第2旅（辖第3团、第4团）和第3旅（辖第5团、第6团）。1937年8月缩编，辖第436旅（辖第871团、第872团）和第438旅（辖第875团、第876团）。11月参加南京保卫战，此后长期在皖南游击。1939年12月参加冬季攻势。1940年2月裁撤旅部，辖第436团、第437团和第438团。1942年5月参加浙赣会战，击毙日军第15师团中将师团长酒井直次。1944年5月参加衢州战役。1945年8月抗战胜利后驻防江西宁国。1949年5月28日裁撤。

历任师长：

范绍曾（抗战全面爆发时—1937年8月1日）

刘兆藜（1937年8月1日—1938年6月4日）

周绍轩（1938年6月4日—1940年6月28日）

石照益（1940年6月28日—1943年4月1日）

戴传薪（1943年4月1日—抗战胜利时）

历任旅长：

第1旅：周绍轩

第2旅：廖敬安

第3旅：孟浩然

第436旅：廖敬安—邓树人

第438旅：梁泽民—徐元勋

范绍曾

刘兆藜

周绍轩

石照益

戴传薪

陆军第147师（川军）

第147师于1936年5月12日在四川成都成立（源自第21军教导师）。抗战全面爆发前驻简阳，隶属第23军，辖第1旅（辖第1团、第2团）、第2旅（辖第3团、第4团）和第3旅（辖第5团、第6团）。1937年8月缩编，辖第439旅（辖第877团、第878团）和第441旅（辖第881团、第882团）。11月参加南京保卫战，此后长期在皖南地区游击。1939年2月改隶第21军。12月参加冬季攻势。1940年2月裁撤旅部，辖第439团、第440团和第441团。1942年5月参加浙赣会战。1944年5月参加衢州战役。1945年8月抗战胜利后驻防江西浮梁。10月8日裁撤。

历任师长：

杨国桢（抗战全面爆发时—1938年3月6日）

陈万仞（1938年3月6日—9月29日）

章安平（1938年9月29日—1941年5月7日）

徐元勋（1941年5月7日—1943年1月18日）

凌谏衔（1943年1月18日—1944年6月20日）

傅秉勋（1944年6月20日—抗战胜利时）

历任旅长：

第1旅：章安平

第2旅：梁国华

第3旅：蒋尚朴

第439旅：章安平—周极甫

第441旅：石照益—张益斋

杨国桢

徐元勋

傅秉勋

陆军第148师（川军）

第148师于1936年5月12日在四川泸县成立（源自四川陆军第3师）。抗战全面爆发前驻泸县，隶属第23军，辖第1旅（辖第1团、第2团、第3团）和第2旅（辖第4团、第5团、第6团）。1937年8月缩编，辖第442旅（辖第883团、第884团）和第444旅（辖第887团、第888团）。11月参加南京保卫战，此后长期在皖南地区游击。1939年2月改隶第21军。12月参加冬季攻势。1941年8月裁撤旅部，辖第442团、第443团和第444团。1942年5月参加浙赣会战。9月改隶第50军。1945年7月改隶第25军。8月抗战胜利后驻防江西东乡。1948年11月22日在江苏邳县被歼灭。

廖敬安

历任师长：
陈万仞（抗战全面爆发时—1938 年 3 月 6 日）
潘　左（1938 年 3 月 6 日—1943 年 12 月 18 日）
廖敬安（1943 年 12 月 18 日—抗战胜利时）
历任旅长：
第 1 旅：达凤岗
第 2 旅：潘左
第 442 旅：袁治—黄黻臣
第 444 旅：潘左—张益斋—张有铭

陆军第149师（川军）

第 149 师于 1936 年 5 月 12 日在四川成都成立（源自四川陆军第 1 师）。抗战全面爆发前驻潼川，隶属第 44 军，辖第 1 旅（辖第 1 团、第 2 团）、第 2 旅（辖第 3 团、第 4 团）和第 3 旅（辖第 5 团、第 6 团）。1937 年 8 月缩编，辖第 445 旅（辖第 889 团、第 890 团）和第 447 旅（辖第 893 团、第 894 团）。1938 年 7 月参加武汉会战。1939 年 5 月参加随枣会战。1940 年 5 月参加枣宜会战，此后长期在湖北作战。1941 年 5 月裁撤旅部，辖第 445 团、第 446 团和第 447 团。1943 年 10 月参加常德会战。1944 年 5 月参加长衡会战。1945 年 4 月 1 日裁撤，所部官兵补充第 150 师。

历任师长：
郭昌明（抗战全面爆发时—1938 年 3 月 19 日）
王泽浚（1938 年 3 月 19 日—1939 年 1 月 30 日）
张竭诚（1939 年 1 月 30 日—1940 年 11 月 29 日）
王泽浚（1940 年 11 月 29 日—1941 年 5 月 26 日）
赵璧光（1941 年 5 月 26 日—1943 年 11 月 5 日）
陈春霖（1943 年 11 月 5 日—1945 年 4 月 1 日）
历任旅长：
第 1 旅：王沌一
第 2 旅：陈良基
第 3 旅：王泽浚
第 445 旅：陈良基—宋时仙—何葆恒
第 447 旅：王泽浚—孙黼—赵璧光

赵璧光

陈春霖

陆军第150师（川军）

第 150 师于 1936 年 5 月 12 日在四川开县成立（源自四川陆军第 1 师）。抗战全面爆发前驻开县，隶属第 44 军，辖第 1 旅（辖第 1 团、第 2 团）、第 2 旅（辖第 3 团、第 4 团）和第 3 旅（辖第 5 团、第 6 团）。1937 年 8 月缩编，辖第 448 旅（辖第 895 团、第 896 团）和第 450 旅（辖第 899 团、第 900 团）。1938 年 7 月参加武汉会战。1939 年 5 月参加随枣会战。1940 年 5 月参加枣宜会战，此后长期在湖北作战。1941 年 5 月裁撤旅部，辖第 448 团、第 449 团和第 450 团。1943 年 10 月参加常德会战，师长许国璋自戕。1944 年 5 月参加长衡会战。1945 年 8 月抗战胜利后开赴浙江衢州受降。1948 年 11 月 18 日在江苏邳县投诚。

历任师长：

廖　震（抗战全面爆发时—1938 年 10 月 8 日）

杨勤安（1938 年 10 月 8 日—1942 年 10 月 14 日）

许国璋（1942 年 10 月 14 日—1943 年 11 月 2 日）

赵璧光（1943 年 11 月 5 日—抗战胜利时）

历任旅长：

第 1 旅：范华聪

第 2 旅：陈岳

第 3 旅：汪杰

第 448 旅：陈岳—范华聪

第 450 旅：杨续云—陈岳

杨勤安

许国璋

陆军第151师（粤军）

第 151 师于 1936 年 8 月 8 日在广东肇庆成立（源自广东陆军第 1 师第 2 旅）。抗战全面爆发前驻肇庆，隶属第 4 路军，辖第 451 旅（辖第 901 团、第 902 团）和第 453 旅（辖第 904 团、第 905 团）。1937 年 8 月改隶第 62 军。1938 年 10 月在广东阻击日军。12 月改隶第 66 军。1939 年 11 月裁撤旅部，辖第 451 团、第 452 团、第 453 团和补充团。12 月参加第一次粤北战役。1940 年 1 月参加桂南会战。3 月改隶第 62 军，此后仍长期在广东作战。5 月参加第二次粤北战役。1944 年 6 月参加长衡会战，遭到重创，副师长余子武阵亡。1945 年 8 月抗战胜利后开赴台湾凤山受降。1949 年 1 月 15 日在天津被歼灭。

历任师长：

莫希德（抗战全面爆发时—1938 年 9 月 27 日）

李卓元（1938 年 9 月 27 日—12 月 24 日）
辛　淼（1938 年 12 月 24 日—1939 年 4 月 29 日）
林伟俦（1939 年 4 月 29 日—抗战胜利时）

历任旅长：

第 451 旅：彭林生—何联芳—梁采林—张守恩
第 453 旅：李振—辛淼—温淑海

李卓元

辛淼

林伟俦

陆军第152师（粤军）

第 152 师于 1936 年 8 月 8 日在广东琼山成立（源自广东陆军第 1 师第 2 旅）。抗战全面爆发前驻琼山，隶属第 4 路军，辖第 454 旅（辖第 907 团、第 908 团）和第 456 旅（辖第 910 团、第 911 团）。1937 年 8 月改隶第 62 军。1938 年 10 月在广东阻击日军。1939 年 1 月副师长林英灿阵亡。12 月参加第一次粤北战役。1940 年 3 月改隶第 63 军，裁撤旅部，辖第 454 团、第 455 团、第 456 团和补充团，此后仍长期在广东作战。5 月参加第二次粤北战役。1944 年 12 月参加桂柳会战。1945 年 8 月抗战胜利后开赴广东惠州受降。1948 年 11 月 12 日在江苏宿迁被歼灭。

历任师长：

陈　章（抗战全面爆发时—1941 年 1 月 20 日）
陈见田（1941 年 1 月 20 日—1944 年 2 月 11 日）
黄志鸿（1944 年 2 月 11 日—抗战胜利时）

历任旅长：

第 454 旅：宋士台—梁荣求
第 456 旅：邓琦昌—赵仲荣

陈章

陈见田

陆军第153师（粤军）

第153师于1936年8月8日在广东从化成立（源自广东陆军第1师第2旅）。抗战全面爆发前驻从化，隶属第4路军，辖第457旅（辖第913团、第914团）和第459旅（辖第916团、第917团）。1937年8月改隶第63军。1938年10月在广东阻击日军，第459旅旅长钟芳峻自戕。1939年12月参加第一次粤北战役。1940年3月裁撤旅部，辖第457团、第458团、第459团和补充团。5月参加第二次粤北战役，此后仍长期在广东作战。1945年8月抗战胜利后开赴广东新丰受降。1947年7月10日在山东定陶被歼灭（时为整编第153旅）。

历任师长：

张瑞贵（抗战全面爆发时—1939年1月30日）

彭智芳（1939年1月30日—1940年2月3日）

欧　鸿（1940年2月3日—抗战胜利时）

历任旅长：

第457旅：彭智芳—陈耀枢—李驯

第459旅：钟芳峻—黄志鸿—欧鸿

陆军第154师（粤军）

第154师于1936年8月8日在广东阳春成立（源自广东陆军第1师第2旅）。抗战全面爆发前驻阳春，隶属第4路军，辖第460旅（辖第919团、第920团）和第462旅（辖第922团、第923团）。1937年8月改隶第63军。10月改隶第83军，参加淞沪会战。12月参加南京保卫战。1938年2月改隶第63军。10月在广东阻击日军。1939年12月参加第一次粤北战役。1940年3月改隶第62军，裁撤旅部，辖第460团、第461团、第462团和补充团。5月参加第二次粤北战役，此后仍长期在广东作战。1943年5月改隶第65军。1945年8月抗战胜利后开赴广东韶关受降。1949年10月19日在广东博罗起义。

历任师长：

巫剑雄（抗战全面爆发时—1938年1月30日）

梁世骥（1938年1月30日—1940年2月3日）

张浩东（1940年2月3日—1944年12月26日）

郭永镳（1944年12月26日—抗战胜利时）

历任旅长：

第460旅：梁世骥—骆秀礼—林湛—卜汉池

第462旅：蒋武

巫剑雄

梁世骥

张浩东

郭永镳

陆军第155师（粤军）

第155师于1936年8月8日在广东潮安成立（源自广东陆军第1师第2旅）。抗战全面爆发前驻潮安，隶属第4路军，辖第463旅（辖第925团、第926团）和第465旅（辖第928团、第929团）。1937年8月改隶第64军。1938年5月参加徐州会战。6月参加武汉会战。1939年12月参加第一次粤北战役。1940年1月参加桂南会战。10月参加秋季攻势，此后长期在广东作战。1941年1月裁撤旅部，辖第463团、第464团、第465团和补充团。1944年7月参加桂柳会战。1945年4月16日改称第131师。

邓鄂

历任师长：

李汉魂（抗战全面爆发时—1938年5月5日）
陈公侠（1938年5月5日—1939年1月21日）
张　弛（1939年1月21日—1940年3月9日）
邓　鄂（1940年3月9日—1943年2月10日）
郑军凯（1943年2月10日—1944年5月20日）
张显岐（1944年5月20日—1945年4月16日）

历任旅长：

第463旅：孔可权—陈旐旟—张光琼—林宴
第465旅：何彤—谭生林—郑军凯

陆军第156师（粤军）

第156师于1936年8月8日在广东惠阳成立（源自广东陆军第1师第2旅）。抗战全面爆发前驻惠阳，隶属第4路军，第466旅（辖第931团、第932团）和第468旅（辖第934团、第935团）。1937年8月改隶第64军。10月改隶第83军，参加淞沪会战。12月参加南京保卫战，参谋长姚中英、第468旅副旅长李绍嘉阵亡。1938年10月在广东阻击日军。12月改隶第64军。1939年12月参加第一次粤北战役。1940年1月参加桂南会战。10月参加秋季攻势，此后长期在广东作战。1941年1月裁撤旅部，辖第466团、第467团、第468团和补充团。1945年4月参加广西攻势。8月抗战胜利后开赴广东中山受降。1948年11月22日在江苏邳县被歼灭。

历任师长：

邓龙光（抗战全面爆发时—1937年10月14日）
李　江（1937年10月14日—1938年9月29日）
王德全（1938年9月29日—1942年3月30日）
刘其宽（1942年3月30日—1943年7月1日）
邓伯涵（1943年7月1日—1944年12月26日）
刘镇湘（1944年12月26日—抗战胜利时）

历任旅长：

第466旅：王德全—钟锦添
第468旅：黄世途—邓伯涵—许冠英

李江

王德全

刘其宽

刘镇湘

陆军第157师（粤军）

第157师于1936年8月8日在广东虎门成立（源自广东陆军第1师第2旅）。抗战全面爆发前驻福建漳州，隶属第4路军，辖第469旅（辖第937团、第938团）和第471旅（辖第940团、第941团）。1937年8月改隶第65军。1938年10月在广东阻击日军。12月改隶第62军。1939年12月参加第一次粤北战役。1940年3月裁撤旅部，辖第469团、第470团、第471团和补充团。5月参加第二次粤北战役，此后仍长期在广东作战。1944年6月参加长衡会战，第471团团长丁克坚阵亡。1945年8月抗战胜利后开赴台湾嘉义受降。1949年1月22日在北平接收和平改编。

历任师长：

黄　涛（抗战全面爆发时—1939年9月18日）

练惕生（1939年9月18日—1941年9月2日）

刘栋材（1941年9月2日—1944年5月20日）

李宏达（1944年5月20日—抗战胜利时）

历任旅长：

第469旅：练惕生—叶刚

第471旅：李崇纲—陈见田

练惕生

刘栋材

李宏达

陆军第158师（粤军）

第158师于1936年8月8日在广东蕉岭成立（源自广东陆军第1师第2旅）。抗战全面爆发前驻蕉岭，隶属第4路军，第472旅（辖第943团、第944团）和第474旅（辖第946团、第947团）。1937年8月改隶第65军。1938年10月在广东阻击日军。1939年11月裁撤旅部，辖第 472 团、第 473 团、第 474 团和补充团。12 月参加第一次粤北战役。1940 年 5 月参加第二次粤北战役，此后仍长期在广东作战。1943 年 5 月改隶第 62 军。1944 年 6 月参加长衡会战。1945 年 4 月改隶第 7 战区。8 月抗战胜利后驻防广东信义。10 月 8 日裁撤。

历任师长：

曾友仁（抗战全面爆发时—1939 年 5 月 26 日）

林廷华（1939 年 5 月 26 日—1942 年 8 月 12 日）

陈锦君（1942 年 8 月 12 日—1944 年 5 月 20 日）

刘栋材（1944 年 5 月 20 日—抗战胜利时）

历任旅长：

第 472 旅：钟镇华—伍汉屏—容干

第 474 旅：叶维浩—曾达钦

曾友仁

林廷华

陈锦君

陆军第159师（粤军）

第 159 师于 1936 年 8 月 8 日在广东吴川成立（源自广东陆军第 1 师第 2 旅）。抗战全面爆发前驻吴川，隶属第 4 路军，第 475 旅（辖第 949 团、第 950 团）和第 477 旅（辖第 952 团、第 953 团）。1937 年 8 月改隶第 66 军。11 月参加淞沪会战，第 475 旅副旅长曾泽寰阵亡。12 月参加南京保卫战，遭到重创，副师长罗策群、参谋处处长陈节、第 477 旅副旅长谢彩轩、第 949 团团长黄纪福阵亡。1938 年 7 月参加武汉会战。1939 年 11 月裁撤旅部，辖第 475 团、第 476 团、第 477 团和补充团。12 月参加第一次粤北战役。1940 年 1 月参加桂南会战。3 月改隶第 64 军。10 月参加秋季攻势，此后长期在广东作战。1945 年 4 月参加广西攻势。8 月抗战胜利后开赴广东顺德受降。1948 年 11 月 22 日在江苏邳县被歼灭。

历任师长：

谭　邃（抗战全面爆发时—1938 年 10 月 15 日）

陈　骥（1938 年 10 月 15 日—1939 年 10 月 4 日）

官　祎（1939 年 10 月 4 日—1942 年 2 月 3 日）

刘绍武（1942 年 2 月 3 日—抗战胜利时）

历任旅长：

第 475 旅：罗策群—林伟俦—何全标

第 477 旅：陈骥—洪世扬—张寿

官祎

刘绍武

陆军第160师（粤军）

第160师于1936年8月8日在广东增城成立（源自广东陆军第1师第2旅）。抗战全面爆发前驻增城，隶属第4路军，辖第478旅（辖第955团、第956团）和第480旅（辖第958团、第959团）。1937年8月改隶第66军。11月参加淞沪会战。12月参加南京保卫战，遭到重创，参谋长司徒非、第956团团长蔡如柏阵亡。1938年7月参加武汉会战，第959团团长梁佐勋阵亡，击毙日军步兵第101联队大佐联队长饭塚国五郎（追晋少将）。1939年12月参加第一次粤北战役。1940年1月参加桂南会战。3月改隶第65军。5月参加第二次粤北战役，此后长期在广东作战。1945年8月抗战胜利后开赴广东惠州受降。1949年12月12日在四川大邑被歼灭。

历任师长：

叶　肇（抗战全面爆发时—1938年2月7日）

华振中（1938年2月7日—1939年1月30日）

宋士台（1939年1月30日—1940年2月3日）

莫福如（1940年2月3日—抗战胜利时）

历任旅长：

第478旅：邓志才—喻英奇—刘栋材

第480旅：利树宗—莫福如

华振中

宋士台

莫福如

陆军第161师（川军）

第161师于1937年1月10日在四川永川成立（源自四川陆军第2师第4旅）。抗战全面爆发前驻永川，隶属川康绥靖公署，辖第1旅（辖第1团、第2团）、第2旅（辖第3团、第4团）、第3旅（辖第5团、第6团）和第4旅（辖第7团、第8团）。1938年2月缩编，辖第481旅（辖第961团、第962团）和第483旅（辖第965团、第966团），改隶第67军。7月参加武汉会战，此后长期在大洪山游击。1939年12月参加冬季攻势。1940年2月裁撤旅部，辖第481团、第482团和第483团。5月参加枣宜会战。1943年1月改隶第44军。5月参加鄂西会战。10月参加常德会战。1944年5月参加长衡会战。1945年8月抗战胜利后驻防湖南永新。10月8日裁撤。

熊执中

历任师长：
许绍宗（抗战全面爆发时—1938年7月2日）
官焱森（1938年7月2日—1940年11月29日）
佘念慈（1940年11月29日—1941年8月21日）
何葆恒（1941年8月21日—1943年10月5日）
熊执中（1943年10月5日—抗战胜利时）
历任旅长：
第1旅：官焱森
第2旅：刘若弼
第3旅：杨勤安
第4旅：马云平
第481旅：官焱森—杨守玄—朱再明
第483旅：杨勤安—许国璋

陆军第162师（川军）

第162师于1937年1月10日在四川成都成立（源自第28军宪兵部队）。抗战全面爆发前驻成都，隶属第21军，辖第1旅（辖第1团、第2团）和第2旅（辖第3团、第4团）。1938年2月改编，辖第484旅（辖第967团、第968团）和第486旅（辖第971团、第972团），改隶第67军。7月参加武汉会战，此后长期在大洪山游击。1939年3月裁撤旅部，辖第484团、第485团、第486团和补充团。12月参加冬季攻势，第484团团长梁静珊阵亡。1940年5月参加枣宜会战。1943年1月改隶第44军。5月参加鄂西会战。10月参加常德会战。1944年5月参加长衡会战。1945年8月抗战胜利后驻防湖南安仁。1948年11月18日在江苏邳县投诚。

彭诚孚

历任师长：
彭诚孚（抗战全面爆发时—1938年3月6日）
张竭诚（1938年3月6日—1939年1月30日）
佘念慈（1939年1月30日—1940年11月29日）
孙　黼（1940年11月29日—1943年10月5日）
何葆恒（1943年10月5日—抗战胜利时）
历任旅长：
第1旅：严啸虎
第2旅：周成虎
第484旅：严啸虎—何葆恒
第486旅：周成虎—杨觉

陆军第163师（川军）

第163师于1937年1月10日在四川荣县成立（源自四川江防军）。抗战全面爆发前驻荣县，隶属第44军，辖第1旅（辖第1团、第2团）和第2旅（辖第3团、第4团）。第163师长期戍守四川。1938年2月改编，辖第487旅（辖第973团、第974团）和第489旅（辖第977团、第978团），改隶川康绥靖公署。3月改隶第56军。1942年9月裁撤旅部，辖第487团、第488团和第489团。1945年8月抗战胜利后驻防达县。1948年7月16日在湖北襄阳被歼灭（时为整编第163旅）。

陈兰亭

历任师长：

陈兰亭（抗战全面爆发时—抗战胜利时）

历任旅长：

第1旅：朱果

第2旅：梁国华

第487旅：朱果

第489旅：梁国华

陆军第164师（川军）

第164师于1937年1月10日在四川乐山成立（源自四川陆军第12混成旅）。抗战全面爆发前驻乐山，隶属川康绥靖公署，辖第1旅（辖第1团、第2团）和第2旅（辖第3团、第4团）。第164师长期戍守四川。1938年2月改编，辖第490旅（辖第979团、第980团）和第492旅（辖第983团、第984团）。3月改隶第56军。1942年9月裁撤旅部，辖第490团、第491团和第492团。1945年8月抗战胜利后驻防成都。1948年7月16日在湖北襄阳被歼灭（时为整编第164旅）。

历任师长：

张邦本（抗战全面爆发时—1938年7月8日）

彭焕章（1938年7月8日—抗战胜利时）

历任旅长：

第1旅：李鸿勋

第2旅：杨永清

第490旅：李鸿勋

第492旅：杨永清—严啸虎

张邦本

彭焕章

陆军第165师（甘军—中央军）

第165师于1936年10月2日在甘肃岷县成立（源自甘肃自治军）。抗战全面爆发前驻岷县，隶属西安行营，辖第493旅（辖第985团、第986团）、第494旅（辖第987团、第988团）和第495旅（辖第989团、第990团）。1937年10月改隶第21军团。第165师长期戍守甘肃。1938年9月改隶新编第2军。1939年1月改隶第8战区。2月改隶第80军。1940年5月裁撤旅部并缩编各团，辖第493团、第494团和第495团。8月开赴中条山游击。1941年5月参加晋南会战，遭到重创，此后长期戍守陕西。1945年8月抗战胜利后驻防合阳。1949年12月27日在四川邛崃被歼灭。

历任师长：

鲁大昌（抗战全面爆发时—1938年9月27日）

王治岐（1938年9月27日—1942年6月1日）

何蕃（1942年6月1日—抗战胜利时）

历任旅长：

第493旅：梁应奎

第494旅：蒋汉城

第495旅：王咸一

王治岐

何蕃

陆军第166师（中央军）

第166师于1937年1月12日在河南洛阳成立（源自"剿匪"军第2纵队）。抗战全面爆发前驻洛阳，隶属豫皖绥靖公署，辖第496旅（辖第991团、第992团）和第498旅（辖第995团、第996团）。8月改隶第1战区，长期在河南作战。1938年2月改隶第91军。5月起在太行山游击，第995团团长阎普润阵亡。1939年2月改隶第93军。11月裁撤旅部，辖第496团、第497团、第498团和补充团。1941年5月参加晋南会战，此后长期戍守陕西。1942年8月改隶重庆卫戍总司令部，此后长期卫戍重庆。1943年2月改隶第97军。1944年8月参加桂柳会战，遭到重创。1945年4月由军事委员会直辖。6月改隶第8军。8月抗战胜利后开赴山东胶县受降。1949年1月10日在河南永城被歼灭。

历任师长：

郜子举（抗战全面爆发时—1938年2月12日）

马励武（1938年2月12日—6月13日）

刘希程（1938年6月13日—1941年10月3日）

王之宇

王之宇（1941 年 10 月 3 日—抗战胜利时）

历任旅长：

第 496 旅：宋涛—刘希程—王之宇

第 498 旅：申茂生—陈衡

第167师（陕军—中央军1）

第 167 师于 1937 年 2 月 10 日在河南漯河成立（源自第 17 师第 49 旅）。抗战全面爆发前驻漯河，隶属豫皖绥靖公署，辖第 499 旅（辖第 997 团、第 998 团）和第 501 旅（辖第 1001 团、第 1002 团）。9 月改隶第 50 军。12 月改隶第 5 战区。1938 年 6 月改隶第 16 军，参加武汉会战，遭到重创，师长薛蔚英因指挥作战不力被撤职枪决。8 月 24 日改称第 118 师。

薛蔚英

历任师长：

杨渠统（抗战全面爆发时—1937 年 9 月 3 日）

薛蔚英（1937 年 9 月 3 日—1938 年 7 月 2 日）

王　严（1938 年 7 月 2 日—8 月 24 日）

历任旅长：

第 499 旅：晁广顺—刘志勘—王治岐

第 501 旅：薛蔚英—胡博

陆军第167师（中央军2）

第 167 师于 1938 年 8 月 24 日在重庆再次成立（原第 96 师主力改编），隶属第 36 军，辖第 499 旅（辖第 997 团、第 998 团）和第 501 旅（辖第 1001 团、第 1002 团）。1939 年 1 月改隶第 1 军，此后长期戍守陕西。3 月裁撤旅部，辖第 499 团、第 500 团、第 501 团和补充团。1944 年 5 月参加豫中会战，遭到重创，第 499 团团长贺一持因指挥作战失利被撤职枪决。1945 年 8 月抗战胜利后驻防河南淅川。1949 年 12 月 27 日在四川邛崃被歼灭。

历任师长：

赵锡光（1938 年 8 月 24 日—1940 年 5 月 12 日）

周士冕（1940 年 5 月 12 日—1942 年 6 月 25 日）

王隆玑（1942 年 6 月 25 日—抗战胜利时）

历任旅长：

第 499 旅：李世荣

第 501 旅：王国相

陆军第168师（宁马军）

第 168 师于 1937 年 2 月 12 日在宁夏银川成立（源自北洋陆军第 5 混成旅）。抗战全面爆发前驻银川，隶属第 11 军，辖第 502 旅（辖第 1003 团、第 1004 团）、第 503 旅（辖第 1005 团、第 1006 团）和第 504 旅（辖第 1007 团、第 1008 团）。第 168 师长期戍守宁夏。1939 年 12 月缩编，辖第 502 旅（辖第 1003 团、第 1004 团）和第 504 旅（辖第 1007 团、第 1008 团）。1940 年 10 月裁撤旅部，辖第 502 团、第 503 团和第 504 团。1945 年 8 月抗战胜利后驻防金积。1949 年 9 月 21 日因军心浮动自行溃散。

历任师长：

马鸿逵（抗战全面爆发时—1939 年 12 月 7 日）

马全良（1939 年 12 月 7 日—1944 年 8 月 21 日）

马光宗（1944 年 8 月 21 日—抗战胜利时）

历任旅长：

第 502 旅：卢忠良—马英才

第 503 旅：马英才

第 504 旅：马敦静—马得英

马全良

马光宗

陆军第169师（陕军）

第 169 师于 1937 年 2 月 10 日在陕西大荔成立（原第 42 师第 124 旅扩编）。抗战全面爆发前驻大荔，隶属第 27 路军，辖第 505 旅（辖 1009 团、第 1010 团）和第 507 旅（辖第 1013 团、第 1014 团）。8 月参加平汉铁路北段沿线之作战。9 月改隶第 14 军团。10 月参加太原会战，遭到重创。1938 年 2 月参加太原攻势，此后长期在中条山游击。1939 年 4 月改隶第 98 军。1940 年 3 月裁撤旅部，辖 1009 团、第 1010 团、第 1013 团和第 1014 团。1941 年 5 月参加晋南会战，再次遭到重创，第 1009 团团长冯汉英、第 1013 团团长黄维华阵亡，参谋处主任宋鸣岐被俘。9 月缩编，辖第 505 团、第 506 团和第 507 团，此后长期戍守陕西。1944 年 11 月参加桂柳会战，第三次遭到重创。1945 年 1 月改隶第 29 军。6 月参加广西攻势。8 月抗战胜利后驻防广西桂林。1947 年 1 月 4 日在山东峄县被歼灭（时为整编第 169 旅）。

历任师长：

武士敏（抗战全面爆发时—1939 年 10 月 23 日）

郭景唐（1939 年 10 月 23 日—1942 年 3 月 30 日）

曹玉珩（1942 年 3 月 30 日—抗战胜利时）

曹玉珩

历任旅长：

第 505 旅：行占鳌

第 507 旅：王宏业

陆军第170师（桂军）

第 170 师于 1937 年 3 月 3 日在广西柳州成立（源自定桂军）。抗战全面爆发前驻柳州，隶属第 7 军，辖第 508 旅（辖第 1015 团、第 1016 团）和第 510 旅（辖第 1019 团、第 1020 团）。10 月参加淞沪会战，遭到重创，第 510 旅旅长庞汉祯阵亡。1938 年 5 月参加徐州会战。7 月参加武汉会战。1939 年 1 月改隶第 46 军。7 月裁撤旅部，辖第 508 团、第 509 团、第 510 团和补充团。12 月参加桂南会战。1940 年 10 月参加秋季攻势，此后长期在湘桂边区作战。1944 年 9 月参加桂柳会战，遭到重创，副师长兼政治部主任胡厚基自戕，副师长巢威被俘。1945 年 4 月 1 日裁撤，所部官兵补充第 175 师。

历任师长：

徐启明（抗战全面爆发时—1938 年 7 月 18 日）

黎行恕（1938 年 7 月 18 日—1940 年 7 月 16 日）

王景宋（1940 年 7 月 16 日—1942 年 12 月 2 日）

许高阳（1942 年 12 月 2 日—1945 年 4 月 1 日）

历任旅长：

第 508 旅：罗活—韩练成

第 510 旅：庞汉祯—牛秉鑫

王景宋

许高阳

陆军第171师（桂军）

第 171 师于 1937 年 3 月 3 日在广西柳州成立（源自定桂军）。抗战全面爆发前驻柳州，隶属第 7 军，辖第 511 旅（辖第 1021 团、第 1022 团）和第 513 旅（辖第 1025 团、第 1026 团）。10 月参加淞沪会战，遭到重创，第 511 旅旅长秦霖阵亡，第 513 旅旅长高仰如因指挥作战不力被撤职枪决。1938 年 5 月参加徐州会战。7 月参加武汉会战，此后长期在大别山游击。1940 年 4 月，第 1021 团团长周文富自戕。7 月裁撤旅部，辖第 511 团、第 512 团、第 513 团和补充团。1945 年 8 月抗战胜利后开赴安徽巢县受降。1949 年 12 月 17 日在广西博白被歼灭。

历任师长：

杨俊昌（抗战全面爆发时—1938 年 6 月 21 日）

漆道征（1938 年 6 月 21 日—1942 年 10 月 25 日）

曹茂琮（1942 年 10 月 25 日—1945 年 1 月 1 日）

李本一（1945 年 1 月 1 日—抗战胜利时）

历任旅长：

第 511 旅：秦霖—曹茂琮—谭何易—丘清英

第 513 旅：高仰如—李瑞金

杨俊昌

漆道征

曹茂琮

陆军第172师（桂军）

第 172 师于 1937 年 3 月 3 日在广西容县成立（源自定桂军）。抗战全面爆发前驻容县，隶属第 7 军，辖第 514 旅（辖第 1027 团、第 1028 团）和第 516 旅（辖第 1031 团、第 1032 团）。10 月参加淞沪会战，遭到重创，第 1031 团团长褚兆月阵亡。1938 年 5 月参加徐州会战。7 月参加武汉会战，此后长期在大别山作战。1940 年 7 月裁撤旅部，辖第 514 团、第 515 团、第 516 团和补充团。1941 年 2 月，补充团团长卢明阵亡。1942 年 6 月击毙日军独立步兵第 60 大队大佐大队长佐藤春雄（追晋少将）。1945 年 8 月抗战胜利后开赴安徽合肥受降。1949 年 12 月 13 日在广西百寿接受和平改编。

历任师长：

程树芬（抗战全面爆发时—1941 年 7 月 28 日）

钟　纪（1941 年 7 月 28 日—1943 年 7 月 1 日）

朱乃瑞（1943 年 7 月 1 日—抗战胜利时）

历任旅长：

第 514 旅：张光玮—陈树森—秦靖

第 516 旅：苏新民—颜僧武

程树芬

钟纪

朱乃瑞

陆军第173师（桂军）

第173师于1937年3月3日在广西荔浦成立（源自广西讨贼军）。抗战全面爆发前驻荔浦，隶属第48军，辖第517旅（辖第1033团、第1034团）和第519旅（辖第1037团、第1038团）。10月参加淞沪会战，遭到重创，第1034团团长陈昭汉阵亡。1938年3月参加徐州会战，副师长周元阵亡。7月参加武汉会战。10月改隶第84军。1939年3月参加南昌会战。5月参加随枣会战。7月裁撤旅部，辖第517团、第518团、第519团和补充团。12月参加冬季攻势。1940年5月参加枣宜会战，师长钟毅阵亡，第518团团长李俊雄被俘，此后长期在豫鄂边区作战。1942年4月改隶第7军，此后长期在大别山游击。1945年8月抗战胜利后驻防安徽六安。同月25日裁撤。

历任师长：

贺维珍（抗战全面爆发时—1939年3月21日）

钟　毅（1939年3月21日—1940年5月9日）

粟廷勋（1940年5月12日—1943年8月16日）

刘　昉（1943年8月16日—抗战胜利时）

历任旅长：

第517旅：周元—粟廷勋

第519旅：漆道征—史蔚馥—梁津

贺维珍

钟毅

粟廷勋

刘昉

陆军第174师（桂军）

第174师于1937年3月3日在广西平乐成立（源自护党救国军第8军），抗战全面爆发前驻平乐，隶属第48军，辖第520旅（辖第1039团、第1040团）和第522旅（辖第1043

团、第 1044 团）。10 月参加淞沪会战，遭到重创，副师长兼第 522 旅旅长夏国璋、第 1043 团团长韦健森阵亡，第 1044 团团长李发因指挥作战失利被撤职枪决。1938 年 3 月参加徐州会站。7 月参加武汉会站。10 月改隶第 84 军。1939 年 3 月参加南昌会战。7 月裁撤旅部，辖第 520 团、第 521 团、第 522 团和补充团。12 月参加冬季攻势。1940 年 5 月参加枣宜会战，此后长期在豫鄂边区作战。1945 年 8 月抗战胜利后驻防湖北平湖。1950 年 3 月 9 日裁撤。

历任师长：

王赞斌（抗战全面爆发时—1938 年 3 月 15 日）

张光玮（1938 年 3 月 15 日—1942 年 5 月 5 日）

牛秉鑫（1942 年 5 月 5 日—1943 年 12 月 13 日）

谭何易（1943 年 12 月 13 日—抗战胜利时）

历任旅长：

第 520 旅：刘振平—覃兴

第 522 旅：夏国璋—刘清凡—牛秉鑫

王赞斌

牛秉鑫

谭何易

陆军第175师（桂军）

第 175 师于 1937 年 3 月 3 日在广西桂林成立（广西讨贼军）。抗战全面爆发前驻桂林，隶属第 5 路军，辖第 523 旅（辖第 1045 团、第 1046 团）和第 525 旅（辖第 1049 团、第 1050 团）。9 月改隶第 8 军团。1938 年 4 月裁撤旅部，辖第 1045 团、第 1046 团、第 1049 团和第 1050 团。1939 年 1 月改隶第 46 军。7 月所属各团改换番号，辖第 523 团、第 524 团、第 525 团和补充团。11 月参加桂南会战。1940 年 10 月参加秋季攻势，此后仍长期在广西作战。1944 年 9 月参加桂柳会战。1945 年 8 月抗战胜利后驻防广西玉林。1947 年 2 月 23 日在山东莱芜被歼灭（时为整编第 175 旅）。

历任师长：

莫树杰（抗战全面爆发时—1939 年 6 月 29 日）

冯　璜（1939 年 6 月 29 日—1942 年 12 月 2 日）

甘成城（1942 年 12 月 2 日—抗战胜利时）

历任旅长：

第 523 旅：黄琪

第 525 旅：刘建常

冯璜

甘成城

陆军第176师（桂军）

第176师于1937年3月3日在广西南宁成立（源自第19路军余部）。抗战全面爆发前驻南宁，隶属第48军，辖第1051团、第1052团和第1056团。10月参加淞沪会战，副官处处长蔡朝焜、第1051团团长谢鼎新阵亡。1938年3月参加徐州会战。7月扩编，辖第526旅（辖第1051团、第1052团）和第528旅（辖第1055团、第1056团）。同月参加武汉会战，此后长期在大别山游击。1939年7月裁撤旅部，辖第526团、第527团、第528团和补充团。1943年1月参加立煌战役。1945年8月抗战胜利后开赴安徽桐城受降。1949年12月9日在广西博白被歼灭。

历任师长：

区寿年（抗战全面爆发时—1939年7月11日）

郑沧溶（1939年7月11日—1941年12月1日）

谭何易（1941年12月1日—1943年12月13日）

李本一（1943年12月13日—1945年1月1日）

秦　靖（1945年1月1日—抗战胜利时）

历任旅长：

第526旅：凌压西—谭何易—丘清英

第528旅：覃兴—宋世科—程守之

郑沧溶

秦靖

陆军第177师（陕军）

第177师于1937年5月5日在陕西三原成立（原第17路军特务第2团、第17师两个团、陕西警备两个团改编）。抗战全面爆发前驻三原，隶属第38军，辖第529旅（辖第1057

团、第 1058 团）和第 530 旅（辖第 1059 团、第 1060 团）。8 月参加平汉铁路北段沿线之作战。10 月参加太原会战，此后长期在晋南游击。1938 年 6 月改隶第 96 军。1939 年 6 月，政治部主任夏楚光阵亡。1940 年 8 月曾策应百团大战。10 月起长期在河南作战。1942 年 2 月裁撤旅部，辖第 529 团、第 530 团和第 531 团。1944 年 4 月参加豫中会战。1945 年 6 月改隶第 38 军。8 月抗战胜利后驻防河南卢氏。1950 年 1 月 21 日在四川茂县投诚。

历任师长：

李兴中（抗战全面爆发时—1939 年 1 月 21 日）

陈硕儒（1939 年 1 月 21 日—1943 年 4 月 1 日）

李振西（1943 年 4 月 1 日—抗战胜利时）

历任旅长：

第 529 旅：许权中—孙洁生—杨觉天

第 530 旅：任云章—李振西

陈硕儒

李振西

陆军第178师（川军）

第 178 师于 1937 年 8 月 1 日在四川成都成立（原第 104 师第 2 旅和补充团改编），隶属第 47 军，辖第 1061 团、第 1062 团和第 1063 团。9 月参加太原会战。1938 年 2 月参加太原攻势。3 月扩编，辖第 531 旅（辖第 1061 团、第 1062 团）和第 532 旅（辖第 1063 团、第 1064 团），此后长期在晋东南地区游击。1939 年 12 月起在太行山游击。1940 年 7 月裁撤旅部，辖第 532 团、第 533 团和第 534 团。8 月起长期在河南作战。1944 年 4 月参加豫中会战，遭到重创，第 532 团团长彭仕复阵亡。1945 年 3 月参加豫西鄂北会战。6 月 2 日并入第 127 师。

历任师长：

李宗昉（1937 年 8 月 1 日—1943 年 11 月 15 日）

李家英（1943 年 11 月 15 日—1945 年 6 月 2 日）

历任旅长：

第 531 旅：杨显名

第 532 旅：张持华

陆军第179师（西北军）

第 179 师于 1937 年 9 月 7 日在河北大名成立（原独立第 25 旅、独立第 28 旅和第 29 军特务旅一部改编），隶属第 77 军，辖独立第 25 旅（辖第 673 团、第 675 团）和独立第 28 旅

（辖第 682 团、第 681 团）。第 179 师成立后参加平汉铁路北段沿线之作战。10 月参加津浦铁路北段沿线之作战。1938 年 4 月参加徐州会战。8 月参加武汉会战。9 月更换旅、团番号，辖第 533 旅（辖第 1065 团、第 1066 团）和第 534 旅（辖第 1067 团、第 1068 团）。1939 年 6 月裁撤旅部，辖第 535 团、第 536 团、第 537 团和补充团。12 月参加冬季攻势。1940 年 5 月参加随枣会战，此后仍长期在湖北作战。1945 年 5 月 20 日裁撤，所部官兵分别补充第 37 师和第 132 师。

历任师长：

何基沣（1937 年 9 月 7 日—1938 年 5 月 3 日）

柴建瑞（1938 年 5 月 3 日—7 月 2 日）

吉星文（1938 年 7 月 2 日—1939 年 1 月 30 日）

何基沣（1939 年 1 月 30 日—1943 年 9 月 16 日）

许长林（1943 年 10 月 1 日—1945 年 5 月 20 日）

历任旅长：

独独立第 25 旅：汤传声——戴守义

独立第 28 旅：柴建瑞——许炳亚

第 533 旅：戴守义

第 534 旅：许炳亚

柴建瑞

许长林

陆军第180师（西北军）

第 180 师于 1937 年 9 月 7 日在河北青县成立（原第 38 师第 113 旅和原天津保安部队改编的独立第 39 旅合编），隶属第 59 军，辖独立第 26 旅（辖第 676 团、第 678 团）和独立第 39 旅（辖第 715 团、第 717 团）。第 180 师成立后参加平汉铁路北段沿线之作战。10 月参加津浦铁路北段沿线之作战。1938 年 3 月参加徐州会战。8 月参加武汉会战。9 月更换旅、团番号，辖第 535 旅（辖第 1069 团、第 1070 团）和第 536 旅（辖第 1071 团、第 1072 团）。同月，第 1069 团团长杜清岭阵亡。1939 年 5 月参加随枣会战。11 月裁撤旅部，辖第 538 团、第 539 团、第 540 团和补充团。12 月参加冬季攻势。1940 年 5 月参加枣宜会战。1941 年 9 月参加第二次长沙会战，此后仍长期在湖北作战。1943 年 10 月参加秋季攻势。1945 年 3 月参加豫西鄂北会战。8 月抗战胜利后开赴湖北樊城受降。1948 年 11 月 8 日在山东台儿庄起义。

历任师长：

刘振三（1937 年 9 月 7 日—1943 年 8 月 17 日）

董升堂（1943 年 8 月 17 日—1945 年 5 月 13 日）
崔振伦（1945 年 5 月 13 日—抗战胜利时）
历任旅长：
独立第 26 旅：张宗衡
独立第 39 旅：祁光远—安克敏
第 535 旅：张宗衡
第 536 旅：安克敏

董升堂

崔振伦

陆军第181师（西北军）

第 181 师于 1937 年 9 月 7 日在山东德州成立（原冀北保安部队改编），隶属第 1 集团军，辖第 537 旅（辖第 1073 团、第 1074 团）和第 538 旅（辖第 1075 团、第 1076 团）。第 181 师成立后参加平汉铁路北段沿线之作战。10 月参加津浦铁路北段沿线之作战。1938 年 3 月改隶第 69 军，此后长期在沂蒙山游击。1939 年 2 月起长期在冀南游击。1940 年 7 月起长期在豫鲁边区游击。1942 年 1 月裁撤旅部，辖第 541 团、第 542 团和第 543 团。1943 年 10 月起长期在湖北作战。1945 年 8 月抗战胜利后开赴湖北枣阳受降。1949 年 10 月 21 日裁撤。

张雨亭

历任师长：
石友三（1937 年 9 月 7 日—1940 年 12 月 1 日）
张雨亭（1940 年 12 月 20 日—抗战胜利时）
历任旅长：
第 537 旅：陈光然—张雨亭—陈青云
第 538 旅：吴振声—米文和—刘兴远

陆军第182师（滇军）

第 182 师于 1937 年 8 月 30 日在云南昭通成立（原独立第 21 旅和独立第 22 旅改编），隶属第 60 军，辖第 539 旅（辖第 1077 团、第 1078 团）和第 540 旅（辖第 1079 团、第 1080 团）。1938 年 4 月参加徐州会战，第 1078 团团长董文英、第 1080 团团长龙云阶阵亡。9 月参加武汉会战。1939 年 1 月改隶新编第 3 军。2 月裁撤旅部，辖第 544 团、第 545 团和第 546 团，此后长期在江西作战。1941 年 3 月参加上高会战。5 月改隶第 60 军，此后长期戍守云南。1945 年 8 月抗战胜利后开赴越南南定受降。1948 年 10 月 17 日在吉林长春起义。

历任师长：

安恩溥（1937 年 8 月 30 日—1939 年 7 月 13 日）

郭建臣（1939 年 7 月 13 日—1942 年 4 月 1 日）

曾泽生（1942 年 4 月 1 日—1943 年 12 月 22 日）

杨洪元（1943 年 12 月 22 日—抗战胜利时）

历任旅长：

第 539 旅：高振鸿

第 540 旅：郭建臣

郭建臣

曾泽生

陆军第183师（滇军）

第 183 师于 1937 年 8 月 30 日在云南楚雄成立（原独立第 23 旅和独立第 24 旅改编），隶属第 60 军，辖第 541 旅（辖第 1081 团、第 1082 团）和第 542 旅（辖第 1083 团、第 1084 团）。1938 年 4 月参加徐州会战，第 542 旅旅长陈钟书、第 1082 团团长严家训、第 1083 团团长莫肇衡阵亡。9 月参加武汉会战。1939 年 2 月裁撤旅部，辖第 547 团、第 548 团和第 549 团。3 月参加南昌会战。9 月参加第一次长沙会战。12 月参加冬季攻势。1940 年 8 月起长期戍守云南。1941 年 5 月改隶新编第 3 军。9 月参加第二次长沙会战。12 月参加第三次长沙会战。1942 年 5 月参加浙赣会战。1944 年 7 月参加长衡会战。1945 年 7 月参加江西攻势。8 月抗战胜利后开赴江西九江受降。1949 年 12 月 5 日在广西灵山投诚。

历任师长：

高荫槐（1937 年 8 月 30 日—1939 年 2 月 28 日）

杨宏光（1939 年 2 月 28 日—1940 年 5 月 10 日）

李文彬（1940 年 5 月 10 日—1942 年 10 月 16 日）

余建勋（1942 年 10 月 16 日—抗战胜利时）

李文彬

余建勋

历任旅长：

第 541 旅：杨宏光—严家诰

第 542 旅：陈钟书—马继武

陆军第184师（滇军）

第 184 师于 1937 年 8 月 30 日在云南昆明成立（原独立第 30 旅和独立第 33 旅改编），隶属第 60 军，辖第 543 旅（辖第 1085 团、第 1086 团）和第 544 旅（辖第 1087 团、第 1088 团）。1938 年 4 月参加徐州会战。9 月参加武汉会战。10 月改隶新编第 3 军。1939 年 1 月改隶第 60 军。2 月裁撤旅部，辖第 550 团、第 551 团和第 552 团。3 月参加南昌会战。12 月参加冬季攻势。1940 年 8 月起长期戍守云南。1945 年 8 月抗战胜利后开赴越南顺化受降。1946 年 5 月 30 日在辽宁海城起义。

万保邦

历任师长：

张　冲（1937 年 8 月 30 日—1938 年 10 月 11 日）

万保邦（1938 年 10 月 11 日—1943 年 12 月 22 日）

曾泽生（1943 年 12 月 22 日—抗战胜利时）

历任旅长：

第 543 旅：万保邦—曾泽生

第 544 旅：王秉璋—萧本元

陆军第185师（中央军）

第 185 师于 1937 年 10 月 10 日在湖北武汉成立（原武汉警备旅扩编），隶属武汉警备司令部，辖第 545 旅（辖第 1089 团、第 1090 团）和第 546 旅（辖第 1091 团、第 1092 团）。第 185 师成立后卫戍武汉。1938 年 4 月改隶第 94 军。10 月参加武汉会战，第 546 旅旅长朱炎晖、第 1091 团团长沈廷桢阵亡，此后长期在湖北作战。1939 年 11 月裁撤旅部，辖第 553 团、第 554 团、第 555 团和补充团。1940 年 1 月参加冬季攻势。5 月参加枣宜会战。1941 年 9 月参加宜昌攻势。1943 年 5 月参加鄂西会战。10 月改隶第 66 军。11 月参加常德会战。1944 年 5 月参加长衡会战。1945 年 8 月抗战胜利后开赴湖北武汉受降。1947 年 7 月 28 日在山东金乡被歼灭（时为整编第 185 旅）。

历任师长：

郭　忏（1937 年 10 月 10 日—1938 年 4 月 19 日）

方　天（1938 年 4 月 19 日—1940 年 12 月 12 日）

石祖黄（1940 年 12 月 12 日—1943 年 10 月 5 日）

李仲辛（1943 年 10 月 5 日—抗战胜利时）

历任旅长：

第 545 旅：张彬—周化南

第 546 旅：滕云—朱炎晖—石祖黄

石祖黄

李仲辛

陆军第186师（粤军）

第186师于1937年10月14日在广东惠州成立（原第12集团军补充第1团、补充第2团、补充第3团和补充第4团合编），隶属第63军，辖第547旅（辖第1093团、第1094团）和第548旅（辖第1095团、第1096团）。1938年2月改隶第83军。10月在广东阻击日军。12月改隶第63军。1939年12月参加第一次粤北战役。1940年3月裁撤旅部，辖第556团、第557团、第558团和补充团。5月参加第二次粤北战役，此后仍长期在广东作战。1945年8月抗战胜利后开赴广东揭阳受降。1948年11月12日在江苏宿迁被歼灭。

历任师长：

李　振（1937年10月14日—1939年7月11日）

赵一肩（1939年7月11日—1940年2月3日）

李卓元（1940年2月3日—1945年4月8日）

张泽深（1945年4月8日—抗战胜利时）

历任旅长：

第547旅：曾潜英—唐拔

第548旅：陈兆武—张泽深

李振

赵一肩

陆军第187师（粤军）

第187师于1937年10月14日在广东广州成立（原第12集团军教导旅扩编），隶属第64军，辖第549旅（辖第1097团、第1098团）和第550旅（辖第1099团、第1100团）。1938年5月参加徐州会战。6月参加武汉会战，击毙日军步兵第113联队大佐联队长田中圣道（追晋少将）。12月改隶第65军。1939年11月裁撤旅部，辖第559团、第560团、第561

团和补充团。12 月参加第一次粤北战役。1940 年 5 月参加第二次粤北战役，此后仍长期在广东作战。1945 年 8 月抗战胜利后开赴广东惠州受降。1949 年 12 月 25 日在四川成都起义。

历任师长：

彭林生（1937 年 10 月 14 日—1938 年 9 月 11 日）

孔可权（1938 年 9 月 11 日—1940 年 2 月 3 日）

张光琼（1940 年 2 月 3 日—抗战胜利时）

历任旅长：

第 549 旅：叶赓常—谢铮

第 550 旅：谢锡珍—李明

孔可权

张光琼

陆军第188师（桂军）

第 188 师于 1938 年 4 月 12 日在广西南宁成立（原第 5 路军三个独立团改编），隶属第 84 军，辖第 1101 团、第 1102 团和第 1103 团。6 月参加武汉会战。10 月扩编，辖第 551 旅（辖第 1101 团、第 1102 团）和第 552 旅（辖第 1103 团、第 1104 团），改隶第 31 军，此后长期戍守广西。1939 年 7 月裁撤旅部，辖第 562 团、第 563 团、第 564 团和补充团。11 月参加桂南会战，此后仍长期在广西作战。1944 年 9 月参加桂柳会战。1945 年 4 月改隶第 46 军。8 月抗战胜利后开赴海南琼崖受降。1947 年 2 月 23 日在山东莱芜被歼灭（时为整编第 188 旅）。

历任师长：

刘　任（1938 年 4 月 12 日—1939 年 3 月 21 日）

魏　镇（1939 年 3 月 21 日—1941 年 5 月 12 日）

海竞强（1941 年 5 月 12 日—抗战胜利时）

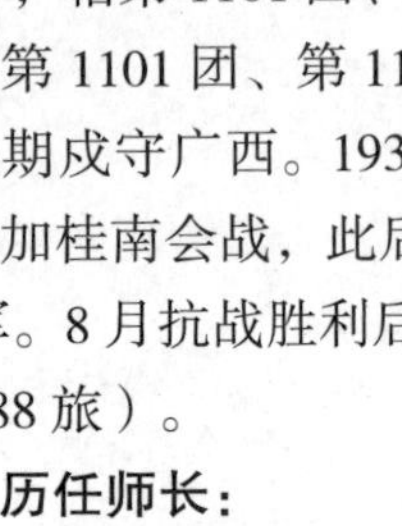
刘任

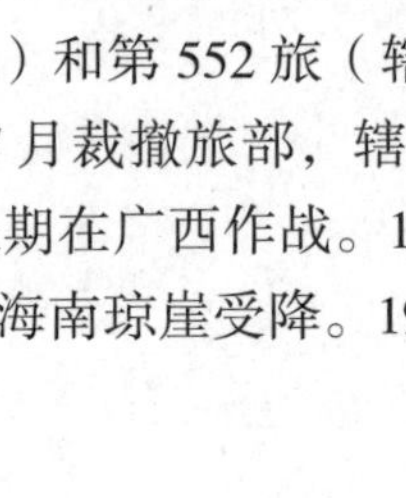
魏镇

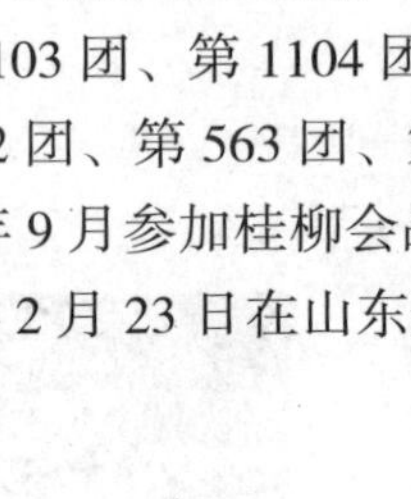
海竞强

历任旅长：

第 551 旅：李瑞金

第 552 旅：刘建常—梁津

陆军第189师（桂军）

第 189 师于 1938 年 4 月 12 日在广西衡县成立（原第 5 路军三个独立团改编），隶属第 84 军，辖第 1105 团、第 1106 团和第 1107 团。6 月参加武汉会战，第 1106 团团长黄伯铭因指挥作战不力被撤职枪决。10 月扩编，辖第 553 旅（辖第 1105 团、第 1106 团）和第 554 旅（辖第 1107 团、第 1108 团）。1939 年 3 月参加南昌会战。5 月参加随枣会战，副师长兼第 553 旅旅长李宝琏率所属一小部（数十人）投敌，改编为伪军第 11 师（汪伪）。7 月裁撤旅部，辖第 565 团、第 566 团、第 567 团和补充团。12 月参加冬季攻势。1940 年 5 月参加枣宜会战，此后长期在豫鄂边区游击。1945 年 8 月抗战胜利后驻防河南经扶。同月 25 日裁撤。

历任师长：

凌压西（1938 年 4 月 12 日—1941 年 5 月 9 日）

张文鸿（1941 年 5 月 9 日—抗战胜利时）

历任旅长：

第 553 旅：李宝琏—张文鸿

第 554 旅：朱乃瑞

凌压西

张文鸿

陆军第190师（中央军1）

第 190 师于 1938 年 2 月 2 日在湖南衡阳成立（原预备第 4 师改称），直属军事委员会，辖第 1109 团、第 1110 团和第 1111 团。6 月改隶第 25 军，参加武汉会战。1939 年 2 月改隶第 4 军。7 月改隶第 10 军。11 月所属各团改换番号，辖第 568 团、第 569 团、第 570 团和补充团。1941 年 9 月参加第二次长沙会战，副师长赖传湘阵亡。12 月参加第三次长沙会战，因功获颁荣誉旗（1942 年 9 月 8 日颁授）。1943 年 10 月参加常德会战。1944 年 6 月参加长衡会战，坚守衡阳 47 天，遭到重创，击毙日军步兵第 57 旅团少将旅团长志摩源吉（追晋中将），残部于 8 月 8 日被日军歼灭，师长容有略、副师长潘质被俘。

历任师长：

梁华盛（1938 年 2 月 2 日—1939 年 7 月 5 日）

余锦源（1939 年 7 月 5 日—1941 年 5 月 25 日）

朱　岳（1941 年 5 月 25 日—1944 年 1 月 1 日）

容有略（1944 年 1 月 1 日—8 月 8 日）

朱岳

容有略

陆军第190师（中央军2）

第 190 师于 1944 年 12 月 27 日在陕西城固再次成立（原第 190 师收容官兵为骨干、补以四川各师管区的新兵重建），隶属第 10 军，辖第 568 团、第 569 团和第 570 团。1945 年 8 月抗战胜利后仍驻城固。1946 年 1 月 10 日裁撤。

历任师长：

彭问津（1944 年 12 月 27 日—1945 年 6 月 22 日）

胡云飞（1945 年 6 月 22 日—抗战胜利时）

彭问津

胡云飞

陆军第191师（中央军）

第 191 师于 1938 年 1 月 22 日在甘肃兰州成立（原第 1 军补充旅扩编），隶属第 8 战区，辖第 1113 团、第 1114 团和第 1115 团。第 191 师成立后长期戍守甘肃。1939 年 8 月改隶第 42 军。11 月所属各团改换番号，辖第 571 团、第 572 团和第 573 团。1944 年 3 月起长期戍守新疆。11 月起与新疆民族军作战，第 571 团团长赵沐如阵亡。1945 年 2 月改隶第 91 军。8 月抗战胜利后驻防甘肃玉门。1949 年 9 月 24 日在甘肃酒泉起义。

历任师长：

杨德亮（1938 年 1 月 22 日—1939 年 8 月 5 日）

吴允周（1939 年 8 月 5 日—1941 年 12 月 1 日）

罗泽闿（1941 年 12 月 1 日—1943 年 6 月 7 日）

陈希平（1943 年 8 月 7 日—抗战胜利时）

吴允周

罗泽闿

陆军第192师（湘军—中央军）

第192师于1938年1月22日在浙江兰溪成立（原预备第11师改称），隶属第10集团军，辖第1117团、第1118团和第1119团。第192师成立后长期在浙江作战。6月，第1118团团长张伟阵亡。1939年2月改隶第28军。3月所属各团改换番号，辖第574团、第575团和第576团。12月参加冬季攻势。1942年5月参加浙赣会战。1945年8月抗战胜利后驻防安徽歙县。1947年5月12日裁撤（时为整编第192旅）。

历任师长：

胡　达（1938年1月22日—1940年12月1日）

王　堉（1940年12月1日—抗战胜利时）

胡达

王堉

陆军第193师（中央军）

第193师于1938年2月7日在湖北谷城成立（原独立第35旅扩编），隶属第5战区，辖第1121团、第1122团、第1123团。6月改隶第98军。7月第82师缩编为第563旅编入，改辖第563旅（辖第1121团、第1122团）和第564旅（辖第1123团、第1124团）。8月参加武汉会战。10月改隶第13军。1939年4月参加随枣会战。11月裁撤旅部，辖第577团、第578团、第579团和补充团。12月参加冬季攻势。1940年4月改隶新编第2军。5月参加枣宜会战。1941年2月改隶第29军，参加豫南会战，此后长期在河南作战。1944年4月参加豫中会战。11月参加桂柳会战。12月改隶第73军。1945年5月参加湘西会战。8月抗战胜利后驻防湖南新化受降。1947年2月23日在山东莱芜被歼灭（时为整编第193旅）。

历任师长：

李宗鉴（1938年2月7日—10月25日）

马励武（1938年10月25日—1939年8月7日）

赖汝雄（1939 年 8 月 7 日—1943 年 6 月 13 日）
郭文灿（1943 年 6 月 13 日—1944 年 7 月 5 日）
萧重光（1944 年 7 月 5 日—抗战胜利时）

历任旅长：

第 561 旅：马骥—王子愚
第 562 旅：傅镜芳—黎庶望

李宗鉴

郭文灿

萧重光

陆军第194师（中央军）

第 194 师于 1938 年 1 月 22 日在浙江宁波成立（原独立第 37 旅扩编），隶属第 10 集团军，辖第 1125 团、第 1126 团和第 1127 团。第 194 师成立后长期在浙江作战。1939 年 2 月改隶第 91 军，此后长期在苏皖边区游击。3 月所属各团改换番号，辖第 580 团、第 581 团和第 582 团。1940 年 5 月改隶第 3 战区。1941 年 11 月改隶第 79 军。12 月参加第三次长沙会战。1943 年 5 月参加鄂西会战。10 月参加常德会战。1944 年 6 月参加长衡会战。1945 年 8 月抗战胜利后驻防四川内江。1949 年 12 月 20 日在四川什邡起义。

历任师长：

陈德法（1938 年 1 月 22 日—1941 年 5 月 11 日）
郭礼伯（1941 年 5 月 11 日—1942 年 10 月 14 日）
龚传文（1942 年 10 月 14 日—抗战胜利时）

陈德法

郭礼伯

龚传文

陆军第195师（中央军）

第 195 师于 1938 年 2 月 7 日在河南开封成立（原预备第 12 师改称），隶属第 90 军，辖第 1129 团、第 1130 团和第 1131 团。6 月改隶第 52 军后扩编，辖第 565 旅（辖第 1129 团、第1130团）和第566旅（辖第1131团、第1132团）。8月参加武汉会战。1939年9月参加第一次长沙会战。1940年2月裁撤旅部，辖第583团、第584团、第585团和补充团。1941年1月起长期戍守中越边境。1945年8月抗战胜利后开赴越南北宁受降。1948年1月7日在辽宁新民被歼灭。

历任师长：

梁　恺（1938年2月7日—1939年6月17日）

覃异之（1939年6月17日—1943年4月8日）

郑明新（1943年4月8日—1945年4月14日）

陈林达（1945年4月14日—抗战胜利时）

历任旅长：

第565旅：刘平

第566旅：韩梅村

梁恺

覃异之

郑明新

陈林达

陆军第196师（中央军）

第196师于1938年2月7日在河南开封成立（原河南省三个保安团合编），隶属第90军，辖第1133团、第1134团和第1135团。6月扩编，辖第567旅（辖第1133团、第1134团）和第568旅（辖第1135团、第1136团），此后长期戍守陕西。10月由军事委员会直辖。1939年2月改隶第76军。11月裁撤旅部，辖第586团、第587团、第588团和补充团。1942年8月由军事委员会直辖，此后长期卫戍重庆。1943年2月改隶第97军。1944年8月参加桂柳会战，遭到重创，第588团团长易凤翔阵亡。1945年4月6日裁撤，所部官兵补充第166师。

历任师长：

胡伯翰（1938年2月7日—7月18日）

王治岐（1938年7月18日—9月27日）

刘超寰（1938年9月27日—1943年10月1日）

邓宏义（1943年10月1日—1944年9月21日）

袁滌清（1944年9月21日—1945年4月6日）

历任旅长：

第567旅：卢望屿

第568旅：王琛—曹利生

刘超寰

袁涤清

陆军第197师（中央军）

第197师于1938年2月7日在湖北武汉成立（原湖北省四个保安团合编），隶属武汉卫戍总司令部，辖第569旅（辖第1137团、第1138团）和第570旅（辖第1139团、第1140团）。6月改隶第9战区。10月改隶湘鄂赣边区游击总指挥部。1939年1月改隶第8军。9月参加第一次长沙会战。1940年1月改隶第99军。8月裁撤旅部，辖第589团、第590团、第591团和补充团。1941年9月参加第二次长沙会战。12月参加第三次长沙会战。1943年11月参加常德会战。1944年5月参加长衡会战。1945年6月22日裁撤，所部官兵补充第100军。

历任师长：

丁炳权（1938年2月7日—1940年1月25日）

万倚吾（1940年1月26日—1942年6月16日）

周鸿恩（1942年6月16日—1944年9月21日）

温　靖（1944年9月21日—1945年2月20日）

晏子风（1945年2月20日—，6月22日）

丁炳权

万倚吾

周鸿恩

温靖

晏子风

历任旅长：

第 569 旅：聂国鼒—叶启勋

第 570 旅：万倚吾—胡大任

陆军第198师（中央军）

第 198 师于 1938 年 1 月 22 日在湖南长沙成立（原湖南省四个保安团合编），隶属第 87 军，辖第 571 旅（辖第 1141 团、第 1142 团）和第 572 旅（辖第 1143 团、第 1144 团）。6 月参加武汉会战，副师长范荩、第 1143 团团长李秉君阵亡，此后长期在湖北作战。1939 年 2 月裁撤旅部，辖第 592 团、第 593 团、第 594 团和补充团。10 月改隶第 54 军。12 月参加冬季攻势。1940 年 1 月参加桂南会战，此后长期戍守云南。1941 年 9 月参加宜昌攻势。1944 年 6 月参加滇西攻势，因功获颁荣誉旗（1945 年 6 月 21 日颁授），第 594 团团长覃子斌阵亡。1945 年 8 月抗战胜利后驻防广东广州。1949 年 5 月撤往台湾，所属部队延续至 2005 年 7 月 1 日裁撤。

刘金奎

历任师长：

王育瑛（1938 年 1 月 22 日—1941 年 11 月 18 日）

郑挺锋（1941 年 11 月 18 日—1942 年 5 月 1 日）

叶佩高（1942 年 5 月 1 日—1944 年 8 月 11 日）

刘金奎（1944 年 8 月 11 日—抗战胜利时）

历任旅长：

第 571 旅：韩亮宇—方既平

第 572 旅：曾绍文

陆军第199师（中央军）

第 199 师于 1938 年 1 月 22 日在湖南长沙成立（原湖南省四个保安团合编），隶属第 87 军，辖第 573 旅（辖第 1145 团、第 1146 团）和第 574 旅（辖第 1147 团、第 1148 团）。6 月参加武汉会战。1939 年 7 月改隶第 18 军。11 月裁撤旅部，辖第 595 团、第 596 团、第 597 团和补充团。1940 年 5 月参加枣宜会战，第 595 团团长章紫云阵亡，此后长期在湖北作战。1943 年 2 月改隶暂编第 9 军。10 月改隶第 66 军。11 月参加常德会战，第 596 团团长叶迪阵亡。1944 年 5 月参加长衡会战。1945 年 8 月抗战胜利后驻防湖北松滋。1947 年 7 月 28 日在山东金乡被歼灭（时为整编第 199 旅）。

历任师长：

罗树甲（1938 年 1 月 22 日—1940 年 5 月 18 日）

宋瑞珂（1940 年 5 月 18 日—1943 年 2 月 24 日）

周天健（1943 年 2 月 24 日—1944 年 9 月 10 日）

彭战存（1944 年 9 月 10 日—抗战胜利时）

历任旅长：

第 573 旅：方既平—曹金轮

第 574 旅：刘爱山

罗树甲

周天健

彭战存

陆军第200师（中央军）

第 200 师于 1938 年 1 月 15 日在湖南湘潭成立（原装甲兵团扩编），直属军事委员会，辖第 1149 团（战车兵团）、第 1150 团（战车兵团）、第 1152 团（机械化步兵团）和技术补充团，是第一支机械化师。10 月改隶新编第 11 军，同时第 200 师改编为步兵师，辖第 598 团、第 599 团、第 600 团和补充团。1939 年 2 月改隶第 5 军。11 月参加桂南会战，在昆仑关告捷，第 600 团团长邵一之阵亡。1942 年 3 月开赴缅甸参加第一次远征，遭到重创，师长戴安澜、第 599 团团长柳树人阵亡，此后长期戍守云南。1944 年 8 月参加滇西攻势。1945 年 8 月抗战胜利后驻防云南昆明。1949 年 1 月 10 日在江苏萧县被歼灭。

历任师长：

杜聿明（1938 年 1 月 15 日—1939 年 1 月 1 日）

戴安澜（1939 年 1 月 1 日—1942 年 5 月 26 日）

高吉人（1942 年 5 月 27 日—1945 年 3 月 17 日）

罗友伦（1945 年 3 月 17 日—4 月 28 日）

廖　慷（1945 年 4 月 28 日—抗战胜利时）

戴安澜

高吉人

廖慷

陆军第201师（青年军）

第 201 师于 1944 年 12 月 20 日在四川璧山成立（招募知识青年编组，接收第 94 师士兵），隶属青年军编练总监部，辖第 601 团、第 602 团和第 603 团。1945 年 8 月抗战胜利后仍驻璧山。1949 年 12 月 27 日在四川邛崃投诚（时为第 215 师）。

历任师长：

戴之奇（1944 年 12 月 20 日—抗战胜利时）

陆军第202师（青年军）

第202师于1944年12月20日在四川綦江成立（招募知识青年编组，接收新编第34师士兵），隶属青年军编练总监部，辖第604团、第605团和第606团。1945年8月抗战胜利后仍驻綦江。1949年5月27日在上海被歼灭。

历任师长：

罗泽闿（1944年12月20日—抗战胜利时）

陆军第203师（青年军）

第203师于1944年12月20日在四川泸州成立（招募知识青年编组，接收新编第5师士兵），隶属青年军编练总监部，辖第607团、第608团和第609团。1945年8月抗战胜利后仍驻泸州。1949年12月26日在邛崃被歼灭。

历任师长：

钟　彬（1944年12月20日—抗战胜利时）

陆军第204师（青年军）

第204师于1944年12月20日在四川万县成立（招募知识青年编组，接收暂编第56师士兵），隶属青年军编练总监部，辖第610团、第611团和第612团。1945年8月抗战胜利后仍驻万县。1949年5月27日在上海被歼灭。

历任师长：

刘安祺（1944年12月20日—1945年2月9日）

覃异之（1945年2月9日—抗战胜利时）

陆军第205师（青年军）

第205师于1944年12月20日在贵州扎佐成立（招募知识青年编组，接收新编第23师士兵），隶属青年军编练总监部，辖第613团、第614团和第615团。1945年8月抗战胜利后仍驻扎佐。1949年1月22日在北平接受和平改编。

历任师长：

覃异之（1944年12月20日—1945年2月9日）

刘安祺（1945年2月9日—抗战胜利时）

陆军第206师（青年军）

第206师于1944年12月20日在陕西汉中成立（招募知识青年编组，接收中央军校第一分校和陕南师管区士兵），隶属青年军编练总监部，辖第616团、第617团和第618团。1945年8月抗战胜利后仍驻汉中。1948年3月13日在河南洛阳被歼灭（时为整编第206旅）。

历任师长：

杨　彬（1944年12月20日—1945年4月28日）

方先觉（1945年4月28日—抗战胜利时）

陆军第207师（青年军）

第207师于1944年12月20日在云南昆明成立（招募知识青年编组，接收第5军和第48师各一部士兵），隶属青年军编练总监部，辖第619团、第620团和第621团。1945年8月抗战胜利后仍驻昆明。1948年11月2日在辽宁沈阳被歼灭（时为整编第207师）。

历任师长：

方先觉（1944年12月20日—1945年4月28日）

罗友伦（1945年4月28日—抗战胜利时）

陆军第208师（青年军）

黄珍吾

第208师于1945年3月3日在江西黎川成立（招募知识青年编组，接收第144师士兵），隶属青年军编练总监部，辖第622团、第623团和第624团。8月抗战胜利后驻防福建福州。1949年7月撤往台湾（时为第87军），现为台军成功岭集训中心。

历任师长：

黄珍吾（1945年3月3日—抗战胜利时）

陆军第209师（青年军）

温鸣剑

第209师于1945年3月3日在福建上杭成立（招募知识青年编组，接收第75师士兵），隶属青年军编练总监部，辖第625团、第626团和第627团。8月抗战胜利后驻防福建福州。1949年5月27日在上海被歼灭。

历任师长：

温鸣剑（1945年3月3日—抗战胜利时）

陆军新编第1师（中央军）

新编第1师于1940年4月5日在河南洛阳成立（原第29军补充团、第89师补充团和第110师补充团合编），隶属第13军，辖第1团、第2团、第3团和补充团。1941年2月参加豫南会战，此后仍长期在河南作战。1944年1月改隶第89军。5月参加豫中会战。1945年8月抗战胜利后驻防河南卢氏。1948年11月27日在陕西永丰被歼灭（时为第20师）。

历任师长：

蔡　棨（1940年4月5日—1941年9月22日）

刘汉兴（1941年9月22日—1943年6月17日）

黄詠瓒（1943年6月17日—抗战胜利时）

蔡棨

刘汉兴

黄詠瓒

陆军新编第2师（伪军—绥军）

金宪章

新编第2师于1937年1月3日在山西介休成立（原伪军“大汉义军”步兵第2旅反正后改编）。抗战全面爆发前驻介休，隶属太原绥靖公署，辖第4团、第5团和第6团。8月改隶第6集团军，参加平汉铁路北段沿线之作战。9月参加太原会战。11月改隶第2战区。1938年2月参加太原攻势，此后长期在晋西地区游击。1939年12月参加“晋西事变”。1940年6月改隶第17军。1941年5月参加晋南会战，遭到重创，副师长赵奎阁被俘，此后长期在河南作战。1943年9月起长期戍守甘肃。1945年8月抗战胜利后驻防甘肃固原。1946年4月1日裁撤。

历任师长：

金宪章（1937年1月3日—1941年6月2日）

高增级（1941年6月2日—抗战胜利时）

陆军新编第3师（中央军1）

白海风

新编第3师于1939年4月25日在绥远桃力民成立（原蒙旗保安旅扩编），隶属第8战区，辖第7团、第8团和第9团。新编第3师成立后长期戍守绥中地区。12月参加冬季攻势。1941年8月起长期戍守甘肃。1943年1月8日改编为新编骑兵第7师。

历任师长：

白海风（1939年4月25日—1943年1月8日）

陆军新编第3师（中央军2）

新编第3师于1943年6月11日在甘肃定西再次成立（原剑平师管区三个团改编），隶属第3军，辖第7团、第8团和第9团。新编第3师成立后长期戍守甘肃。1945年4月2日裁撤，所部官兵分别补充第7师和第12师。

历任师长：

沈元镇（1943 年 6 月 11 日—1945 年 1 月 1 日）

邱开基（1945 年 1 月 1 日—4 月 2 日）

沈元镇

邱开基

陆军新编第4师（西北军1）

吴化文

新编第 4 师于 1939 年 1 月 24 日在山东沂水成立（原独立第 28 旅扩编），隶属鲁苏战区，辖第 10 团、第 11 团和第 12 团。新编第 4 师成立后长期在鲁南地区游击。1943 年 1 月 18 日，师长吴化文率部在山东临沂投敌，改编为伪军山东方面军（汪伪），7 月改编为伪军第 3 方面军（汪伪）。

历任师长：

吴化文（1939 年 1 月 24 日—1943 年 1 月 18 日）

陆军新编第4师（中央军2）

新编第 4 师于 1943 年 6 月 11 日在甘肃河西再次成立（原祁连山林警总队改编），隶属第 8 战区，辖第 10 团、第 11 团和第 12 团。新编第 4 师成立后长期戍守河西走廊。7 月改隶第 91 军。1945 年 8 月抗战胜利后驻防甘肃酒泉。1949 年 9 月 11 日在甘肃岷县起义（时为第 173 师）。

历任师长：

周煦龙（1943 年 6 月 11 日—1945 年 5 月 12 日）

薛敏泉（1945 年 5 月 12 日—抗战胜利时）

周煦龙

薛敏泉

陆军新编第5师（杂军1）

李铣

新编第 5 师于 1937 年 12 月 18 日在河南鲁山成立（原骑兵第 4 军缩编），隶属第 20 集团军，辖第 1 旅（辖第 1 团、第 2 团）和第 2 旅（辖第 3 团、第 4 团）。1938 年 1 月 10 日缩编为补充第 1 师第 2 旅。

历任师长：

檀自新（1937 年 12 月 18 日—28 日）

李　铣（1937 年 12 月 28 日—1938 年 1 月 10 日）

历任旅长：

第 1 旅：高侠轩

第 2 旅：颛孙子瑜

陆军新编第5师（川军2）

吕康

新编第 5 师于 1938 年 4 月 26 日在四川绵阳成立（原龙绵师管区征募新兵编组），隶属第 22 集团军，辖第 13 团、第 14 团和第 15 团。新编第 5 师成立后长期整训，未能完成编组。1939 年 6 月 20 日改编为预备第 11 师。

历任师长：

吕　康（1938 年 4 月 26 日—1939 年 6 月 20 日）

陆军新编第5师（中央军3）

新编第 5 师于 1942 年 8 月 14 日在重庆成立（原第 16 补充兵训练处改编），隶属第 76 军，辖第 13 团、第 14 团和第 15 团。新编第 5 师成立后长期戍守滇黔公路。1944 年 12 月 29 日裁撤，士兵编入第 203 师。

历任师长：

廖　慷（1942 年 8 月 14 日—1944 年 12 月 29 日）

陆军新编第6师（西北军）

新编第 6 师于 1938 年 3 月 28 日在河南彰德成立（原暂编第 9 师改称），隶属第 69 军，辖第 1 旅（辖第 1 团、第 2 团）、第 2 旅（辖第 3 团、第 4 团）、特务团和补充团。新编第 6 师成立后长期在沂蒙山游击。1939 年 2 月起长期在冀南地区游击。1940 年 7 月起长期在豫鲁边区游击。1941 年 5 月改隶新编第 8 军，此后长期在鲁西南地区游击。1942 年 6 月缩编，辖第 16 团、第 17 团和第 18 团。后长期在豫皖边区游击。1944 年 5 月参加豫中会战，遭到重创。1945 年 8 月抗战胜利后开赴河北保定受降。10 月 30 日在邯郸起义。

历任师长：

高树勋（1938 年 3 月 28 日—1941 年 3 月 11 日）

马润昌（1941 年 3 月 11 日—1943 年 11 月 25 日）

范龙章（1943 年 11 月 25 日—抗战胜利时）

历任旅长：

第 1 旅：张汉全—尹瀛洲—李玉珂

第 2 旅：刘学礼—宋吉祥

马润昌

范龙章

陆军新编第7师（川军）

新编第 7 师于 1938 年 2 月 5 日在安徽青阳成立（原独立第 13 旅和独立第 14 旅合编），隶属第 50 军，辖第 1 旅（辖第 1 团、第 2 团）和第 2 旅（辖第 3 团、第 4 团）。新编第 7 师成立后长期在皖南地区作战。1939 年 12 月参加冬季攻势，第 1 团团长王凤骐因指挥作战失利被撤职枪决。1941 年 4 月裁撤旅部，辖第 19 团、第 20 团和第 21 团。1945 年 8 月抗战胜利后驻防上海。1946 年 8 月 30 日裁撤（时为新编第 7 旅）。

历任师长：

田钟毅（1938 年 2 月 5 日—1943 年 9 月 7 日）

黄伯光（1943 年 9 月 7 日—抗战胜利时）

历任旅长：

第 1 旅：刘克用—周镐荣

第 2 旅：孟存仁

陆军新编第8师（黔军）

新编第 8 师于 1935 年 4 月 21 日在贵州湄潭成立（源自贵州陆军步兵第 9 团）。抗战全面爆发前驻湖北崇阳，隶属湘鄂赣边区绥靖公署，辖第 22 团、第 23 团和第 24 团。1937 年 8 月改隶第 1 战区，参加平汉铁路北段沿线之作战。1938 年 6 月改隶第 8 战区，此后戍守陕西。1939 年 1 月改隶第 93 军，此后长期在晋南游击，第 22 团团长彭镇璞阵亡。1940 年 8 月曾策应百团大战。1941 年 5 月参加晋南会战，此后长期戍守陕西。1942 年 8 月起长期卫戍重庆。1944 年 7 月参加桂柳会战，遭到重创，1945 年 2 月 4 日裁撤。

历任师长：

蒋在珍（抗战全面爆发时—1939 年 9 月 5 日）

陈牧农（1939 年 9 月 5 日—1940 年 12 月 1 日）
马叔明（1940 年 12 月 1 日—1944 年 9 月 20 日）
胡栋成（1944 年 9 月 20 日—1945 年 2 月 4 日）

蒋在珍

马叔明

胡栋成

陆军新编第9师（川军）

杨晒轩

新编第 9 师于 1938 年 4 月 26 日在四川广元成立（原第 126 师第 376 旅和独立第 19 旅合编），隶属第 95 军，辖第 1 旅（辖第 1 团、第 2 团）和第 2 旅（辖第 3 团、第 4 团）。新编第 9 师成立后长期戍守四川。1942 年 3 月裁撤旅部，辖第 25 团、第 26 团和第 27 团。1945 年 8 月抗战胜利后仍驻广元。1949 年 12 月 9 日在四川彭县起义（时为第 225 师）。

历任师长：

杨晒轩（1938 年 4 月 26 日—抗战胜利时）

历任旅长：

第 1 旅：李竞芳
第 2 旅：李鸿焘

陆军新编第10师（滇军）

新编第 10 师于 1938 年 6 月 6 日在云南大理成立（原暂编第 1 师改称），隶属第 58 军，辖第 1 旅（辖第 1 团、第 2 团）和第 2 旅（辖第 3 团、第 4 团）。10 月参加武汉会战，第 4 团团长刘北海阵亡。1939 年 2 月裁撤旅部，辖第 28 团、第 29 团和第 30 团。3 月参加南昌会战。9 月参加赣北攻势。12 月参加冬季攻势。1941 年 9 月参加第二次长沙会战。12 月参加第三次长沙会战。1942 年 5 月参加浙赣会战。1943 年 11 月参加常德会战。1944 年 6 月参加长衡会战。1945 年 8 月抗战胜利后开赴江西安福受降。1949 年 11 月 28 日在广西容县被歼灭（时为第 226 师）。

历任师长：

刘正富（1938 年 6 月 6 日—1940 年 8 月 5 日）
高振鸿（1940 年 8 月 5 日—12 月 17 日）
鲁道源（1940 年 12 月 17 日—1942 年 10 月 16 日）
萧本元（1942 年 10 月 16 日—抗战胜利时）

历任旅长：

第1旅：郭玉銮—侯镇邦

第2旅：和吉光

刘正富

萧本元

陆军新编第11师（滇军）

新编第11师于1938年6月6日在云南昆明成立（原暂编第2师改称），隶属第58军，辖第1旅（辖第1团、第2团）和第2旅（辖第3团、第4团）。10月参加武汉会战。1939年2月裁撤旅部，辖第31团、第32团和第33团。3月参加南昌会战。9月参加秋季攻势。12月参加冬季攻势，此后长期在湖南作战。1941年9月参加第二次长沙会战。12月参加第三次长沙会战。1942年5月参加浙赣会战。1943年11月参加常德会战。1944年6月参加长衡会战。1945年8月抗战胜利后开赴江西南昌受降。1947年10月5日裁撤（时为新编第11旅）。

历任师长：

鲁道源（1938年6月6日—1940年7月2日）

梁得奎（1940年7月2日—1943年2月25日）

侯镇邦（1943年2月25日—抗战胜利时）

历任旅长：

第1旅：梁得奎

第2旅：冯云

梁得奎

侯镇邦

陆军新编第12师（滇军）

新编第12师于1938年6月6日在云南曲靖成立（原暂编第3师改称），隶属第58军，辖第1旅（辖第1团、第2团）和第2旅（辖第3团、第4团）。10月改隶新编第3军，参加武汉会战。1939年2月裁撤旅部，辖第34团、第35团和第36团，此后长期在湖南整训。1940年5月起在江西作战。1941年3月参加上高会战。9月参加第二次长沙会战。12月参加第三次长沙会战。1942年5月参加浙赣会战。1945年8月抗战胜利后开赴江西高安受降。10月2日裁撤。

历任师长：

龚顺璧（1938年6月6日—1939年10月6日）

张与仁（1939年10月6日—1942年2月20日）

唐宇纵（1942年2月20日—抗战胜利时）

历任旅长：

第1旅：韦杵

第2旅：罗廷标

龚顺璧

张与仁

唐宇纵

陆军新编第13师（川军）

新编第13师于1938年4月6日在四川万县成立（原独立第13旅和四川省两个保安团改编），隶属第72军，辖第1旅（辖第1团、第2团）和第2旅（辖第3团、第4团）。7月参加武汉会战。12月改隶第78军，裁撤旅部，辖第37团、第38团和第39团。1939年3月参加南昌会战。9月参加第一次长沙会战，此后长期在湖南作战。1941年12月参加第三次长沙会战。1942年5月参加浙赣会战。1943年6月改隶第72军。1944年6月参加长衡会战。1945年8月抗战胜利后驻防湖北通城。1947年4月27日在山东泰安被歼灭（时为新编第13旅）。

历任师长：

刘若弼（1938年4月6日—1941年4月11日）

唐郇伯（1941年4月11日—1944年12月20日）

杨本固（1944年12月20日—抗战胜利时）

历任旅长：

第1旅：明继光

第2旅：唐郇伯—罗忠信

唐郇伯

杨本固

陆军新编第14师（川军1）

新编第14师于1938年4月6日在四川彭县成立（原独立第12旅和四川省两个保安团改编），隶属第72军，辖第1旅（辖第1团、第2团）和第2旅（辖第3团、第4团）。7月参加武汉会战。12月裁撤旅部，辖第40团、第41团和第42团。1939年3月参加南昌会战。9月参加第一次长沙会战。1941年3月参加上高会战。8月1日改称第34师。

历任师长：

范楠煊（1938年4月6日—1939年3月2日）

陈良基（1939年3月2日—1941年8月1日）

历任旅长：

第1旅：郑清泉

第2旅：罗忠信—唐郇伯

陆军新编第14师（陕军2）

陈子坚

新编第14师于1942年8月12日在河南嵩山再次成立（原独立第47旅扩编），隶属第96军，辖第40团、第41团和第42团。新编第14师成立后长期在河南作战。1944年4月参加豫中会战。1945年6月26日裁撤，所部官兵补充第177师。

历任师长：

陈子坚（1942年8月12日—1945年6月26日）

陆军新编第15师（川军）

新编第15师于1938年4月6日在四川灌县成立（原独立第11旅和四川省两个保安团改编），隶属第78军，辖第1旅（辖第1团、第2团）和第2旅（辖第3团、第4团）。7月参加武汉会战。12月改隶第72军，裁撤旅部，辖第43团、第44团和第45团。1939年3月参加南昌会战。9月参加第一次长沙会战。1941年3月参加上高会战，第44团团长张雅韵阵亡。9月参加第二次长沙会战。12月参加第三次长沙会战。1942年5月参加浙赣会战。1943年10月参加常德会战。1944年6月参加长衡会战。1945年8月抗战胜利后驻防湖北崇阳。

1949 年 1 月 9 日在河南永城投诚（时为第 233 师）。

江涛

历任师长：

邓国璋（1938 年 4 月 6 日—1939 年 3 月 2 日）

傅　翼（1939 年 3 月 2 日—1942 年 3 月 28 日）

江　涛（1942 年 3 月 28 日—抗战胜利时）

历任旅长：

第 1 旅：罗俊树

第 2 旅：韩任民

陆军新编第16师（川军）

新编第 16 师于 1938 年 4 月 6 日在四川南溪成立（原独立第 15 旅和四川省两个保安团改编），隶属第 78 军，辖第 1 旅（辖第 1 团、第 2 团）和第 2 旅（辖第 3 团、第 4 团）。7 月参加武汉会战。12 月裁撤旅部，辖第 46 团、第 47 团和第 48 团。1939 年 3 月参加南昌会战。9 月参加第一次长沙会战，此后长期在湖南作战。1941 年 12 月参加第三次长沙会战。1942 年 5 月参加浙赣会战。1943 年 6 月改隶第 30 集团军。1945 年 8 月抗战胜利后驻防江西修水。9 月 8 日裁撤。

吴守权

历任师长：

陈良基（1938 年 4 月 6 日—1939 年 3 月 2 日）

吴守权（1939 年 3 月 2 日—抗战胜利时）

历任旅长：

第 1 旅：赵学周

第 2 旅：吴守权

陆军新编第17师（川军）

刘树成

新编第 17 师于 1938 年 4 月 6 日在四川新津成立（原独立第 16 旅扩编），隶属川康绥靖公署，辖第 1 旅（辖第 1 团、第 2 团）和第 2 旅（辖第 3 团、第 4 团）。新编第 17 师成立后长期戍守四川。1945 年 8 月抗战胜利时驻防四川乐山。1949 年 12 月 12 日在四川彭县起义（时为第 236 师）。

历任师长：

刘树成（1938 年 4 月 6 日—抗战胜利时）

历任旅长：

第 1 旅：徐正纲

第 2 旅：杜昭宗—李唐

陆军新编第18师（川军）

李元宗

新编第18师于1938年4月6日在四川泸州成立（原独立第17旅扩编），隶属川康绥靖公署，辖第1旅（辖第1团、第2团）和第2旅（辖第3团、第4团）。新编第17师成立后长期戍守四川。1945年8月抗战胜利时驻防四川中江。1946年1月10日裁撤。

历任师长：

周成虎（1938年4月6日—1943年12月25日）

李元宗（1943年12月25日—抗战胜利时）

历任旅长：

第1旅：彭斌

第2旅：李元宗—周毅

陆军新编第19师（桂军）

新编第19师于1938年6月3日在广西南宁成立（原第175师抽调两个团扩编），隶属第4战区，辖第55团、第56团和第57团。1939年1月改隶第46军。11月参加桂南会战。1940年10月参加秋季攻势，此后仍长期在广西作战。1944年9月参加长衡会战。11月参加桂柳会战。1945年8月抗战胜利后开赴海南榆林受降。1947年2月23日在山东莱芜被歼灭（时为新编第19旅）。

历任师长：

黄　固（1938年6月3日—1940年6月30日）

黄梦年（1940年6月30日—1941年12月20日）

罗　活（1941年12月20日—1944年8月5日）

蒋　雄（1944年8月5日—抗战胜利时）

黄固

黄梦年

罗活

陆军新编第20师（中央军）

新编第20师于1939年3月7日在福建龙岩成立（原福建省四个保安团改编），隶属第100军，辖第1旅（辖第1团、第2团）和第2旅（辖第3团、第4团）。新编第20师成立后长期在福建作战。1940年2月裁撤旅部，辖第58团、第59团、第60团和补充团。1942年10月改隶第9战区，此后长期在湖南作战。1943年10月改隶第20军。1944年5月参加长衡会战。11 月参加桂柳会战。1945 年 7 月参加广西攻势。8 月抗战胜利后驻防广西龙胜。10 月 8 日裁撤。

历任师长：

王继祥（1939 年 3 月 7 日—7 月 11 日）

钱东亮（1939 年 7 月 11 日—1941 年 4 月 24 日）

温鸣剑（1941 年 4 月 24 日—1942 年 10 月 5 日）

曾粤汉（1942 年 10 月 5 日—1943 年 10 月 18 日）

李子亮（1943 年 10 月 18 日—抗战胜利时）

历任旅长：

第 1 旅：李逾群

第 2 旅：蒋公敏

曾粤汉

李子亮

陆军新编第21师（川军）

新编第 21 师于 1939 年 1 月 14 日在四川涪陵成立（原第 88 军新兵编练处改编），隶属第 88 军，辖第 61 团、第 62 团、第 63 团和补充团。新编第 21 师成立后长期在苏皖边区游击。1941 年 1 月起长期在浙东地区作战。1942 年 5 月参加浙赣会战。1944 年 5 月参加衢州战役。8 月，第 63 团团长彭孝儒阵亡。1945 年 8 月抗战胜利后驻防浙江丽水。1948 年 7 月 1 日在河南睢县被歼灭（时为新编第 21 旅）。

历任师长：

马昆山（1939 年 1 月 14 日—1940 年 11 月 23 日）

罗君彤（1940 年 11 月 23 日—抗战胜利时）

马昆山

罗君彤

陆军新编第22师（中央军）

新编第 22 师于 1938 年 11 月 15 日在湖南湘潭成立（抽调第 5 军军官、军士为基干，拨补湖南省军管区、江西省军管区新兵编组），隶属新编第 11 军，辖第 64 团、第 65 团、第 66 团和补充团。1939 年 2 月改隶第 5 军。11 月参加桂南会战，在昆仑关告捷，击毙日军步兵第 21 旅团少将旅团长中村正雄（追晋中将），此后长期戍守贵州。1942 年 3 月开赴缅甸参加第一次远征，遭到重创。1943 年 1 月改隶新编第 1 军，长驻印度整训。10 月参加缅北攻势。1944 年 9 月改隶新编第 6 军，仍在缅北作战，并连战告捷获颁荣誉旗（1945 年 6 月 21 日颁授）。1945 年 8 月抗战胜利后开赴南京受降。1948 年 10 月 26 日在辽宁黑山被歼灭。

李涛

历任师长：

邱清泉（1938 年 11 月 15 日—1940 年 5 月 7 日）

廖耀湘（1940 年 5 月 7 日—1944 年 9 月 4 日）

李　涛（1944 年 9 月 4 日—抗战胜利时）

陆军新编第23师（赣军—中央军）

新编第 23 师于 1938 年 11 月 18 日在湖南岳阳成立（原第 5 师主力改编），隶属第 9 战区，辖第 1 旅（辖第 1 团、第 2 团）和第 2 旅（辖第 3 团、第 4 团）。新编第 23 师成立后参加武汉会战，第 2 旅旅长张镜远自戕。1939 年 1 月裁撤旅部，辖第 67 团、第 68 团、第 69 团和补充团。7 月改隶第 54 军。10 月改隶第 87 军，此后长期在湖北作战。1940 年 6 月参加枣宜会战。1941 年 9 月参加宜昌攻势。1943 年 5 月参加鄂西会战。1944 年 12 月 30 日裁撤，士兵编入第 205 师。

钟祖荫

历任师长：

盛逢尧（1938 年 11 月 18 日—1944 年 1 月 25 日）

钟祖荫（1944 年 1 月 25 日—12 月 30 日）

历任旅长：

第 1 旅：李弥

第 2 旅：张镜远

陆军新编第24师（东北军—中央军）

新编第 24 师于 1939 年 4 月 25 日在河南原阳成立（原骑兵第 4 师改编），隶属第 97 军，辖第 70 团、第 71 团和第 72 团。新编第 24 师成立后长期在冀西地区游击。1940 年 5 月改隶第 9 军，此后长期在晋南地区游击。1941 年 5 月参加晋南会战，此后长期在河南作战。1944 年 4 月参加豫中会战。1945 年 5 月 10 日裁撤，所部官兵补充第 54 师。

历任师长：

张东凯（1939 年 4 月 25 日—1942 年 8 月 13 日）

宋子英（1942 年 8 月 13 日—1944 年 4 月 15 日）

夏季屏（1944 年 4 月 15 日—1945 年 5 月 10 日）

张东凯

宋子英

夏季屏

陆军新编第25师（川军）

李根固

新编第 25 师于 1939 年 1 月 14 日在重庆成立（原川康绥靖公署警备第 1 团和三个宪兵营扩编），隶属重庆警备司令部，辖第 1 旅（辖第 1 团、第 2 团）和第 2 旅（辖第 3 团、第 4 团）。2 月改隶重庆卫戍总司令部。新编第 25 师成立后长期卫戍重庆。1945 年 8 月抗战胜利后仍驻重庆。1946 年 7 月 2 日裁撤。

历任师长：

李根固（1939 年 1 月 14 日—抗战胜利时）

历任旅长：

第 1 旅：王公淦—刘成甫—周树德

第 2 旅：李泽远

陆军新编第26师（中央军）

张士智

新编第 26 师于 1939 年 4 月 27 日在陕西渭南成立（原陕西在乡军人编组的陕西抗日义勇军第 1 纵队改编），隶属第 8 战区，辖第 76 团、第 77 团和第 78 团。新编第 26 师成立后长期在绥远作战。1941 年 11 月改隶伊盟守备军。1943 年 9 月改隶第 67 军。1945 年 8 月抗战胜利后驻防绥远伊克昭盟。1948 年 12 月 22 日在河北怀来被歼灭（时为第 267 师）。

历任师长：

何文鼎（1939 年 4 月 27 日—1945 年 6 月 26 日）

张士智（1945 年 6 月 26 日—抗战胜利时）

陆军新编第27师（中央军）

新编第27师于1939年4月29日在陕西西安成立（原陕西省警备第1旅和第19补充兵训练处一个团合编），隶属第8战区，辖第79团、第80团和第81团。1940年8月改隶第80军，此后长期在中条山游击。1941年5月参加晋南会战，遭到重创，师长王竣、副师长梁希贤、参谋长陈文杞阵亡，此后长期在河南作战。1942年6月起长期戍守陕西。1945年8月抗战胜利后驻防陕西宜川。1946年1月10日裁撤。

历任师长：

张坤生（1939年4月29日—9月13日）

王　竣（1939年9月13日—1941年5月9日）

杨　显（1941年5月12日—1942年7月17日）

严映皋（1942年7月17日—抗战胜利时）

张坤生

王竣

杨显

严映皋

陆军新编第28师（中央军）

新编第28师于1939年6月16日在重庆成立（原军事委员会别动总队第1支队改编），隶属重庆卫戍总司令部，辖第82团、第83团和第84团。1942年2月改隶第66军。4月开赴缅甸参加第一次远征，遭到重创。9月改隶第6军，此后长期戍守云南。1943年1月改隶第11集团军。4月改隶第71军。5月参加滇西攻势。1945年3月17日裁撤，所部官兵补充荣誉第2师。

历任师长：

刘伯龙（1939年6月16日—1942年11月12日）

李士奇（1942年11月12日—1944年1月5日）

刘又军（1944年1月5日—1945年3月17日）

刘伯龙

李士奇

刘又军

陆军新编第29师（中央军1）

马维骥

新编第29师于1939年6月16日在重庆成立（原军事委员会别动总队第2支队改编），隶属重庆卫戍总司令部，辖第85团、第86团和第87团。1942年2月改隶第66军。4月开赴缅甸参加第一次远征，遭到重创，第87团团长陈海泉阵亡。9月7日裁撤，所余官兵补充新编第28师。

历任师长：

马维骥（1939年6月16日—1942年9月7日）

陆军新编第29师（中央军2）

吕公良

新编第29师于1942年12月22日在河南周口再次成立（原鲁苏豫皖边区挺进第2纵队改编），隶属暂编第15军，辖第85团、第86团和第87团。新编第29师成立后长期在河南作战。1944年4月参加豫中会战，遭到重创，师长吕公良、第85团团长杨尚武、第87团团长李培芹阵亡，副师长黄永淮被俘遇难，副师长兼政治部主任李俊彦被俘。6月27日裁撤。

历任师长：

吕公良（1942年12月22日—1944年5月2日）

刘昌义（1944年5月2日—6月27日）

陆军新编第29师（中央军3）

辛少亭

新编第29师于1944年7月10日在河南郸城第三次成立（原鲁苏豫皖边区挺进第6纵队改编），隶属第1战区，辖第85团、第86团和第87团。1945年6月改隶第97军。8月抗战胜利后开赴山东临城受降。1947年6月5日裁撤（时为新编第27旅）。

历任师长：

辛少亭（1944年6月30日—抗战胜利时）

陆军新编第30师（鲁军1）

新编第30师于1939年5月12日在浙江嘉兴成立（原独立第45旅扩编），隶属第10集团军，辖第88团、第89团和第90团。新编第30师成立后长期在浙东地区游击。1942年3月改隶第88军。5月参加浙赣会战，参谋长董续严阵亡。8月改隶第10集团军。9月22日裁撤，所属一部补充暂编第34师，主力改编为第3战区挺进第4纵队和第5纵队。

张銮基

历任师长：
张銮基（1939 年 5 月 12 日—1942 年 1 月 21 日）
贾广文（1942 年 1 月 21 日—9 月 22 日）

陆军新编第30师（中央军2）

新编第 30 师于 1943 年 5 月 11 日在四川简阳再次成立（原第 25 补充兵训练处改编），直属军事委员会，辖第 88 团、第 89 团和第 90 团。6 月改隶驻印军。1944 年 9 月改隶新编第 1 军，参加缅北攻势。1945 年 8 月抗战胜利后开赴广东新塘受降。1948 年 10 月 28 日在辽宁黑山被歼灭。

历任师长：
胡　素（1943 年 5 月 11 日—1944 年 9 月 4 日）
唐守治（1944 年 9 月 4 日—抗战胜利时）

胡素

唐守治

陆军新编第31师（绥军）

安春山

新编第 31 师于 1939 年 7 月 23 日在山西河曲成立（原第 211 旅主力和第 73 师第 422 团改编），隶属第 35 军，辖第 91 团、第 92 团和第 93 团。新编第 31 师成立后长期在绥远作战。12 月参加冬季攻势。1945 年 8 月抗战胜利后开赴绥远归绥受降。1949 年 1 月 22 日在北平接受和平改编（时为第 250 师）。

历任师长：
孙兰峰（1939 年 7 月 23 日—1940 年 6 月 12 日）
安春山（1940 年 6 月 12 日—抗战胜利时）

陆军新编第32师（绥军）

李铭鼎

新编第32师于1939年7月23日在山西河曲成立（原第211旅一部和招募的新兵编组），隶属第35军，辖第94团、第95团和第96团。新编第31师成立后长期在绥远作战。12月参加冬季攻势，第95团第1营因功获颁荣誉旗（1940年5月16日颁授）。1945年8月抗战胜利后开赴绥远归绥受降。1948年12月24日在察哈尔张家口被歼灭（时为第251师）。

历任师长：

袁庆荣（1939年7月23日—1944年1月18日）

李铭鼎（1944年1月18日—抗战胜利时）

陆军新编第33师（中央军）

新编第33师于1940年1月23日在四川内江成立（原第14补充兵训练处改编），直属军事委员会，辖第97团、第98团、第99团和补充团。1940年4月改隶第2军。6月参加枣宜会战。1941年9月参加宜昌攻势。1944年4月参加滇西攻势。1945年4月2日裁撤，所部官兵补充第2军。

历任师长：

张世希（1940年1月23日—8月3日）

杨宝珏（1940年8月3日—1945年4月2日）

张世希

杨宝谷

陆军新编第34师（湘军1）

新编第34师于1930年10月28日在湖南凤凰成立（源自湘西巡防军）。抗战全面爆发前驻浙江萧山，隶属苏浙边区绥靖公署，辖第1旅（辖第1团、第2团）和第2旅（辖第3团、第4团）。1937年8月改隶第10集团军。10月28日改称第128师。

历任师长：

顾家齐（抗战全面爆发时—1937年10月28日）

历任旅长：

第1旅：谭文烈

第2旅：刘文华

陆军新编第34师（中央军2）

新编第34师于1940年5月12日在甘肃陇南再次成立（原新编第12旅和第26补充兵训练处一个团改编），隶属第36军，辖第100团、第101团和第102团。新编第34师成立后长期戍守陕西。1941年5月改隶第57军。1944年1月改隶第1战区。5月参加豫中会战。12月30日裁撤，士兵编入第202师。

历任师长：

马志超（1940年5月12日—1942年10月11日）

韩增栋（1942年10月11日—1944年12月30日）

马志超

韩增栋

陆军新编第35师（陕军1）

新编第35师于1937年7月20日在河南杞县成立（原独立第20旅扩编），隶属豫皖绥靖公署，辖第1旅（辖第1团、第2团）和第2旅（辖第3团、第4团）。8月改隶第1战区。9月改隶第50军，参加平汉铁路北段沿线之作战。12月改隶第5战区。1938年5月参加徐州会战，第2团团长石杰三阵亡。6月改隶第13军。9月21日改称第128师。

历任师长：

王劲哉（1937年7月20日—1938年9月21日）

历任旅长：

第1旅：李俊彦

第2旅：任云章

陆军新编第35师（华北伪军—陕军2）

新编第35师于1939年8月26日在山西平陆成立（原独立第46旅和伪军晋南皇协军两个总队改编），隶属第38军，辖第103团、第104团和第105团。新编第35师成立后长期在晋南地区游击。1941年1月参加豫南会战，此后长期在河南作战。1944年4月参加豫中会战。1945年7月1日改称第55师。

历任师长：

孔从洲（1939年8月26日—1945年7月1日）

陆军新编第36师（青马军1）

新编第 36 师于 1932 年 2 月 27 日在甘肃酒泉成立（源自宁海军）。抗战全面爆发前驻新疆洛浦，隶属新疆边防督办公署，辖骑兵第 1 旅、骑兵第 2 旅、骑兵第 3 旅、骑兵第 4 旅和步兵旅。1937 年 10 月 15 日因发动叛乱被新疆省防军歼灭。

马虎山

历任师长：

马虎山（抗战全面爆发时—1937 年 10 月 15 日）

历任旅长：

骑兵第 1 旅：马如彪

骑兵第 2 旅：马生贵

骑兵第 3 旅：鲜福海

骑兵第 4 旅：马福元

步兵旅：马虎山（兼）

陆军新编第36师（伪军—鲁军2）

新编第 36 师于 1939 年 8 月 6 日在山东费县成立（原汪伪皇协军第 3 路反正后改编），隶属鲁苏战区，辖第 106 团、第 107 团和第 108 团。新编第 36 师成立后长期在山东游击。1943 年 11 月因与日军密切合作，遭到第 18 集团军重创，师长刘桂堂阵亡。1944 年 3 月改隶第 5 战区。1945 年 8 月抗战胜利后仍驻费县。1947 年 2 月 23 日在山东莱芜被歼灭（时为新编第 36 旅）。

历任师长：

刘桂堂（1939 年 8 月 6 日—1943 年 11 月 15 日）

张里元（1943 年 11 月 16 日—抗战胜利时）

刘桂堂

张里元

陆军新编第37师（中央军）

新编第 37 师于 1940 年 6 月 21 日在河南洛阳成立（原河南自卫军第 1 路改编），隶属新编第 12 军，辖第 109 团、第 110 团和第 111 团。新编第 37 师成立后长期在河南作战。1941 年 5 月改隶第 80 军，此后长期戍守陕西。1945 年 8 月抗战胜利后驻防陕西洛川。1946 年 1 月 10 日裁撤。

徐保

历任师长：

徐　保（1940 年 6 月 21 日—抗战胜利时）

陆军新编第38师（中央军）

李鸿

新编第 38 师于 1941 年 12 月 15 日在贵州都匀成立（原税警总团改编），直属军事委员会，辖第 112 团、第 113 团和第 114 团。1942 年 2 月改隶第 66 军。4 月开赴缅甸参加第一次远征，副师长齐学启被俘（后遇难）。8 月改隶中国驻印军。1943 年 1 月改隶新编第 1 军。10 月参加缅北攻势，因连战告捷获颁荣誉旗（1945 年 6 月 21 日颁授）。1945 年 8 月抗战胜利后开赴广东广州受降。1948 年 10 月 19 日在吉林长春投诚。

历任师长：

孙立人（1941 年 12 月 15 日—1944 年 9 月 4 日）

李　鸿（1944 年 9 月 4 日—抗战胜利时）

陆军新编第39师（中央军）

新编第 39 师于 1941 年 9 月 12 日在重庆成立（原第 12 补充兵训练处改编），隶属重庆卫戍总司令部，辖第 115 团、第 116 团和第 117 团。1943 年 1 月改隶第 6 军。1944 年 5 月参加滇西攻势。1945 年 6 月 8 日裁撤，所部官兵补充第 53 军。

历任师长：

成　刚（1941 年 9 月 12 日—1942 年 2 月 11 日）

官全斌（1942 年 2 月 11 日—1943 年 10 月 12 日）

洪　行（1943 年 10 月 12 日—1944 年 12 月 17 日）

夏日长（1944 年 12 月 17 日—1945 年 6 月 8 日）

成刚

官全斌

洪行

夏日长

陆军新编第40师（西北军）

崔玉海

新编第 40 师于 1943 年 6 月 19 日在河南宜阳成立（原独立第 46 旅和第 40 军补充团改编），隶属第 40 军，辖第 118 团、第 119 团和第 120 团。新编第 40 师成立后长期在河南作战。1944 年 4 月参加豫中会战。1945 年 6 月 8 日裁撤，所部官兵补充第 39 师和第 106 师。

历任师长：

崔玉海（1943 年 6 月 19 日—1945 年 6 月 8 日）

陆军新编第41师（中央军）

新编第 41 师于 1943 年 6 月 20 日在甘肃陇东成立（原陇东师管区三个团改编），隶属第 8 战区，辖第 121 团、第 122 团和第 123 团。新编第 41 师成立后长期戍守甘肃。12 月改隶第 42 军。1944 年 12 月改隶暂编第 5 军。1945 年 8 月抗战胜利后驻防陕西西安。1946 年 1 月 8 日裁撤。

历任师长：

褚静亚（1943 年 6 月 20 日—1945 年 5 月 28 日）

慕中岳（1945 年 5 月 28 日—抗战胜利时）

褚静亚

慕中岳

陆军新编第42师（中央军）

谭煜麟

新编第 42 师于 1944 年 2 月 29 日在河南郑州成立（原独立第 14 旅扩编），隶属第 78 军，辖第 124 团、第 125 团和第 126 团。4 月参加豫中会战。1945 年 3 月参加豫西鄂北会战。8 月抗战胜利后驻防河南淅川。12 月 30 日裁撤。

历任师长：

彭赉良（1944 年 2 月 29 日—1945 年 1 月 2 日）

谭煜麟（1945 年 1 月 2 日—抗战胜利时）

陆军新编第43师（中央军）

黄国书

新编第 43 师于 1944 年 2 月 29 日在河南中牟成立（原独立第 15 旅扩编），隶属第 78 军，辖第 127 团、第 128 团和第 129 团。4 月参加豫中会战。1945 年 3 月参加豫西鄂北会战。8 月抗战胜利后驻防河南淅川。12 月 30 日裁撤。

历任师长：

黄国书（1944 年 2 月 29 日—抗战胜利时）

陆军新编第44师（中央军）

新编第 44 师于 1944 年 2 月 29 日在河南舞阳成立（原第 31 集团军直属部队改编），隶属第 78 军，辖第 130 团、第 131 团和第 132 团。4 月参加豫中会战。1945 年 3 月参加豫西鄂北会战。8 月抗战胜利后驻防河南淅川。12 月 30 日裁撤。

历任师长：

姚秉勋（1944 年 2 月 29 日—1945 年 1 月 2 日）

王公亮（1945 年 1 月 2 日—抗战胜利时）

姚秉勋

王公亮

陆军新编第45师（中央军）

郭　岐

新编第 45 师于 1943 年 12 月 30 日在甘肃酒泉成立（原第 48 师改称），隶属第 8 战区，辖第 133 团、第 134 团和第 135 团。1944 年 3 月改隶新编第 2 军，此后长期戍守新疆。1945 年 8 月抗战胜利后驻防新疆精河。1949 年 9 月 25 日在新疆景化起义（时为整编第 178 旅）。

历任师长：

谢义锋（1943 年 12 月 30 日—1945 年 4 月 6 日）

郭　岐（1945 年 4 月 6 日—抗战胜利时）

陆军新编第46师（中央军）

新编第 46 师于 1944 年 3 月 1 日在甘肃酒泉成立（原新编第 18 旅扩编），隶属新编第 2

军，辖第 136 团、第 137 团和第 138 团。新编第 46 师成立后长期戍守新疆。1945 年 8 月抗战胜利后驻防新疆奇台。1949 年 9 月 25 日在新疆奇台起义（时为整编第 179 旅）。

历任师长：

徐汝诚（1944 年 3 月 1 日—1945 年 4 月 6 日）

崔颖春（1945 年 4 月 6 日—抗战胜利时）

徐汝诚

崔颖春

陆军暂编第1师（滇军1）

暂编第 1 师于 1938 年 4 月 19 日在云南大理成立（原滇黔绥靖公署暂编第 7 团、第 8 团、第 11 团和第 12 团改编），隶属滇黔绥靖公署，辖第 10 旅（辖第 7 团、第 8 团）和第 11 旅（辖第 11 团、第 12 团）。6 月 6 日改称新编第 10 师。

历任师长：

刘正富（1938 年 4 月 19 日—6 月 6 日）

历任旅长：

第 10 旅：郭玉銮

第 11 旅：和吉光

陆军暂编第1师（晋军2）

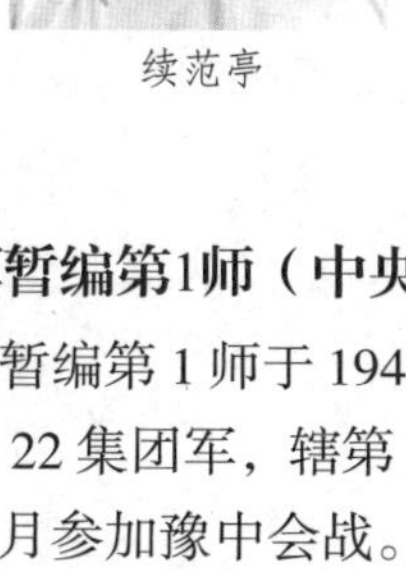
续范亭

暂编第 1 师于 1939 年 7 月 1 日在山西神池再次成立（原山西省保安第 2 区改编），隶属第 2 战区，辖新编第 36 团、新编第 37 团和新编第 44 团。暂编第 1 师成立后在晋西地区游击。12 月 30 日加入第 18 集团军。

历任师长：

续范亭（1939 年 7 月 1 日—12 月 30 日）

陆军暂编第1师（中央军3）

暂编第 1 师于 1941 年 9 月 10 日在陕西安康第三次成立（原第 6 补充兵训练处改编），隶属第 22 集团军，辖第 1 团、第 2 团和第 3 团。暂编第 1 师成立后长期在豫鄂边区作战。1944 年 4 月参加豫中会战。1945 年 3 月参加豫西鄂北会战，参谋长萧俊岭阵亡。8 月抗战胜利后驻防湖北老河口。10月8日裁撤。

历任师长：

王认曲（1941年9月10日—12月26日）

曹　勖（1941年12月26日—1943年4月2日）

李才桂（1943年4月2日—1945年10月8日）

王认曲

曹勖

李才桂

陆军暂编第2师（滇军1）

暂编第2师于1938年4月19日在云南昆明成立（原滇黔绥靖公署暂编第15团、第16团、第19团和第20团改编），隶属滇黔绥靖公署，辖第12旅（辖第15团、第16团）和第13旅（辖第19团、第20团）。6月6日改称新编第11师。

历任师长：

鲁道源（1938年4月19日—6月6日）

历任旅长：

第12旅：梁得奎

第13旅：冯云

陆军暂编第2师（中央军2）

暂编第2师于1942年8月15日在重庆成立（原第15补充兵训练处改编），隶属第93军，辖第1团、第2团和第3团。暂编第2师成立后长期卫戍重庆。1945年2月改隶重庆卫戍总司令部。6月改隶第79军。8月抗战胜利后驻防四川新津。1949年12月27日在四川邛崃被歼灭（时为第254师）。

王公遐

曾晴初

石祖德

历任师长：

王公遐（1942 年 8 月 15 日—1943 年 8 月 12 日）

曾晴初（1943 年 8 月 12 日—1944 年 12 月 27 日）

石祖德（1944 年 12 月 27 日—抗战胜利时）

陆军暂编第3师（滇军1）

暂编第 3 师于 1938 年 4 月 19 日在云南曲靖成立（原滇黔绥靖公署暂编第 21 团、第 22 团、第 23 团和第 24 团改编），隶属滇黔绥靖公署，辖第 14 旅（辖第 21 团、第 22 团）和第 15 旅（辖第 23 团、第 24 团）。6 月 6 日改称新编第 12 师。

历任师长：

龚顺璧（1938 年 4 月 19 日—6 月 6 日）

历任旅长：

第 14 旅：韦杵

第 15 旅：罗廷标

陆军暂编第3师（冀北民军2）

暂编第 3 师于 1939 年 1 月 26 日在河南林县再次成立（原第 1 战区冀察游击司令部所属部队改编），隶属新编第 5 军，辖第 1 团、第 2 团和第 3 团。暂编第 3 师成立后长期在豫北地区游击。1942 年 5 月遭到重创，师长刘月亭被俘。1943 年 4 月 24 日，师长杨克猷率部在河南林县投敌，改编为伪军第 7 师（汪伪）。

历任师长：

刘月亭（1939 年 1 月 26 日—1942 年 6 月 14 日）

杨克猷（1942 年 6 月 14 日—1943 年 4 月 24 日）

陆军暂编第3师（西北军3）

暂编第 3 师于 1939 年 8 月 12 日在河北枣强第三次成立（原第 181 师第 537 旅扩编），隶属第 69 军，辖第 1 旅（辖第 1 团、第 2 团）和第 2 旅（辖第 3 团、第 4 团）。暂编第 3 师成立后长期在冀南地区游击。1941 年 2 月 1 日因与杨克猷部暂编第 3 师番号重复改称暂编第 28 师。

历任师长：

米文和（1939 年 8 月 12 日—1941 年 2 月 1 日）

历任旅长：

第 1 旅：宋西箴

第 2 旅：宋逸群

陆军暂编第3师（新疆军4）

暂编第3师于1943年10月10日在新疆绥来第四次成立（原新疆边防督办公署卫队团、骑兵第2团、骑兵第31团合编），隶属第8战区，辖第1团、第2团和第3团。暂编第3师成立后长期戍守新疆。1945年8月抗战胜利后驻防新疆迪化。1946年10月8日裁撤。

历任师长：

汤执权（1943年10月10日—抗战胜利时）

陆军暂编第4师（冀北民军1）

暂编第4师于1939年1月26日在河南林县再次成立（原第1战区冀察游击司令部所属部队改编），隶属新编第5军，辖第1团、第2团和第3团。暂编第4师成立后长期在豫北地区游击。1943年4月24日，师长王廷瑛率部在河南林县投敌，改编为伪军第8师（汪伪）。

历任师长：

康　翔（1939年1月26日—1941年8月13日）

王廷瑛（1941年8月13日—1943年4月24日）

陆军暂编第4师（中央军2）

暂编第4师于1943年12月24日在陕西雒南再次成立（原独立第4旅和独立第5旅并编），隶属暂编第4军。1944年4月参加豫中会战。1945年4月参加豫西鄂北会战。6月改隶第27军。8月抗战胜利后驻防湖北谷城。12月30日裁撤。

历任师长：

马雄飞（1943年12月24日—抗战胜利时）

陆军暂编第5师（湘军—中央军）

暂编第5师于1939年6月1日在湖南凤凰成立（原凤凰、乾城保安部队改编），隶属新编第6军，辖第1旅（辖第1团、第2团）和第2旅（辖第3团、第4团）。1940年2月改隶第73军，此后长期在湖北作战。1941年9月参加宜昌攻势。12月参加第三次长沙会战。1942年3月裁撤旅部，辖第1团、第2团和第3团。1943年5月参加鄂西会战。10月参加常德会战，师长彭士量阵亡。1944年6月参加长衡会战。12月30日裁撤，所部官兵补充第77师。

历任师长：

戴季韬（1939年6月1日—1941年9月2日）

郭汝瑰（1941年9月2日—1943年1月28日）

彭士量（1943年1月28日—11月15日）

梁化中（1943年11月19日—1944年12月30日）

历任旅长：

第1旅：秦光远—郑再新

第2旅：陈范—杨光耀

戴季韬

郭汝瑰

彭士量

陆军暂编第6师（湘军）

暂编第 6 师于 1939 年 6 月 1 日在湖南桃源成立（原新编第 1 旅和麻阳保安部队改编），隶属新编第 6 军，辖第 1 旅（辖第 1 团、第 2 团）和第 2 旅（辖第 3 团、第 4 团）。1940 年 2 月改隶第 79 军。11 月裁撤旅部，辖第 1 团、第 2 团和第 3 团。1941 年 9 月参加第二次长沙会战。12 月参加第三次长沙会战。1943 年 5 月参加鄂西会战。10 月参加常德会战。1944 年 6 月参加长衡会战。1945 年 6 月 22 日裁撤，所部官兵补充第 79 军。

赵季平

历任师长：

龙云飞（1939 年 6 月 1 日—1940 年 11 月 3 日）

赵季平（1940 年 11 月 3 日—1945 年 6 月 22 日）

历任旅长：

第 1 旅：杨光耀—龙恩普

第 2 旅：龙矫

陆军暂编第7师（中央军）

暂编第 7 师于 1939 年 11 月 23 日在广东肇庆成立（原广东省四个保安团改编），隶属暂编第 2 军，辖第 1 旅（辖第 1 团、第 2 团）和第 2 旅（辖第 3 团、第 4 团）。暂编第 7 师成立后长期在广东作战。1942 年 3 月裁撤旅部，辖第 1 团、第 2 团和第 3 团。1943 年 11 月参加常德会战。1944 年 6 月参加长衡会战。1945 年 8 月抗战胜利后驻防湖南宜章。10 月 2 日裁撤。

历任师长：

王作华（1939 年 11 月 23 日—1945 年 2 月 7 日）

王　岳（1945 年 2 月 7 日—抗战胜利时）

历任旅长：

第 1 旅：古正平

第 2 旅：王岳—刘天绍

王作华

王岳

陆军暂编第8师（中央军）

张君嵩

暂编第8师于1939年11月23日在广东肇庆成立（原广东省税警总团改编），隶属暂编第2军，辖第1旅（辖第1团、第2团）和第2旅（辖第3团、第4团）。暂编第8师成立后长期在广东作战。1941年9月参加第二次长沙会战，第1团团长刘世焱阵亡。1942年3月裁撤旅部，辖第1团、第2团和第3团。1943年11月参加常德会战。1944年6月参加长衡会战。1945年8月抗战胜利后驻防湖南宜章。10月2日裁撤。

历任师长：

张君嵩（1939年11月23日—抗战胜利时）

历任旅长：

第1旅：甘竞生—罗克传

第2旅：杜志成

陆军暂编第9师（西北军1）

暂编第9师于1937年12月22日在河南滑县成立（原河北暂编第1师改编），隶属第1战区，辖第1旅（辖第1团、第2团）和第2旅（辖第3团、第4团）。1938年3月28日改称新编第6师。

历任师长：

高树勋（1937年12月22日—1938年3月28日）

历任旅长：

第1旅：张汉全

第2旅：刘学礼

陆军暂编第9师（宁马军2）

暂编第9师于1939年12月7日在宁夏灵武再次成立（原独立第10旅扩编），隶属第11军，辖第1旅（辖第1团、第2团）和第2旅（辖第3团、第4团）。暂编第9师成立后长期戍守宁夏。1940年10月裁撤旅部，辖第1团、第2团和第3团。1945年8月抗战胜利后仍驻灵武。1949年9月21日因军心浮动自行溃散（时为第189师）。

卢忠良

历任师长：

卢忠良（1939 年 12 月 7 日—抗战胜利时）

历任旅长：

第 1 旅：马宝琳

第 2 旅：王有禄

陆军暂编第10师（绥军1）

暂编第 10 师于 1939 年 12 月 7 日在绥远后套成立（原新编第 5 旅扩编），隶属骑兵第 6 军，辖第 1 团和第 2 团。暂编第 10 师成立后长期在绥远作战。1939 年 12 月参加冬季攻势，击毙日军骑兵第 14 联队大佐联队长小林一男（追晋少将）。1940 年 6 月改隶暂编第 4 军。1942 年 8 月改隶暂编第 3 军，增编第 3 团。1945 年 8 月 11 日裁撤，所部官兵补充暂编第 11 师。

历任师长：

安荣昌（1939 年 12 月 7 日—1941 年 11 月 9 日）

梁立柱（1941 年 11 月 9 日—1943 年 7 月 22 日）

王赞臣（1943 年 7 月 22 日—1945 年 8 月 11 日）

安荣昌

梁立柱

陆军暂编第10师（绥军2）

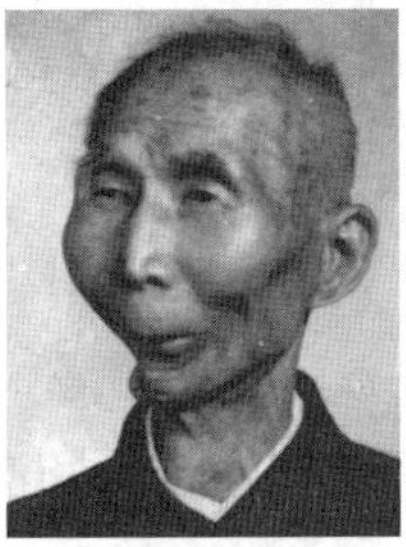
于霖瑞

暂编第 10 师于 1945 年 8 月 11 日在甘肃兰州再次成立（原第 12 战区独立旅扩编），隶属暂编第 3 军，辖第 1 团、第 2 团和第 3 团。同月抗战胜利后驻防绥远陕坝。1948 年 12 月 24 日在察哈尔张家口被歼灭（时为第 258 师）。

历任师长：

于霖瑞（1945 年 8 月 11 日—抗战胜利时）

陆军暂编第11师（绥军）

王子修

暂编第 11 师于 1940 年 1 月 18 日在绥远东胜成立（原新编第 6 旅扩编），隶属第 8 战区，辖第 1 团和第 2 团。暂编第 11 师成立后参加冬季攻势，此后长期在绥远作战。6 月改隶暂编第 3 军。1942 年 8 月增编第 3 团。1945 年 8 月抗战胜利后仍驻东胜。1948 年 12 月 24 日在察哈尔张家口被歼灭（时为第 259 师）。

历任师长：

王子修（1940 年 1 月 18 日—抗战胜利时）

陆军暂编第12师（鲁军）

赵保原

暂编第 12 师于 1940 年 4 月 12 日在山东莱阳成立（原山东省保安第 3 旅扩编），隶属鲁苏战区，辖第 1 团、第 2 团和第 3 团。暂编第 12 师成立后长期在山东游击。1944 年 3 月改隶第 5 战区。1945 年 6 月改隶山东挺进军。8 月抗战胜利后驻防山东即墨。1948 年 9 月 16 日在山东济南被歼灭（时为整编第 211 旅）。

历任师长：

赵保原（1940 年 4 月 12 日—抗战胜利时）

陆军暂编第13师（伪军—中央军）

史克勤

暂编第 13 师于 1940 年 2 月 26 日在福建漳州成立（原第 75 师第 225 旅一部和汪伪广东和平建国军反正的三个团合编），隶属第 3 战区，辖第 1 团、第 2 团和第 3 团。暂编第 13 师成立后长期在福建作战。1941 年 1 月改隶第 49 军。3 月参加上高会战。1942 年 2 月改隶第 25 军。5 月参加浙赣会战，此后长期在浙江作战。1945 年 4 月 1 日改称第 75 师。

历任师长：

史克勤（1940 年 2 月 26 日—1941 年 10 月 12 日）

罗折东（1941 年 10 月 12 日—1945 年 4 月 1 日）

陆军暂编第14师（中央军）

暂编第 14 师于 1940 年 5 月 8 日在河南方城成立（原第 92 军补充团、第 21 师补充团和第 142 师补充团合编），隶属第 92 军，辖第 1 团、第 2 团和第 3 团。暂编第 14 师成立后参加枣宜会战。1941 年 5 月改隶骑兵第 2 军，此后长期在豫皖边区作战。1944 年 4 月参加豫中会战。1945 年 8 月抗战胜利后驻防安徽阜阳。1948 年 4 月 27 日在山东潍县被歼灭（时为整编第 212 旅）。

李鸿慈

历任师长：
廖运泽（1940 年 5 月 8 日—1943 年 10 月 5 日）
李鸿慈（1943 年 10 月 5 日—抗战胜利时）

陆军暂编第15师（中央军）

暂编第 15 师于 1940 年 5 月 12 日在陕西凤翔成立（原新编第 10 旅和第 26 补充兵训练处一个团改编），隶属第 36 军，辖第 1 团、第 2 团和第 3 团。暂编第 15 师成立后长期戍守陕西。1945 年 8 月抗战胜利后驻防甘肃平凉。1946 年 1 月 10 日裁撤。

历任师长：
刘宗宽（1940 年 5 月 12 日—1941 年 10 月 15 日）
康　庄（1941 年 10 月 15 日—抗战胜利时）

刘宗宽

康庄

陆军暂编第16师（中央军）

暂编第 16 师于 1940 年 4 月 25 日在河南信阳成立（原第 24 补充兵训练处改编），隶属新编第 2 军，辖第 1 团、第 2 团、第 3 团和补充团。5 月参加枣宜会战。1941 年 2 月改隶第 29 军，参加豫南会战。9 月参加宜昌攻势，此后长期在河南作战。1944 年 4 月参加豫中会战。9 月改隶第 13 军。1945 年 3 月 2 日裁撤，所部官兵补充预备第 11 师。

吴求剑

潘华国

历任师长：

李　强（1940年4月25日—1942年3月11日）

吴求剑（1942年3月11日—1944年6月13日）

潘华国（1944年6月13日—12月20日）

万宅仁（1944年12月20日—1945年3月2日）

陆军暂编第17师（绥军）

暂编第17师于1940年6月12日在绥远陕坝成立（原绥远省游击军改编），隶属暂编第3军，辖第1团、第2团和第3团。暂编第17师成立后长期在绥远作战。1945年8月抗战胜利后驻防绥远五原。1949年1月22日在北平接受和平改编（时为第262师）。

历任师长：

王雷震（1940年6月12日—1943年7月22日）

刘万春（1943年7月22日—1944年10月23日）

朱大纯（1944年10月23日—抗战胜利时）

王雷震

刘万春

朱大纯

陆军暂编第18师（滇军）

许义浚

暂编第18师于1943年7月10日在云南开远成立（原滇黔绥靖公署步兵第1旅扩编），隶属滇黔绥靖公署，辖第1团、第2团和第3团。暂编第18师成立后长期戍守云南。1945年6月改隶第93军。8月抗战胜利后开赴越南河内受降。1948年10月15日在辽宁锦州被歼灭。

历任师长：

卢浚泉（1943年7月10日—1945年6月4日）

许义浚（1945年6月4日—抗战胜利时）

陆军暂编第19师（滇军）

暂编第19师于1943年7月10日在云南昆明成立（原滇黔绥靖公署步兵第2旅扩编），隶属滇黔绥靖公署，辖第1团、第2团和第3团。暂编第19师成立后长期戍守云南。1945年8月抗战胜利后仍驻昆明。11月21日裁撤。

龙绳武

历任师长：

龙绳武（1943 年 7 月 10 日—抗战胜利时）

陆军暂编第20师（滇军）

暂编第 20 师于 1943 年 7 月 10 日在云南开远成立（原滇黔绥靖公署步兵第 3 旅扩编），隶属滇黔绥靖公署，辖第 1 团、第 2 团和第 3 团。暂编第 20 师成立后长期戍守云南。1945 年 6 月改隶第 93 军。8 月抗战胜利后开赴越南太原受降。1948 年 10 月 1 日在辽宁义县被歼灭。

历任师长：

安纯三（1943 年 7 月 10 日—1945 年 6 月 4 日）

李韵涛（1945 年 6 月 4 日—抗战胜利时）

安纯三

李韵涛

陆军暂编第21师（滇军）

马继武

暂编第 21 师于 1943 年 7 月 10 日在云南个旧成立（原滇黔绥靖公署步兵第 4 旅扩编），隶属滇黔绥靖公署，辖第 1 团、第 2 团和第 3 团。暂编第 21 师成立后长期戍守云南。1945 年 6 月改隶第 60 军。8 月抗战胜利后开赴越南义安受降。1948 年 10 月 17 日在吉林长春起义。

历任师长：

马继武（1943 年 7 月 10 日—1944 年 2 月 19 日）

邱秉常（1944 年 2 月 19 日—抗战胜利时）

陆军暂编第22师（滇军）

暂编第 22 师于 1943 年 7 月 10 日在云南开远成立（原滇黔绥靖公署步兵第 5 旅扩编），隶属滇黔绥靖公署，辖第 1 团、第 2 团和

杨炳麟

第3团。暂编第22师成立后长期戍守云南。1945年6月改隶第93军。8月抗战胜利后开赴越南海防受降。1948年10月15日在辽宁锦州被歼灭。

历任师长：

邱开基（1943年7月10日—1944年2月19日）

杨炳麟（1943年7月10日—抗战胜利时）

陆军暂编第23师（滇军）

潘朔端

暂编第23师于1943年7月10日在云南玉溪成立（原滇黔绥靖公署步兵第6旅扩编），隶属滇黔绥靖公署，辖第1团、第2团和第3团。暂编第23师成立后长期戍守云南。1945年3月改隶第1方面军。8月抗战胜利后仍驻玉溪。11月21日裁撤。

历任师长：

潘朔端（1943年7月10日—抗战胜利时）

陆军暂编第24师（华北伪军—中央军1）

李忠毅

暂编第24师于1940年8月12日在河南郑州成立（原华北伪军和平建国军第1军第1师反正后改编），隶属新编第7军，辖第1团、第2团和第3团。暂编第24师成立后长期在河南作战。1941年4月起长期戍守陕西。1945年7月9日裁撤，所部官兵补充暂编第25师。

历任师长：

李忠毅（1940年8月12日—1943年8月14日）

夏季屏（1943年8月14日—1944年4月15日）

宋子英（1944年4月15日—1945年7月9日）

陆军暂编第24师（滇军2）

龙绳祖

暂编第24师于1945年7月18日在云南昆明再次成立（原独立第2旅扩编），隶属滇黔绥靖公署，辖第1团、第2团和第3团。8月抗战胜利后仍驻昆明。1946年7月28日裁撤。

历任师长：

龙绳祖（1945年7月18日—抗战胜利时）

陆军暂编第25师（华北伪军1）

曹大中

暂编第25师于1940年8月12日在河南郑州成立（原华北伪军和平建国军第1军第2师反正后改编），隶属新编第7军，辖第1团、第2团和第3团。暂编第25师成立后长期在河南作战。1941年4月起长期戍守陕西。1943年5月12日裁撤（保留师部），所部官兵分别补充暂编第24师和暂编第26师。

历任师长：

曹大中（1940年8月12日—1942年6月25日）

刘　英（1942年6月25日—1943年5月12日）

陆军暂编第25师（中央军2）

暂编第25师于1943年5月12日在陕西宜川再次成立（原暂编第25师师部与第8战区突击兵团合编），隶属新编第7军，辖第1团、第2团和第3团。暂编第25师成立后长期戍守陕西。1945年7月9日改称第32师。

历任师长：

刘英（1943年5月12日—1945年7月9日）

陆军暂编第26师（华北伪军—中央军）

暂编第26师于1940年8月12日在河南郑州成立（原华北伪军和平建国军第1军第3师反正后改编），隶属新编第7军，辖第1团、第2团和第3团。暂编第26师成立后长期在河南作战。1941年4月起长期戍守陕西。1945年7月9日裁撤，所部官兵补充暂编第25师。

历任师长：

宋克宾（1940年8月12日—11月23日）

蔡鸿范（1940年11月23日—1943年8月4日）

李树榛（1943年8月4日—1945年2月8日）

洪士奇（1945年2月8日—7月9日）

宋克宾

洪士奇

陆军暂编第27师（西北军1）

萧劲

暂编第 27 师于 1941 年 9 月 27 日在河南偃师成立（原汪伪第 21 师反正后改编），隶属暂编第 15 军，辖第 1 团、第 2 团和第 3 团。暂编第 27 师成立后长期在河南作战。1944 年 4 月参加豫中会战，遭到重创，第 1 团团长刘耀军阵亡。6 月 27 日裁撤。

历任师长：

刘耀军（1941 年 9 月 27 日—1942 年 8 月 16 日）

刘昌义（1942 年 8 月 16 日—1944 年 3 月 29 日）

萧　劲（1944 年 3 月 29 日—6 月 27 日）

陆军暂编第27师（杂军2）

暂编第 27 师于 1944 年 10 月 23 日在湖北兴山再次成立（原鲁苏豫皖边区挺进第 4 纵队改编），隶属暂编第 9 军。1945 年 8 月抗战胜利后驻防河南新蔡。1946 年 2 月 27 日裁撤。

历任师长：

王金铎（1944 年 10 月 23 日—抗战胜利时）

陆军暂编第28师（西北军）

暂编第 28 师于 1941 年 2 月 1 日在河南濮阳成立（原暂编第 3 师改称），隶属第 69 军，辖第 1 旅（辖第 1 团、第 2 团）和第 2 旅（辖第 3 团、第 4 团）。暂编第 28 师成立后长期在河南作战。1942 年 1 月裁撤旅部，辖第 1 团、第 2 团和第 3 团。1943 年 5 月起长期在湖北作战。1945 年 8 月抗战胜利后开赴湖北随县受降。11 月 20 日裁撤。

陈光然

历任师长：

米文和（1941 年 2 月 1 日—1942 年 1 月 12 日）

陈光然（1942 年 1 月 12 日—抗战胜利时）

历任旅长：

第 1 旅：宋西箴

第 2 旅：宋逸群

陆军暂编第29师（西北军）

暂编第 29 师于 1941 年 5 月 6 日在河南濮阳成立（原新编第 6 师第 1 旅和新编第 13 旅合编），隶属新编第 8 军，辖第 1 旅（辖第 1 团、第 2 团）和第 2 旅（辖第 3 团、第 4 团）。暂编第 29 师成立后长期在鲁西地区游击。1942 年 6 月，高级参谋黄祯泰阵亡。同月裁撤旅部，辖第 1 团、第 2 团和第 3 团，此后长期在豫皖边区游击。1944 年 5 月参加豫中会战。1945 年 8 月抗战胜利后开赴河南新乡受降。10 月 30 日在河北邯郸起义。

历任师长：

张汉全（1941 年 5 月 6 日—1943 年 3 月 15 日）

尹瀛洲（1943 年 3 月 15 日—抗战胜利时）

历任旅长：

第 1 旅：李玉珂—尹瀛洲

第 2 旅：孟昭进

张汉全

尹瀛洲

陆军暂编第30师（西北军1）

赵云祥

暂编第 30 师于 1940 年 7 月 19 日在山东故城成立（原冀察战区游击第 3 纵队改编），隶属冀察战区，辖第 1 旅（辖第 1 团、第 2 团）和第 2 旅（辖第 3 团、第 4 团）。暂编第 30 师成立后长期在鲁西地区游击。1942 年 4 月 22 日，师长赵云祥率部在山东曹县投敌，改编为伪军第 4 军（汪伪）。

历任师长：

赵云祥（1940 年 7 月 19 日—1942 年 4 月 22 日）

历任旅长：

第 1 旅：潘子明

第 2 旅：戴心宽—王拱宸

陆军暂编第30师（中央军2）

路可贞

暂编第 30 师于 1942 年 12 月 21 日在安徽砀山再次成立（原第 92 军抽调官兵编组），隶属鲁苏豫皖边区总司令部，辖第 1 团、第 2 团和第 3 团。暂编第 30 师成立后长期在鲁西地区游击。1943 年 2 月改隶第 28 集团军。9 月起长期在安徽作战。1944 年 9 月改隶暂编第 1 军。1945 年 6 月 4 日改称第 82 师。

历任师长：

路可贞（1942 年 12 月 21 日—1943 年 11 月 30 日）

洪显成（1943 年 11 月 30 日—1945 年 6 月 4 日）

陆军暂编第31师（宁马军）

马宝琳

暂编第31师于1941年3月25日在宁夏平罗成立（原宁夏省警备第1旅和警备第2旅改编），隶属第11军，辖第1团、第2团和第3团。暂编第31师成立后长期戍守宁夏。1945年8月抗战胜利后仍驻平罗。10月8日裁撤。

历任师长：

马宝琳（1941年3月25日—1945年4月13日）

王有禄（1945年4月13日—抗战胜利时）

陆军暂编第32师（中央军）

暂编第32师于1940年10月15日在浙江嘉兴成立（原浙江人民抗敌自卫军第1纵队改编），隶属第3战区，辖第1团、第2团、第3团和补充团。11月改隶暂编第9军。暂编第32师成立后长期在浙东地区游击。1942年3月改隶第88军。5月参加浙赣会战，第2团团长滕炳耀阵亡。1943年6月改隶第86军。11月参加常德会战，此后长期在湖北作战。1945年6月23日裁撤，所部官兵补充第13师。

历任师长：

黄　权（1940年10月15日—1943年2月17日）

阮　齐（1943年2月17日—1945年2月20日）

温　靖（1945年2月20日—6月23日）

黄权

阮齐

陆军暂编第33师（中央军）

暂编第33师于1940年10月15日在浙江永嘉成立（原浙江人民抗敌自卫军第2纵队改编），隶属第3战区，辖第1团、第2团、第3团和补充团。11月改隶暂编第9军。暂编第33师成立后长期在浙东地区游击。1942年5月参加浙赣会战。1943年6月改隶第88军。1945年8月抗战胜利后驻防浙江松阳。9月20日裁撤。

历任师长：

萧冀勉（1940年10月15日—1943年9月16日）

周淘漉（1943年9月16日—抗战胜利时）

萧冀勉

周淘漉

陆军暂编第34师（中央军）

暂编第34师于1940年10月15日在浙江镇海成立（原浙江人民抗敌自卫军第3纵队改编），隶属第3战区，辖第1团、第2团、第3团和补充团。11月改隶暂编第9军。暂编第34师成立后长期在浙东地区游击。1942年5月参加浙赣会战。1943年2月改隶第18军。5月参加鄂西会战。7月改隶第32军，此后长期在湖北作战。1945年2月4日裁撤，所部官兵补充第11师。

历任师长：

彭巩英（1940年10月15日—1942年3月6日）

朱　奇（1942年3月6日—1943年2月18日）

吴啸亚（1943年2月18日—1945年2月4日）

彭巩英

朱奇

吴啸亚

陆军暂编第35师（中央军）

劳冠英

暂编第35师于1940年10月15日在浙江诸暨成立（原浙江人民抗敌自卫军第4纵队改编），隶属第3战区，辖第1团、第2团、第3团和补充团。暂编第35师成立后长期在浙东地区游击。1942年3月改隶暂编第9军。5月参加浙赣会战，第1团团长谢介卿阵亡。1943年10月改隶第94军，此后长期在湖北作战。1945年5月10日裁撤，所部官兵补充第43师。

历任师长：

劳冠英（1940年10月15日—1945年5月10日）

陆军暂编第36师（西北军）

崔贡琛

暂编第36师于1940年11月12日在河南沁阳成立（原独立第27旅和独立第44旅并编），隶属第68军，辖第1团、第2团、第3团和补充团。暂编第36师成立后长期在河南作战。1941年1月参加豫南会战。1944年4月参加豫中会战。1945年3月参加豫西鄂北会战。8月抗战胜利后驻防河南淅川。同月25日裁撤，所部官兵分别补充第119师和第143师。

历任师长：

刘汝珍（1940年11月12日—1943年4月23日）

崔贡琛（1943年4月23日—抗战胜利时）

陆军暂编第37师（晋军）

暂编第37师于1940年12月30日在山西汾城成立（原第210旅扩编），隶属第19军，辖第1团、第2团和第3团。暂编第37师成立后长期在晋西地区游击。1945年8月抗战胜利后开赴山西浮山受降。10月12日在山西沁河被歼灭。

历任师长：

史泽波（1940年12月30日—1944年1月18日）

杨文彩（1944年1月18日—抗战胜利时）

陆军暂编第38师（晋军）

暂编第38师于1940年12月30日在山西乡宁成立（原第217旅扩编），隶属第19军，辖第1团、第2团和第3团。暂编第38师成立后长期在晋西地区游击。1944年3月改隶第33军。1945年8月抗战胜利后开赴山西临汾受降。10月12日在山西沁河被歼灭。

历任师长：

刘效曾（1940年12月30日—1941年5月1日）

钟有德（1941年5月1日—1942年7月12日）

侯远村（1942年7月12日—1944年6月8日）

温冬生（1944年6月8日—抗战胜利时）

陆军暂编第39师（晋军）

暂编第39师于1941年1月1日在山西吉县成立（原第196旅扩编），隶属第23军，辖第1团、第2团和第3团。暂编第39师成立后长期在晋西地区游击。1944年2月改隶第43军。1945年8月抗战胜利后开赴山西大宁受降。11月20日缩编为暂编第45师第3团。

历任师长：

鲁应禄（1941年1月1日—1944年2月5日）

周志仁（1944年2月5日—抗战胜利时）

陆军暂编第40师（晋军）

暂编第40师于1941年1月1日在山西灵石成立（原独立第2旅扩编），隶属第23军，辖第1团、第2团和第3团。暂编第40师成立后长期在晋西地区游击。1945年8月抗战胜利后开赴山西汾西受降。11月20日缩编为暂编第40师第1团。

历任师长：

郭熙春（1941年1月1日—1944年1月21日）

武世权（1944年1月21日—抗战胜利时）

陆军暂编第41师（晋军）

卢鸿恩

暂编第41师于1941年1月1日在山西吉县成立（原第200旅扩编），隶属第33军，辖第1团、第2团和第3团。暂编第41师成立后长期在晋西地区游击。1945年8月抗战胜利后开赴山西孝义受降。11月20日缩编为暂编第38师第1团。

历任师长：

陈震东（1941年1月1日—1943年12月21日）

卢鸿恩（1943年12月21日—1944年3月8日）

田尚志（1944年3月8日—抗战胜利时）

陆军暂编第42师（晋军）

暂编第42师于1941年1月1日在山西石楼成立（原第202旅扩编），隶属第33军，辖第1团、第2团和第3团。暂编第42师成立后长期在晋西地区游击。1944年3月改隶第19军。1945年8月抗战胜利后开赴山西隰县受降。11月20日缩编为第70师第210团。

历任师长：

温冬生（1941年1月1日—1944年6月8日）

阎俊贤（1944年6月8日—抗战胜利时）

陆军暂编第43师（晋军）

张景舜

暂编第43师于1941年1月1日在山西乡宁成立（原第201旅扩编），隶属第34军，辖第1团、第2团和第3团。暂编第43师成立后长期在晋南地区游击。1944年2月改隶第43军。1945年8月抗战胜利后开赴山西乡宁受降。11月20日缩编为暂编第49师第2团。

历任师长：

刘　谦（1941年1月1日—1942年12月2日）

高　雄（1942年12月2日—1944年11月20日）

张景舜（1944年11月20日—抗战胜利时）

陆军暂编第44师（晋军）

暂编第44师于1941年1月1日在山西大宁成立（原第205旅扩编），隶属第34军，辖第1团、第2团和第3团。暂编第44师成立后长期在晋南地区游击。1945年8月抗战胜利后开赴山西稷山受降。11月20日缩编为暂编第44师第1团。

历任师长：

赵　恭（1941年1月1日—1942年11月30日）

马　壮（1942年11月30日—1944年3月15日）

王　楫（1944年3月15日—抗战胜利时）

陆军暂编第45师（晋军）

暂编第45师于1941年1月1日在山西万泉成立（原第218旅扩编），隶属第34军，辖第1团、第2团和第3团。暂编第45师成立后长期在晋南地区游击。1942年6月在万泉遭到重创，师长王凤山阵亡。1945年8月抗战胜利后开赴山西稷山受降。11月20日缩编为第73师第218团。

历任师长：

王凤山（1941年1月1日—1942年6月28日）

马儒魁（1942年6月29日—1945年2月18日）

王为征（1945年2月18日—抗战胜利时）

王凤山

马儒魁

陆军暂编第46师（晋军）

韩步洲

暂编第46师于1941年1月1日在山西乡宁成立（原独立第7旅扩编），隶属第43军，辖第1团、第2团和第3团。暂编第46师成立后长期在晋南地区游击。5月参加晋南会战。1944年2月改隶第23军，此后长期在晋西地区游击。1945年8月抗战胜利后开赴山西灵石受降。11月20日缩编为第68师第202团。

历任师长：

周建祉（1941年1月1日—1942年8月17日）

韩步洲（1942年8月17日—1944年6月9日）

郭溶（1944年6月9日—抗战胜利时）

陆军暂编第47师（晋军）

暂编第47师于1941年1月1日在陕西韩城成立（原独立第8旅扩编），隶属第43军，辖第1团、第2团和第3团。暂编第47师成立后长期戍守陕西。1945年8月抗战胜利后开赴山西灵石受降。11月20日缩编为第68师第203团。

历任师长：

孙瑞琨（1941年1月1日—1942年5月8日）

王维桢（1942年5月8日—抗战胜利时）

陆军暂编第48师（晋军）

暂编第48师于1941年1月1日在山西浮山成立（原第208旅扩编），隶属第61军，辖第1团、第2团和第3团。暂编第48师成立后长期在晋南地区游击。1945年8月抗战胜利后开赴山西临汾受降。11月20日缩编为暂编第44师第2团。

历任师长：

娄福生（1941年1月1日—1944年6月13日）

曹国忠（1944年6月13日—抗战胜利时）

娄福生

曹国忠

陆军暂编第49师（晋军）

暂编第49师于1941年1月1日在山西吉县成立（原第204旅扩编），隶属第83军，辖第1团、第2团和第3团。暂编第49师成立后长期在晋西地区游击。1945年8月抗战胜利后驻防陕西韩城。11月20日缩编为第68师第204团。

历任师长：

卫玉昆（1941年1月1日—1944年3月1日）

张　宏（1944年3月1日—抗战胜利时）

陆军暂编第50师（晋军）

暂编第50师于1941年1月1日在山西乡宁成立（原第206旅扩编），隶属第83军，辖第1团、第2团和第3团。暂编第50师成立后长期在晋西地区游击。1945年8月抗战胜利后开赴山西太原受降。11月20日缩编暂编第37师第1团。

历任师长：

郭维新（1941 年 1 月 1 日—1943 年 4 月 21 日）

王　楫（1943 年 4 月 21 日—1944 年 3 月 15 日）

雷仰汤（1944 年 3 月 15 日—1945 年 4 月 3 日）

樊德鸿（1945 年 4 月 3 日—抗战胜利时）

雷仰汤

樊德鸿

陆军暂编第51师（中央军）

暂编第 51 师于 1940 年 11 月 30 日在湖北南漳成立（原第 1 补充兵训练处改编），隶属第 39 军，辖第 1 团、第 2 团、第 3 团和补充团。1941 年 9 月参加宜昌攻势，此后长期在湖北作战。1945 年 6 月 23 日裁撤，所部官兵补充第 56 师。

历任师长：

贺光谦（1940 年 11 月 30 日—1942 年 7 月 18 日）

林茂华（1942 年 7 月 18 日—1943 年 6 月 22 日）

史宏熹（1943 年 6 月 22 日—1945 年 6 月 23 日）

林茂华

史宏熹

陆军暂编第52师（中央军）

暂编第 52 师于 1940 年 12 月 14 日在陕西彬县成立（原第 14 补充兵训练处改编），隶属第 8 战区，辖第 1 团、第 2 团、第 3 团和补充团。暂编第 52 师成立后长期戍守陕西。1941 年 5 月改隶第 36 军。1945 年 8 月抗战胜利后仍驻彬县。1949 年 12 月 25 日在四川德阳起义（时为第 48 师）。

历任师长：

林　英（1940 年 12 月 14 日—1942 年 4 月 2 日）

周嘉彬（1942年4月2日—1945年1月9日）
何　奇（1945年1月9日—抗战胜利时）

林英

周嘉彬

何奇

陆军暂编第53师（西北军）

翟紫封

暂编第53师于1940年12月14日在湖北宜城成立（原骑兵第9师改编），隶属第59军，辖第1团、第2团和第3团。暂编第53师成立后长期在湖北作战。1941年9月参加第二次长沙会战。1945年3月参加豫西鄂北会战，第1团团长陈振凯阵亡。6月23日裁撤，所部官兵补充第38师和第180师。

历任师长：

张德顺（1940年12月14日—1941年4月7日）
翟紫封（1941年4月7日—1945年6月23日）

陆军暂编第54师（中央军）

暂编第54师于1941年3月4日在湖北崇阳成立（原第9战区挺进第1纵队改编），隶属第20军，辖第1团、第2团和第3团。9月参加第二次长沙会战。12月参加第三次长沙会战。1943年10月改隶第9战区。11月参加常德会战。1944年6月抽调一部参加长衡会战，坚守衡阳47天，遭到重创。8月8日，位于衡阳的残部被日军歼灭，师长饶少伟、参谋长甘印森被俘。1945年2月4日裁撤。

历任师长：

孔荷宠（1941年3月4日—1943年6月12日）
饶少伟（1943年6月12日—1944年8月8日）
尹立言（1944年8月10日—1945年2月4日）

孔荷宠

饶少伟

陆军暂编第55师（中央军1）

陈勉吾

暂编第 55 师于 1940 年 12 月 30 日在贵州兴义成立（原第 8 补充兵训练处改编），隶属第 6 军，辖第 1 团、第 2 团、第 3 团和补充团。暂编第 55 师成立后长期戍守贵州。1942 年 2 月开赴缅甸参加第一次远征，遭到重创。5 月 20 日裁撤。

历任师长：

陈勉吾（1940 年 12 月 30 日—1942 年 5 月 20 日）

陆军暂编第55师（中央军2）

暂编第 55 师于 1942 年 10 月 10 日在安徽蒙城成立（原鲁苏豫皖边区挺进第 21 纵队、第 22 纵队改编），隶属第 31 集团军，辖第 1 团、第 2 团和第 3 团。1944 年 4 月参加豫中会战。12 月改隶第 85 军。1945 年 4 月参加豫西鄂北会战。7 月 1 日改称第 49 师。

历任师长：

李守正（1942 年 10 月 10 日—1945 年 7 月 1 日）

陆军暂编第56师（东北军）

暂编第 56 师于 1941 年 5 月 3 日在河南淮阳成立（原骑兵第 2 军步兵旅扩编），隶属第 92 军，辖第 1 团、第 2 团和第 3 团。暂编第 56 师成立后长期在安徽作战。1942 年 2 月，第 3 团团长徐春芳阵亡。1943 年 4 月起在鲁南地区游击。1944 年 12 月 30 日裁撤，士兵编入第 204 师。

历任师长：

柴济川（1941 年 5 月 3 日—1943 年 4 月 15 日）

孟绍周（1943 年 4 月 15 日—1944 年 12 月 30 日）

柴济川

孟绍周

陆军暂编第57师（中央军）

暂编第 57 师于 1941 年 6 月 22 日在四川泸县成立（原第 36 补充兵训练处改编），隶属第 76 军，辖第 1 团、第 2 团和第 3 团。暂编第 57 师成立后长期戍守四川。1945 年 8 月抗战胜利后开赴湖北沙市受降。1947 年 4 月 14 日在陕西子长被歼灭（时为整编第 135 旅）。

祝夏年

历任师长：

祝夏年（1941 年 6 月 22 日—抗战胜利时）

陆军暂编第58师（中央军）

叶成

暂编第 58 师于 1941 年 5 月 30 日在甘肃张掖成立（原第 44 补充兵训练处改编），隶属新编第 12 军，辖第 1 团、第 2 团和第 3 团。暂编第 58 师成立后长期戍守甘肃。1942 年 6 月改隶第 8 战区。7 月改隶第 91 军。1945 年 2 月改隶第 42 军。8 月抗战胜利后驻防新疆迪化。1949 年 9 月 25 日在新疆喀什起义（时为整编第 227 旅）。

历任师长：

叶　成（1941 年 5 月 30 日—抗战胜利时）

陆军暂编第59师（中央军）

盛文

暂编第 59 师于 1941 年 5 月 16 日在陕西临潼成立（原第 24 补充兵训练处改编），隶属第 36 军，辖第 1 团、第 2 团和第 3 团。暂编第 59 师成立后长期戍守陕西。1945 年 8 月抗战胜利后驻防甘肃庆阳。1947 年 8 月 20 日在陕西米脂被歼灭（时为整编第 123 旅）。

历任师长：

李　洁（1941 年 5 月 16 日—1942 年 10 月 15 日）

盛　文（1942 年 10 月 15 日—抗战胜利时）

陆军暂编第60师（宁马军）

暂编第 60 师于 1944 年 1 月 1 日在宁夏中卫成立（原独立第 35 旅扩编），隶属第 81 军，辖第 1 团、第 2 团和第 3 团。暂编第 60 师成立后长期戍守宁夏。1945 年 8 月抗战胜利后驻防宁夏中宁。1949 年 9 月 19 日在宁夏中卫起义。

历任师长：

马献文（1944 年 1 月 1 日—抗战胜利时）

陆军暂编第61师（青马军）

马全义

暂编第61师于1944年1月1日在青海西宁成立（原第82军补充旅扩编），隶属第82军，辖第1团、第2团和第3团。暂编第61师成立后长期戍守青海。1945年8月抗战胜利后仍驻西宁。1946年4月5日裁撤。

历任师长：

马全义（1944年1月1日—抗战胜利时）

陆军暂编第62师（中央军）

暂编第62师于1944年10月8日在河南陕州成立（原暂编第1旅扩编），隶属第89军，辖第1团、第2团和第3团。1945年3月参加豫西鄂北会战。8月抗战胜利后驻防湖北均县。10月8日裁撤。

历任师长：

鲍汝澧（1944年10月8日—抗战胜利时）

陆军暂编第63师（中央军）

苗秀霖

暂编第63师于1944年10月8日在安徽灵璧成立（原苏北挺进军第6纵队改编），隶属第10战区，辖第1团、第2团和第3团。暂编第62师成立后长期在豫皖边区作战。1945年8月抗战胜利后驻防安徽铜山。10月8日裁撤。

历任师长：

苗秀霖（1944年10月8日—抗战胜利时）

陆军暂编第64师（河南民团）

暂编第64师于1945年2月3日在陕西蓝田成立（原鲁苏豫皖边区挺进第7纵队改编），隶属第1战区，辖第1团、第2团和第3团。6月改隶第27军。8月抗战胜利后仍驻蓝田。12月30日裁撤。

历任师长：

别光汉（1945年1月2日—抗战胜利时）

陆军暂编第65师（中央军）

暂编第65师于1945年2月3日在湖南晃县成立（原独立第1旅扩编），隶属第6战区，辖第1团、第2团和第3团。4月19日裁撤。

李楚藩

历任师长：

李楚藩（1945 年 2 月 3 日—4 月 19 日）

陆军暂编第66师（中央军）

刘子奇

暂编第 66 师于 1945 年 2 月 3 日在河南泌阳成立（原暂编第 2 旅和暂编第 3 旅并编），隶属第 1 战区，辖第 1 团、第 2 团和第 3 团。8 月抗战胜利后仍驻泌阳。10 月 8 日裁撤。

历任师长：

张清秀（1945 年 2 月 3 日—3 月 12 日）

刘子奇（1945 年 3 月 12 日—抗战胜利时）

陆军荣誉第1师（中央军）

荣誉第 1 师于 1938 年 1 月 25 日在湖南浏阳成立（原第 92 师荣誉团、第 190 师荣誉团、湖南省保安荣誉团和第 50 师荣誉大队改编），直属军事委员会，辖第 1 团、第 2 团、第 3 团和第 4 团。1939 年 2 月改隶第 5 军。11 月第 4 团改称补充团。同月参加桂南会战，在昆仑关告捷。1940 年 4 月改隶新编第 11 军，此后长期在湖北作战。1941 年 9 月改隶第 8 军，参加宜昌攻势。1943 年 5 月起长期戍守云南。1944 年 6 月参加滇西攻势，因功获颁荣誉旗（1945 年 6 月 21 日颁授）。1945 年 8 月抗战胜利后开赴山东青岛受降。1949 年 1 月 10 日在河南永城被歼灭（时为第 42 师）。

汪波

历任师长：

宋希濂（1938 年 1 月 25 日—5 月 1 日）

林　英（1938 年 5 月 1 日—1939 年 2 月 19 日）

郑洞国（1939 年 2 月 19 日—1940 年 9 月 11 日）

李　弥（1940 年 9 月 11 日—1942 年 5 月 30 日）

汪　波（1942 年 5 月 30 日—抗战胜利时）

陆军荣誉第2师（中央军）

荣誉第 2 师于 1943 年 1 月 16 日在四川叙永成立（原陕西荣誉大队、涪陵荣誉大队、汉中荣誉大队，以及第 25 补充兵训练处新兵、资简师管区新兵、邛大师管区新兵编组），直属

戴坚

军事委员会，辖第 4 团、第 5 团和第 6 团。荣誉第 2 师成立后长期戍守四川。1944 年 3 月起长期戍守云南。1945 年 4 月改隶第 53 军。8 月抗战胜利后开赴越南河内受降。1948 年 11 月 21 日在江苏邳县被歼灭（时为第 44 师）。

历任师长：

戴　坚（1943 年 1 月 16 日—抗战胜利时）

陆军预备第1师（中央军1）

预备第 1 师于 1937 年 9 月 21 日在陕西三原成立（原陕西省保安团一部扩编），直属军事委员会，辖第 1 团、第 2 团、第 3 团和第 4 团。1938 年 2 月 12 日裁撤，所部官兵分别补充第 36 师和第 88 师。

历任师长：

龙慕韩（1937 年 9 月 21 日—1938 年 2 月 12 日）

陆军预备第1师（中央军2）

预备第 1 师于 1939 年 3 月 3 日在陕西西安再次成立（原预备第 14 师改称），隶属第 16 军，辖第 1 团、第 2 团、第 3 团和补充团。预备第 1 师成立后长期戍守陕西。1945 年 7 月 1 日改称第 22 师。

历任师长：

谢辅三（1939 年 3 月 3 日—1942 年 10 月 15 日）

冯　龙（1942 年 10 月 15 日—1945 年 7 月 1 日）

陆军预备第2师（中央军）

预备第 2 师于 1937 年 9 月 21 日在贵州贵阳成立（原贵州省保安团一部扩编），直属军事委员会，辖第 5 团、第 6 团、第 7 团和第 8 团。1938 年 6 月改隶第 8 军，参加武汉会战。1939 年 1 月由军事委员会直辖。3 月所属各团改换番号，辖第 4 团、第 5 团、第 6 团和补充团，此后长期戍守贵州、四川、云南。1943 年 1 月改隶第 6 军。1944 年 5 月参加滇西攻势，第 5 团团长李颐阵亡。1945 年 6 月改隶第 2 军。1949 年 6 月 5 日裁撤（时为第 149 师）。

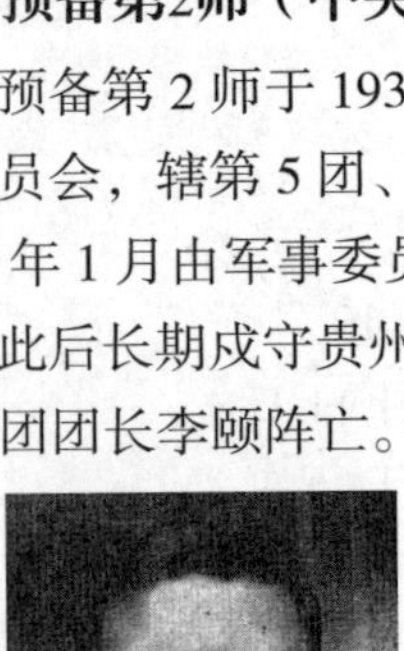

冯剑飞

历任师长：

冯剑飞（1937 年 9 月 21 日—1938 年 6 月 30 日）

陈明仁（1938 年 6 月 30 日—1942 年 4 月 1 日）

顾葆裕（1942 年 4 月 1 日—1945 年 6 月 18 日）

杨宝珏（1945 年 6 月 18 日—抗战胜利时）

陆军预备第3师（中央军1）

预备第3师于1937年9月21日在江苏淮阴成立（原安徽省保安团和江苏省保安团各一部扩编），直属军事委员会，辖第9团、第10团、第11团和第12团。1938年3月15日改称第52师。

历任师长：

冷　欣（1937年9月21日—1938年3月15日）

陆军预备第3师（中央军2）

周开勋

预备第3师于1939年3月3日在陕西西安再次成立（原第13军补充团、第24师补充团和第49师补充团改编），隶属第16军。预备第3师成立后长期戍守陕西。1945年7月1日改称第94师。

历任师长：

周开勋（1939年3月3日—1941年5月17日）

陈鞠旅（1941年5月17日—1945年7月1日）

陆军预备第4师（中央军1）

预备第4师于1937年9月21日在湖南衡阳成立（原广东省保安团一部扩编），直属军事委员会，辖第13团、第14团、第15团和第16团。1938年2月2日改称第190师。

历任师长：

梁华盛（1937年9月21日—1938年2月2日）

陆军预备第4师（中央军2）

预备第4师于1938年5月10日在湖南常德再次成立（原第5补充兵训练处改编），直属军事委员会，辖第13团、第14团、第15团和第16团。8月改隶第75军，参加武汉会战。1939年3月所属各团改换番号，辖第10团、第11团、第12团和补充团。12月参加冬季攻势。1940年5月参加枣宜会战，第10团团长蓝挺阵亡。1941年9月参加宜昌攻势。1943年11月参加常德会战。1945年4月2日裁撤，所部官兵补充第6师和第16师。

傅正模

王中柱

历任师长：

傅正模（1938 年 5 月 10 日—1941 年 11 月 8 日）

王中柱（1941 年 11 月 8 日—1945 年 4 月 2 日）

陆军预备第5师（中央军1）

预备第 5 师于 1937 年 9 月 21 日在湖北咸宁成立（原湖北省保安团一部扩编），直属军事委员会，辖第 17 团、第 18 团、第 19 团和第 20 团。1938 年 1 月 25 日裁撤，所部官兵补充第 109 师。

历任师长：

蒋伏生（1937 年 9 月 21 日—1938 年 1 月 25 日）

陆军预备第5师（中央军2）

预备第 5 师于 1939 年 1 月 3 日在江西鄱阳再次成立（原鄱阳湖游击部队改编），隶属第 3 战区，辖第 13 团、第 14 团、第 15 团和补充团。2 月改隶第 29 军，参加南昌会战。1940 年 5 月改隶第 70 军。1941 年 3 月参加上高会战。4 月改隶第 19 集团军。1942 年 2 月改隶第 49 军。5 月参加浙赣会战。1944 年 6 月参加衢州战役。1945 年 4 月 2 日裁撤，所部官兵补充第 105 师。

历任师长：

曾戛初（1939 年 1 月 3 日—1943 年 9 月 23 日）

王和华（1943 年 9 月 23 日—1945 年 4 月 2 日）

曾戛初

王和华

陆军预备第6师（中央军1）

吉章简

预备第 6 师于 1937 年 10 月 18 日在福建漳平成立（原福建省保安团一部扩编），直属军事委员会，辖第 21 团、第 22 团和第 23 团。1938 年 6 月参加武汉会战。10 月 20 日裁撤，所部官兵补充第 60 师。

历任师长：

范汉杰（1937 年 10 月 18 日—12 月 24 日）

吉章简（1937 年 12 月 24 日—1938 年 10 月 20 日）

陆军预备第6师（中央军2）

吴德泽

预备第6师于1939年9月3日在江西赣州再次成立（原江西省四个保安团改编），直属军事委员会，辖第16团、第17团和第18团。11月改隶暂编第2军，此后长期在广东作战。1941年10月改隶闽粤赣边区总司令部。1945年8月抗战胜利后驻防湖南宜章。10月8日裁撤。

历任师长：

郭礼伯（1939年9月3日—1940年4月6日）

吴德泽（1940年4月6日—抗战胜利时）

陆军预备第7师（中央军1）

预备第7师于1937年10月18日在南京成立（原湖南省保安团一部扩编），直属军事委员会，辖第25团、第26团、第27团和第28团。1938年10月16日改称第53师。

历任师长：

曹日晖（1937年10月18日—1938年10月16日）

陆军预备第7师（中央军2）

预备第7师于1939年8月5日在陕西武功再次成立（原第26补充兵训练处四个团改编），隶属第42军，辖第19团、第20团和第21团。预备第7师成立后长期戍守陕西。1944年3月起长期戍守新疆。1945年1月在伊宁遭到新疆民族军重创，副师长杜德孚、参谋长曹日灵、第19团团长彭俊业、第21团团长姜宣铨阵亡。8月抗战胜利后驻防新疆阿克苏。1949年9月25日在阿克苏起义（时为整编第65旅）。

历任师长：

严　明（1939年8月5日—1944年4月8日）

李禹祥（1944年4月8日—1945年3月1日）

侯　声（1945年3月1日—抗战胜利时）

李禹祥

侯声

陆军预备第8师（中央军）

预备第8师于1937年10月18日在湖南长沙成立（原四川军管区和河南军管区各一部

扩编），直属军事委员会，辖第 29 团、第 30 团、第 31 团和第 32 团。1938 年 1 月改隶第 71 军。6 月参加徐州会战。8 月改隶第 27 军。1939 年 3 月所属各团改换番号，辖第 22 团、第 23 团、第 24 团和补充团，此后长期在晋南地区游击。1941 年 5 月参加晋南会战。1942 年 5 月起在太行山游击。1943 年 5 月遭到重创，师长陈孝强被俘。1944 年 5 月参加豫中会战。12 月改隶暂编第 5 军。1945 年 8 月抗战胜利后驻防陕西西安。1946 年 1 月 8 日裁撤。

历任师长：

凌兆尧（1937 年 10 月 18 日—1938 年 12 月 21 日）

陈素农（1938 年 12 月 21 日—1942 年 5 月 2 日）

陈孝强（1942 年 5 月 2 日—1943 年 4 月 24 日）

林伟宏（1943 年 5 月 1 日—抗战胜利时）

凌兆尧

林伟宏

陆军预备第9师（中央军）

预备第 9 师于 1937 年 10 月 18 日在湖北武汉成立（原湖北省军管区一部扩编），直属军事委员会，辖第 33 团、第 34 团、第 35 团和第 36 团。1938 年 6 月改隶第 49 军，参加武汉会战，第 35 团团长毛岱钧阵亡。1939 年 2 月参加南昌会战。3 月所属各团改换番号，辖第 25 团、第 26 团、第 27 团和补充团。9 月参加第一次长沙会战。1941 年 1 月改隶第 19 集团军。3 月参加上高会战。4 月改隶第 70 军。1942 年 5 月参加浙赣会战，此后长期在福建作战。1945 年 7 月 9 日裁撤，所部官兵补充第 49 军。

陈集辉

历任师长：

张言传（1937 年 10 月 18 日—1941 年 1 月 16 日）

胡　琏（1941 年 1 月 16 日—1942 年 3 月 1 日）

陈集辉（1942 年 3 月 1 日—1945 年 7 月 9 日）

陆军预备第10师（中央军1）

预备第 10 师于 1937 年 10 月 18 日在浙江杭州成立（原浙江金岩师管区、温处师管区和杭嘉师管区各一部扩编），直属军事委员会，辖第 37 团、第 38 团、第 39 团和第 40 团。1939 年 2 月改隶第 91 军，参加南昌会战。3 月所属各团改换番号，辖第 28 团、第 29 团、第 30 团和补充团。6 月改隶第 86 军，此后长期在浙东地区游击。12 月参加冬季攻势。1940 年 5 月改隶第 10 军。1941 年 9 月参加第二次长沙会战。12 月参加第三次长沙会战，因功获颁荣誉旗（1942 年 9 月 8 日颁授）。1943 年 10 月参加常德会战，师长孙明瑾、参谋处主任陈飞龙阵亡。1944 年 6 月参加长衡会战，坚守衡阳 47 天，遭到重创，击毙日军步兵第 120 联队大佐联队长和尔基隆（追晋少将），残部于 8 月 8 日被日军歼灭，师长葛先才、参谋长何竹本、第 28 团团长曾京被俘。

历任师长：

蒋超雄（1937 年 10 月 18 日—1940 年 1 月 18 日）

方先觉（1940 年 1 月 18 日—1942 年 3 月 28 日）

孙明瑾（1942 年 3 月 28 日—1943 年 12 月 1 日）

葛先才（1943 年 12 月 3 日—1944 年 8 月 8 日）

蒋超雄

孙明瑾

葛先才

陆军预备第10师（中央军2）

预备第 10 师于 1944 年 12 月 27 日在陕西城固再次成立（原预备第 10 师收容官兵为骨干、补以四川各师管区的新兵重建），隶属第 10 军，辖第 28 团、第 29 团和第 30 团。1945 年 6 月 22 日裁撤，所部官兵补充第 190 师。

历任师长：

胡云飞（1944 年 12 月 27 日—1945 年 6 月 22 日）

陆军预备第11师（湘军1）

预备第 11 师于 1937 年 10 月 18 日在江苏金山成立（原独立第 32 旅扩编），直属军事委员会，辖第 41 团、第 42 团和第 43 团。1938 年 1 月 22 日改称第 192 师。

历任师长：

胡　达（1937 年 10 月 18 日—1938 年 1 月 22 日）

陆军预备第11师（中央军2）

预备第 11 师于 1938 年 1 月 29 日在湖北孝感再次成立（原第 33 师改编），直属军事委员会，辖第 41 团、第 42 团和第 43 团。6 月改隶第 8 军，参加武汉会战，遭到重创。7 月 21 日裁撤，所余官兵补充第 3 师。

历任师长：

赵定昌（1938 年 1 月 29 日—7 月 21 日）

陆军预备第11师（中央军3）

蒋当翊

预备第11师于1939年6月20日在河南西平第三次成立（原新编第5师改编），隶属第1战区，辖第31团、第32团、第33团和补充团。1940年4月改隶第85军。5月参加枣宜会战。1941年1月参加豫南会战，此后长期在河南作战。1944年4月参加豫中会战。12月改隶第29军。1945年3月2日改称第91师。

历任师长：

蒋当翊（1939年6月20日—1944年2月3日）

赵　琳（1944年2月3日—1945年3月2日）

陆军预备第11师（中央军4）

预备第11师于1945年3月2日在广西南丹第四次成立（原第91师和暂编第16师并编），隶属第29军，辖第31团、第32团和第33团。6月参加广西攻势。8月抗战胜利后驻防广西桂林。9月4日裁撤。

历任师长：

王铁麟（1945年3月2日—抗战胜利时）

陆军预备第12师（中央军）

预备第12师于1937年12月30日在河南开封成立（原河南省保安团一部扩编），直属军事委员会，辖第45团、第46团和第47团。1938年2月7日改称第195师。

历任师长：

彭进之（1937年12月30日—1938年2月7日）

陆军预备第13师（黔军）

预备第13师于1937年12月30日在贵州松桃成立（原独立第34旅编余干部为基础招募新兵编组），直属军事委员会，辖第49团、第50团和第51团。1938年6月改隶第98军。7月27日裁撤，所部官兵补充第82师。

历任师长：

罗启疆（1937年12月30日—1938年7月27日）

陆军预备第14师（中央军）

预备第14师于1938年1月3日在陕西西安成立（原陕西省保安团一部扩编），直属军事委员会，辖第53团、第54团、第55团和第56团。1938年10月改隶第16军。1939年3月3日改称预备第1师。

历任师长：

谢辅三（1938年1月3日—1939年3月3日）

陆军补充第1师（中央军）

补充第 1 师于 1937 年 10 月 7 日在贵州贵阳成立（原暂编第 5 旅扩编），隶属滇黔绥靖公署，辖第 1 旅（辖第 1 团、第 2 团）和第 2 旅（辖第 3 团、第 4 团）。1938 年 3 月 2 日裁撤，所部官兵补充第 55 师。

历任师长：

柳际明（1937 年 10 月 7 日—1938 年 3 月 2 日）

历任旅长：

第 1 旅：史肇周

第 2 旅：犹禹九

陆军补充第2师（中央军）

补充第 2 师于 1938 年 1 月 10 日在河南焦作成立（原新编第 5 师和独立第 46 旅并编），隶属第 1 战区，辖第 3 旅（辖第 5 团、第 6 团）和第 4 旅（辖第 7 团、第 8 团）。3 月 15 日改称第 110 师。

历任师长：

张轸（1938 年 1 月 10 日—3 月 15 日）

历任旅长：

第 3 旅：辛少亭

第 4 旅：李世勳

陆军骑兵第1师（晋军）

骑兵第 1 师于 1936 年 9 月 16 日在绥远集宁成立（源自山西陆军骑兵第 3 旅），曾参加 1936 年的绥远抗战。抗战全面爆发前驻兴和，隶属陆军骑兵司令部，辖第 1 团、第 2 团和第 3 团。1937 年 8 月改隶骑兵第 1 军，参加平汉铁路北段沿线之作战。9 月参加太原会战。1938 年 2 月参加太原攻势，此后长期在晋西地区游击。1939 年 12 月参加“晋西事变”，第 3 团团长郑修恭阵亡。1940 年 1 月，第 1 团团长吴润广阵亡。1942 年 7 月在平遥遭到重创，师长赵瑞、副师长段炳昌、第 1 团团长何焜被俘。1945 年 8 月抗战胜利后开赴山西太原受降。11 月 20 日缩编为第 71 师第 211 团。

赵瑞

历任师长：

彭毓斌（抗战全面爆发时—1938 年 2 月 22 日）

续靖夫（1938 年 2 月 22 日—1940 年 1 月 10 日）

赵　瑞（1940 年 1 月 10 日—1942 年 7 月 26 日）

韩春生（1942 年 7 月 26 日—抗战胜利时）

陆军骑兵第2师（晋军）

骑兵第2师于1936年9月16日在山西大同成立（源自山西陆军骑兵第2旅），曾参加1936年的绥远抗战。抗战全面爆发前驻绥远陶林，隶属陆军骑兵司令部，辖第4团、第5团和第6团。1937年8月改隶骑兵第1军，参加平汉铁路北段沿线之作战。9月参加太原会战。1938年2月参加太原攻势，此后长期在晋西地区游击。1939年12月参加“晋西事变”。1945年8月抗战胜利后开赴山西太原受降。11月20日缩编为暂编第46师第1团。

孙长胜

历任师长：

孙长胜（抗战全面爆发时—1939年3月25日）

周原健（1939年3月25日—1940年1月10日）

沈　瑞（1940年1月10日—1942年8月1日）

张世科（1942年8月1日—1944年3月8日）

卢鸿恩（1944年3月8日—抗战胜利时）

陆军骑兵第3师（东北军）

骑兵第3师于1933年2月12日在河北临榆成立（源自东北陆军骑兵第3旅），曾参加1933年的长城抗战。抗战全面爆发前驻山西大同，隶属骑兵军，辖第7团、第8团和第9团。1937年8月改隶骑兵第2军。9月参加太原会战。1938年2月起长期在晋北地区游击。1939年12月起长期在豫皖边区游击。1944年4月参加豫中会战。1945年8月抗战胜利后驻防河南项城。1948年9月24日在山东济南被歼灭（时为整编第213旅）。

历任师长：

郭希鹏（抗战全面爆发时—1937年8月31日）

徐　梁（1937年8月31日—1941年5月6日）

王照堃（1941年5月6日—1944年2月6日）

徐长熙（1944年2月6日—抗战胜利时）

王照堃

徐长熙

陆军骑兵第4师（东北军1）

骑兵第4师于1933年2月12日在河北卢龙成立（源自东北陆军骑兵第4旅），曾参加1933年的长城抗战。抗战全面爆发前驻大名，隶属骑兵军，辖第10团、第11团和第12团。

1937 年 8 月改隶骑兵第 2 军。10 月改隶骑兵第 3 军。1938 年 2 月改隶第 1 战区，此后长期在冀西地区游击。6 月改隶第 97 军。1939 年 4 月 25 日改编为新编第 24 师。

王奇峰

历任师长：

王奇峰（抗战全面爆发时—1938 年 12 月 28 日）

张东凯（1938 年 12 月 28 日—1939 年 4 月 25 日）

陆军骑兵第4师（晋军2）

骑兵第 4 师于 1940 年 1 月 10 日在山西石楼再次成立（原新编骑兵第 1 旅扩编），隶属骑兵第 1 军，辖第 10 团、第 11 团和第 12 团。骑兵第 4 师成立后长期在晋西地区游击。1942 年 7 月在平遥遭到重创，师长杨诚、第 10 团团长何炳被俘。1945 年 8 月抗战胜利后开赴山西太原受降。11 月 20 日缩编为暂编第 38 师第 1 团和第 2 团。

历任师长：

陈济德（1940 年 1 月 10 日—1942 年 3 月 4 日）

杨　诚（1942 年 3 月 4 日—7 月 26 日）

燕登榜（1942 年 7 月 26 日—抗战胜利时）

杨诚

燕登榜

陆军骑兵第5师（青马军）

骑兵第 5 师于 1936 年 1 月 8 日在甘肃凉州成立（源自宁马军）。抗战全面爆发前驻武威，隶属西安行营，辖第 1 旅（辖第 1 团、第 2 团）、第 2 旅（辖第 3 团、第 4 团）和步兵旅（辖第 1 团、第 2 团）。1937 年 9 月改隶骑兵第 5 军。骑兵第 5 师长期戍守河西走廊。1941 年 5 月缩编，辖第 13 团、第 14 团和第 15 团。1942 年 6 月起长期戍守青海。1945 年 8 月抗战胜利后驻防新疆奇台。1949 年 9 月 25 日在奇台起义（时为整编骑兵第 6 旅）。

历任师长：

马步青（抗战全面爆发时—1941 年 5 月 12 日）

马呈祥（1941 年 5 月 12 日—1943 年 12 月 13 日）

马成贤（1943 年 12 月 13 日—抗战胜利时）

历任旅长：

骑兵第 1 旅：马禄—敏得魁

骑兵第 2 旅：韩起禄

步兵旅：祁明山

陆军骑兵第6师（东北军1）

刘桂五

骑兵第 6 师于 1933 年 2 月 12 日在察哈尔张北成立（源自东北陆军骑兵第 6 旅）。抗战全面爆发前驻山西永济，隶属骑兵军，辖第 16 团、第 17 团和第 18 团。1937 年 8 月改隶东北挺进军。9 月参加太原会战，此后开赴绥远作战。1938 年 4 月在安北遭到重创，师长刘桂五阵亡。战后改隶骑兵第 2 军，此后长期在豫皖边区游击。1941 年 5 月 6 日裁撤，所部官兵补充骑兵第 3 师。

历任师长：

刘桂五（抗战全面爆发时—1938 年 4 月 22 日）

王照堃（1938 年 4 月 22 日—1941 年 5 月 6 日）

陆军骑兵第6师（陕军2）

胡景通

骑兵第 6 师于 1941 年 7 月 11 日在绥远准格尔成立（原第 22 军伊东游击纵队改编），隶属第 22 军，辖第 16 团、第 17 团和第 18 团。骑兵第 6 师成立后长期在绥远作战。1945 年 8 月抗战胜利后驻防陕西榆林。9 月 4 日裁撤。

历任师长：

左世允（1941 年 7 月 11 日—1943 年 10 月 15 日）

胡景通（1943 年 10 月 15 日—抗战胜利时）

陆军骑兵第7师（中央军）

骑兵第 7 师于 1935 年 7 月 12 日在山西芮城成立（源自陆军教导队乘马步兵连）。抗战全面爆发前驻绥远归绥，直属军事委员会，辖第 19 团、第 20 团和第 21 团。1937 年 8 月参加平汉铁路北段沿线之作战。10 月改隶骑兵第 6 军，参加太原会战。1938 年 4 月起长期在绥远作战。1939 年 10 月，参谋处主任周卓然阵亡。12 月参加冬季攻势。1940 年 6 月改隶第 8 战区。1941 年 11 月改隶伊盟守备军。1943 年 9 月改隶第 67 军。1945 年 8 月抗战胜利后驻防甘肃静宁。1949 年 1 月 10 日在河南永城被歼灭（时为整编骑兵第 1 旅）。

历任师长：

门炳岳（抗战全面爆发时—1940 年 6 月 18 日）

朱钜林（1940 年 6 月 18 日—1943 年 9 月 13 日）

张绍成（1943 年 9 月 13 日—抗战胜利时）

朱钜林

张绍成

陆军骑兵第8师（青马军）

马步康

骑兵第8师于1940年7月29日在安徽涡阳成立（原暂编骑兵第1师改称），隶属第1战区，辖第22团、第23团和第24团。骑兵第8师成立后长期在豫皖边区游击。12月改隶鲁苏豫皖边区总司令部。1941年5月改隶第15集团军。1944年4月参加豫中会战，副师长兼政治部主任卢广伟阵亡。1945年8月抗战胜利后开赴江苏徐州受降。1949年9月8日在青海西宁投诚。

历任师长：

马　彪（1940年7月29日—1941年5月5日）

马步康（1941年5月5日—抗战胜利时）

陆军骑兵第9师（西北军1）

骑兵第9师于1936年12月10日在北平成立（原第29军骑兵司令部改编）。抗战全面爆发前驻河北良乡，隶属第29军，辖第1旅（辖第1团、第2团、第3团）和第2旅（辖第4团、第5团第6团）。1937年8月改隶骑兵第3军，参加平汉铁路北段沿线之作战。1938年2月改隶第1战区。3月改隶第69军，此后长期在沂蒙山游击。10月，第6团团长李金仓阵亡。1939年1月改隶第33集团军。5月参加随枣会战。11月缩编，辖第25团、第26团和第27团。1940年5月参加枣宜会战，副官长李世昌阵亡。12月14日改编为暂编第53师。

历任师长：

郑大章（抗战全面爆发时—1938年2月20日）

张德顺（1938年2月20日—1940年12月14日）

历任旅长：

骑兵第1旅：张德顺—祝常德

骑兵第2旅：李殿林

陆军骑兵第9师（东北军2）

骑兵第9师于1941年1月21日在陕西陇县再次成立（原绥东骑兵部队改编），隶属骑兵第3军，辖第25团、第26团和第27团。骑兵第9师成立后长期戍守陕西。1945年8月抗战胜利后仍驻陇县。1949 年 12 月 25 日在四川成都起义（时为整编骑兵第 2 旅）。

历任师长：

李荣春（1941 年 1 月 21 日—5 月 12 日）

张占魁（1941 年 5 月 12 日—1943 年 9 月 28 日）

施建康（1943 年 9 月 28 日—抗战胜利时）

李荣春

张占魁

施建康

陆军骑兵第10师（东北军1）

骑兵第 10 师于 1935 年 7 月 12 日在陕西蒲城成立（源自黑龙江省民众抗日救国义勇军第 1 军）。抗战全面爆发前驻河南许昌，隶属豫皖绥靖公署，辖第 28 团、第 29 团和第 30 团。1937 年 8 月改隶骑兵第 4 军，参加平汉铁路北段沿线之作战。12 月 18 日改编为新编第 5 师。

历任师长：

檀自新（抗战全面爆发时—1937 年 12 月 18 日）

陆军骑兵第10师（中央军2）

骑兵第 10 师于 1941 年 1 月 21 日在陕西陇县再次成立（原骑兵第 12 旅扩编），隶属骑兵第 3 军，辖第 28 团、第 29 团和第 30 团。骑兵第 10 师成立后长期戍守陕西。1943 年 7 月改隶第 91 军。1945 年 8 月抗战胜利后驻防绥远包头。10 月 8 日裁撤。

历任师长：

谭辅烈（1941 年 1 月 21 日—12 月 23 日）

陈延生（1941 年 12 月 23 日—1943 年 7 月 14 日）

刘裕经（1943 年 7 月 14 日—抗战胜利时）

谭辅烈

陈延生

刘裕经

陆军骑兵第11师（新疆军）

向超中

骑兵第 11 师于 1943 年 10 月 10 日在新疆奇台成立（原新疆省防军骑兵第 1 团和骑兵第 21 团合编），隶属第 8 战区，辖第 31 团、第 32 团和第 33 团。骑兵第 11 师成立后长期戍守新疆。1945 年 8 月抗战胜利后仍驻奇台。10 月 8 日裁撤。

历任师长：

吴熙志（1943 年 10 月 10 日—1944 年 8 月 11 日）

向超中（1944 年 8 月 11 日—抗战胜利时）

陆军骑兵第12师（新疆军）

骑兵第 12 师于 1943 年 10 月 10 日在新疆喀什成立（原新疆省防军骑兵第 40 团、骑兵第 48 团和喀什边卡大队合编），隶属第 8 战区，辖第 34 团、第 35 团和第 36 团。骑兵第 12 师成立后长期戍守新疆。1945 年 8 月抗战胜利后仍驻喀什。1947 年 6 月 15 日裁撤。

历任师长：

张希良（1943 年 10 月 10 日—抗战胜利时）

陆军新编骑兵第1师（新疆军）

新编骑兵第 1 师于 1943 年 10 月 10 日在新疆伊宁成立（原新疆省防军骑兵第 16 团、骑兵第 20 团和哈密边卡大队合编），隶属第 8 战区，辖第 1 团、第 2 团和第 3 团。新编骑兵第 1 师成立后长期戍守新疆。1945 年 8 月抗战胜利后驻防新疆乌苏。1946 年 10 月 8 日裁撤。

历任师长：

崔颖春（1943 年 10 月 10 日—1944 年 8 月 11 日）

蒋德玉（1944 年 8 月 11 日—抗战胜利时）

陆军新编骑兵第2师（新疆军）

宛凌云

新编骑兵第 2 师于 1943 年 10 月 10 日在新疆阿克苏成立（原新疆省防军骑兵第 38 团、骑兵第 46 团和和田边卡大队合编），隶属第 8 战区，辖第 4 团、第 5 团和第 6 团。新编骑兵第 2 师成立后长期戍守新疆。1945 年 8 月抗战胜利后驻防新疆库车。1946 年 10 月 8 日裁撤。

历任师长：

宛凌云（1943 年 10 月 10 日—抗战胜利时）

陆军新编骑兵第3师（伪蒙军—绥军）

新编骑兵第 3 师于 1937 年 9 月 7 日在察哈尔商都成立（原伪蒙军第 2 师第 6 团反正后

扩编），隶属东北挺进军，辖第1团、第2团和第3团。新编骑兵第3师成立后参加太原会战，此后长期在绥远作战。1939年3月改隶第8战区。12月参加冬季攻势。1940年6月改隶暂编第3军。1942年10月改隶骑兵第4军。1945年8月4日裁撤，所部官兵补充新编骑兵第4师。

历任师长：

井得泉（1937年9月7日—1941年3月2日）

朱振庭（1941年3月2日—1942年7月18日）

刘万春（1942年7月18日—1943年7月22日）

梁立柱（1943年7月22日—1945年8月4日）

陆军新编骑兵第4师（绥军）

新编骑兵第4师于1937年9月7日在山西河曲成立（原新编骑兵第2旅扩编），隶属第2战区，辖第1团、第2团和第3团。10月改隶骑兵第6军，参加太原会战。1938年2月起长期在绥远作战。1939年12月参加冬季攻势。1940年6月改隶暂编第4军。1942年10月改隶骑兵第4军。1945年8月抗战胜利后驻防绥远河套。1949年1月22日在北平接受和平改编。

历任师长：

石玉山（1937年9月7日—1941年11月10日）

王宪章（1941年11月10日—1945年8月4日）

刘万春（1945年8月4日—抗战胜利时）

石玉山

王宪章

陆军新编骑兵第5师（伪蒙军—东北军）

慕新亚

新编骑兵第5师于1938年5月12日在绥远凉城成立（原伪蒙古军第3师第7团反正后扩编），隶属东北挺进军，辖第1团、第2团和第3团。新编骑兵第5师成立后长期在绥远作战。1945年8月抗战胜利后开赴山西大同受降。1949年1月22日在北平接受和平改编（时为第269师）。

历任师长：

慕新亚（1938年5月12日—抗战胜利时）

陆军新编骑兵第6师（东北军）

新编骑兵第 6 师于 1941 年 9 月 18 日在陕西府谷成立（原暂编骑兵第 1 旅和暂编骑兵第 2 旅并编），隶属东北挺进军，辖第 1 团、第 2 团和第 3 团。新编骑兵第 6 师成立后长期在绥远作战。1945 年 8 月抗战胜利后开赴山西大同受降。1948 年 12 月 24 日在察哈尔张家口被歼灭（时为整编骑兵第 11 旅）。

历任师长：

马占山（1941 年 9 月 18 日—1943 年 10 月 10 日）

吕纪化（1943 年 10 月 10 日—抗战胜利时）

马占山

吕纪化

陆军新编骑兵第7师（中央军）

新编骑兵第 7 师于 1943 年 1 月 8 日在甘肃海原成立（原新编第 3 师改称），隶属第 8 战区，辖第 1 团、第 2 团和第 3 团。新编骑兵第 7 师成立后长期戍守甘肃。7 月改隶骑兵第 3 军。1945 年 8 月抗战胜利后驻防甘肃张掖。10 月 2 日裁撤。

历任师长：

白海风（1943 年 1 月 8 日—抗战胜利时）

陆军新编骑兵第8师（青马军）

新编骑兵第 8 师于 1944 年 10 月 10 日在青海玉树成立（原第 82 军骑兵旅扩编），隶属第 82 军，辖第 1 团、第 2 团和第 3 团。1945 年 8 月抗战胜利后仍驻玉树。1947 年 3 月 12 日裁撤。

历任师长：

马步銮（1944 年 10 月 10 日—抗战胜利时）

陆军暂编骑兵第1师（青马军1）

暂编骑兵第 1 师于 1937 年 8 月 31 日在青海西宁成立（原青海南部警备部队和骑兵第 5 师第 1 旅并编），隶属西安行营，辖第 1 旅（辖第 1 团、第 2 团）、第 2 旅（辖第 3 团、第 4 团）和第 3 旅（辖第 5 团、第 6 团）。11 月改隶第 8 战区，此后长期戍守豫陕边区。1939 年 3 月缩编，辖第 1 旅（辖第 1 团、第 2 团）、第 2 旅（辖第 3 团、第 4 团）。8 月起长期在河南作战。10 月，第 2 旅旅长马秉忠在淮阳阵亡。1940 年 7 月 29 日改编为骑兵第 8 师。

历任师长：

马　彪（1937 年 8 月 31 日—1940 年 7 月 29 日）

历任旅长：

骑兵第 1 旅：马元祥

骑兵第 2 旅：马禄—马秉忠—（空缺）

骑兵第 3 旅：马秉忠

陆军暂编骑兵第1师（青马军2）

马振武

暂编骑兵第 1 师于 1941 年 5 月 12 日在陕西乾县再次成立（原骑兵第 5 师第 2 旅扩编），隶属骑兵第 5 军，辖第 1 团、第 2 团和第 3 团。暂编骑兵第 1 师成立后长期戍守青海。1945 年 8 月抗战胜利后驻防青海民和。1949 年 9 月 25 日在新疆奇台起义（时为整编骑兵第 7 旅）。

历任师长：

韩起禄（1941 年 5 月 12 日—1943 年 6 月 24 日）

马振武（1943 年 6 月 24 日—抗战胜利时）

陆军暂编骑兵第2师（青马军）

马禄

暂编骑兵第 2 师于 1939 年 3 月 18 日在陕西乾县成立（原暂编骑兵第 1 师第 2 旅扩编），隶属第 10 战区，辖第 1 旅（辖第 1 团、第 2 团）、第 2 旅（辖第 3 团、第 4 团）。暂编骑兵第 2 师成立后长期戍守陕西。1940 年 6 月改隶第 34 集团军，裁撤旅部，辖第 1 团、第 2 团和第 3 团。1945 年 8 月抗战胜利后驻防陕西潼关。1946 年 1 月 10 日裁撤。

历任师长：

马　禄（1939 年 3 月 18 日—抗战胜利时）

历任旅长：

骑兵第 1 旅：马福仓

骑兵第 2 旅：马宗林

第2战区教导师（晋军1）

第 2 战区教导师于 1938 年 2 月 22 日在山西乡宁成立，隶属第 2 战区，辖第 2 战区特务第 1 团、特务第 2 团、特务第 3 团、特务第 4 团、特务第 5 团、特务第 6 团和特务第 7 团。1939 年 6 月 1 日裁撤，所属部队改由第 2 战区直辖。

历任师长：

彭毓斌（1938 年 2 月 22 日—1939 年 6 月 1 日）

第2战区教导师（晋军2）

第 2 战区教导师于 1939 年 9 月 1 日在山西蒲县成立（兼山西新军总指挥部），隶属第 2 战区，辖山西新军各部。12 月 3 日“晋西事变”发生后无形解散，新军大部参加第 18 集团军。

历任师长：

阎锡山（1939 年 9 月 1 日—12 月 3 日）

第2战区政治保卫第1师（晋军）

第 2 战区政治保卫第 1 师于 1941 年 10 月 1 日在山西吉县成立（原第 2 战区警卫总队改编），隶属第 2 战区，辖第 1 团、第 2 团和第 3 团。政卫第 1 师成立后长期担负第 2 战区司令长官部的警备任务。1944 年 3 月 15 日裁撤，所属部队仍编为警卫总队。

历任师长：

雷仰汤（1941 年 10 月 1 日—1944 年 3 月 15 日）

第2战区政治保卫第2师（晋军）

傅海云

第 2 战区政治保卫第 2 师于 1941 年 10 月 1 日在山西吉县成立（原第 2 战区阻击总队改编），隶属第 2 战区，辖第 1 团、第 2 团和第 3 团。政卫第 2 师成立后长期担负第 2 战区司令长官部的警备任务。1945 年 11 月 20 日缩编为暂编第 39 师第 3 团。

历任师长：

傅海云（1941 年 10 月 1 日—1944 年 3 月 15 日）

刘元（1944 年 3 月 15 日—抗战胜利时）

第2战区政治保卫第3师（晋军）

第 2 战区政治保卫第 3 师于 1941 年 10 月 1 日在山西乡宁成立（原第 2 战区游击第 4 纵队改编），隶属第 2 战区，辖第 1 团、第 2 团和第 3 团。1945 年 9 月 22 日裁撤。

历任师长：

张荣汛（1941 年 10 月 1 日—抗战胜利时）

第2战区政治保卫第4师（晋军）

第 2 战区政治保卫第 4 师于 1941 年 10 月 1 日在山西乡宁成立（原第 2 战区游击第 6 纵队改编），隶属第 2 战区，辖第 1 团、第 2 团和第 3 团。1944 年 10 月 8 日缩编为蒲县守备队。

历任师长：

刘君瑜（1941 年 10 月 1 日—1944 年 10 月 8 日）

陆军第69军教导师（西北军）

石友信

第 69 军教导师于 1940 年 2 月 10 日在山东曹县成立（原第 69 军教导旅扩编），隶属第 69 军，辖第 1 团和第 2 团。5 月扩编，辖第 1 旅（辖第 1 团、第 2 团）和第 2 旅（辖第 3 团、第 4 团）。1941 年 11 月 3 日，师长文大可率部在山东甄城投敌，改编为伪军第 31 师（汪伪）。

历任师长：

石友信（1940 年 2 月 10 日—12 月 4 日）

文大可（1940 年 12 月 4 日—1941 年 11 月 3 日）

历任旅长：

第 1 旅：段海洲

第 2 旅：文大可

河北暂编第1师（西北军）

河北暂编第 1 师于 1937 年 9 月 20 日在河南滑县成立（原冀北保安部队改编），辖第 1 团、第 2 团和第 3 团。12 月 22 日改编为暂编第 9 师。

历任师长：

高树勋（1937 年 9 月 20 日—12 月 22 日）

陆军游击第1师（绥军）

游击第 1 师于 1939 年 8 月 4 日在绥远包头成立（原伪军西北边防自治军第 1 师反正后改编），隶属第 8 战区第 1 游击区，辖第 1 团、第 2 团和第 3 团。1942 年 10 月 13 日裁撤。

历任师长：

高振兴（1939 年 8 月 4 日—1942 年 10 月 13 日）

陆军游击第2师（绥军）

李兆兴

游击第 2 师于 1939 年 8 月 4 日在绥远包头成立（原伪军西北边防自治军第 3 师反正后改编），隶属第 8 战区第 2 游击区，辖第 1 团和第 2 团。1942 年 10 月 13 日裁撤。

历任师长：

李兆兴（1939 年 8 月 4 日—1942 年 10 月 13 日）

陆军游击第3师（绥军）

游击第 3 师于 1940 年 3 月 21 日在绥远五原成立（原为绥西自治联军第 2 师反正后改

编），隶属第 8 战区第 3 游击区，辖第 1 团、第 2 团和第 3 团。1942 年 10 月 13 日裁撤。

历任师长：

邬青云（1940 年 3 月 21 日—1942 年 10 月 13 日）

陆军游击第4师（绥军）

鄂友三

游击第 4 师于 1940 年 6 月 12 日在绥远河套成立（原绥远省民众抗日自卫军第 4 路改编），隶属第 8 战区第 3 游击区，辖第 1 团、第 2 团和第 3 团。1942 年 10 月 13 日裁撤。

历任师长：

郭怀翰（1940 年 6 月 12 日—1941 年 9 月 25 日）

鄂友三（1941 年 9 月 25 日—1942 年 10 月 13 日）

陆军游击第5师（绥军）

游击第 5 师于 1940 年 6 月 12 日在绥远固阳成立（原绥远省民众抗日自卫军第 8 路改编），隶属第 8 战区第 4 游击区，辖第 1 团和第 2 团。1942 年 10 月 13 日裁撤。

历任师长：

兰瑞（1940 年 6 月 12 日—1942 年 10 月 13 日）

第八篇　各独立旅历史概况

旅在近代中国陆军的序列中，通常以两种形态存在，一为独立旅、一为师属步兵旅。晚清创立新军时，独立旅称为混成旅，辖步兵两团及骑兵、工兵、炮兵、辎重兵等直属部队（或团或营），实为小号陆军师，可以独立执行作战任务。在新军初建时，一些省份财力有限，便选择筹建混成旅，此后根据实际情况再按编制扩充成师。师属步兵旅虽然也辖两个步兵团，但没有其他直属部队，作战时由师直属部队加强和支援。

国民革命军也有独立旅和师属步兵旅之分，对于中央军来说，两者之间的区别和晚清基本一致。在人事上，独立旅设参谋长，师属步兵旅设上（中）校参谋主任（从1936年起陆续改称中校参谋），是最明显的标志。但地方部队编成情况并不统一，有的独立旅缺少直属部队，有些师属步兵旅却能直辖炮兵。一支部队编成师或者独立旅，更多取决于主官的资历和部队的充实程度。

1938年12月第一次南岳军事会议之后，师属步兵旅的建制被陆续取消，留下来的旅即使没有冠以“独立”二字，也不隶属于师（原师属步兵旅除外，如第111师和第112师，至1944年才裁撤所属步兵旅）。抗战中后期的旅，大体可分为四类：独立步兵旅、独立骑兵旅、炮兵旅和警卫旅。

独立步兵旅的基本情况已如前述，各种警备旅、教导旅、补充旅虽然番号各异，但实际作用与独立步兵旅没有区别。独立骑兵旅与其格局相似，实际上即为编制较小的骑兵旅。

炮兵旅是炮兵团的管理单位，和步骑兵不同，炮兵旅所辖的各团往往都是以营、连为单位配属到野战步兵部队中，旅部只能起到行政管理、训练督导和人事考核作用，或者兼任战区司令长官司令部的炮兵指挥部。在抗战中后期，大部分炮兵旅长都兼任战区炮兵指挥官，因此真正能够集中指挥本旅全部火炮实施作战的情况微乎其微。有鉴于此，炮兵旅部在抗战后期全部裁撤，其职能合并入各战区炮兵指挥部中。

警卫旅是一个泛称，特务旅、手枪旅、近卫旅等都可以归结到此类。这些部队的番号前缀往往是一个高级指挥机关，如军事委员会特务旅、滇黔绥靖公署近卫旅等等。这些部队主要用于护卫和警备高级机关，往往装备精良却没有野战经验，有些营、连甚至只是一个空架子，用于纳编和管理本机关各级长官的勤务兵。

简单的分类并不能概括全部的情况，比如第3路军手枪旅虽然是韩复榘的警卫部队，但是战斗力也十分强悍。独立第32旅没有警卫的名号，却实实在在地干了八年守备仓库的任务，在抗战胜利时改编为军政部监护总队。

抗战时期最独特的旅当数新疆陆军机械化旅，这是一支辖有炮兵团和摩托化团的仿苏式编制部队。但仅存在了不到2年，便和号称机械化师的第200师一样，被改编成了普通步兵师。

附：陆军独立旅编制表

独立旅司令部（司令部内无处、室建制，仅按师司令部所属各处情况设立副官、军需官、军械官、军医官等若干）

步兵第 1 团、步兵第 2 团、特务排

步兵第 1 营、步兵第 2 营、步兵第 3 营、重机关枪连、迫击炮连

步兵第 1 连、步兵第 2 连、步兵第 3 连

步兵第 1 排、步兵第 2 排、步兵第 3 排

陆军独立第1旅（晋军1）

独立第 1 旅于 1937 年 3 月 7 日在山西河曲成立（源自山西防共保卫团）。抗战全面爆发前驻河曲，隶属太原绥靖公署，辖新编第 3 团和新编第 6 团。8 月改隶第 2 战区。9 月参加太原会战。11 月，新编第 3 团编入第 101 师，新编第 4 团和新编第 7 团编入序列。1938 年 2 月参加太原攻势。5 月 28 日裁撤，所属部队编入第 71 师。

历任旅长：

陈庆华（抗战全面爆发时—1937 年 11 月 30 日）

续儒林（1937 年 11 月 30 日—1938 年 5 月 28 日）

陆军独立第1旅（晋军2）

梁述哉

独立第 1 旅于 1939 年 6 月 11 日在山西沁县再次成立（原山西新军决死第 1 纵队一部改编），隶属第 2 战区教导师，辖新编第 24 团、新编第 25 团和新编第 26 团。12 月 17 日因“晋西事变”发生参加第 18 集团军。

历任旅长：

梁述哉（1939 年 6 月 11 日—12 月 17 日）

陆军独立第1旅（中央军3）

刘振世

独立第 1 旅于 1940 年 12 月 7 日在湖南辰溪第三次成立，隶属第 6 战区，辖第 1 团、第 2 团和第 3 团。独立第 1 旅成立后长期戍守湘川边区。1945 年 2 月 3 日扩编为暂编第 65 师。

历任旅长：

刘振世（1940 年 12 月 7 日—1942 年 11 月 22 日）

李楚藩（1942 年 11 月 22 日—1945 年 2 月 3 日）

陆军独立第2旅（晋军1）

方克猷

独立第2旅于1936年6月1日在山西临县成立（源自山西陆军第2旅）。抗战全面爆发前驻临县，隶属太原绥靖公署，辖第411团、第412团和第413团。1937年8月改隶第2战区。9月参加太原会战。10月22日缩编为第68师第203旅第410团。

历任旅长：

方克猷（抗战全面爆发时—1937年10月22日）

陆军独立第2旅（晋军2）

艾子谦

独立第2旅于1939年6月11日在山西大宁再次成立（原山西新军决死第2纵队一部改编），隶属第2战区教导师，辖新编第27团、新编第28团和新编第29团。1940年1月改隶第2战区。4月改隶第23军。1941年1月1日扩编为暂编第40师。

历任旅长：

艾子谦（1939年6月11日—1941年1月1日）

陆军独立第2旅（滇军3）

独立第2旅于1943年7月10日在云南昆明第三次成立（原滇黔绥靖公署护卫混成团扩编），隶属滇黔绥靖公署，辖第1团、第2团和第3团。1945年7月18日扩编为暂编第24师。

历任旅长：

龙绳祖（1943年7月10日—1945年7月18日）

陆军独立第3旅（晋军1）

独立第3旅于1936年6月1日在山西五台成立（源自山西陆军第2旅）。抗战全面爆发前驻五台，隶属第33军，辖第4团、第5团和第6团。1937年9月参加太原会战。10月22日缩编为第68师第203旅第405团。

历任旅长：

章拯宇（抗战全面爆发时—1937年10月22日）

陆军独立第3旅（晋军2）

独立第3旅于1939年6月11日在山西阳城再次成立（原山西新军决死第3纵队一部改编），隶属第2战区教导师，辖新编第30团、新编第31团和新编第32团。1940年1月改隶第2战区，辖新编第20团、新编第21团和新编第32团。5月改隶第43军。12月改隶第2战区。1941年1月1日改称第196旅。

贾宣宗

历任旅长：

颜天明（1939 年 6 月 11 日—12 月 17 日）

贾宣宗（1939 年 12 月 17 日—1941 年 1 月 1 日）

陆军独立第4旅（汪伪军—中央军）

王辅臣

独立第 4 旅于 1939 年 12 月 18 日在山西晋城成立（原汪伪河南省警备队反正后改编），隶属第 1 战区，辖第 1 团和第 2 团。独立第 4 旅成立后长期在豫晋边区作战。1941 年 1 月参加豫南会战。1942 年 3 月改隶第 34 集团军，此后长期戍守陕西。1943 年 12 月 24 日裁撤，所属部队编入暂编第 4 师。

历任旅长：

杨兆荣（1939 年 12 月 18 日—1942 年 6 月 10 日）

王辅臣（1942 年 6 月 10 日—1943 年 12 月 24 日）

陆军独立第5旅（西北军）

独立第 5 旅于 1930 年 10 月 6 日在河南郑州成立（源自国民军第 15 军）。抗战全面爆发前驻安徽舒城，隶属豫鄂皖边区绥靖公署，辖第 614 团和第 615 团。1937 年 8 月改隶第 14 集团军，参加平汉铁路北段沿线之作战。9 月参加太原会战，旅长郑廷珍、第 614 团团长李继程阵亡。1938 年 2 月参加太原攻势，此后长期在晋南地区游击。1941 年 6 月改隶第 8 战区，此后长期戍守陕西。1943 年 12 月 24 日裁撤，所属部队编入暂编第 4 师。

郑廷珍

历任旅长：

郑廷珍（抗战全面爆发时—1937 年 10 月 15 日）

高增级（1937 年 10 月 16 日—1941 年 6 月 2 日）

马雄飞（1941 年 6 月 2 日—1943 年 12 月 24 日）

陆军独立第6旅（黔军1）

独立第 6 旅于 1936 年 5 月 11 日在福建宁德成立（源自贵州陆军第 2 混成旅）。抗战全面爆发前驻宁德，隶属驻闽绥靖公署，辖第 616 团和第 618 团。1937 年 8 月改隶第 4 集团军。10 月改隶第 10 集团军，此后长期在浙皖边区游击。1938 年 7 月 29 日改编为第 26 师第 76 旅。

周志群

历任旅长：

周志群（抗战全面爆发时—1938 年 7 月 29 日）

陆军独立第6旅（中央军2）

独立第 6 旅于 1939 年 3 月 29 日在浙江淳安再次成立（原江苏省两个保安团改编），隶属第 3 战区，辖第 16 团和第 18 团。独立第 6 旅成立后长期苏浙边区游击。12 月改隶第 89 军。1940 年 10 月在黄桥与新编第 4 军作战时遭到重创，旅长翁达自戕。1943 年 3 月在泗阳与新编第 4 军作战时再次遭到重创，旅长李仲寰阵亡。1944 年 8 月改隶第 3 战区，此后长期在淮北地区游击。1945 年 7 月在睢城与新编第 4 军作战时第三次遭到重创，副旅长程砚农、第 16 团团长王学阶被俘。8 月 4 日裁撤。

历任旅长：

周德霖（1939 年 3 月 29 日—1940 年 7 月 11 日）

翁　达（1940 年 7 月 11 日—10 月 4 日）

纪毓智（1940 年 10 月 8 日—1942 年 11 月 15 日）

李仲寰（1942 年 11 月 15 日—1943 年 7 月 16 日）

黄　炎（1943 年 7 月 16 日—1945 年 8 月 4 日）（注：与师长黄炎不是同一人）

周德霖

翁达

纪毓智

李仲寰

黄炎

陆军独立第7旅（晋军1）

独立第7旅于1936年6月1日在绥远归绥成立（源自正太护路军）。抗战全面爆发前驻归绥，隶属太原绥靖公署，辖第619团、第620团和第621团。1937年8月改隶第2战区。9月参加太原会战。11月30日改编为第101师第213旅。

历任旅长：

马延守（抗战全面爆发时—1937年11月30日）

陆军独立第7旅（晋军2）

独立第7旅于1939年6月11日在山西文水再次成立（原山西新军决死第4纵队一部改编），隶属第2战区教导师，辖新编第33团、新编第34团和新编第35团。1940年1月改隶第2战区，改辖新编第10团、新编第11团和新编第12团。5月改隶第43军。1941年1月1日扩编为暂编第46师。

历任旅长：

卢宪高（1939年6月11日—1940年3月1日）

周建祉（1940年3月1日—1941年1月1日）

陆军独立第8旅（晋军1）

独立第8旅于1936年6月1日在山西榆次成立（源自正太护路军）。抗战全面爆发前驻榆次，隶属第33军，辖第1团、第2团和第3团。1937年9月参加太原会战。10月22日改编为第68师第210旅。

历任旅长：

孟宪吉（抗战全面爆发时—1937年10月22日）

陆军独立第8旅（晋军2）

独立第8旅于1938年7月29日在山西浮山再次成立（原长治游击部队扩编），隶属第2战区，辖第400团、新编第13团和新编第14团。1940年5月改隶第43军。1941年1月1日扩编为暂编第47师。

历任旅长：

田齐卿（1938年7月29日—1941年1月1日）

陆军独立第9旅（粤军）

独立第9旅于1936年8月8日在广东琼州成立（源自第1集团军教导团和独立团）。抗战全面爆发前驻琼州，隶属第4路军，辖第625团和第627团。1937年8月改隶第12集团军。10月增编第626团。1938年10月在广东阻击日军。1939年12月参加第一次粤北战役。1940年4月拨归闽粤赣边区总司令部。5月参加第二次粤北战役，此后仍长期在广东作战。1945年8月抗战胜利后驻防江西安远。10月8日裁撤。

历任旅长：

李　江（抗战全面爆发时—1937 年 10 月 14 日）

张简孙（1937 年 10 月 14 日—1939 年 1 月 30 日）

华振中（1939 年 1 月 30 日—1940 年 12 月 18 日）

容　干（1940 年 12 月 18 日—1943 年 7 月 1 日）

陈　师（1943 年 7 月 1 日—1945 年 4 月 1 日）

温淑海（1945 年 4 月 1 日—抗战胜利时）

张简孙

容干

陈师

温淑海

陆军独立第10旅（宁马军）

独立第 10 旅于 1937 年 2 月 12 日在宁夏银川成立（源自北洋陆军第 5 混成旅）。抗战全面爆发前驻银川，隶属第 11 军，辖第 19 团和第 20 团。独立第 10 旅成立后长期戍守宁夏。1939 年 12 月 7 日扩编为暂编第 9 师。

历任旅长：

马全良（抗战全面爆发时—1939 年 12 月 7 日）

陆军独立第11旅（川军1）

独立第 11 旅于 1937 年 1 月 10 日在四川灌县成立（源自四川江防军）。抗战全面爆发前驻灌县，隶属川康绥靖公署，辖第 631 团和第 633 团。1938 年 4 月 6 日扩编为新编第 15 师。

历任旅长：

邓国璋（抗战全面爆发时—1938 年 4 月 6 日）

陆军独立第11旅

李启蒙

独立第 11 旅于 1943 年 10 月 1 日在浙江丽水再次成立（原暂编第 2 旅改称），隶属第 32 集团军，辖第 1 团和第 2 团。11 月 2 日改编为第 32 集团军第 3 突击队。

历任旅长：

李启蒙（1943 年 10 月 1 日—1944 年 11 月 2 日）

陆军独立第12旅（川军1）

独立第 12 旅于 1937 年 1 月 10 日在四川彭县成立（源自四川陆军第 9 混成旅）。抗战全面爆发前驻遂宁，隶属川康绥靖公署，辖第 634 团和第 636 团。1938 年 4 月 6 日扩编为新编第 14 师。

历任旅长：

范楠煊（抗战全面爆发时—1938 年 4 月 6 日）

陆军独立第12旅（桂军2）

独立第 12 旅于 1940 年 5 月 7 日在广西桂林再次成立（原广西绥靖公署独立第 1 团和独立第 2 团合编），隶属广西绥靖公署，辖第 23 团和第 24 团。1941 年 5 月 12 日裁撤，所属部队拨归广西绥靖公署直辖。

历任旅长：

海竞强（1940 年 5 月 7 日—1941 年 5 月 12 日）

陆军独立第13旅（川军1）

独立第 13 旅于 1937 年 1 月 10 日在四川万县成立（源自靖国军第 27 团）。抗战全面爆发前驻梁山，隶属川康绥靖公署，辖第 637 团、第 638 团和第 639 团。8 月改隶第 21 军。1938 年 2 月 5 日改编为新编第 7 师第 1 旅。

历任旅长：

田钟毅（抗战全面爆发时—1938 年 2 月 5 日）

陆军独立第13旅（川军2）

独立第 13 旅于 1938 年 2 月 6 日在四川万县再次成立（原第 161 师第 2 旅改编），隶属川康绥靖公署，辖第 637 团和第 639 团。4 月 6 日扩编为新编第 13 师。

历任旅长：

刘若弼（1938 年 2 月 6 日—4 月 6 日）

陆军独立第13旅（桂军3）

梁津

独立第 13 旅于 1940 年 5 月 7 日在广西桂林第三次成立（原广西绥靖公署独立第 3 团和独立第 4 团合编），隶属广西绥靖公署，辖第 25 团和第 26 团。1941 年 5 月 12 日裁撤，所属部队拨归广西绥靖公署直辖。

历任旅长：

梁　津（1940 年 5 月 7 日—1941 年 5 月 12 日）

陆军独立第14旅（川军1）

独立第14旅于1937年1月10日在西康雅安成立（源自四川陆军第11混成旅）。抗战全面爆发前驻雅安，隶属川康绥靖公署，辖第640团、第641团和第642团。8月改隶第21军。1938年2月5日改编为新编第7师第2旅。

历任旅长：

熊玉璋（抗战全面爆发时—1938年2月5日）

陆军独立第14旅（中央军2）

独立第14旅于1940年5月9日在河南郑州成立（原豫鄂边区游击部队改编），隶属第31集团军，辖第1团、第2团和第3团。独立第14旅成立后长期在河南作战。1941年1月参加豫南会战。1944年2月29日扩编为新编第42师。

历任旅长：

洪显成（1940年5月9日—12月28日）

黄詠瓒（1940年12月28日—1943年6月17日）

彭赉良（1943年6月17日—1944年2月29日）

陆军独立第15旅（川军1）

独立第15旅于1937年1月10日在四川南溪成立（源自贵州陆军独立旅）。抗战全面爆发前驻南溪，隶属第23军，辖第643团和第645团。1938年2月改隶第28集团军。4月6日扩编为新编第16师。

历任旅长：

穆瀛洲（抗战全面爆发时—1938年4月6日）

陆军独立第15旅（中央军2）

独立第15旅于1940年5月9日在河南中牟再次成立（原桐柏山游击部队改编），隶属第31集团军，辖第1团、第2团和第3团。独立第15旅成立后长期在河南作战。1941年1月参加豫南会战。1944年2月29日扩编为新编第43师。

历任旅长：

刘子奇（1940年5月9日—8月21日）

黄子华（1940年8月21日—1943年3月3日）

龚厚斋（1943年3月3日—1944年2月29日）

陆军独立第16旅（川军）

独立第16旅于1937年1月10日在四川成都成立（源自第21军手枪大队）。抗战全面爆发前驻成都，隶属川康绥靖公署，辖第646团、第647团和第648团。1938年4月6日扩编为新编第17师。

历任旅长：

刘树成（抗战全面爆发时—1938 年 4 月 6 日）

陆军独立第17旅（川军）

黄冈

独立第 17 旅于 1937 年 1 月 10 日在四川简阳成立（源自第 21 军警备大队）。抗战全面爆发前驻简阳，隶属第 23 军，辖第 649 团和第 651 团。1938 年 2 月改隶第 28 集团军。4 月 6 日扩编为新编第 18 师。

历任旅长：

黄　冈（抗战全面爆发时—1938 年 4 月 6 日）

陆军独立第18旅（川军）

独立第 18 旅于 1937 年 8 月 1 日在四川成都成立（原第 45 军特科司令部改编），隶属川康绥靖公署，辖第 1 团和第 2 团。1938 年 4 月 26 日改编为第 126 师第 376 旅。

历任旅长：

谢无圻（1937 年 8 月 1 日—1938 年 4 月 26 日）

陆军独立第19旅（陕军1）

沈玺亭

独立第 19 旅于 1937 年 1 月 15 日在河南尉氏成立（源自陕西警备第 2 旅）。抗战全面爆发前驻尉氏，隶属豫皖绥靖公署，辖第 655 团和第 657 团。7 月 20 日裁撤，所部官兵补充第 166 师。

历任旅长：

沈玺亭（抗战全面爆发时—1937 年 7 月 20 日）

陆军独立第19旅（川军2）

独立第 19 旅于 1937 年 8 月 1 日在四川灌县再次成立（原第 125 师第 1 旅改编），隶属川康绥靖公署，辖第 1 团和第 2 团。1938 年 4 月 26 日改编为新编第 9 师第 2 旅。

历任旅长：

杨晒轩（1937 年 8 月 1 日—1938 年 4 月 26 日）

陆军独立第20旅（陕军1）

独立第 20 旅于 1937 年 1 月 15 日在河南杞县成立（原第 17 师第 49 旅改编）。抗战全面爆发前驻杞县，隶属豫皖绥靖公署，辖第658团和第660团。7月20日扩编为新编第35师。

历任旅长：

王劲哉（抗战全面爆发时—1937年7月20日）

陆军独立第20旅（中央军2）

独立第20旅于1937年7月25日在江苏苏州再次成立（原第2师补充旅改称），隶属京沪警备司令部，辖第658团、第659团和第660团。8月改隶第9集团军，参加淞沪会战。同月25日裁撤，所部官兵补充第61师。

历任旅长：

钟松（1937年7月25日—8月25日）

陆军独立第20旅（粤军3）

喻英奇

独立第20旅于1938年3月20日在广东肇庆第三次成立（由招募的新兵编成），隶属第12集团军，辖第1团、第2团和第3团。10月在广东阻击日军。1939年12月参加第一次粤北战役。1940年5月参加第二次粤北战役，此后仍长期在广东作战。1945年6月5日裁撤。

历任旅长：

陈勉吾（1938年3月20日—1939年1月30日）

喻英奇（1939年1月30日—9月20日）

张寿（1939年9月20日—1943年8月31日）

蒋武（1943年8月31日—1945年6月5日）

陆军独立第21旅（滇军）

独立第21旅于1937年6月19日在云南大理成立（源自建国联军第5军）。抗战全面爆发前驻大理，隶属滇黔绥靖公署，辖第1团、第2团。8月30日改编为第182师第539旅。

历任旅长：

刘正富（抗战全面爆发时—1937年8月30日）

陆军独立第22旅（滇军）

独立第22旅于1937年6月19日在云南昭通成立（源自建国联军第5军）。抗战全面爆发前驻大理，隶属滇黔绥靖公署，辖第3团、第4团。8月30日改编为第182师第540旅。

历任旅长：

安恩溥（抗战全面爆发时—1937年8月30日）

陆军独立第23旅（滇军）

独立第 23 旅于 1937 年 6 月 19 日在云南曲靖成立（源自建国联军第 5 军）。抗战全面爆发前驻曲靖，隶属滇黔绥靖公署，辖第 5 团、第 6 团。8 月 30 日改编为第 183 师第 541 旅。

历任旅长：

杨宏光（抗战全面爆发时—1937 年 8 月 30 日）

陆军独立第24旅（滇军）

独立第 24 旅于 1937 年 6 月 19 日在云南楚雄成立（源自建国联军第 5 军）。抗战全面爆发前驻楚雄，隶属滇黔绥靖公署，辖第 9 团、第 10 团。8 月 30 日改编为第 183 师第 542 旅。

历任旅长：

鲁道源（抗战全面爆发时—1937 年 8 月 30 日）

陆军独立第25旅（西北军）

独立第 25 旅于 1936 年 12 月 10 日在北平成立（原第 29 军暂编第 9 旅改编）。抗战全面爆发前驻北平，隶属第 29 军，辖第 673 团和第 675 团。1937 年 8 月改隶第 77 军，参加平汉铁路北段沿线之作战。9 月 7 日编入第 179 师。

历任旅长：

张凌云（抗战全面爆发时—1937 年 9 月 7 日）

陆军独立第26旅（西北军）

独立第 26 旅于 1936 年 12 月 10 日在天津成立（原第 29 军暂编第 10 旅改编）。抗战全面爆发前驻天津，隶属第 29 军，辖第 676 团和第 678 团。1937 年 8 月改隶第 59 军，参加平汉铁路北段沿线之作战。9 月 7 日改编为第 38 师第 113 旅。

历任旅长：

李九思（抗战全面爆发时—1937 年 9 月 7 日）

陆军独立第27旅（西北军）

石振纲

独立第 27 旅于 1936 年 12 月 10 日在河北任丘成立（原第 29 军暂编第 6 旅改编）。抗战全面爆发前驻南宫，隶属第 29 军，辖第 679 团和第 681 团。1937 年 8 月改隶第 1 集团军，参加平汉铁路北段沿线之作战。1938 年 1 月改隶第 68 军。3 月参加徐州会战。7 月参加武汉会战。1939 年 1 月参加冬季攻势。1940 年 5 月参加枣宜会战。11 月 12 日裁撤，所属部队编入暂编第 36 师。

历任旅长：

石振纲（抗战全面爆发时—1937 年 8 月 31 日）

刘汝珍（1937 年 8 月 31 日—1940 年 11 月 12 日）

陆军独立第28旅（西北军1）

独立第28旅于1936年12月10日在河北河间成立（原第29军暂编第5旅改编）。抗战全面爆发前驻大名，隶属第29军，辖第682团和第684团。1937年8月改隶第77军，参加平汉铁路北段沿线之作战。9月7日编入第179师。

历任旅长：

柴建瑞（抗战全面爆发时—1937年9月7日）

陆军独立第28旅（西北军2）

独立第28旅于1938年2月16日在山东沂水再次成立（原第3集团军手枪旅改编），隶属第3集团军，辖第1团和第2团。1939年1月24日扩编为新编第4师。

历任旅长：

吴化文（1938年2月16日—1939年1月24日）

陆军独立第29旅（西北军）

独立第29旅于1936年12月10日在察哈尔张家口成立（原第29军暂编第3旅改编）。抗战全面爆发前驻万全，隶属第29军，辖第685团和第687团。1937年8月改隶第68军，参加平汉铁路北段沿线之作战。9月7日编入第119师。

历任旅长：

田温其（抗战全面爆发时—1937年9月7日）

陆军独立第30旅（滇军）

独立第30旅于1937年6月19日在云南鹤庆成立（源自建国联军第5军）。抗战全面爆发前驻鹤庆，隶属滇黔绥靖公署，辖第13团、第14团。8月30日改编为第184师第543旅。

历任旅长：

龚顺璧（抗战全面爆发时—1937年8月30日）

陆军独立第31旅（西北军）

独立第31旅于1936年12月10日在察哈尔张家口成立（原第29军暂编第4旅改编）。抗战全面爆发前驻张家口，隶属第29军，辖第691团和第693团。1937年8月改隶第68军，参加平汉铁路北段沿线之作战。9月7日编入第119师。

历任旅长：

陈新起（抗战全面爆发时—1937年9月7日）

陆军独立第32旅（湘军1）

独立第32旅于1933年12月11日在湖南长沙成立（原长沙警备第1团和第2团合编）。

抗战全面爆发前驻长沙，隶属湘鄂赣边区绥靖公署，辖第 694 团和第 695 团。1937 年 8 月改隶第 73 军，参加淞沪会战。10 月 18 日扩编为预备第 11 师。

历任旅长：

胡达（抗战全面爆发时—1937 年 10 月 18 日）

陆军独立第32旅（中央军2）

独立第 32 旅于 1937 年 12 月 20 日在湖南衡阳再次成立（原山东省第 1 区、第 2 区专员公署所属各县所自卫班学员队改编），隶属军政部，辖第 694 团和第 695 团。独立第 32 旅成立后长期担负辰溪军政部所属各仓库的守备任务。1945 年 1 月 8 日改编为军政部监护总队。

历任旅长：

樊应魁（1937 年 12 月 20 日—1938 年 9 月 16 日）

袁德性（1938 年 9 月 16 日—1945 年 1 月 8 日）

樊应魁

袁德性

陆军独立第33旅（滇军1）

独立第 33 旅于 1937 年 6 月 19 日在云南昆明成立（源自建国联军第 5 军）。抗战全面爆发前驻昆明，隶属滇黔绥靖公署，辖第 17 团、第 18 团。8 月 30 日改编为第 184 师第 544 旅。

历任旅长：

张冲（抗战全面爆发时—1937 年 8 月 30 日）

陆军独立第33旅（中央军2）

独立第 33 旅于 1938 年 4 月 1 日在江西宁都再次成立（原江西省保安第 19 团和第 20 团改编），隶属第 3 战区，辖第 697 团、第 698 团、第 699 团。7 月改隶第 32 集团军，此后长期在苏南地区游击。1939 年 12 月参加冬季攻势。1943 年 4 月改隶第 3 战区。1945 年 2 月 20 日裁撤。

历任旅长：

黄镇中（1938 年 4 月 1 日—1941 年 8 月 9 日）

王　文（1941 年 8 月 9 日—1942 年 4 月 8 日）

曾　振（1942 年 4 月 8 日—1945 年 2 月 20 日）

黄镇中

王文

曾振

陆军独立第34旅（黔军）

独立第34旅于1931年4月10日在湖北施南成立（源自第10军独立团）。抗战全面爆发前驻贵州镇远，隶属滇黔绥靖公署，辖第700团、第701团和第702团。1937年9月改隶第3战区，参加淞沪会战。12月18日裁撤，所部官兵补充第90师。

历任旅长：

罗启疆（抗战全面爆发时—1937年12月18日）

陆军独立第35旅（川军1）

独立第35旅于1935年2月16日在湖北谷城成立（源自四川陆军第3混成旅）。抗战全面爆发前驻谷城，隶属川鄂湘黔边区绥靖公署，辖第703团和第704团。1937年8月改隶第5战区。1938年2月7日扩编为第193师。

历任旅长：

李宗鉴（抗战全面爆发时—1938年2月7日）

陆军独立第35旅（宁马军2）

独立第35旅于1938年3月11日在宁夏中宁再次成立（原第35师第105旅改编），隶属第81军，辖第1团和第2团。独立第35旅成立后长期绥西地区作战。1939年12月参加冬季攻势。1942年3月起长期戍守宁夏。1944年1月1日扩编为暂编第60师。

历任旅长：

马献文（1938年3月11日—1944年1月1日）

陆军独立第36旅，番号空缺。

陆军独立第37旅（中央军）

独立第37旅于1935年11月25日在福建厦门成立（源自福建省防军教导团）。抗战全面爆发前驻浙江宁波，隶属苏浙边区绥靖公署，辖第709团和第710团。1937年8月改隶第10集团军，参加淞沪会战。1938年1月22日扩编为第194师。

历任旅长：

陈德法（抗战全面爆发时—1938 年 1 月 22 日）

陆军独立第38旅，番号空缺。

陆军独立第39旅（西北军1）

阮玄武

独立第 39 旅于 1936 年 12 月 10 日在北平成立（原第 29 军暂编第 7 旅改编）。抗战全面爆发前驻北平，隶属第 29 军，辖第 715 团、第 716 团和第 717 团。1937 年 8 月 10 日被日军缴械遣散。

历任旅长：

阮玄武（抗战全面爆发时—1937 年 8 月 10 日）

陆军独立第39旅（西北军2）

祁光远

独立第 39 旅于 1937 年 8 月 31 日在河北青县再次成立（原天津市保安部队改编），隶属第 59 军，辖第 715 团和第 717 团。9 月 7 日编入第 180 师。

历任旅长：

祁光远（1937 年 8 月 31 日—9 月 7 日）

陆军独立第40旅（西北军）

独立第 40 旅于 1936 年 12 月 10 日在察哈尔张家口成立（原第 29 军暂编第 8 旅改编）。抗战全面爆发前驻宣化，隶属第 29 军，辖第 718 团、第 720 团。1937 年 8 月 31 日裁撤，所部官兵补充第 68 军。

历任旅长：

夏子明（抗战全面爆发时—1937 年 8 月 31 日）

陆军独立第41旅—独立第43旅，番号空缺。

陆军独立第44旅（西北军）

吴鹏举

独立第 44 旅于 1933 年 5 月 15 日在江西永丰成立（源自西北边防军骑兵第 3 旅）。抗战全面爆发前驻江苏宿迁，隶属第 42 军，辖第 730 团和第 732 团。1937 年 8 月参加平汉铁路北段沿线之作战。10 月参加太原会战。1938 年 3 月参加徐州会战，在台儿庄告捷。8 月参加武汉会战。1939 年 3 月改隶第 30 军。5 月参加随枣会战。12 月参加冬季攻势。1940 年 5 月参加枣宜会战。11 月 12 日裁撤，所部官兵编入暂编第 36 师。

历任旅长：

吴鹏举（抗战全面爆发时—1940 年 11 月 12 日）

陆军独立第45旅（鲁军）

独立第 45 旅于 1933 年 5 月 23 日在江西贵溪成立（原第 21 师第 63 旅改编）。抗战全面爆发前驻安徽屯溪，隶属苏浙边区绥靖公署，辖第 733 团、第 734 团和第 735 团。1937 年 8 月改隶第 8 集团军，参加淞沪会战，此后长期在浙东地区游击。1938 年 4 月改隶第 10 集团军。1939 年 5 月 12 日扩编为新编第 30 师。

历任旅长：

张銮基（抗战全面爆发时—1939 年 5 月 12 日）

陆军独立第46旅（西北军1）

鲍刚

独立第 46 旅于 1933 年 8 月 3 日在河南内乡成立（源自镇威军第 2 军先遣第 2 梯队）。抗战全面爆发前驻镇平，隶属豫皖绥靖公署，辖第 736 团和第 738 团。1937 年 8 月改隶第 1 战区，参加平汉铁路北段沿线之作战。1938 年 1 月 10 日改编为补充第 2 师第 3 旅。

历任旅长：

鲍　刚（抗战全面爆发时—1938 年 1 月 10 日）

陆军独立第46旅（陕军2）

独立第 46 旅于 1938 年 6 月 21 日在山西猗氏再次成立（原陕西警备第 2 旅改编），隶属第 38 军，辖第 736 团和第 738 团。独立第 46 旅成立后长期在中条山游击。1939 年 1 月，副旅长邱铁生阵亡。8 月 26 日编入新编第 35 师。

历任旅长：

孔从洲（1938 年 6 月 21 日—1939 年 8 月 26 日）

陆军独立第46旅（西北军3）

独立第46旅于1941年5月21日在河南林县第三次成立（原第40军补充第1团和补充第2团合编），隶属第40军，辖第736团和第738团。独立第46旅成立后长期在太行山游击。1943年6月19日扩编为新编第40师。

历任旅长：

司元恺（1941年5月21日—1943年6月19日）

陆军独立第47旅（陕军）

独立第47旅于1938年6月21日在山西猗氏成立（原陕西警备第3旅改编），隶属第96军，辖第739团和第741团。独立第47旅成立后长期在中条山游击。1939年1月，第741团团长李家骥阵亡。6月，副旅长翟家骐阵亡。1942年8月12日扩编为新编第14师。

杨复震

历任旅长：

王镇华（1938年6月21日—1940年4月2日）

杨复震（1940年4月2日—1942年8月12日）

陆军新编第1旅—新编第3旅，番号空缺。

陆军新编第4旅（晋军1）

新编第4旅于1937年9月10日在山西太原成立（源自山西防共保卫团），隶属第2战区，辖新编第2团和新编第12团。新编第4旅成立后参加太原会战。10月22日裁撤，所部官兵补充第69师。

历任旅长：

于镇河（1937年9月10日—10月22日）

陆军新编第4旅（西北军2）

新编第4旅于1939年8月13日在山东章丘再次成立（原中国民众抗日义勇军改编），隶属冀察战区，辖第7团和第8团。新编第4旅成立后长期在豫鲁边区游击。1940年4月改隶第39集团军。1942年4月22日，旅长王清瀚率部在山东曹县投敌，改编为伪军第5军军部和所属伪军第40师（汪伪）。

历任旅长：

孟昭进（1939年8月13日—1941年5月6日）

王清瀚（1941年5月6日—1942年4月22日）

孟昭进

王清瀚

陆军新编第5旅（伪军—绥军）

新编第5旅于1937年1月3日在绥远丰镇成立（原伪军“大汉义军”步兵第1旅反正后改编）。抗战全面爆发前驻丰镇，隶属太原绥靖公署，辖第1团和第2团。8月改隶第7集团军。10月改隶骑兵第6军，参加太原会战，此后长期在绥远作战。1939年12月7日扩编为暂编第10师。

历任旅长：

安荣昌（抗战全面爆发时—1939年12月7日）

陆军新编第6旅（伪军—绥军）

新编第6旅于1937年1月3日在绥远凉城成立（原伪军“大汉义军”步兵第1旅第2团反正后改编）。抗战全面爆发前驻凉城，隶属太原绥靖公署，辖第1团和第2团。8月改隶第7集团军。9月参加太原会战，此后长期在绥远作战。1939年1月改隶第8战区。1939年12月参加冬季攻势。1940年1月18日扩编为暂编第11师。

历任旅长：

王子修（抗战全面爆发时—1940年1月18日）

陆军新编第7旅—新编第9旅，番号空缺。

陆军新编第10旅（甘军）

新编第10旅于1931年10月12日在甘肃靖远成立（源自固原民团）。抗战全面爆发前驻靖远，隶属新编第1军，辖第1团和第2团。新编第10旅长期戍守甘肃。1940年5月12日扩编为暂编第15师。

历任旅长：

李贵清（抗战全面爆发时—1940年5月12日）

陆军新编第11旅（甘军）

新编第11旅于1931年10月12日在甘肃榆中成立（源自靖边民团）。抗战全面爆发前驻庆阳，隶属新编第 1 军，辖第 1 团和第 2 团。新编第 11 旅长期戍守甘肃。1940 年 5 月改隶晋陕绥边区总司令部。1945 年 8 月抗战胜利后驻防陕西定边。1949 年 9 月 19 日在绥远包头起义（时为第 228 师）。

历任旅长：

刘宝堂（抗战全面爆发时—1941 年 9 月 4 日）

陈国宾（1941 年 9 月 5 日—1944 年 4 月 5 日）

曹又参（1944 年 4 月 6 日—抗战胜利时）

陈国宾

曹又参

陆军新编第12旅（甘军）

新编第 12 旅于 1939 年 8 月 4 日在甘肃成县成立（原陇南游击大队改编），隶属第 34 集团军，辖第 1 团和第 2 团。新编第 12 旅成立后长期戍守甘肃。1940 年 5 月 12 日扩编为新编第 34 师。

历任旅长：

张俊耀（1939 年 8 月 4 日—1940 年 5 月 12 日）

陆军新编第13旅（西北军）

新编第 13 旅于 1939 年 5 月 17 日在河北南宫成立（原沧州伪军反正后改编），隶属冀察战区，辖第 1 团和第 2 团。新编第 13 旅成立后长期在冀鲁边区游击。1940 年 9 月改隶第 39 集团军。1941 年 5 月 6 日编入暂编第 29 师。

历任旅长：

黄祯泰（1939 年 5 月 17 日—1941 年 5 月 6 日）

陆军新编第14旅（川军）

新编第 14 旅于 1940 年 3 月 9 日在湖北宜城成立（原四川省两个保安团合编），隶属第 29 集团军，辖第 1 团、第 2 团。5 月参加枣宜会战。11 月 15 日裁撤，所属部队补充第 29 集团军。

历任旅长：

李耀铣（1940 年 3 月 9 日—1 月 15 日）

陆军新编第15旅（川军）

新编第 15 旅于 1940 年 3 月 9 日在湖北宜城成立（原四川省两个保安团合编），隶属第 29 集团军，辖第 3 团、第 4 团。5 月参加枣宜会战。11 月 15 日缩编为第 29 集团军独立团。

历任旅长：

李承魁（1940 年 3 月 9 日—11 月 15 日）

陆军新编第16旅（川军）

新编第 16 旅于 1940 年 3 月 9 日在湖北宜城成立（原四川省六个税警营改编），隶属第 29 集团军，辖第 5 团、第 6 团。5 月参加枣宜会战。11 月 15 日裁撤，所属部队补充第 29 集团军。

历任旅长：

冯皓如（1940 年 3 月 9 日—11 月 15 日）

陆军新编第17旅（川军）

新编第 17 旅于 1940 年 3 月 9 日在湖北宜城成立（原四川省保安补充团和三个缉私大队改编），隶属第 29 集团军，辖第 7 团、第 8 团。5 月参加枣宜会战。11 月 15 日裁撤，所属部队补充第 29 集团军。

历任旅长：

陈杰才（1940 年 3 月 9 日—11 月 15 日）

陆军新编第18旅（中央军）

新编第 18 旅于 1939 年 11 月 30 日在甘肃兰州成立（原第 191 师第 572 团扩编），隶属第 42 军，辖第 1 团和第 2 团。新编第 18 旅成立后长期戍守甘肃。1942 年 7 月改隶第 91 军。1943 年 7 月改隶第 8 战区，部队番号改称陆军混成旅。1944 年 3 月 1 日扩编为新编第 46 师。

历任旅长：

徐汝诚（1939 年 11 月 30 日—1944 年 3 月 1 日）

陆军暂编第1旅（晋军1）

暂编第 1 旅于 1939 年 5 月 1 日在山西晋城成立（源自鲁南民众抗敌自卫军一部），隶属暂编第 1 军，辖第 1 团和第 2 团。暂编第 1 旅成立后长期在晋东南地区游击。1940 年 12 月改隶第 6 集团军。1941 年 6 月 3 日，旅长谭松艇率部在晋城投敌，改编入伪军第 21 师（汪伪）。

历任旅长：

谭松艇（1939 年 5 月 1 日—1941 年 6 月 3 日）

陆军暂编第1旅（游杂2）

暂编第1旅于1943年2月17日在河南淅川再次成立（原鲁苏豫皖边区挺进第9纵队改编），隶属泛东挺进军，辖第1团和第2团。暂编第1旅成立后长期在河南作战。1944年4月参加豫中会战。10月8日扩编为暂编第63师。

历任旅长：

鲍汝澧（1943年2月17日—1944年10月8日）

陆军暂编第2旅（晋军1）

暂编第2旅于1938年10月2日在山西太原成立（原山西省保安第8区游击第1支队扩编），隶属第2战区，辖新编第65团和新编第66团。暂编第2旅成立后长期在太原西山游击。1939年5月改隶暂编第1军。12月参加"晋西事变"。1940年1月13日被山西新军歼灭，旅长薛文教阵亡。

历任旅长：

薛文教（1938年10月2日—1940年1月13日）

陆军暂编第2旅（汪伪军—中央军2）

暂编第2旅于1942年12月29日在浙江丽水再次成立（原汪伪第13师第25旅反正后改编），隶属第32集团军，辖第1团和第2团。暂编第2旅成立后长期在浙东地区游击。1943年10月1日改称独立第11旅。

历任旅长：

李启蒙（1942年12月29日—1943年10月1日）

陆军暂编第2旅（游杂3）

暂编第2旅于1944年2月19日在河南扶沟第三次成立（原河南地方游击武装改编），隶属泛东挺进军，辖第1团和第2团。1944年4月参加豫中会战。1945年2月3日编入暂编第66师。

历任旅长：

张清秀（1944年2月19日—1945年2月3日）

陆军暂编第3旅（游杂）

暂编第3旅于1944年3月13日在河南洛阳成立（原河南地方游击武装改编），隶属泛东挺进军，辖第1团和第2团。1944年4月参加豫中会战。1945年2月3日编入暂编第66师。

历任旅长：

李全（1944年3月13日—1945年2月3日）

陆军暂编第4旅，番号空缺。

陆军暂编第5旅（中央军）

暂编第5旅于1936年3月31日在贵州贵阳成立（源自“剿匪军”第1支队）。抗战全面爆发前驻桐梓，隶属滇黔绥靖公署，辖第1团和第2团。1937年10月7日扩编为补充兵第1师。

历任旅长：

柳际明（抗战全面爆发时—1937年10月7日）

陆军暂编第6旅—暂编第10旅，番号空缺。

陆军暂编第11旅（湘军1）

暂编第11旅于1936年4月23日在安徽绩溪成立（原新编第34师第3旅改编）。抗战全面爆发前驻浙江遂昌，隶属浙闽赣皖边区绥靖公署，辖第1团和第2团。1937年8月改隶第10集团军。12月改隶第23军团。1938年4月1日裁撤，所部官兵补充第63师。

历任旅长：

周燮卿（抗战全面爆发时—1938年4月1日）

陆军暂编第12旅（湘军）

李国钧

暂编第12旅于1937年1月10日在江西上饶成立（原第63师第188旅改编）。抗战全面爆发前驻浙江淳安，隶属浙闽赣皖边区绥靖公署，辖第1团和第2团。8月改隶第10集团军。12月改隶第23军团。1938年4月1日改编为第107师第319旅。

历任旅长：

李国钧（抗战全面爆发时—1938年4月1日）

陆军暂编第13旅（湘军）

杨永清

暂编第13旅于1937年1月10日在湖南辰溪成立（原湘西七县联防部队改编）。抗战全面爆发前驻浙江衢县，隶属浙闽赣皖边区绥靖公署，辖第1团和第2团。8月改隶第10集团军。12月改隶第23军团，辖第1团和第2团。1938年4月1日改编为第107师第321旅。

历任旅长：

杨永清（抗战全面爆发时—1938年4月1日）

陆军步兵第196旅（晋军1）（注：阎锡山以晋绥军事整理委员会的名义将部分师属步兵旅改制为独立旅，这些步兵旅根据需要或是由战区、集团军、军直辖，或是重新编回师属建制。这里所列的步兵旅都是独立性质时期的部队，凡是在师属步兵旅时期的在《各师历史概况》里介绍。下同）

姜玉贞

步兵第196旅于1936年6月1日在山西阳泉成立（原第66师第196旅，改制为独立旅）。抗战全面爆发前驻阳泉，隶属第34军，辖第391团、第392团和第413团。1937年9月参加太原会战，遭到重创，旅长姜玉贞阵亡。10月22日裁撤，所余官兵补充第69师。

历任旅长：

姜玉贞（抗战全面爆发时—1937年10月11日）

陆军步兵第196旅（晋军2）

步兵第196旅于1939年6月11日在山西蒲县再次成立（原山西新军决死第2纵队一部改编），隶属第2战区教导师，辖新编第15团、新编第17团和新编第41团。1940年1月改隶第2战区。4月改隶第23军。5月改辖新编第24团、新编第25团和新编第26团，此后长期在晋西地区游击。1941年1月1日扩编为暂编第39师。

历任旅长：

白英杰（1939年6月11日—1940年5月1日）

鲁应禄（1940年5月1日—1941年1月1日）

陆军步兵第196旅（晋军3）

步兵第196旅于1941年1月1日在山西吉县第三次成立（原独立第3旅改称），隶属第2战区，辖第1团、第2团和第3团。步兵第196旅成立后长期卫戍第2战区司令长官部。1945年8月抗战胜利后开赴山西太原受降。11月20日缩编为暂编第39师第1团。

历任旅长：

贾宣宗（1941年1月1日—1944年3月1日）

贾绍棠（1944年3月1日—抗战胜利时）

陆军步兵第197旅（晋军）

步兵第197旅于1939年6月11日在山西长治成立（原山西新军决死第3纵队一部改编），隶属第2战区教导师，辖新编第1团、新编第2团和新编第3团。12月17日因“晋西事变”发生大部参加第18集团军。

历任旅长：

赵世铃（1939年6月11日—12月17日）

陆军步兵第200旅（晋军1）

步兵第 200 旅于 1937 年 7 月 19 日在山西大同成立（原第 68 师第 200 旅，改制为独立旅），隶属第 61 军，辖第 399 团、第 400 团和第 414 团。9 月参加太原会战，遭到重创，旋改隶第 7 集团军。11 月 30 日裁撤，所余官兵补充第 101 师第 213 旅。

历任旅长：

刘潭馥（1937 年 7 月 19 日—11 月 30 日）

陆军步兵第200旅（晋军2）

杜文若

步兵第 200 旅于 1938 年 11 月 1 日在山西静乐再次成立（原第 61 军游击部队改编），隶属骑兵第 1 军，辖第 7 团和第 8 团。步兵第 200 旅成立后长期在晋西地区游击。1939 年 7 月 1 日改称新编骑兵第 1 旅。

历任旅长：

杜文若（1938 年 11 月 1 日—1939 年 2 月 7 日）

李庆祥（1939 年 2 月 7 日—7 月 1 日）

陆军步兵第200旅（晋军3）

步兵第 200 旅于 1939 年 7 月 1 日在山西临县第三次成立（原第 71 师缩编后的编余部队扩编），隶属第 33 军，辖新编第 7 团、新编第 8 团和新编第 9 团。步兵第 200 旅成立后长期在晋西地区游击。1941 年 1 月 1 日扩编为暂编第 41 师。

历任旅长：

王恩灏（1939 年 7 月 1 日—1940 年 5 月 18 日）

陈震东（1940 年 5 月 18 日—1941 年 1 月 1 日）

陆军步兵第201旅（晋军）

步兵第 201 旅于 1937 年 11 月 20 日在山西临汾成立（原第 2 战区军官教导团扩编），隶属第 34 军，辖第 391 团、第 392 团和第 393 团。步兵第 201 旅成立后长期在晋南地区游击。1941 年 1 月 1 日扩编为暂编第 43 师。

历任旅长：

张　翼（1937 年 11 月 20 日—1941 年 1 月 1 日）

陆军步兵第202旅（晋军）

步兵第 202 旅于 1939 年 7 月 1 日在山西临县成立（原第 71 师第 202 旅，改制为独立旅），隶属第 33 军，辖第 403 团、第 404 团和第 405 团。步兵第 202 旅成立后长期在晋西地区游击。1941 年 1 月 1 日扩编为暂编第 42 师。

历任旅长：

樊　钊（1939 年 7 月 1 日—1940 年 5 月 16 日）

温冬生（1940 年 5 月 16 日—1941 年 1 月 1 日）

陆军步兵第203旅（晋军1）

梁鉴堂

步兵第 203 旅于 1936 年 6 月 1 日在山西临汾成立（原第 69 师第 203 旅，改制为独立旅）。抗战全面爆发前驻临汾，隶属第 34 军，辖第 405 团、第 406 团和第 427 团。1937 年 9 月参加太原会战，遭到重创，旅长梁鉴堂阵亡。10 月 22 日缩编为第 71 师第 214 旅第 427 团。

历任旅长：

梁鉴堂（抗战全面爆发时—1937 年 9 月 28 日）

陆军步兵第203旅（晋军2）

步兵第 203 旅于 1939 年 6 月 11 日在山西汾阳再次成立（原山西新军决死第 4 纵队一部改编），隶属第 2 战区教导师，辖新编第 18 团、新编第 19 团和新编第 20 团。12 月 17 日因“晋西事变”发生参加第 18 集团军。

历任旅长：

刘武铭（1939 年 6 月 11 日—12 月 17 日）

陆军步兵第203旅（晋军3）

徐子珍

步兵第 203 旅于 1940 年 6 月 12 日在绥远五原第三次成立（原五临警备旅改称），隶属暂编第 4 军，辖第 1 团和第 2 团。步兵第 203 旅成立后长期在绥远作战。1942 年 10 月 13 日改称骑兵第 4 军步兵旅。

历任旅长：

徐子珍（1940 年 6 月 12 日—1942 年 10 月 13 日）

陆军步兵第204旅（晋军）

步兵第 204 旅于 1940 年 8 月 31 日在山西吉县成立（原第 66 师缩编），隶属第 83 军，辖第 408 团、第 409 团和第 410 团。1941 年 1 月 1 日扩编为暂编第 49 师。

历任旅长：

赵叔鸿（1940 年 8 月 31 日—12 月 19 日）

卫玉昆（1940 年 12 月 19 日—1941 年 1 月 1 日）

陆军步兵第205旅（晋军）

徐积璋

步兵第 205 旅于 1937 年 11 月 20 日在山西河津成立（原山西青年抗敌决死队军事教导第 1 团和军事教导第 2 团合编），隶属第 34 军，辖第 412 团和第 419 团。步兵第 205 旅成立后长期在晋南地区游击。1938 年 12 月在闻喜遭到重创，旅长徐积璋阵亡。1939 年 12 月增编第 429 团。1941 年 1 月 1 日扩编为暂编第 44 师。

历任旅长：

徐积璋（1937 年 11 月 20 日—1938 年 12 月 5 日）

张敬俊（1938 年 12 月 5 日—1939 年 12 月 19 日）

赵恭（1939 年 12 月 19 日—1941 年 1 月 1 日）

陆军步兵第206旅（晋军1）

步兵第 206 旅于 1939 年 4 月 1 日在山西吉县成立（原第 66 师第 206 旅，改制为独立旅），隶属第 83 军，辖第 401 团、第 431 团和第 432 团。步兵第 206 旅成立后长期在晋南地区游击。1940 年 8 月 31 日扩编为第 66 师。

历任旅长：

孙福麟（1939 年 4 月 1 日—1940 年 8 月 31 日）

陆军步兵第206旅（晋军2）

步兵第 206 旅于 1940 年 8 月 31 日在山西隰县再次成立（原山西省保安第 4 区保安部队改编），隶属第 83 军，辖第 401 团、第 431 团和第 432 团。1941 年 1 月 1 日扩编为暂编第 50 师。

历任旅长：

郭维新（1940 年 8 月 31 日—1941 年 1 月 1 日）

陆军步兵第207旅（晋军）

步兵第 207 旅于 1939 年 6 月 11 日在山西交城成立（原山西新军工人武装自卫旅改编），隶属第 2 战区教导师，辖新编第 18 团、新编第 19 团和新编第 20 团。12 月 17 日因“晋西事变”发生参加第 18 集团军。

历任旅长：

郭挺一（1939 年 6 月 11 日—12 月 17 日）

陆军步兵第208旅（晋军1）

步兵第 208 旅于 1938 年 8 月 1 日在山西中阳成立（原第 69 师第 208 旅第 415 团扩编），隶属第 61 军，辖第 415 团、第 417 团和第 435 团。步兵第 208 旅成立后长期在晋西地区游击。1940 年 11 月 1 日扩编为第 69 师。

历任旅长：

高金波（1938 年 8 月 1 日—1940 年 11 月 1 日）

陆军步兵第208旅（晋军2）

步兵第208旅于1940年11月1日在山西乡宁再次成立（原第69师缩编），隶属第61军，辖第391团、第392团和第416团。1941年1月1日扩编为暂编第48师。

历任旅长：

娄福生（1940年11月1日—1941年1月1日）

陆军步兵第209旅（晋军1）

步兵第209旅于1936年6月1日在山西吉县成立（原第72师第208旅，改制为独立旅）。抗战全面爆发前驻吉县，隶属第19军，辖第417团、第418团和第432团。1937年9月参加太原会战，击毙日军野炮兵第4联队大佐联队长大生坛城（追晋少将）。10月22日改编为第72师第209旅。

历任旅长：

段树华（抗战全面爆发时—1937年10月22日）

陆军步兵第209旅（晋军2）

步兵第209旅于1939年6月11日在山西汾西再次成立（原山西政治保卫队改编），隶属第2战区教导师，辖第1团、第2团和第3团。12月17日因“晋西事变”发生参加第18集团军。

历任旅长：

张韶芳（1939年6月11日—12月17日）

陆军步兵第210旅（晋军）

步兵第210旅于1938年10月16日在山西隰县成立（原第68师第210旅，改制为独立旅），隶属第19军，辖第406团、第407团和第622团。步兵第210旅成立后长期在晋西地区游击。1940年12月30日扩编为暂编第37师。

历任旅长：

史泽波（1938年10月16日—1940年12月30日）

陆军步兵第211旅（晋军1）

步兵第211旅于1936年6月1日在绥远包头成立（原第73师第211旅，改制为独立旅），曾参加1936年的绥远抗战。抗战全面爆发前驻察哈尔怀安，隶属第35军，辖第419团、第421团和第422团。1937年8月参加平绥铁路沿线之作战。9月参加太原会战。11月30日改编为第73师第211旅。

历任旅长：

孙兰峰（抗战全面爆发时—1937年11月30日）

陆军步兵第211旅（晋军2）

步兵第211旅于1938年6月5日在山西偏关再次成立（原第73师第211旅，改制为独立旅），隶属第35军，辖第420团、第421团和新编第10团。步兵第211旅成立后长期在绥远作战。1939年7月23日扩编为新编第31师。

历任旅长：

孙兰峰（1938年6月5日—1939年7月23日）

陆军步兵第212旅（晋军）

步兵第212旅于1939年6月11日在山西稷山成立（原山西政治保卫队第1支队改编），隶属第2战区教导师，辖新编第54团、新编第55团和新编第56团。12月17日因“晋西事变”发生参加第18集团军。

历任旅长：

孙定国（1939年6月11日—12月17日）

陆军步兵第213旅（晋军）

郝玉玺

步兵第213旅于1939年6月11日在山西乡宁成立（原山西政治保卫队第2支队改编），隶属第2战区教导师，辖新编第57团、新编第58团和新编第59团。12月17日因“晋西事变”发生参加第18集团军。

历任旅长：

郝玉玺（1939年6月11日—12月17日）

陆军步兵第214旅（晋军）

贾毓芝

步兵第214旅于1939年5月1日在山西隰县成立（原第2战区督察处所属三个大队扩编），隶属暂编第1军，辖新编第21团、新编第22团和新编第23团。步兵第214旅成立后长期在晋南地区游击。1940年12月改隶第2战区。1941年3月10日裁撤，所部官兵编入第2战区整训处。

历任旅长：

贾毓芝（1939年5月1日—1941年3月10日）

陆军步兵第216旅（晋军）

步兵第216旅于1939年6月11日在山西沁源成立（原山西新军决死第1纵队一部改编），隶属第2战区教导师，该旅由第1纵队第1总队部兼代，无所辖部队。12月17日因

"晋西事变"发生无形解散。

历任旅长：

台耀西（1939 年 6 月 11 日—12 月 17 日）

陆军步兵第217旅（晋军1）

步兵第 217 旅于 1939 年 5 月 1 日在山西隰县成立（原山西省保安第 4 区保安部队改编），隶属暂编第 1 军，辖新编第 24 团、新编第 25 团和新编第 26 团。7 月 11 日扩编为第 70 师。

历任旅长：

娄福生（1939 年 5 月 1 日—7 月 11 日）

陆军步兵第217旅（晋军2）

步兵第 217 旅于 1939 年 7 月 11 日在山西中阳再次成立（原第 70 师缩编），隶属第 19 军，辖第 407 团、第 411 团和第 420 团。步兵第 217 旅成立后长期在晋西地区游击。1940 年 12 月 30 日扩编为暂编第 38 师。

历任旅长：

刘效曾（1939 年 7 月 11 日—1940 年 12 月 30 日）

陆军步兵第218旅（晋军1）

步兵第 218 旅于 1936 年 6 月 1 日在绥远归绥成立（原第 73 师第 218 旅，改制为独立旅），曾参加 1936 年的绥远抗战。抗战全面爆发前驻绥远集宁，隶属第 35 军，辖第 420 团、第 435 团和第 436 团。1937 年 8 月参加平绥铁路沿线之作战。9 月参加太原会战。11 月 30 日改编为第 101 师第 218 旅。

历任旅长：

董其武（抗战全面爆发时—1937 年 11 月 30 日）

陆军步兵第218旅（晋军2）

步兵第 218 旅于 1939 年 8 月 20 日在山西乡宁成立（原第 34 军游击支队扩编），隶属第 34 军，辖第 619 团、第 620 团和第 621 团。步兵第 218 旅成立后长期在晋南地区游击。1941 年 1 月 1 日扩编为暂编第 45 师。

历任旅长：

续儒林（1939 年 8 月 20 日—1941 年 1 月 1 日）

陆军第39集团军特务旅（西北军）

第 39 集团军特务旅于 1941 年 2 月 1 日在山东曹县成立（原第 39 集团军特务团扩编），隶属第 39 集团军，辖第 1 团和第 2 团。1942 年 4 月 22 日，旅长宋荣馨率部在山东曹县投敌，改编为伪军第 41 师（汪伪）。

历任旅长：

宋荣馨（1941 年 2 月 1 日—1942 年 4 月 22 日）

陆军第3路军手枪旅（西北军）

第 3 路军手枪旅于 1930 年 3 月 11 日在山东济南成立（原第 3 路军手枪团扩编）。抗战全面爆发前驻济南，隶属第 3 路军，辖第 1 团和第 2 团。1937 年 8 月改隶第 55 军（改称第 3 集团军手枪旅），参加津浦铁路北段沿线之作战。1938 年 1 月改隶第 3 集团军。2 月 16 日改称独立第 28 旅。

历任旅长：

吴化文（抗战全面爆发时—1938 年 2 月 16 日）

陆军第1军补充旅（中央军1）

第 1 军补充旅于 1936 年 4 月 25 日在陕西潼关成立（原第 1 师补充旅改称，又称西北补充旅）。抗战全面爆发前驻甘肃兰州，隶属第 1 军，辖第 1 团、第 2 团和第 3 团。1938 年 1 月 22 日扩编为第 191 师。

历任旅长：

杨德亮（抗战全面爆发时—1938 年 1 月 22 日）

陆军第1军补充旅（中央军2）

第 1 军补充旅于 1938 年 1 月 22 日在陕西西安再次成立（原第 1 军补充兵第 4 团扩编），隶属第 1 军，辖第 1 团和第 2 团。5 月 12 日充编第 24 师。

历任旅长：

胡长青（1938 年 1 月 22 日—5 月 12 日）

陆军第29军特务旅（西北军）

孙玉田

第 29 军特务旅于 1936 年 12 月 10 日在北平成立（原第 29 军特务团扩编）。抗战全面爆发前驻北平，隶属第 29 军，辖第 1 团、第 2 团和第 3 团。1937 年 8 月改隶第 1 集团军（改称第 1 集团军特务旅），参加平绥铁路沿线之作战。9 月 7 日裁撤，所属第 1 团改编为第 1 集团军特务团，其余部队补充第 179 师。

历任旅长：

孙玉田（抗战全面爆发时—1937 年 9 月 7 日）

陆军第32军补充旅（中央军）

崔翼

第32军补充旅于1937年12月10日在河南禹县成立（招募新兵），隶属第32军，辖补充第4团和补充第5团。1938年5月参加徐州会战。6月30日番号裁撤，所属部队并入第141师第4旅。

历任旅长：

崔　翼（1937年12月10日—1938年6月30日）

陆军第69军教导旅（西北军）

第69军教导旅于1939年8月12日在河北南宫成立（原第69军教导总队和特务团合编），隶属第69军，辖第1团和第2团。1940年2月10日扩编为第69军教导师。

历任旅长：

石友信（1939年8月12日—1940年2月10日）

陆军第71军补充旅（中央军）

刘启雄

第71军补充旅于1937年10月22日在江苏镇江成立（原第87师补充团扩编），隶属第71军，辖第1团和第2团。12月5日改称第87师第260旅。

历任旅长：

刘启雄（1937年10月22日—12月5日）

陆军第72军补充旅（中央军）

第72军补充旅于1937年10月22日在南京成立（原第88师补充团扩编），隶属第72军，辖第1团和第2团。12月参加南京保卫战，遭到重创，第1团团长华品章阵亡。1938年1月25日裁撤，所部官兵补充第88师。

历任旅长：

吴求剑（1937年10月22日—1938年1月25日）

陆军第78军补充旅（中央军）

第78军补充旅于1937年11月30日在南京成立（原江西省保安第6团、第78军补充团合编）。12月参加南京保卫战，遭到重创。1938年1月25日裁撤，所部官兵补充第36师。

历任旅长：

李钦若（1937年11月30日—1938年1月25日）

陆军第82军补充旅（青马军）

第 82 军补充旅于 1937 年 10 月 11 日在青海西宁成立（原新编第 2 军补充团扩编），隶属第 82 军，辖第 1 团、第 2 团和第 3 团。第 82 军补充旅成立后长期戍守青海。1944 年 1 月 1 日扩编为暂编第 61 师。

历任旅长：

马全义（1937 年 10 月 11 日—1944 年 1 月 1 日）

滇黔绥靖公署近卫旅（滇军）

滇黔绥靖公署近卫旅于 1938 年 5 月 29 日在云南昆明成立（原滇黔绥靖公署近卫团扩编），隶属滇黔绥靖公署，辖第 1 团和第 2 团。滇黔绥靖公署近卫旅成立后长期卫戍昆明。1940 年 5 月 1 日改编为滇黔绥靖公署步兵第 1 旅。

历任旅长：

卢浚泉（1938 年 5 月 29 日—1940 年 5 月 1 日）

滇黔绥靖公署步兵第1旅（滇军）

滇黔绥靖公署步兵第 1 旅于 1940 年 5 月 1 日在云南昆明成立（原滇黔绥靖公署近卫旅改称），隶属滇黔绥靖公署，辖第 1 团、第 2 团和第 11 团。1943 年 7 月 10 日扩编为暂编第 18 师。

历任旅长：

卢浚泉（1940 年 5 月 1 日—1943 年 7 月 10 日）

滇黔绥靖公署步兵第2旅（滇军）

滇黔绥靖公署步兵第 2 旅于 1940 年 5 月 1 日在云南昆明成立（原滇黔绥靖公署三个补充大队合编），隶属滇黔绥靖公署，辖第 3 团、第 4 团和第 12 团。1943 年 7 月 10 日扩编为暂编第 19 师。

历任旅长：

龙绳武（1940 年 5 月 1 日—1943 年 7 月 10 日）

滇黔绥靖公署步兵第3旅（滇军）

阎旭

滇黔绥靖公署步兵第 3 旅于 1940 年 5 月 1 日在云南开远成立（原滇黔绥靖公署三个补充大队合编），隶属滇黔绥靖公署，辖第 5 团、第 6 团和第 13 团。1943 年 7 月 10 日扩编为暂编第 20 师。

历任旅长：

阎　旭（1940 年 5 月 1 日—1942 年 9 月 11 日）

安纯三（1942 年 9 月 11 日—1943 年 7 月 10 日）

滇黔绥靖公署步兵第4旅（滇军）

滇黔绥靖公署步兵第 4 旅于 1940 年 5 月 1 日在云南个旧成立（原滇黔绥靖公署三个补充大队合编），隶属滇黔绥靖公署，辖第 7 团和第 8 团。1943 年 7 月 10 日扩编为暂编第 21 师。

历任旅长：

马继武（1940 年 5 月 1 日—1943 年 7 月 10 日）

滇黔绥靖公署步兵第5旅（滇军）

滇黔绥靖公署步兵第 5 旅于 1940 年 5 月 1 日在云南开远成立（原滇黔绥靖公署三个补充大队合编），隶属滇黔绥靖公署，辖第 9 团和第 10 团。1943 年 7 月 10 日扩编为暂编第 22 师。

历任旅长：

邱开基（1940 年 5 月 1 日—1942 年 8 月 31 日）

杨炳麟（1942 年 8 月 31 日—1943 年 7 月 10 日）

滇黔绥靖公署步兵第6旅（滇军）

滇黔绥靖公署步兵第 6 旅于 1940 年 5 月 1 日在云南玉溪成立（原滇黔绥靖公署三个补充大队合编），隶属滇黔绥靖公署，辖新编第 1 团和新编第 2 团。1943 年 7 月 10 日扩编为暂编第 23 师。

历任旅长：

龙奎垣（1940 年 5 月 1 日—1942 年 6 月 12 日）

潘朔端（1942 年 6 月 12 日—1943 年 7 月 10 日）

滇黔绥靖公署步兵第7旅（滇军）

滇黔绥靖公署步兵第 7 旅于 1940 年 5 月 1 日在云南马关成立（原泸西、马关、屏边守备部队改编），隶属滇黔绥靖公署，辖新编第 4 团和新编第 6 团。1943 年 5 月 18 日改编为思普独立守备区及所属部队。

历任旅长：

万保庶（1940 年 5 月 1 日—1943 年 7 月 10 日）

陆军骑兵第1旅（宁马军）

骑兵第 1 旅于 1936 年 2 月 12 日在宁夏中卫成立（原第 15 路军骑兵第 2 团扩编）。抗战全面爆发前驻中卫，隶属第 11 军，辖第 1 团和第 2 团。1937 年 9 月改隶第 17 集团军骑兵指挥部，此后长期在绥远作战。1939 年 12 月参加冬季攻势。1940 年 5 月起长期戍守宁夏。1945 年 8 月抗战胜利后驻防宁夏韦州。1946 年 6 月 24 日裁撤。

历任旅长：

马光宗（抗战全面爆发时—1944 年 8 月 21 日）

马光义（1944 年 8 月 21 日—抗战胜利时）

陆军骑兵第2旅（宁马军）

马义忠

骑兵第2旅于1936年2月12日在宁夏永宁成立（原第15路军骑兵第1团扩编）。抗战全面爆发前驻中卫，隶属第11军，辖第1团和第2团。1937年9月改隶第17集团军骑兵指挥部，此后长期在绥远作战。1939年12月参加冬季攻势。1940年5月起长期戍守宁夏。1945年8月抗战胜利后驻防宁夏永宁。1946年6月24日裁撤。

历任旅长：

马义忠（抗战全面爆发时—抗战胜利时）

陆军骑兵第3旅—骑兵第11旅，番号空缺。

陆军骑兵第12旅（中央军）

骑兵第12旅于1938年9月8日在甘肃兰州成立（原第13军骑兵团扩编），隶属第8战区，辖第23团和第24团。骑兵第12旅成立后长期戍守陕西。1939年1月改隶第34集团军。1941年1月21日扩编为骑兵第10师。

历任旅长：

李之山（1938年9月8日—1941年1月21日）

陆军骑兵第13旅（西北军）

姚景川

骑兵第13旅于1936年12月10日在河北宣化成立（源自宝昌警备骑兵第1团和第2团）。抗战全面爆发前驻宣化，隶属第29军，辖第1团、第2团和第3团。1937年8月改隶第59军，参加平汉铁路北段沿线之作战。1938年3月参加徐州会战。9月参加武汉会战。1939年5月参加随枣会战。12月参加冬季攻势。1940年5月参加枣宜会战。12月14日裁撤，所部官兵补充暂编第53师。

历任旅长：

姚景川（抗战全面爆发时—1940年12月14日）

陆军骑兵第14旅（西北军）

骑兵第14旅于1932年4月23日在河南沈丘成立（源自西北边防军骑兵第1师第1旅）。抗战全面爆发前驻确山，隶属豫皖绥靖公署，辖第27团和第28团。1937年8月改隶第40军，参加平汉铁路北段沿线之作战。1938年3月参加徐州会战。1939年1月起长期在晋南地区游击。1941年5月12日撤销番号，主力编入骑兵第9师，一部改编为第40军骑兵团。

历任旅长：

张占魁（抗战全面爆发时—1941年5月12日）

陆军新编骑兵第1旅（晋军）

新编骑兵第 1 旅于 1939 年 7 月 1 日在山西静乐成立（原步兵第 200 旅改称），隶属骑兵第 1 军，辖第 7 团和第 8 团。1940 年 1 月 10 日扩编为骑兵第 4 师。

历任旅长：

李庆祥（1939 年 7 月 1 日—1940 年 1 月 10 日）

陆军新编骑兵第2旅（伪军）

新编骑兵第 2 旅于 1937 年 1 月 3 日在绥远后套成立（原伪军“大汉义军”骑兵第 1 旅反正后改编）。抗战全面爆发前驻后套，隶属太原绥靖公署，辖第 1 团和第 2 团。8 月改隶第 2 战区，参加平绥铁路沿线之作战。9 月 7 日扩编为新编骑兵第 4 师。

历任旅长：

石玉山（抗战全面爆发时—1937 年 9 月 7 日）

陆军暂编骑兵第1旅（东北军）

暂编骑兵第 1 旅于 1938 年 4 月 22 日在绥远武川成立（原骑兵补充第 1 旅改称），隶属东北挺进军，辖第 1 团和第 2 团。暂编骑兵第 1 旅成立后长期在绥远作战。1939 年 12 月参加冬季攻势。1941 年 9 月 18 日与暂编骑兵第 2 旅并编为新编骑兵第 6 师。

历任旅长：

吕存义（1938 年 4 月 22 日—1941 年 9 月 18 日）

陆军暂编骑兵第2旅（东北军）

暂编骑兵第 2 旅于 1938 年 4 月 22 日在绥远萨县成立（原伪蒙萨县保卫团反正后扩编），隶属东北挺进军，辖第 3 团和第 4 团。暂编骑兵第 2 旅成立后长期在绥远作战。1939 年 12 月参加冬季攻势。1941 年 9 月 18 日与暂编骑兵第 1 旅并编为新编骑兵第 6 师。

历任旅长：

刘盛五（1938 年 4 月 22 日—1941 年 9 月 18 日）

陆军暂编骑兵第3旅（东北军）

暂编骑兵第 3 旅于 1938 年 4 月 22 日在绥远准格尔成立（原准格尔旗保安总队护路保商团扩编），隶属东北挺进军，辖第 5 团和第 6 团。暂编骑兵第 3 旅成立后长期在绥远作战。1939 年 12 月参加冬季攻势。1940 年 5 月 24 日裁撤，所部官兵分别补充暂编骑兵第 1 旅和暂编骑兵第 2 旅。

历任旅长：

韩宇春（1938 年 4 月 22 日—1940 年 5 月 24 日）

陆军补充骑兵第1旅（绥军）

补充骑兵第 1 旅于 1937 年 9 月 7 日在绥远武川成立（原新编第 5 旅一个团扩编），隶属东北挺进军，辖第 1 团和第 2 团。补充骑兵第 1 旅成立后参加太原会战，此后在绥远作战。1938 年 4 月 22 日改称暂编骑兵第 1 旅。

历任旅长：

吕存义（1937 年 9 月 7 日—1938 年 4 月 22 日）

陆军新编第2军骑兵旅（青马军）

马朴

新编第 2 军骑兵旅于 1934 年 3 月 16 日在青海西宁成立（原第 100 师骑兵旅改称）。抗战全面爆发前驻西宁，隶属新编第 2 军，辖第 1 团和第 2 团。1937 年 10 月 11 日扩编为第 82 军骑兵第 1 旅和骑兵第 2 旅。

历任旅长：

马　朴（抗战全面爆发时—1937 年 10 月 11 日）

陆军第82军骑兵第1旅（青马军）

第 82 军骑兵第 1 旅于 1937 年 10 月 11 日在青海西宁成立（原新编第 2 军骑兵旅第 1 团扩编），隶属第 82 军，辖第 1 团和第 2 团。第 82 军骑兵第 1 旅成立后长期戍守青海。1943 年 9 月 1 日改称第 82 军骑兵旅。

历任旅长：

马步銮（1937 年 10 月 11 日—1943 年 9 月 1 日）

陆军第82军骑兵第2旅（青马军）

第 82 军骑兵第 2 旅于 1937 年 10 月 11 日在青海乐都成立（原新编第 2 军骑兵旅第 2 团扩编），隶属第 82 军，辖第 3 团和第 4 团。第 82 军骑兵第 2 旅成立后长期戍守青海。1941 年 3 月 10 日缩编为第 82 军骑兵团。

历任旅长：

马忠义（1937 年 10 月 11 日—1941 年 3 月 10 日）

陆军第82军骑兵第3旅（青马军）

第 82 军骑兵第 3 旅于 1939 年 2 月 1 日在青海西宁成立（空番号），隶属第 82 军。1941 年 3 月 10 日裁撤。

马继援

历任旅长：

马继援（1939 年 2 月 1 日—1941 年 3 月 10 日）

陆军第82军骑兵旅（青马军）

第 82 军骑兵旅于 1943 年 9 月 1 日在青海玉树成立（原第 82 军骑兵第 1 旅改称），隶属第 82 军，辖第 1 团、第 2 团和第 3 团。1944 年 10 月 10 日扩编为新编骑兵第 8 师。

历任旅长：

马步銮（1943 年 9 月 1 日—1944 年 10 月 10 日）

陆军骑兵第2军步兵旅（东北军）

骑兵第 2 军步兵旅于 1939 年 1 月 10 日在陕西神木成立（原第 1 战区补充旅改编），隶属骑兵第 2 军，辖第 1 团和第 2 团。骑兵第 2 军步兵旅成立后长期戍守豫皖边区。1941 年 5 月 3 日扩编为暂编第 56 师。

历任旅长：

孟绍周（1939 年 1 月 10 日—1941 年 5 月 3 日）

陆军骑兵第4军步兵旅（绥军）

骑兵第 4 军步兵旅于 1942 年 10 月 13 日在绥远五原成立（原步兵第 203 旅改称），隶属骑兵第 4 军，辖第 1 团和第 2 团。骑兵第 4 军步兵旅成立后长期在绥远作战。1945 年 8 月 4 日改称第 12 战区独立旅。

历任旅长：

徐子珍（1942 年 10 月 13 日—1943 年 3 月 6 日）

于霖瑞（1943 年 3 月 6 日—1945 年 8 月 4 日）

第12战区独立旅（绥军）

第 12 战区独立旅于 1945 年 8 月 4 日在绥远五原成立（原骑兵第 4 军步兵旅改称），由第 12 战区直辖，辖第 1 团和第 2 团。8 月 11 日扩编为暂编第 10 师。

历任旅长：

于霖瑞（1945 年 8 月 4 日—11 日）

军事委员会特务旅（中央军）

军事委员会特务旅于 1937 年 9 月 18 日在南京成立（原军事委员会特务团和卫士大队合编），隶属军事委员会，辖第 1 团、第 2 团和第 3 团。1938 年 9 月 27 日裁撤，第 1 团改编为军事委员会特务团，第 2 团和第 3 团分别扩编为第 15 补充兵训练处和第 16 补充兵训练处。

历任旅长：

石祖德（1937 年 9 月 18 日—1938 年 9 月 27 日）

军事委员会警卫旅（中央军）

楼秉国

军事委员会警卫旅于 1945 年 1 月 1 日在重庆成立（原军事委员会特务团和警卫团合编），隶属军事委员会，辖第 1 团和第 2 团。8 月抗战胜利后仍驻重庆。1946 年 5 月 30 日裁撤（时为国民政府警卫旅）。

历任旅长：

楼秉国（1945 年 1 月 1 日—抗战胜利时）

新疆陆军机械化旅（新疆军）

盛世骐

新疆陆军机械化旅于 1941 年 12 月 1 日在新疆迪化成立，隶属新疆边防督办公署，辖炮兵团和摩托化团。新疆陆军机械化旅成立后长期戍守新疆。1943 年 10 月 10 日扩编为第 128 师。

历任旅长：

盛世骐（1941 年 12 月 1 日—1942 年 3 月 19 日）

柳正欣（1942 年 4 月 1 日—1943 年 10 月 10 日）

第1战区补充旅（中央军）

邴淳

第 1 战区补充旅于 1938 年 1 月 8 日在河南开封成立，隶属第 1 战区，辖第 1 团和第 2 团。1939 年 1 月 10 日改称骑兵第 2 军步兵旅。

历任旅长：

邴　淳（1938 年 1 月 8 日—1939 年 1 月 10 日）

武汉警备旅（鄂军）

沈澄

武汉警备旅于 1931 年 2 月 3 日在湖北武汉成立（原第 13 师抽调部队编组）。抗战全面爆发前驻武汉，隶属武汉市警备司令部，辖第 1 团和第 2 团。1937 年 10 月 10 日扩编为第 185 师。

历任旅长：

沈　澄（抗战全面爆发时—1937 年 10 月 10 日）

五临警备旅（绥军）

五临警备旅于 1937 年 11 月 30 日在绥远五原成立（原绥西屯垦军改编），隶属第 2 战区，辖第 1 团、第 2 团和第 3 团。五临警备旅成立后长期在绥远作战。1939 年 1 月改隶第 8 战区。12 月参加冬季攻势，第 2 团团长贾世海阵亡。1940 年 6 月 12 日改称步兵第 203 旅。

历任旅长：

徐子珍（1937 年 11 月 30 日—1940 年 6 月 12 日）

陕西省警备第1旅（陕军）

陕西省警备第 1 旅于 1930 年 12 月 20 日在陕西汉中成立（源自陆军检阅使公署补充第 2 旅）。抗战全面爆发前驻西安，隶属西安行营，辖第 1 团和第 2 团。陕西省警备第 1 旅长期戍守陕西。1937 年 11 月改隶第 8 战区。1939 年 4 月 29 日扩编为新编第 27 师。

历任旅长：

王竣（抗战全面爆发时—1939 年 4 月 29 日）

陕西省警备第2旅（陕军）

陕西省警备第 2 旅于 1930 年 12 月 20 日在陕西镇安成立（源自陕西陆军第 1 混成团）。抗战全面爆发前驻朝邑，隶属西安行营，辖第 3 团和第 4 团。陕西省警备第 2 旅长期戍守陕西。1937 年 11 月改隶第 8 战区。1938 年 6 月 21 日改称独立第 46 旅。

历任旅长：

孔从洲（抗战全面爆发时—1938 年 6 月 21 日）

陕西省警备第3旅（陕军）

陕西省警备第 3 旅于 1930 年 12 月 20 日在陕西商县成立（原陕西省政府警卫团扩编）。抗战全面爆发前驻商县，隶属西安行营，辖第 5 团和第 6 团。1937 年 11 月改隶第 8 战区。1938 年 6 月 21 日改称独立第 47 旅。

历任旅长：

王镇华（抗战全面爆发时—1938 年 6 月 21 日）

宁夏省警备第1旅（宁马军）

宁夏省警备第 1 旅于 1937 年 2 月 12 日在宁夏平罗成立。抗战全面爆发前驻平罗，隶属第 15 路军，辖第 1 团和第 2 团。9 月改隶第 17 集团军。宁夏省警备第 1 旅长期戍守宁夏。1941 年 3 月 25 日与宁夏省警备第 2 旅并编为暂编第 31 师。

历任旅长：

马宝琳（抗战全面爆发时—1941 年 3 月 25 日）

宁夏省警备第2旅（宁马军）

宁夏省警备第 2 旅于 1937 年 2 月 12 日在宁夏金积成立。抗战全面爆发前驻金积，隶属第 15 路军，辖第 3 团和第 4 团。9 月改隶第 17 集团军。宁夏省警备第 2 旅长期戍守宁夏。1941 年 3 月 25 日与宁夏省警备第 1 旅并编为暂编第 31 师。

历任旅长：

马得贵（抗战全面爆发时—1941 年 3 月 25 日）

安徽省警备旅（镇嵩军）

安徽省警备旅于 1935 年 3 月 28 日在安徽合肥成立（原第 11 路军独立旅改称）。抗战全面爆发前驻合肥，隶属武昌行营，辖第 1 团和第 2 团。安徽省警备旅长期戍守合肥。1938 年 3 月 28 日裁撤，所属部队补充第 15 军。

历任旅长：

阮勋（抗战全面爆发时—1938 年 3 月 28 日）

长芦税警旅（中央军）

蒋纪珂

长芦税警旅于 1938 年 1 月 5 日在河南开封成立（原长芦地区税警改编），隶属第 20 集团军，辖第 1 团和第 2 团。1938 年 5 月参加徐州会战。7 月参加武汉会战。11 月 6 日裁撤番号，所部补充第 32 军。

历任旅长：

佟泽光（1938 年 1 月 5 日—20 日）

蒋纪珂（1938 年 1 月 20 日—11 月 6 日）

陆军炮兵第1旅（中央军）

炮兵第 1 旅于 1932 年 12 月 1 日在南京成立。抗战全面爆发前驻南京，隶属军政部，辖炮兵第 1 团和炮兵第 5 团。1937 年 8 月改隶第 3 战区炮兵总指挥部，参加淞沪会战（抽调一部开赴河南作战）。1938 年 1 月改隶第 5 战区。3 月参加徐州会战。7 月参加武汉会战。1939 年 5 月参加随枣会战。12 月参加冬季攻势。1940 年 5 月 22 日裁撤，所属部队拨归军训部炮兵指挥部。

历任旅长：

史文桂（抗战全面爆发时—1937 年 10 月 20 日）

李汝炯（1937 年 10 月 20 日—1940 年 5 月 22 日）

史文桂

李汝炯

陆军炮兵第2旅（中央军）

炮兵第 2 旅于 1934 年 8 月 23 日在南京成立。抗战全面爆发前驻浙江嘉兴，隶属军政部，辖炮兵第 2 团和炮兵第 3 团。1937 年 8 月改隶第 3 战区炮兵总指挥部，参加淞沪会战。1938 年 1 月改隶武汉卫戍总司令部。6 月改隶第 9 战区。7 月参加武汉会战。1939 年 9 月参加第一次长沙会战。12 月参加冬季攻势。1940 年 5 月 22 日裁撤，所属部队拨归军训部炮兵指挥部。

历任旅长：

蔡忠笏（抗战全面爆发时—1937 年 10 月 20 日）

史文桂（1937 年 10 月 20 日—1938 年 10 月 1 日）

张广厚（1938 年 10 月 1 日—1940 年 5 月 22 日）

蔡忠笏

张广厚

陆军炮兵第3旅（中央军1）

孔庆桂

炮兵第 3 旅于 1938 年 6 月 18 日在江西上高成立，隶属第 9 战区，辖炮兵第 4 团和炮兵第 7 团。9 月参加武汉会战。1939 年 1 月改隶第 10 战区，此后长期戍守陕西。12 月参加冬季攻势。1940 年 5 月 22 日裁撤，所属部队拨归军训部炮兵指挥部。

历任旅长：

孔庆桂（1938 年 6 月 18 日—1940 年 5 月 22 日）

陆军炮兵第3旅（中央军2）

王若卿

炮兵第3旅于1944年5月29日在湖南长沙成立，隶属第9战区炮兵指挥部，辖炮兵第1团和炮兵第18团。炮兵第3旅成立后长期在湖南作战。1944年6月参加长衡会战。12月6日裁撤，所属部队拨归第9战区炮兵指挥部。

历任旅长：

王若卿（1944年5月29日—12月6日）

陆军炮兵第4旅（中央军）

邵百昌

炮兵第4旅于1944年5月29日在云南昆明成立，隶属中国远征军炮兵指挥部，辖炮兵第7团和炮兵第16团。11月改隶中国远征军炮兵指挥部。1944年6月参加滇西攻势。12月6日裁撤，所属部队拨归中国远征军炮兵指挥部。

历任旅长：

邵百昌（1944年5月29日—12月6日）

陆军炮兵第5旅（中央军1）

炮兵第5旅于1938年6月18日在江西上饶成立，隶属第3战区，辖炮兵第6团和炮兵第9团。炮兵第5旅成立后长期在浙赣两省作战。1940年5月22日裁撤，所属部队拨归军训部炮兵指挥部。

历任旅长：

史宏熹（1938年6月18日—1940年5月22日）

陆军炮兵第5旅（中央军2）

金镇

炮兵第5旅于1944年5月29日在云南昆明成立，隶属昆明行营，辖炮兵第12团和炮兵第21团。炮兵第5旅成立后长期戍守云南。1944年12月6日裁撤，所属部队拨归昆明行营。

历任旅长：

金　镇（1944年5月29日—12月6日）

陆军炮兵第6旅（东北军1）

黄永安

炮兵第6旅于1936年3月7日在河南洛阳成立（原炮兵第8旅改称）。抗战全面爆发前驻洛阳，隶属军政部，辖炮兵第7团和炮兵第12团。1937年8月改隶第1战区，参加平汉铁路北段沿线之作战。1938年3月参加徐州会战。1939年2月1日裁撤，所属部队拨归第1战区炮兵指挥部。

历任旅长：

黄永安（抗战全面爆发时—1939年2月1日）

陆军炮兵第6旅（中央军2）

王观洲

炮兵第6旅于1944年5月29日在陕西西安成立，隶属第8战区，辖炮兵第6团和炮兵第8团。1944年12月6日裁撤，所属部队拨归第8战区炮兵指挥部。

历任旅长：

王观洲（1944年5月29日—12月6日）

陆军炮兵第7旅（中央军）

炮兵第7旅于1938年10月1日在湖南湘乡成立，隶属桂林行营，辖炮兵第10团、炮兵第11团和炮兵第14团。1939年12月参加桂南会战。1940年6月1日扩编为野战重炮兵第1旅和野战重炮兵第2旅。

历任旅长：

史文桂（1938年10月1日—1939年2月7日）

洪士奇（1939年2月7日—1940年6月1日）

陆军野战重炮兵第1旅（中央军）

彭孟缉

野战重炮兵第1旅于1940年6月1日在湖南祁阳成立（原炮兵第7旅一部扩编），隶属军事委员会炮兵总指挥部，辖炮兵第10团、炮兵第14团和补充团。1941年9月参加第二次长沙会战。12月参加第三次长沙会战。1943年3月改隶第9战区。11月参加常德会战。1944年6月参加长衡会战。12月6日裁撤，所属部队拨归黔桂湘边区总司令部。

历任旅长：

洪士奇（1940年6月1日—1942年12月4日）

彭孟缉（1942年12月4日—1944年12月6日）

陆军野战重炮兵第2旅（中央军）

黄正成

野战重炮兵第 2 旅于 1940 年 6 月 1 日在陕西潼关成立（原炮兵第 7 旅一部扩编），隶属军事委员会炮兵总指挥部，辖炮兵第 11 团、炮兵第 13 团和补充团。野战重炮兵第 2 旅成立后长期戍守陕西。1943 年 3 月改隶第 8 战区炮兵指挥部。1944 年 12 月 6 日裁撤，所属部队拨归第 8 战区炮兵指挥部。

历任旅长：

黄正成（1940 年 6 月 1 日—1944 年 12 月 6 日）

第九篇　各游击（挺进）纵队历史概况

抗日战争时期各战区大都陆续编组数量不一的游击（挺进）纵队，一方面作为正规军的辅助作战之用，另一方则在沦陷区游击作战。通常情况下，纵队的级别与师同级，纵队辖三个支队（团级），支队辖三到四个大队（营级），大队下辖三到四个中队（连级），中队下辖三到五个小队（排级）。由于各地区纵队实力不一，派系不一，有的甚至出现“自治”性质，因此各纵队的实际编制情况并不统一，有的辖四个支队，有的直接辖团，数量也都不尽相同。

本章所介绍的游击单位，其一为上级游击（挺进）指挥机构，其二为各战区（或副战区）所属游击（挺进）纵队。由于抗战期间各游击部队数量繁杂，往往会出现同一部队番号记载不同、人事异位等情况，因此笔者在编写这一章节时，主要以各战区上报军事委员会或军政部的游击部队番号表作为参考依据，其他资料辅之。

第1战区冀察游击司令部

第1战区冀察游击司令部于1937年9月在河北房山成立（原第29军溃兵收容后编组），辖四个支队。1939年1月改编为新编第5军。

历任司令：

孙殿英（1937年9月—1939年1月）

第1战区游击司令部

萧洒

第1战区游击司令部于1937年12月在河南新乡成立（原河南省保安处抽调骨干编组），辖六个团。1938年8月缩编为河南省第3区保安部队。

历任司令：

萧　洒（1937年12月—1938年2月）

刘艺舟（1938年2月—8月）

河北民军总指挥部

河北民军总指挥部于1938年1月在山西陵川成立（原河北民训处扩编），辖四个民军区（第1民军区司令王长江、第2民军区司令乔明礼、第3民军区司令伍修宪、冀西民军区司令杨秀峰）九个民军团。1939年度改辖三个民军师（第1师师长张荫梧兼、第2师师长乔明礼、第3师师长张维良）九个民军旅（第1旅旅长王子耀、第2旅旅长张超、第3旅旅长李侠飞、第4旅旅长姜毓英、第5旅旅长商正夏、第6旅旅长杨文锦、第7旅旅长韩祖光、第8旅旅长王致和、第9旅旅长仲希尧）十八个民军团，以及一个特务旅（旅长高克敏）、一个特务团。1940年度改辖六个团、两个支队。1941年5月参加晋南会战，参谋长刘克信阵亡，第1支队司令刘荫轩被俘。1944年5月参加豫中会战。1945年10月在河北邯郸起义。

历任总指挥：

张荫梧（1938年1月—1939年11月）

乔明礼（1939年11月—抗战胜利时）

张荫梧

乔明礼

第1战区豫皖边区游击总指挥部

马国恩

第1战区豫皖边区游击总指挥部于1939年2月在河南郑县成立。1939年度辖豫东游击司令部，第1战区游击第1纵队、第2纵队、第4纵队、第7纵队，以及两个支队。1940年度改辖豫东游击司令部，第1战区游击第1纵队、第2纵队、第4纵队、第7纵队、第24纵队，以及八个支队。1941年度改辖豫东游击司令部，第1战区游击第1纵队、第2纵队、第4纵队、第7纵队，以及四个支队。1941年10月裁撤。

历任总指挥：

孙桐萱（1939年2月—1941年4月）

马国恩（1941年4月—10月）

第1战区豫东游击司令部

杜淑

第1战区豫东游击司令部于1939年2月在河南杞县成立。1939年度辖自卫军四个路。1940年度改辖第1战区游击第13纵队、第27纵队，以及一个支队、自卫军三个路。1941年度改辖第1战区游击第5纵队、第13纵队、第27纵队，以及两个支队、自卫军两个路。1942年2月改称第1战区豫冀边区游击指挥部。

历任司令：

杜　淑（1939年2月—1942年2月）

第1战区豫南游击司令部（总指挥部）

第 1 战区豫南游击司令部于 1939 年 2 月在河南遂平成立。1939 年度辖第 1 战区游击第 3 纵队、第 5 纵队，以及两个支队。1940 年度改辖第 1 战区游击第 3 纵队、第 5 纵队，以及三个支队。1942 年 2 月改称第 1 战区豫南游击总指挥部，改辖第 1 战区挺进第 2 纵队、第 6 纵队、第 12 纵队、第 14 纵队，以及五个支队。1943 年 2 月改称第 5 战区豫南挺进军总指挥部。

历任司令：

戴民权（1939 年 2 月—4 月）

田镇南（1939 年 4 月—1943 年 2 月）

第1战区豫北游击司令部

第 1 战区豫北游击司令部于 1939 年 2 月在山西晋城成立。1939 年度辖四个游击支队。1940 年度改辖五个游击支队。1942 年度改辖第 1 战区挺进第 10 纵队，以及四个支队。1943 年 8 月裁撤。

历任司令：

张乔龄（1939 年 2 月—1943 年 8 月）

第1战区河北游击司令部

黄鼎新

第 1 战区河北游击司令部于 1938 年 8 月在河南林县成立（原华北伪军“剿共军”第 1 路第 2 师反正后改编），辖两个支队。1941 年度改辖三个支队。1943 年 11 月改称豫北挺进军总指挥部。

历任司令：

吴朝翰（1938 年 8 月—1940 年 5 月）

黄鼎新（1940 年 5 月—1943 年 11 月）

第1战区豫鲁边区游击指挥部

陈又新

第 1 战区豫鲁边区游击指挥部于 1940 年 5 月在山西陵川成立，辖第 1 战区游击第 8 纵队、第 16 纵队、第 17 纵队。1941 年 5 月参加晋南会战，遭到重创，指挥官兼第 7、第 17 纵队司令刘耀庭被俘。1942 年度改辖第 1 战区挺进第 8、第 24 纵队。1943 年 11 月改称泛东挺进军总指挥部。

历任指挥官：

刘耀庭（1940 年 5 月—1941 年 5 月）

陈又新（1941 年 5 月—1943 年 11 月）

第1战区豫晋边区游击指挥部

李葆荃

第 1 战区豫晋边区游击指挥部于 1940 年 5 月在河南辉县成立，辖两个支队。1942 年度增辖第 1 战区挺进第 17 纵队。1943 年 8 月裁撤。

历任指挥官：

李葆荃（1940 年 5 月—1943 年 8 月）

第1战区豫冀边区游击指挥部

第 1 战区豫冀边区游击指挥部于 1942 年 2 月在河南滑县成立（原第 1 战区豫东游击司令部改称），辖第 1 战区挺进第 5 纵队、第 9 纵队、第 13 纵队、第 16 纵队、第 28 纵队。1943 年 9 月在太行山遭到日军重创，残部投敌后编入伪军第 11 军（汪伪）。

历任指挥官：

杜　淑（1942 年 2 月—1943 年 9 月）

涡北挺进军总指挥部

涡北挺进军总指挥部于 1943 年 9 月在安徽蒙城成立（原苏北挺进军总指挥部改称），辖涡北第 1 分区司令部（司令冯子固，辖鲁苏豫皖边区挺进第 7 纵队、第 9 纵队、第 11 纵队）、涡北第 2 分区司令部（司令刘子仁，辖鲁苏豫皖边区挺进第 3 纵队）。1944 年度改辖涡北第 1 分区司令部（辖苏北挺进军第 1 纵队、第 2 纵队、第 3 纵队、第 4 纵队、第 5 纵队）、山东挺进军第 4 纵队、第 6 纵队。1944 年 4 月参加豫中会战。1945 年 1 月改称苏北挺进军总指挥部。

历任总指挥：

王毓文（1943 年 9 月—1945 年 1 月）

泛东挺进军总指挥部

泛东挺进军总指挥部于 1943 年 11 月在河南许昌成立（原第 1 战区豫鲁边区游击指挥部改称），辖暂编第 1 旅，第 1 战区挺进第 1 纵队、第 2 纵队、第 3 纵队、第 4 纵队、第 5 纵队、第 6 纵队、第 8 纵队、第 9 纵队、第 11 纵队、第 14 纵队、第 15 纵队、第 17 纵队、独立挺进第 1 纵队，以及六个支队。1944 年度增辖暂编第 2 旅、暂编第 3 旅。1944 年 5 月参加豫中会战。12 月裁撤。

历任总指挥：

陈又新（1943 年 11 月—1944 年 12 月）

豫北挺进军总指挥部

豫北挺进军总指挥部于 1943 年 11 月在河南获嘉成立（原第 1 战区河北游击司令部改称），辖第 1 战区挺进第 13 纵队、第 22 纵队，以及四个支队。1945 年 3 月裁撤。

历任总指挥：

黄鼎新（1943 年 11 月—1945 年 3 月）

江北挺进军总指挥部

江北挺进军总指挥部于 1944 年 3 月在河南淮阳成立，辖第 1 战区挺进第 16 纵队、鲁苏豫皖边区挺进第 6 纵队，以及一个支队。1944 年 7 月裁撤。

历任总指挥：

辛少亭（1944 年 3 月—7 月）

第1战区游击（挺进）第1纵队

第 1 战区游击第 1 纵队于 1939 年 6 月在河南鹿邑成立（原河南省第 2 区保安第 1 总队改编），辖三个团。1941 年 5 月参加晋南会战，遭到重创，参谋长李涤生、政治部主任李超凡阵亡。1942 年 2 月改称第 1 战区挺近第 1 纵队。1944 年 4 月参加豫中会战，再遭到重创，司令魏凤楼、副司令尹景湖被俘。1945 年 9 月裁撤。

历任司令：

魏凤楼（1939 年 6 月—1944 年 6 月）

张锡田（1944 年 6 月—1945 年 9 月）

第1战区游击（挺进）第2纵队

第 1 战区游击第 2 纵队于 1939 年 6 月在河南开封成立（原河南爱国自卫军改编），辖三个支队。1941 年 1 月参加豫南会战。1942 年 2 月改称第 1 战区挺进第 2 纵队。1943 年 4 月在通许与新编第 4 军作战，司令唐铭阵亡。1944 年 4 月参加豫中会战。1945 年 7 月裁撤。

历任司令：

唐　铭（1939 年 6 月—1943 年 4 月）

曹茂林（1943 年 4 月—1945 年 7 月）

第1战区游击（挺进）第3纵队（1）

第 1 战区游击第 3 纵队于 1939 年 6 月在河南内乡成立（原河南省第 6 区国民抗敌自卫团改编），辖九个团。1942 年 2 月改称第 1 战区挺进第 3 纵队。1944 年 6 月恢复河南省第 6 区国民抗敌自卫团建制。

历任司令：

别廷芳（1939 年 6 月—1940 年 3 月）

别光汉（1940 年 3 月—1944 年 6 月）

第1战区挺进第3纵队（2）

第1战区挺进第3纵队于1944年6月在河南杞县再次成立（原杞县保安团改编），辖三个支队。1945年9月恢复杞县保安团建制。

历任司令：

范常铭（1944年6月—1945年9月）

第1战区游击第4纵队（1）

第1战区游击第4纵队于1939年8月在河南鹿邑成立（原华北伪军豫皖“剿共”军第4路反正后改编），辖三个团。1942年2月改称鲁苏豫皖边区挺进第4纵队。

历任司令：

李宣德（1939年8月—1942年2月）

第1战区挺进第4纵队（2）

第1战区挺进第4纵队于1942年2月在河南淮阳再次成立（原独立第5旅第615团扩编），辖三个支队。1943年9月裁撤。

历任司令：

银士忠（1942年2月—1943年9月）

第1战区挺进第4纵队（3）

第1战区挺进第4纵队于1944年4月在河南鄢陵第三次成立（原第1战区独立挺进第11支队扩编），辖三个支队。5月改编为尉洧长鄢扶五县联防部队。

历任司令：

曹志生（1944年4月—5月）

第1战区挺进第4纵队（4）

第1战区挺进第4纵队于1944年5月在河南伊川第四次成立（原第1战区挺进第11纵队改称），辖三个支队。1945年3月参加豫西鄂北会战。1945年9月裁撤。

历任司令：

席祥青（1944年5月—1945年9月）

第1战区游击（挺进）第5纵队

第1战区游击第5纵队于1939年8月在河南泌阳成立（原豫南游击队扩编），辖三个支队。1940年5月参加枣宜会战，遭到重创。1942年2月改称第1战区挺进第5纵队。1944年4月参加豫中会战。1945年2月在太康遭到新编第4军重创，司令耿明轩被俘，旋裁撤。

历任司令：

戴民权（1939 年 8 月—1940 年 5 月）
李鸣周（1940 年 5 月—1941 年 9 月）
景　行（1941 年 9 月—1943 年 9 月）
耿明轩（1943 年 9 月—1945 年 2 月）

第1战区游击第6纵队（1）

毕梅轩

第 1 战区游击第 6 纵队于 1939 年 9 月在山西翼城成立（原第 25 补充兵训练处抽调军官、收容败兵编组），辖三个支队。1941 年 5 月参加晋南会战，被日军歼灭，司令毕梅轩、参谋长阮敬黎、第 24 支队支队长韩子芳、第 25 支队支队长杨四忠被俘。

历任司令：

毕梅轩（1939 年 9 月—1941 年 5 月）

第1战区挺进第6纵队（2）

第 1 战区挺进第 6 纵队于 1942 年 2 月在河南鹿邑再次成立（原鹿邑县保安大队扩编），辖三个支队。1944 年 4 月参加豫中会战。1945 年 9 月改编为淅川县保安团。

历任司令：

虞建勋（1942 年 2 月—1943 年 5 月）
戴日暄（1943 年 5 月—1944 年 3 月）
刘府芳（1944 年 3 月—6 月）
陈舜德（1944 年 6 月—1945 年 9 月）

第1战区游击（挺进）第7纵队

第 1 战区游击第 7 纵队于 1939 年 8 月在河南鄢陵成立（原扶沟县国民兵团、县抗日自卫大队、尉氏县土匪改编），辖三个支队。1942 年 2 月改称第 1 战区挺进第 7 纵队。5 月裁撤。

历任司令：

赵廷璧（1939 年 8 月—1941 年 6 月）
张孝性（1941 年 6 月—1942 年 5 月）

第1战区游击第8纵队（1）

第 1 战区游击第 8 纵队于 1939 年 12 月在山东单县成立（原第 5 战区独立游击第 7 支队扩编），辖三个支队。1941 年 5 月参加晋南会战，被日军歼灭，司令刘耀庭被俘。

历任司令：

刘耀庭（1939 年 12 月—1941 年 5 月）

第1战区游击（挺进）第8纵队（2）

第 1 战区游击第 8 纵队于 1941 年 8 月在河南博爱再次成立（原第 1 战区游击第 14 纵队改称），辖三个支队。1942 年 2 月改称第 1 战区挺进第 8 纵队。1944 年 4 月参加豫中会战，被日军歼灭，司令张傧生被俘。

历任司令：

张傧生（1941 年 8 月—1944 年 4 月）

第1战区挺进第8纵队（3）

第 1 战区挺进第 8 纵队于 1944 年 5 月在河南尉氏第三次成立（原第 1 战区挺进第 4 支队扩编），辖三个支队。同月参加豫中会战。1945 年 9 月缩编为尉氏县保安团。

历任司令：

耿海澜（1944 年 5 月—1945 年 9 月）

第1战区游击第9纵队（1）

第 1 战区游击第 9 纵队于 1939 年 12 月在河南滑县成立（原冀鲁豫边区自卫军改编），辖两个支队。1941 年 5 月参加晋南会战，被日军歼灭，司令徐鹏被俘。

历任司令：

徐　鹏（1939 年 12 月—1941 年 5 月）

第1战区挺进第9纵队（2）

第 1 战区挺进第 9 纵队于 1942 年 2 月在河南正阳再次成立（原第 1 战区独立游击第 12 支队扩编），辖三个支队。1944 年 3 月改称山东挺进军第 2 纵队。

历任司令：

马逢乐（1942 年 2 月—1944 年 3 月）

第1战区挺进第9纵队（3）

第 1 战区挺进第 9 纵队于 1944 年 4 月在河南长葛第三次成立（原长葛县抗敌自卫团第 1 区团改编），辖三个支队。同月参加豫中会战。1945 年 9 月改编为河南省保安第 6 旅。

历任司令：

陈秀峰（1944 年 4 月—1945 年 9 月）

第1战区游击第10纵队

第 1 战区游击第 10 纵队于 1939 年 12 月在河南鹿邑成立（原河南省第 2 区保安部队改编），辖三个支队。1942 年 2 月改称鲁苏豫皖边区挺进第 6 纵队。

历任司令：

王瘦吾（1939 年 12 月—1941 年 7 月）

辛少亭（1941 年 7 月—1942 年 2 月）

第1战区游击（挺进）第11纵队（1）

第 1 战区游击第 11 纵队于 1939 年 12 月在河南通许成立（原河南省第 12 区保安部队改编），辖三个支队。1941 年 1 月参加豫南会战。1942 年 2 月改称鲁苏豫皖边区挺进第 8 纵队。

历任司令：

韦孝儒（1939 年 12 月—1942 年 2 月）

第1战区挺进第11纵队（2）

第 1 战区挺进第 11 纵队于 1942 年 2 月在河南宜阳再次成立（原第 1 战区独立游击第 1 支队扩编），辖三个支队。1944 年 5 月改称第 1 战区挺进第 4 纵队。

历任司令：

席祥青（1942 年 2 月—1944 年 5 月）

第1战区挺进第11纵队（3）

第 1 战区挺进第 11 纵队于 1944 年 5 月在河南西华第三次成立（原西华县抗日武装改编），辖两个支队。同月因西华沦陷溃散，司令高蓝田投敌。

历任司令：

高蓝田（1944 年 5 月）

第1战区游击（挺进）第12纵队（1）

第 1 战区游击第 12 纵队于 1939 年 12 月在河南平舆成立（原第 1 战区独立游击第 22 支队扩编），辖三个支队。1941 年 1 月参加豫南会战。1942 年 2 月改称第 1 战区挺进第 12 纵队。1943 年 2 月改称第 5 战区挺进第 13 纵队。

历任司令：

程耀德（1939 年 12 月—1943 年 2 月）

第1战区挺进第12纵队（2）

第 1 战区挺进第 12 纵队于 1943 年 2 月在山西安泽再次成立（原第 93 军别动队扩编），辖三个支队。9 月在太行山被日军歼灭。

历任司令：

林荫根（1943 年 2 月—9 月）

第1战区游击（挺进）第13纵队（1）

第 1 战区游击第 13 纵队于 1939 年 12 月在河南潢川成立（原潢川、光山、商城三县保安部队改编），辖三个支队。1942 年 2 月改称第 1 战区挺进第 13 纵队。1943 年 9 月在太行山遭到日军重创，残部投敌后编入伪军第 11 军（汪伪）。

历任司令：

梅达夫（1939 年 12 月—1940 年 6 月）

杜　淑（兼）（1940 年 6 月—1943 年 9 月）

第1战区挺进第13纵队（2）

第 1 战区挺进第 13 纵队于 1943 年 10 月在河南兰封再次成立（原封丘地方武装改编），辖三个支队。1944 年 4 月参加豫中会战。1945 年 9 月裁撤。

历任司令：

田树恩（1943 年 10 月—1945 年 9 月）

第1战区游击第14纵队（1）

第 1 战区游击第 14 纵队于 1939 年 12 月在河南博爱成立（原河南省第 3 区保安部队改编），辖三个支队。1941 年 5 月参加晋南会战。8 月改称第 1 战区游击第 8 纵队。

历任司令：

张傧生（1939 年 12 月—1941 年 8 月）

第1战区挺进第14纵队（2）

第 1 战区挺进第 14 纵队于 1942 年 12 月在河南潢川再次成立（原第 1 战区挺进第 22 纵队改称），辖三个支队。1944 年 4 月参加豫中会战。1945 年 9 月裁撤。

历任司令：

张振江（1942 年 12 月—1945 年 9 月）

第1战区游击第15纵队（1）

第 1 战区游击第 15 纵队于 1940 年 3 月在河南封丘成立（原华北伪军封丘县警备队反正后改编），旋因司令徐理中被日军俘虏杀害自行解散。

历任司令：

徐理中（1940 年 3 月）

第1战区游击第15纵队（2）

第 1 战区游击第 15 纵队于 1941 年 3 月在山东曹县再次成立（原第 69 军教导师第 1 旅改编），辖两团。11 月缩编为独立第 4 旅第 2 团。

历任司令：

段海洲（1941 年 3 月—11 月）

第1战区挺进第15纵队（3）

第 1 战区挺进第 15 纵队于 1944 年 5 月在河南鄢陵第三次成立（原鄢陵县抗日纵队改编），辖四个支队。同月参加豫中会战。1945 年 9 月并入鄢陵县保安团。

历任司令：

张一农（1944 年 5 月—1945 年 9 月）

第1战区游击第16纵队（1）

第 1 战区游击第 16 纵队于 1940 年 3 月在河南柘城成立（原华北伪军豫皖“剿共”军独立第 1 支队反正后改编），辖三个支队。8 月投敌后改编为伪军第 17 师（汪伪）。

历任司令：

杨树森（1940 年 3 月—8 月）

第1战区挺进第16纵队（2）

第 1 战区挺进第 16 纵队于 1943 年 6 月在河南项城再次成立（原项城县保安部队改编），辖三个支队。1944 年 4 月参加豫中会战。6 月裁撤。

历任司令：

吕师尚（1943 年 6 月—1944 年 6 月）

第1战区游击（挺进）第17纵队（1）

第 1 战区游击第 17 纵队于 1940 年 5 月在山西陵川成立（原第 1 战区游击第 8 纵队一部扩编），辖两个支队。1941 年 5 月参加晋南会战，遭到重创，兼司令刘耀庭被俘。1942 年 2 月改称第 1 战区挺进第 17 纵队。1944 年 4 月参加豫中会战，再次遭到重创。6 月裁撤。

历任司令：

刘耀庭（兼）（1940 年 5 月—1941 年 5 月）

俞　墉（1941 年 6 月—1942 年 3 月）

吴化宇（1942 年 3 月—1944 年 6 月）

第1战区挺进第17纵队（2）

第 1 战区挺进第 17 纵队于 1944 年 6 月在河南嵩县再次成立（原嵩县抗日胜利集团军改编），辖三个支队。同月参加豫中会战。1945 年 3 月参加豫西鄂北会战。9 月缩编为第 110 师独立团，旋裁撤。

历任司令：

岳得功（1944 年 6 月—1945 年 9 月）

第1战区游击（挺进）第18纵队

第 1 战区游击第 18 纵队于 1940 年 5 月在河南安阳成立（原安临联防自卫团改编），辖两个团。1942 年 2 月改称第 1 战区挺进第 18 纵队。1943 年 6 月投敌后改编为伪军豫皖“剿共军”第 1 路第 1 支队（华北伪）。

历任司令：

王自全（1940 年 5 月—1943 年 6 月）

第1战区游击（挺进）第19纵队

第 1 战区游击第 19 纵队于 1940 年 5 月在河南鹿邑成立（原豫皖“剿共军”独立第 2 支队反正后改编），辖三个支队。1942 年 2 月改称第 1 战区挺进第 19 纵队。7 月缩编为鲁苏豫皖边区独立挺进第 2 支队。

历任司令：

孙敬轩（1940 年 5 月—1941 年 5 月）

蒋心亮（1941 年 5 月—1942 年 7 月）

第1战区游击（挺进）第20纵队

第 1 战区游击第 20 纵队于 1940 年 5 月在河南孟县成立（原河南省第 4 区保安部队改编），辖三个支队。1941 年 1 月参加豫南会战。1942 年 2 月改称第 1 战区挺进第 20 纵队。1944 年 3 月改称山东挺进第 3 纵队。

历任司令：

潘善斋（1940 年 5 月—1943 年 2 月）

张栋臣（1943 年 2 月—1944 年 8 月）

第1战区游击第21纵队

第 1 战区游击第 21 纵队于 1940 年 6 月在河南淮阳成立（原河南省抗日自卫军第 7 路改编），辖三个支队。1942 年 2 月改称鲁苏豫皖边区挺进第 7 纵队。

历任司令：

刘基炎（1940 年 6 月—10 月）

刘锡武（1940 年 10 月—1942 年 2 月）

第1战区游击（挺进）第22纵队（1）

第 1 战区游击第 22 纵队于 1940 年 6 月在河南汝南成立（原河南省第 8 区保安总队改

编），辖三个支队。1941 年 1 月遭到重创，副司令燕鼎九被日军俘虏杀害。1942 年 2 月改称第 1 战区挺进第 22 纵队。12 月改称第 1 战区挺进第 14 纵队。

历任司令：

张振江（1940 年 6 月—1942 年 12 月）

第1战区挺进第22纵队（2）

第 1 战区挺进第 22 纵队于 1943 年 9 月在河南孟县再次成立（原孟县民众自卫总队改编），辖三个支队。1945 年 9 月改编为孟县国民自卫团。

历任司令：

张伯华（1943 年 9 月—1945 年 9 月）

第1战区游击（挺进）第23纵队

第 1 战区游击第 23 纵队于 1940 年 6 月在河南信阳成立（原河南省第 13 区保安部队改编），辖三个支队。1942 年 2 月改称第 1 战区挺进第 23 纵队。1943 年 9 月裁撤。

历任司令：

武旭如（1940 年 6 月—1941 年 5 月）

朱国衡（1941 年 5 月—1943 年 9 月）

第1战区游击（挺进）第24纵队

第 1 战区游击第 24 纵队于 1940 年 6 月在河南郑州成立（原第 1 战区铁路破坏总队一部扩编），辖三个支队。1942 年 2 月改称第 1 战区挺进第 24 纵队。1943 年 9 月裁撤。

历任司令：

韩俊义（1940 年 6 月—1943 年 9 月）

第1战区游击第25纵队

第 1 战区游击第 25 纵队于 1940 年 6 月在河南舞阳成立（原第 5 战区游击第 2 纵队第 6 支队扩编），辖四个支队。1941 年 10 月被缴械遣散，司令严正国被逮捕枪决。

历任司令：

严正国（1940 年 6 月—1941 年 10 月）

第1战区游击第26纵队

第 1 战区游击第 26 纵队于 1940 年 6 月在河南罗山成立（原罗山县抗敌自卫团改编），辖三个支队。1941 年 5 月被缴械遣散，司令梅治潮被逮捕枪决。

历任司令：

梅治潮（1940 年 6 月—1941 年 5 月）

第1战区游击（挺进）第27纵队

第 1 战区游击第 27 纵队于 1940 年 6 月在河南滑县成立（原河南自卫军第 4 路改编），辖三个支队。1942 年 2 月改称第 1 战区挺进第 27 纵队。1943 年 11 月并入新编第 6 师。

历任司令：

范龙章（1940 年 6 月—1943 年 11 月）

第1战区游击（挺进）第28纵队

第 1 战区游击第 28 纵队于 1940 年 6 月在河南滑县成立（原光复军第 5 支队扩编），辖两个支队。1942 年 2 月改称第 1 战区挺进第 28 纵队。1943 年 9 月在太行山遭到日军重创，残部投敌后编入伪军第 11 军（汪伪）。

历任司令：

李旭东（1940 年 6 月—1943 年 9 月）

第1战区独立挺进第1纵队

第 1 战区独立挺进第 1 纵队于 1943 年 12 月在河南沈丘成立（原鲁苏豫皖边区游击总指挥部直属单位抽调编组）。1944 年 4 月参加豫中会战。1945 年 11 月覆没（时为第 19 集团军暂编第 2 旅）。

历任司令：

康乐三（1943 年 12 月—抗战胜利时）

第2战区游击（挺进）第1纵队

第 2 战区游击第 1 纵队于 1940 年 1 月在山西阳城成立（原山西新军决死第 3 纵队一部改编），辖三个支队。1942 年 2 月改称第 2 战区挺进第 1 纵队。1945 年 11 月裁撤。（注：1939 年 6 月曾以第 196 旅兼用第 2 战区游击第 1 纵队番号。）

历任司令：

张　济（1940 年 1 月—6 月）

郝士文（1940 年 6 月—1941 年 1 月）

武直刚（1941 年 1 月—1942 年 6 月）

焦克敬（1942 年 6 月—1944 年 1 月）

许　森（1944 年 1 月—抗战胜利时）

第2战区游击（挺进）第2纵队

第 2 战区游击第 2 纵队于 1940 年 1 月在山西沁水成立（原山西新军决死第 3 纵队一部改编），辖三个支队。1942 年 2 月改称第 2 战区挺进第 2 纵队。1945 年 9 月覆没。（注：1939 年 6 月曾以第 197 旅兼用第 2 战区游击第 2 纵队番号。）

历任司令：

赵世铃（1940 年 1 月—10 月）

韩步洲（1940 年 10 月—1942 年 8 月）

白映蟾（1942 年 8 月—1945 年 9 月）

第2战区游击（挺进）第3纵队

第 2 战区游击第 3 纵队于 1940 年 1 月在山西蒲县成立（原山西省第 6 区保安部队改编），辖三个支队。1942 年 2 月改称第 2 战区挺进第 3 纵队。1945 年 11 月裁撤。（注：1939 年 6 月曾以第 203 旅兼用第 2 战区游击第 3 纵队番号。）

历任司令：

崔道修（1940 年 1 月—1941 年 3 月）

武世权（1941 年 3 月—1944 年 1 月）

王檄亘（1944 年 1 月—抗战胜利时）

第2战区游击（挺进）第4纵队

第 2 战区游击第 4 纵队于 1940 年 1 月在山西阳城成立（原山西新军决死第 3 纵队一部改编），辖三个支队。1941 年 10 月抽调主力改编为第 2 战区政治保卫第 3 师。1942 年 2 月改称第 2 战区挺进第 4 纵队。1945 年 11 月裁撤。（注：1939 年 6 月曾以第 207 旅兼用第 2 战区游击第 4 纵队番号。）

历任司令：

孙瑞琨（1940 年 1 月—1941 年 1 月）

谢克俭（1941 年 1 月—1942 年 6 月）

张荣汛（1942 年 6 月—抗战胜利时）

第2战区游击（挺进）第5纵队

第 2 战区游击第 5 纵队于 1940 年 1 月在山西吉县成立（原第 2 战区军政民干部集训团抽调骨干编组），辖三个支队。1942 年 2 月改称第 2 战区挺进第 5 纵队。1945 年 11 月裁撤。（注：1939 年 6 月曾以第 212 旅兼用第 2 战区游击第 5 纵队番号。）

历任司令：

滑廷璧（1940 年 1 月—1941 年 3 月）

马　壮（1941 年 3 月—1942 年 11 月）

赵　珩（1942 年 11 月—抗战胜利时）

第2战区游击（挺进）第6纵队

第 2 战区游击第 6 纵队于 1940 年 1 月在山西赵城成立（原山西省第 9 区保安部队改编），辖三个支队。1941 年 10 月抽调主力改编为第 2 战区政治保卫第 4 师。1942 年 2 月改称第 2

战区挺进第 6 纵队。1945 年 11 月裁撤。（注：1939 年 6 月曾以第 213 旅兼用第 2 战区游击第 6 纵队番号。）

历任司令：

薄毓相（1940 年 1 月—8 月）

刘君瑜（1940 年 8 月—1941 年 1 月）

徐其昌（1941 年 1 月—抗战胜利时）

第2战区挺进第7纵队

第 2 战区游击第 7 纵队于 1942 年 2 月在山西乡宁成立（原第 2 战区军士教导团改编），辖三个支队。1945 年 11 月裁撤。

历任司令：

刘鹏翔（1942 年 2 月—抗战胜利时）

第3战区江南挺进队总指挥部

第 3 战区江南挺进队总指挥部于 1938 年 2 月在安徽屯溪成立（原第 19 集团军游击指挥部改编），辖江南挺进队第 1 路（辖两个支队）、江南挺进队第 2 路（辖两个支队），以及一个支队。3 月，第 1 路司令谢升标阵亡。6 月改称第 9 战区湘鄂赣边区游击司令部。

历任总指挥：

孔荷宠（1938 年 3 月—6 月）

第3战区江南第1游击区总指挥部

第 3 战区江南第 1 游击区总指挥部于 1939 年 7 月在浙江杭州成立，辖第 3 战区江南挺进第 1 纵队，以及位于浙西地区的正规军。1944 年 1 月改称苏浙皖边区挺进军总指挥部。

历任总指挥：

陶　广（1939 年 7 月—1944 年 1 月）

第3战区江南第2游击区总指挥部

第 3 战区江南第 2 游击区总指挥部于 1939 年 7 月在江苏溧阳成立，辖第 3 战区江南挺进第 2 纵队，以及位于苏皖边区的正规军。1944 年 1 月裁撤。

历任总指挥：

上官云相（1939 年 7 月—1943 年 4 月）

冷　　欣（1943 年 4 月—1944 年 1 月）

第3战区苏浙皖边区挺进军总指挥部

第 3 战区苏浙皖边区挺进军总指挥部于 1944 年 1 月在安徽歙县成立（原第 3 战区江南第

1 游击区总指挥部改称），辖第 3 战区挺进第 1 纵队、第 2 纵队，以及辖区内各正规军、保安部队。1945 年 10 月裁撤。

历任总指挥：

陶　广（1944 年 1 月—抗战胜利时）

第3战区（江南）挺进第1纵队（1）

第 3 战区江南挺进第 1 队于 1938 年 3 月在浙江德清成立（原嘉兴、嘉善、平湖、余杭、长兴五县游击武装改编），辖六个游击区、三个总队。1939 年 2 月改称第 3 战区江南挺进第 1 纵队，改辖三个团。1941 年 7 月改称第 3 战区挺进第 1 纵队（总指挥改称司令）。1942 年 5 月参加浙赣会战。8 月裁撤，所部并入暂编第 13 师。

历任（总指挥）司令：

张性白（1938 年 3 月—1939 年 1 月）

丘玉林（1939 年 1 月—1940 年 6 月）

汪复培（1940 年 6 月—1942 年 8 月）

第3战区挺进第1纵队（2）

第 3 战区挺进第 1 纵队于 1942 年 8 月在浙江德清再次成立（原第 28 军挺进队改编），辖三个支队。1944 年 12 月缩编为第 62 师第 184 团。

历任司令：

钟光仁（1942 年 8 月—1944 年 12 月）

第3战区（江南）挺进第2纵队

第 3 战区江南挺进第 2 队于 1938 年 3 月在浙江郎溪成立（原第 3 战区第 2 游击区所辖十三个游击支队并编），辖三个支队。1939 年 2 月改称第 3 战区江南挺进第 2 纵队。1941 年 7 月改称第 3 战区挺进第 2 纵队（总指挥改称司令）。1942 年 5 月参加浙赣会战。1945 年 11 月改编为津浦铁路监护旅（1946 年 3 月裁撤）。

历任（总指挥）司令：

丘玉林（1938 年 3 月—1939 年 1 月）

冷　欣（兼）（1939 年 1 月—1940 年 1 月）

李　涥（1940 年 1 月—1941 年 1 月）

顾心衡（1941 年 1 月—抗战胜利时）

第3战区挺进第3纵队

第 3 战区挺进第 3 纵队于 1942 年 11 月在浙江余姚成立（原第 3 战区四明山游击区第 1 支队扩编），辖三个纵队。1945 年 10 月裁撤。

历任司令：

贺钺芳（1942 年 11 月—抗战胜利时）

第3战区挺进第4纵队

第 3 战区挺进第 4 纵队于 1943 年 5 月在浙江余姚成立（原新编第 30 师第 88 团，1942 年 10 月投敌后扩编为汪伪军浙东“剿匪”纵队，1943 年 4 月反正）。辖三个支队。1945 年 5 月投敌待编。6 月在上虞被新编第 4 军歼灭。

历任司令：

田岫山（1943 年 5 月—1945 年 5 月）

第3战区挺进第5纵队

第 3 战区挺进第 5 纵队于 1944 年 2 月在浙江余姚成立（原新编第 30 师第 89 团，1942 年 9 月新 30 师裁撤后在四明山维持半独立状态），辖三个支队。1945 年 7 月在上虞加入新编第 4 军。

历任司令：

张俊升（1944 年 2 月—1945 年 7 月）

第4战区东江游击纵队指挥所（部）

香翰屏

第 4 战区东江游击纵队指挥所于 1939 年 1 月在广东惠阳成立，辖第 4 战区游击第 1 纵队、第 2 纵队、第 3 纵队、第 4 纵队、第 5 纵队。1940 年 1 月改称第 4 战区东江游击纵队指挥部。4 月改辖第 4 战区挺进第 3 纵队、第 4 纵队、第 5 纵队、第 6 纵队、第 7 纵队。8 月改称第 7 战区挺进纵队东江指挥所。

历任主任：

香翰屏（1939 年 1 月—1940 年 8 月）

第4战区挺进第1纵队

第 4 战区挺进第 1 纵队于 1939 年 5 月在广东兴宁成立（原福建武平、江西寻乌、安远三县地方武装改编），辖三个支队。1940 年 5 月参加第二次粤北战役。8 月改称第 7 战区挺进第 1 纵队。

历任司令：

陈　侃（1939 年 5 月—1940 年 1 月）

李靖化（1940 年 1 月—8 月）

第4战区挺进第2纵队

第 4 战区挺进第 2 纵队于 1939 年 5 月在广东梅县成立（原大埔民团、闽西地区散兵编组），辖三个支队。1940 年 5 月参加第二次粤北战役。8 月改称第 7 战区挺进第 2 纵队。

历任司令：

黄国俊（1939 年 5 月—1940 年 8 月）

第4战区挺进第3纵队（游击第1纵队）

第 4 战区游击第 1 纵队于 1939 年 1 月在广东中山成立（原中山、顺德、南海三县保安部队改编），辖四个支队。1940 年 4 月改称第 4 战区挺进第 3 纵队。5 月参加第二次粤北战役。8 月改称第 7 战区挺进第 3 纵队。

历任司令：

吴　飞（1939 年 1 月—1940 年 4 月）

袁　带（1940 年 4 月—8 月）

第4战区挺进第4纵队（游击第2纵队）

第 4 战区游击第 2 纵队于 1939 年 1 月在广东番禺成立（原番禺、华县、从化、三水四县抗日武装编组），辖五个大队。1940 年 4 月改称第 4 战区挺进第 4 纵队。5 月参加第二次粤北战役。8 月改称第 7 战区挺进第 4 纵队。

历任司令：

伍观淇（1939 年 1 月—1940 年 8 月）

第4战区挺进第5纵队（游击第3纵队）

第 4 战区游击第 3 纵队于 1939 年 1 月在广东惠阳成立（原惠阳、博罗、河源三县抗日武装改编），辖两个支队。1940 年 4 月改称第 4 战区挺进第 5 纵队。5 月参加第二次粤北战役。8 月改称第 7 战区挺进第 5 纵队。

历任司令：

骆凤翔（1939 年 1 月—1940 年 8 月）

第4战区挺进第6纵队（游击第4纵队）

第 4 战区游击第 4 纵队于 1939 年 1 月在广东东莞成立（原东莞、增城、宝安三县抗日武装改编），辖两个支队。1940 年 4 月改称第 4 战区挺进第 6 纵队。8 月改称第 7 战区挺进第 6 纵队。

历任司令：

王若周（1939 年 1 月—1940 年 4 月）

翟荣基（1940 年 4 月—8 月）

第4战区挺进第7纵队（游击第5纵队）

第 4 战区游击第 5 纵队于 1939 年 9 月在广东开平成立（原泰山、开平、恩平、新会、鹤山五县国民兵团改编），辖五个大队。1940 年 4 月改称第 4 战区挺进第 7 纵队，改辖三个大队、一个支队、一个陆战队。8 月改称第 7 战区挺进第 7 纵队。

历任司令：

马少屏（1939 年 9 月—1940 年 3 月）

彭林生（1940 年 4 月—8 月）

第4战区挺进第8纵队（两阳游击纵队）

第 4 战区两阳游击纵队于 1939 年 5 月在广东阳江成立（原阳江、阳春两县抗日武装改编），辖四个大队。1940 年 4 月改称第 4 战区挺进第 8 纵队。8 月改称第 7 战区挺进第 8 纵队。

历任司令：

伍　驺（1939 年 5 月—1940 年 8 月）

第4战区西江挺进纵队

第 4 战区西江挺进纵队于 1939 年 9 月在广东罗定成立（原罗定、肇庆、新兴、云浮四县抗日武装改编），辖两个支队。1940 年 6 月裁撤。

历任司令：

林　祥（1939 年 9 月—12 月）

谭启秀（1939 年 12 月—1940 年 6 月）

第4战区北江挺进纵队

第 4 战区北江挺进纵队于 1940 年 1 月在广东英德成立（原英德、韶关两县抗日武装改编）。9 月改编为北江游击干部训练所。

历任司令：

莫　雄（1940 年 1 月—9 月）

第4战区琼崖守备司令部

第 4 战区琼崖守备司令部于 1939 年 1 月在海南榆林成立，辖两个团。1942 年度改辖四个团。1945 年 9 月裁撤。

历任司令：

王　毅（1939 年 1 月—1945 年 9 月）

第5战区游击总指挥部

第 5 战区游击总指挥部于 1938 年 1 月在江苏徐州成立，辖七个游击司令部。1939 年 4 月改称鲁苏战区第 2 游击区总指挥部。

李明扬

历任总指挥：

李明扬（1938 年 1 月—1939 年 4 月）

第5战区豫鄂皖边区游击总指挥部

第 5 战区豫鄂皖边区游击总指挥部于 1938 年 10 月在安徽金寨成立，辖鄂东游击总指挥部，以及辖区保安团、各县自卫队。1941 年度改辖鄂东挺进军，第 5 战区挺进第 4 纵队、第 6 纵队、第 7 纵队、第 8 纵队、第 9 纵队、第 10 纵队、第 11 纵队、第 12 纵队、第 13 纵队、第 14 纵队、第 19 纵队、第 21 纵队、第 22 纵队，以及五个支队。1943 年度改辖鄂东挺进军，第 5 战区挺进第 8 纵队、第 10 纵队。1945 年 1 月裁撤。

历任总指挥：

廖　磊（1938 年 10 月—1939 年 10 月）

李品仙（1939 年 10 月—1945 年 1 月）

第5战区鄂东游击总指挥部

程汝怀

第 5 战区鄂东游击总指挥部于 1938 年 11 月在湖北罗田成立，辖鄂东游击第 1 纵队（司令李九皋）、第 2 纵队（司令王啸风）、第 3 纵队（司令李倜生），以及三个支队。1940 年度改辖第 5 战区游击第 16 纵队、第 17 纵队、第 18 纵队，以及两个支队。1941 年 7 月改称鄂东挺进军总指挥部。

历任总指挥：

程汝怀（1938 年 11 月—1941 年 3 月）

程树芬（1941 年 3 月—7 月）

第5战区鄂北游击总指挥部

阎廷俊

第 5 战区鄂北游击总指挥部于 1940 年 12 月在湖北随县成立，辖第 5 战区游击第 1 纵队、第 7 纵队、第 15 纵队。1941 年 7 月改称鄂北挺进军总指挥部。

历任总指挥：

阎廷俊（1940 年 2 月—1941 年 7 月）

第5战区豫鄂边区游击总指挥部

第5战区豫鄂边区游击总指挥部于1940年4月在湖北随县成立，辖四个支队。1941年8月改称豫鄂边区挺进军总指挥部。

历任总指挥：

鲍　刚（1940年4月—11月）

王仲廉（1940年11月—1941年8月）

鄂东挺进军总指挥部

鄂东挺进军总指挥部于1941年7月在湖北罗田成立（原第5战区鄂东游击总指挥部改称），辖第5战区挺进第2纵队、第16纵队、第17纵队、第18纵队，以及两个支队。1943年度改辖第5战区挺进第2纵队、第4纵队、第11纵队。1945年10月裁撤。

历任总指挥：

程树芬（1941年7月—抗战胜利时）

鄂北挺进军总指挥部

鄂北挺进军总指挥部于1941年7月在湖北随县成立（原第5战区鄂北游击总指挥部改称），辖第5战区挺进第1纵队、第7纵队、第15纵队。1943年2月裁撤。

历任总指挥：

阎廷俊（1941年7月—1943年2月）

豫鄂边区挺进军总指挥部

豫鄂边区挺进军总指挥部于1941年8月在河南信阳成立（原豫鄂边区游击总指挥部改称），辖第5战区挺进第1纵队、第7纵队。1945年10月裁撤。

历任总指挥：

鲁崇义（1941年8月—1942年8月）

何章海（1942年8月—1945年1月）

杜允中（1945年1月—抗战胜利时）

鲁崇义

何章海

杜允中

豫南挺进军总指挥部

豫南挺进军总指挥部于 1943 年 2 月在河南正阳成立（原第 1 战区豫南游击总指挥部改称），辖第 5 战区挺进第 9 纵队、第 13 纵队、第 15 纵队。1944 年度改辖第 5 战区挺进第 12 纵队、第 13 纵队、第 14 纵队、第 15 纵队、第 20 纵队。1945 年 10 月裁撤。

历任总指挥：

田镇南（1943 年 2 月—1944 年 1 月）

张　轸（1944 年 1 月—抗战胜利时）

第5战区游击（挺进）第1纵队

第 5 战区游击第 1 纵队于 1939 年 3 月在湖北应山成立（原豫鄂边区游击总司令部改编），辖三个支队。5 月参加随枣会战。1940 年 4 月参加枣宜会战。1941 年 7 月改称第 5 战区挺进第 1 纵队。1945 年 3 月参加豫西鄂北会战。10 月裁撤。

历任司令：

石毓灵（1939 年 3 月—1940 年 5 月）

曹文彬（1940 年 5 月—1945 年 9 月）

第5战区游击（挺进）第2纵队

第 5 战区游击第 2 纵队于 1939 年 3 月在河南潢川成立（原第 5 战区第 4 游击区改编），辖三个支队。5 月参加随枣会战。1941 年 7 月改称第 5 战区挺进第 2 纵队。1945 年 3 月参加豫西鄂北会战。10 月裁撤。

历任司令：

沈光武（1939 年 3 月—抗战胜利时）

第5战区游击（挺进）第3纵队

第 5 战区游击第 3 纵队于 1939 年 3 月在河南罗山成立（原第 5 战区第 3 游击区改编），辖三个支队。5 月参加随枣会战。1941 年 7 月改称第 5 战区挺进第 3 纵队。1946 年 1 月裁撤。

历任司令：

黄瑞华（1939 年 3 月—1941 年 8 月）

曾宪成（1941 年 8 月—抗战胜利时）

第5战区游击（挺进）第4纵队

第 5 战区游击第 4 纵队于 1939 年 9 月在河南商城成立（原商城县抗日武装改编），辖三个支队。1941 年 7 月改称第 5 战区挺进第 4 纵队。1945 年 10 月裁撤。

历任司令：

顾　莹（1939 年 9 月—1942 年 8 月）

张湘泽（1942 年 8 月—抗战胜利时）

第5战区游击（挺进）第5纵队

第 5 战区游击第 5 纵队于 1939 年 3 月在河南南阳成立（原第 5 战区第 1 游击区改编），辖三个支队。5 月参加随枣会战。1940 年 4 月参加枣宜会战。1941 年 7 月改称第 5 战区挺进第 5 纵队。1943 年 10 月裁撤。

历任司令：

傅光咸（1939 年 3 月—12 月）

田镇南（兼）（1939 年 12 月—1943 年 10 月）

第5战区游击（挺进）第6纵队

第 5 战区游击第 6 纵队于 1939 年 3 月在河南邓县成立（原邓县地方武装改编），辖两个支队。5 月参加随枣会战。1940 年 4 月参加枣宜会战。1941 年 7 月改称第 5 战区挺进第 6 纵队。1946 年 1 月裁撤。

历任司令：

柏启元（1939 年 3 月—11 月）

曹　勖（1939 年 11 月—抗战胜利时）

第5战区游击第7纵队（1）

第 5 战区游击第 7 纵队于 1939 年 4 月在湖北潜江成立（原潜江县抗日游击队改编），辖三个支队。1940 年 6 月改称第 6 战区游击第 2 纵队。

历任司令：

曹　勖（1939 年 4 月—11 月）

金亦吾（1939 年 11 月—1940 年 6 月）

第5战区游击（挺进）第7纵队（2）

第 5 战区游击第 7 纵队于 1940 年 6 月在湖北枣阳再次成立（原枣阳、荆门两县抗日武装改编），辖三个支队。1941 年 7 月改称第 5 战区挺进第 7 纵队。1945 年 3 月参加豫西鄂北会战。10 月裁撤。

历任司令：

郭金荣（1940 年 6 月—1941 年 12 月）

王冠五（1941 年 12 月—抗战胜利时）

第5战区游击（挺进）第8纵队

第 5 战区游击第 8 纵队于 1939 年 6 月在安徽合肥成立（原第 5 战区第 6 游击区改编），辖三个支队。1941 年 7 月改称第 5 战区挺进第 8 纵队。1945 年 12 月裁撤。

历任司令：

季光恩（1939 年 6 月—1943 年 5 月）

龙炎武（1943 年 5 月—抗战胜利时）

第5战区游击第9纵队（1）

第 5 战区游击第 9 纵队于 1939 年 6 月在安徽怀宁成立（原第 5 战区第 13 游击区改编），辖三个支队。1940 年 4 月在舒城被第 171 师包围缴械。

历任司令：

陈树森（1939 年 6 月—10 月）

云应霖（1939 年 10 月—1940 年 4 月）

第5战区挺进第9纵队（2）

第 5 战区挺进第 9 纵队于 1942 年 3 月在河南驻马店再次成立（原第 2 集团军豫南游击总队改编），辖三个支队。1944 年 4 月改称第 5 战区挺进第 20 纵队。

历任司令：

王慈博（1942 年 3 月—1944 年 4 月）

第5战区挺进第9纵队（3）

第 5 战区挺进第 9 纵队于 1944 年 5 月在湖北随县第三次成立（原湖北省第 3 区保安部队改编），辖三个支队。1946 年 1 月裁撤。

历任司令：

李朗星（1944 年 5 月—抗战胜利时）

第5战区游击（挺进）第10纵队

第 5 战区游击第 10 纵队于 1939 年 6 月在安徽全椒成立（原安徽省第 5 区保安部队改编），辖三个支队。1941 年 7 月改称第 5 战区挺进第 10 纵队。1945 年 10 月裁撤。

历任司令：

李本一（1939 年 6 月—1943 年 5 月）

柏承君（1943 年 5 月—抗战胜利时）

第5战区游击（挺进）第11纵队

第 5 战区游击第 11 纵队于 1939 年 12 月在安徽阜阳成立（原安徽省第 3 区保安部队改编），辖三个支队。1941 年 7 月改称第 5 战区挺进第 11 纵队。1945 年 10 月裁撤。

历任司令：

李盛宗（1939 年 6 月—1943 年 10 月）

马伟新（1943 年 10 月—抗战胜利时）

第5战区游击（挺进）第12纵队（1）

第5战区游击第12纵队于1939年12月在安徽定远成立（原皖北行署保安部队改编），辖三个支队。1941年7月改称第5战区挺进第12纵队。1943年8月裁撤。

历任司令：

颜仁毅（1939年12月—1940年2月）

张　节（1940年2月—1941年12月）

张季俊（1941年12月—1943年8月）

第5战区挺进第12纵队（2）

第5战区挺进第12纵队于1944年11月在河南信阳再次成立（原苏北挺进军第5纵队改称），辖三个支队。1945年10月裁撤。

历任司令：

涂建堂（1944年11月—抗战胜利时）

第5战区游击（挺进）第13纵队（1）

第5战区游击第13纵队于1939年12月在安徽桐城成立（原桐城、怀宁两县抗日武装改编），辖三个支队。1941年7月改称第5战区挺进第13纵队。1942年12月裁撤。

历任司令：

黄师岳（1939年12月—1942年12月）

第5战区挺进第13纵队（2）

第5战区挺进第13纵队于1943年2月在河南信阳成立（原第1战区挺进第12纵队改称），辖三个支队。1945年8月加入新编第4军。

历任司令：

程耀德（1943年2月—1945年8月）

第5战区游击（挺进）第14纵队（1）

第5战区游击第14纵队于1939年12月在安徽泗县成立（原安徽省第6区保安部队改编），辖三个支队。1941年7月改称第5战区挺进第14纵队。1943年7月裁撤。

历任司令：

盛子瑾（1939年12月—1940年1月）

马馨亭（1940年1月—1941年1月）

粟天一（1941年1月—1943年7月）

第5战区挺进第14纵队（2）

第 5 战区挺进第 14 纵队于 1944 年 2 月在河南遂平再次成立（原第 1 战区自卫军第 2 路改编），辖三个支队。4 月参加豫中会战。1945 年 10 月裁撤。

历任司令：

阮　勋（1944 年 2 月—抗战胜利时）

第5战区游击（挺进）第15纵队

第 5 战区游击第 15 纵队于 1939 年 12 月在河南正阳成立（原华北伪军“和平救国军”第 3 师反正后改编），辖三个支队。1940 年 4 月参加枣宜会战。1941 年 7 月改称第 5 战区挺进第 15 纵队。1945 年 10 月裁撤。

历任司令：

彭子文（1939 年 12 月—1943 年 3 月）

朱其平（1943 年 3 月—抗战胜利时）

第5战区游击（挺进）第16纵队（1）

第 5 战区游击第 16 纵队于 1940 年 1 月在湖北黄安成立（原鄂东第 1 游击纵队改编），辖四个支队。1941 年 7 月改称第 5 战区挺进第 16 纵队。10 月改编为鄂东保安第 1 旅。

历任司令：

李九皋（1940 年 1 月—1941 年 10 月）

第5战区挺进第16纵队（2）

第 5 战区挺进第 16 纵队于 1942 年 12 月在湖北黄陂再次成立（原鄂东保安第 1 旅改编），辖三个支队。1945 年 10 月裁撤。

历任司令：

刘鸿逵（1942 年 12 月—抗战胜利时）

第5战区游击（挺进）第17纵队（1）

第 5 战区游击第 17 纵队于 1940 年 1 月在湖北黄冈成立（原鄂东第 3 游击纵队改编），辖三个支队。1941 年 7 月改称第 5 战区挺进第 17 纵队。10 月改编为鄂东保安第 3 旅。

历任司令：

王丹侯（1940 年 1 月—1941 年 10 月）

第5战区挺进第17纵队（2）

第 5 战区挺进第 17 纵队于 1941 年 12 月在安徽灵璧再次成立（原第 5 战区第 5 挺进纵队第 14 支队扩编），辖三个支队。1942 年 3 月被新编第 4 军歼灭。

历任司令：

许志远（1941 年 12 月—1942 年 3 月）

第5战区挺进第17纵队（3）

第 5 战区挺进第 17 纵队于 1942 年 12 月在湖北广济第三次成立（原鄂东保安第 3 旅改编），辖三个支队。1945 年 10 月裁撤。

历任司令：

王丹侯（1942 年 12 月—抗战胜利时）

第5战区游击（挺进）第18纵队（1）

第 5 战区游击第 18 纵队于 1940 年 1 月在湖北麻城成立（原鄂东第 2 游击纵队改编），辖三个支队。1941 年 7 月改称第 5 战区挺进第 18 纵队。10 月改编为鄂东保安第 2 旅。

历任司令：

王啸风（1940 年 1 月—1941 年 10 月）

第5战区挺进第18纵队（2）

第 5 战区挺进第 18 纵队于 1942 年 12 月在湖北麻城再次成立（原鄂东保安第 2 旅改编），辖三个支队。1945 年 10 月裁撤。

历任司令：

王啸风（1942 年 12 月—抗战胜利时）

第5战区游击（挺进）第19纵队

第 5 战区游击第 19 纵队于 1940 年 1 月在湖北礼山成立（原豫鄂边区第 2 游击纵队改编），辖三个支队。1941 年 7 月改称第 5 战区挺进第 19 纵队。10 月改编为鄂东保安第 4 旅。1942 年 10 月裁撤。

历任司令：

蒋章骥（1940 年 1 月—1942 年 10 月）

第5战区游击（挺进）第20纵队（1）

第 5 战区游击第 20 纵队于 1940 年 1 月在湖北广济成立（原豫鄂边区第 1 游击纵队改编），辖三个支队。1941 年 7 月改称第 5 战区挺进第 20 纵队。10 月改编为鄂东保安第 5 旅。1942 年 10 月裁撤。

历任司令：

田江昌（1940 年 1 月—1942 年 10 月）

第5战区挺进第20纵队（2）

第 5 战区挺进第 20 纵队于 1944 年 4 月在河南驻马店再次成立（原第 5 战区挺进第 9 纵队改称），辖三个支队。1945 年 10 月裁撤。

历任司令：

王慈博（1944 年 4 月—抗战胜利时）

第5战区游击（挺进）第21纵队

第 5 战区游击第 21 纵队于 1940 年 1 月在湖北黄安成立（原鄂东游击总指挥部抽调骨干编组），辖三个支队。1941 年 7 月改称第 5 战区挺进第 21 纵队。1943 年 3 月裁撤。

历任司令：

李宜煊（兼）（1940 年 1 月—1942 年 5 月）

李倜生（1942 年 5 月—1943 年 3 月）

第6战区游击（挺进军）总指挥部

何绍南

第 6 战区游击总指挥部于 1940 年 6 月在湖北石首成立，辖第 6 战区游击第 1 纵队、第 2 纵队。7 月改称第 6 战区挺进军（又称鄂中挺进军）总指挥部，辖第 6 战区挺进第 1 纵队、第 2 纵队、第 3 纵队。1943 年 2 月裁撤。

历任总指挥：

凌兆尧（1940 年 6 月—1942 年 3 月）

何绍南（1942 年 3 月—10 月）

彭　善（1942 年 10 月—1943 年 2 月）

第6战区游击（挺进）第1纵队

第 6 战区游击第 1 纵队于 1940 年 6 月在湖北宜都成立（原湖北省第 6 区保安部队改编），辖三个支队。7 月改称第 6 战区挺进第 1 纵队。1943 年 2 月在石首遭到重创后裁撤，残部补充第 13 师。

历任司令：

吴良琛（1940 年 6 月—1941 年 7 月）

刘景蓉（1941 年 7 月—12 月）

何大熙（1941 年 12 月—1942 年 8 月）

王　道（1942 年 8 月—1943 年 2 月）

第6战区游击（挺进）第2纵队

第 6 战区游击第 2 纵队于 1940 年 6 月在湖北公安成立（原第 5 战区游击第 7 纵队改称），辖三个支队。7 月改称第 6 战区挺进第 2 纵队。1943 年 2 月在郝穴被击溃，司令金亦吾被俘。

历任司令：

金亦吾（1940 年 6 月—1943 年 2 月）

第6战区游击（挺进）第3纵队

第 6 战区游击第 3 纵队于 1941 年 3 月在湖北当阳成立（原第 6 战区独立游击第 1、第 2、第 3、第 4 支队合编），辖四个支队。7 月改称第 6 战区挺进第 3 纵队。1943 年 2 月裁撤。

历任司令：

郑家良（1941 年 3 月—1942 年 5 月）

侯思明（1942 年 5 月—1943 年 2 月）

第7战区挺进纵队东江指挥所

第 7 战区挺进纵队东江指挥所于 1940 年 8 月在广东惠阳成立（原第 4 战区东江游击纵队指挥部改称），辖第 7 战区挺进第 5 纵队、第 6 纵队。1943 年 4 月裁撤。

历任主任：

香翰屏（1940 年 8 月—1943 年 4 月）

第7战区挺进第1纵队

第 7 战区挺进第 1 纵队于 1940 年 8 月在广东汕头成立（原第 4 战区挺进第 1 纵队改称），辖三个支队。1945 年 10 月裁撤。

历任司令：

李靖化（1940 年 8 月—1941 年 10 月）

林君勷（1941 年 10 月—1944 年 6 月）

林朱梁（1944 年 6 月—抗战胜利时）

第7战区挺进第2纵队（1）

第 7 战区挺进第 2 纵队于 1940 年 8 月在广东梅县成立（原第 4 战区挺进第 2 纵队改称），辖三个支队。1942 年 3 月裁撤。

历任司令：

黄国俊（1940 年 8 月—1942 年 3 月）

第7战区挺进第2纵队（2）

第 7 战区挺进第 2 纵队于 1943 年 3 月在广东英德再次成立（原第 7 战区挺进第 8 纵队改称），辖三个支队。1945 年 10 月裁撤。

历任司令：

莫　雄（1943 年 3 月—抗战胜利时）

第7战区挺进第3纵队

第7战区挺进第3纵队于1940年8月在广东中山成立（原第4战区挺进第3纵队改称），辖两个支队。1945年10月裁撤。

历任司令：

袁　带（1940年8月—1944年9月）

伍　蕃（1944年9月—抗战胜利时）

第7战区挺进第4纵队

第7战区挺进第4纵队于1940年8月在广东番禺成立（原第4战区挺进第4纵队改称），辖三个支队。1945年10月裁撤。

历任司令：

伍观淇（1940年8月—抗战胜利时）

第7战区挺进第5纵队（1）

第7战区挺进第5纵队于1940年8月在广东惠阳成立（原第4战区挺进第5纵队改称），辖三个支队。1941年4月裁撤。

历任司令：

骆凤翔（1940年8月—1941年4月）

第7战区挺进第5纵队（2）

第7战区挺进第5纵队于1941年4月在广东南海再次成立（原第7战区独立挺进第1支队扩编），辖五个大队。1942年5月裁撤。

历任司令：

高鼎荣（1941年4月—10月）

彭光廷（1941年10月—1942年5月）

第7战区挺进第5纵队（3）

第7战区挺进第5纵队于1943年3月在广东台山第三次成立（原第7战区挺进第7纵队改称），辖三个支队。1943年3月裁撤。

历任司令：

周汉铃（1943年3月—抗战胜利时）

第7战区挺进第6纵队

第7战区挺进第6纵队于1940年8月在广东东莞成立（原第4战区挺进第6纵队改称），辖三个支队。1942年5月裁撤。

历任司令：

翟荣基（1940 年 8 月—1941 年 11 月）

邓琦昌（1941 年 11 月—1942 年 5 月）

第7战区挺进第7纵队

第 7 战区挺进第 7 纵队于 1940 年 8 月在广东台山成立（原第 4 战区挺进第 7 纵队改称），辖三个支队。1943 年 3 月改称第 7 战区挺进第 5 纵队。

历任司令：

彭林生（1940 年 8 月—1942 年 1 月）

周汉铃（1942 年 1 月—1943 年 3 月）

第7战区挺进第8纵队

第 7 战区挺进第 8 纵队于 1941 年 4 月在广东英德成立（原北江游击干部训练所改编），辖三个支队。1943 年 3 月改称第 7 战区挺进第 2 纵队。

历任司令：

莫　雄（1941 年 4 月—1943 年 3 月）

第7战区挺进第9纵队，番号空缺。

第7战区挺进第10纵队

第 7 战区挺进第 10 纵队于 1940 年 10 月在广东宝安成立（原伪军“复兴军”反正后改编），辖三个支队。1942 年 5 月裁撤。

历任司令：

郎擎天（1940 年 9 月—1942 年 5 月）

晋察绥边区挺进军（军事委员会第1挺进军）总司令部

张砺生

军事委员会第 1 挺进军总司令部于 1939 年 1 月在陕西榆林成立，辖三个团。12 月参加冬季攻势。1941 年 2 月改称晋察绥边区挺进军总司令部，辖骑兵第 1 纵队（司令戈武城）、骑兵第 2 纵队（司令郭长清）、骑兵第 3 纵队（司令李正才）、步兵纵队（司令乔日成）。1946 年 6 月裁撤。

历任总司令：

张砺生（1939 年 1 月—抗战胜利时）

第8战区独立挺进第1纵队

第 8 战区独立挺进第 1 纵队于 1941 年 12 月在山西芮城成立（原陕东河防游击纵队改编），辖两个支队。1945 年 11 月裁撤。

历任司令：

王裕民（1941 年 12 月—抗战胜利时）

第8战区挺进第1纵队

第 8 战区挺进第 1 纵队于 1942 年 8 月在绥远包头成立（原绥远民众抗日自卫军第 2 路改编），辖两个支队。1945 年 8 月缩编为第 12 战区骑兵团。

历任司令：

刘效贤（1942 年 8 月—1945 年 8 月）

第9战区湘鄂赣边区游击总指挥部

第 9 战区湘鄂赣边区游击总指挥部于 1938 年 6 月在湖北汉口成立，辖五个游击区、一个支队。1939 年 6 月改称湘鄂赣边区挺进军总指挥部。

历任总指挥：

樊崧甫（1938 年 6 月—1939 年 6 月）

湘鄂赣边区挺进军总指挥部

湘鄂赣边区挺进军总指挥部于 1939 年 6 月在江西修水成立（原第 9 战区湘鄂赣边区游击总指挥部改称），辖第 9 战区挺进第 1 纵队、第 2 纵队、第 3 纵队、第 4 纵队、第 5 纵队、第 6 纵队、第 7 纵队。1942 年 6 月裁撤。

历任总指挥：

樊崧甫（1939 年 6 月—11 月）

李玉堂（代）（1939 年 11 月—1940 年 1 月）

李默庵（1940 年 1 月—1941 年 12 月）

王劲修（1941 年 12 月—1942 年 6 月）

第9战区挺进第1纵队（1）

第 9 战区挺进第 1 纵队于 1939 年 6 月在江西德安成立（原湘鄂赣边区游击司令部改编），辖三个支队。9 月参加第一次长沙会战。12 月参加冬季攻势。1941 年 3 月改编为暂编第 54 师。

历任司令：

孔荷宠（1939 年 6 月—1941 年 3 月）

第9战区挺进第1纵队（2）

第 9 战区挺进第 1 纵队于 1943 年 3 月在江西靖安再次成立（原第 9 战区挺进第 2 纵队改称），辖两个支队。11 月参加常德会战。1944 年 6 月参加长衡会战。1945 年 4 月裁撤。

历任司令：

康景濂（1943 年 3 月—1945 年 4 月）

第9战区挺进第2纵队（1）

第 9 战区挺进第 2 纵队于 1939 年 6 月在江西奉新成立（原江西省保安部队改编），辖一个支队、两个团。9 月参加第一次长沙会战。1941 年 3 月参加上高会战。9 月参加第二次长沙会战。12 月参加第三次长沙会战。1943 年 3 月改称第 9 战区挺进第 1 纵队。

历任司令：

杨遇春（1939 年 6 月—10 月）

陈洪时（1939 年 10 月—1940 年 10 月）

康景濂（1940 年 10 月—1943 年 3 月）

第9战区挺进第2纵队（2）

第 9 战区挺进第 2 纵队于 1943 年 3 月在湖北阳新再次成立（原第 9 战区挺进第 3、第 4、第 5 纵队并编），辖三个支队。11 月参加常德会战。1944 年 6 月参加长衡会战。1945 年 9 月裁撤，所部官兵补充第 99 师。

历任司令：

盛　瑜（1943 年 3 月—1945 年 9 月）

第9战区挺进第3纵队（1）

第 9 战区挺进第 3 纵队于 1939 年 6 月在江西岷山成立（原江西省保安部队改编），辖三个团。9 月参加第一次长沙会战。10 月改辖三个支队。1941 年 3 月参加上高会战。1942 年 1 月裁撤。

历任司令：

钟石磐（1939 年 6 月—1942 年 1 月）

第9战区挺进第3纵队（2）

第 9 战区挺进第 3 纵队于 1942 年 3 月在江西石城再次成立（原江西省保安部队改编），辖三个支队。1943 年 3 月与第 9 战区挺进第 4、第 5 纵队并编为第 9 战区挺进第 2 纵队。

历任司令：

邓子超（1942 年 3 月—1943 年 3 月）

第9战区挺进第3纵队（3）

第 9 战区挺进第 3 纵队于 1943 年 3 月在湖南岳阳第三次成立（原第 9 战区挺进第 6 纵队改称），辖三个支队。11 月参加常德会战。1944 年 6 月参加长衡会战。10 月裁撤。

历任司令：

陈　庚（1943 年 3 月—1944 年 4 月）

吴　坚（1944 年 4 月—10 月）

第9战区挺进第4纵队（1）

第 9 战区挺进第 4 纵队于 1939 年 11 月在湖北阳新成立（原鄂南地区三个游击支队改编），辖三个支队。1941 年 9 月参加第二次长沙会战。12 月参加第三次长沙会战。1943 年 3 月与第 9 战区挺进第 3、第 5 纵队并编为第 9 战区挺进第 2 纵队。

历任司令：

王作楫（1939 年 11 月—1940 年 8 月）

徐树楠（1940 年 8 月—1943 年 3 月）

第9战区挺进第4纵队（2）

第 9 战区挺进第 4 纵队于 1943 年 3 月在湖南临湘再次成立（原第 9 战区挺进第 7 纵队改称），辖两个支队。11 月参加常德会战。1944 年 6 月参加长衡会战。1945 年 10 月裁撤。

历任司令：

王翦波（1943 年 3 月—抗战胜利时）

第9战区挺进第5纵队（1）

第 9 战区挺进第 5 纵队于 1939 年 11 月在湖北鄂城成立（原湘鄂赣边区抗日武装改编），辖三个支队。1943 年 3 月与第 9 战区挺进第 4、第 5 纵队并编为第 9 战区挺进第 2 纵队。

历任司令：

尹立言（1939 年 11 月—1941 年 6 月）

黄道南（1941 年 6 月—1943 年 3 月）

第9战区挺进第5纵队（2）

第 9 战区挺进第 5 纵队于 1944 年 4 月在湖北鄂城再次成立（原汪伪军鄂南保安司令部反正后改编），辖三个支队。1945 年 6 月被日军歼灭。

历任司令：

成　渠（1944 年 4 月—1945 年 6 月）

第9战区挺进第6纵队

第9战区挺进第6纵队于1940年3月在湖北崇阳成立（原蒲圻、嘉鱼、崇阳、通城四县抗日武装改编），辖三个支队。1943年3月裁撤。

历任司令：

龚传文（1940年3月—11月）

李精一（1940年11月—1943年3月）

第9战区挺进第7纵队

第9战区挺进第7纵队于1940年3月在湖南临湘成立（原临湘、岳阳两县抗日武装改编），辖两个支队。1941年9月参加第二次长沙会战。11月参加第三次长沙会战。1943年3月改称第9战区挺进第4纵队。

历任司令：

聂聘三（1940年3月—1942年1月）

李子亮（1942年1月—10月）

王翦波（1942年10月—1943年3月）

第9战区挺进第8纵队

第9战区挺进第8纵队于1940年3月在湖北阳新成立（原武鄂游击司令部改编），辖三个支队。1943年2月裁撤，所属部队分别并入第34师、新编第13师。

历任司令：

方步舟（1940年3月—1943年2月）

冀察战区游击总指挥部

孙良诚

冀察战区游击总指挥部于1939年1月在河北南宫成立，辖冀察战区游击第1纵队、第2纵队、第3纵队、第4纵队，以及两个支队。1942年4月在曹县投敌后改编为伪军第2方面军（汪伪）。

历任总指挥：

孙良诚（1939年1月—1942年4月）

冀察战区游击第1纵队

冀察战区游击第1纵队于1939年1月在河南濮阳成立（原冀鲁豫边区保安司令部改编），辖三旅九团、特务团、独立团。1941年5月参加晋南会战，遭到重创。7月裁撤。

历任司令：

丁树本（1939年1月—1941年5月）

冀察战区游击第2纵队

冀察战区游击第 2 纵队于 1939 年 1 月在山西和顺成立（原冀察游击军第 2 路改编），辖两个旅队。1940 年 6 月司令夏维礼阵亡，所部裁撤。

历任司令：

夏维礼（1939 年 1 月—1940 年 6 月）

冀察战区游击第3纵队

冀察战区游击第 3 纵队于 1939 年 1 月在河北冀县成立（原河北抗日民军第 2 路改编），辖两个旅。2 月，旅长胡金波阵亡。1940 年 7 月改编为暂编第 30 师。

历任司令：

赵云祥（1939 年 1 月—1940 年 7 月）

冀察战区游击第4纵队

冀察战区游击第 4 纵队于 1939 年 1 月在河北获鹿成立（原军事委员会别动总队独立第 13 支队扩编），辖五个支队、两个独立团。1940 年 2 月缩编为冀察战区独立游击第 1 支队（1943 年 5 月投敌）。

历任司令：

侯如墉（1939 年 1 月—1940 年 2 月）

冀察战区游击第5纵队

冀察战区游击第 5 纵队于 1939 年 1 月在河北涞水成立（原华北民众抗日救国同盟军第 2 路改编），辖六个支队。1940 年 3 月投敌后改编为伪军华北建国“剿共”军（华北伪）。

历任司令：

白秀亭（1939 年 1 月—1940 年 3 月）

冀察战区游击第6纵队

冀察战区游击第 6 纵队于 1939 年 1 月在天津成立（原忠义救国军第 7 路军余部改编）。该纵队在编组时因司令陈维蕃被日军俘虏杀害，随即解散。

历任司令：

陈维蕃（1939 年 1 月）

冀察战区游击第7纵队

冀察战区游击第 7 纵队于 1939 年 4 月在河北唐县成立（原河北省保安队改编），辖两个支队。1940 年 2 月裁撤。

历任司令：

李允声（1939 年 4 月—1940 年 2 月）

冀察战区滨海游击纵队

滨海游击纵队于 1939 年 2 月在河北新海成立（原华北民众抗日救国同盟军第 21 路改编），辖两个支队。1940 年 4 月裁撤，所部并入第 39 集团军。

历任司令：

窦同义（1939 年 2 月—1940 年 4 月）

冀察战区挺进第1纵队

冀察战区挺进第 1 纵队于 1942 年 4 月在山东曹县成立（原新编第 4 旅第 2 团扩编），辖三个支队。1943 年 5 月并入第 33 师。

历任司令：

段海洲（1942 年 4 月—1943 年 5 月）

冀察战区挺进第2纵队

冀察战区挺进第 2 纵队于 1942 年 4 月在山东东明成立（原冀察战区独立游击第 2 支队扩编），辖三个支队。1944 年 4 月改编为冀鲁豫边区挺进指挥部。

历任司令：

邵鸿基（1942 年 4 月—1944 年 4 月）

冀察战区挺进第3纵队

冀察战区挺进第 3 纵队于 1942 年 4 月在河南林县成立（原太行山抗日武装改编），辖三个支队。1943 年 6 月遭到日军重创后裁撤。

历任司令：

尚大义（1942 年 4 月—1943 年 6 月）

冀察战区挺进第4纵队

冀察战区挺进第 4 纵队于 1942 年 4 月在山东曹县成立（原河北游击第 1 支队扩编），辖三个支队。1944 年 3 月裁撤。

历任司令：

于　飞（1942 年 4 月—1944 年 3 月）

鲁苏战区苏北第1游击区总指挥部

鲁苏战区苏北第 1 游击区总指挥部于 1939 年 4 月在江苏宝应成立，辖两淮税警总团以及辖区内保安部队。1944 年 4 月裁撤。

历任总指挥：

韩德勤（1939 年 4 月—1944 年 4 月）

鲁苏战区苏北第2游击区总指挥部（鲁苏皖边区游击总指挥部）

鲁苏战区苏北第2游击区总指挥部于1939年4月在江苏泰县成立（原第5战区游击总指挥部改称），兼称鲁苏皖边区游击总指挥部，辖第1路（指挥官李长江）、第2路（指挥官陆瑞荣），鲁苏皖边区游击第1纵队、第2纵队、第3纵队、第4纵队、第5纵队、第6纵队、第7纵队、第8纵队、第9纵队、第10纵队。1941年2月，副总指挥李长江率领鲁苏皖边区游击第1纵队、第2纵队、第6纵队、第7纵队、第8纵队、第10纵队投敌，改编为伪军第2集团军（汪伪）。1943年4月苏北挺进军第2分区编入后重新整编为第1路（指挥官林叙彝）、第2路（指挥官陈勋涛）、第3路（指挥官冯子固），苏北挺进第1纵队、第2纵队、鲁苏豫皖边区挺进第7纵队、第9纵队，苏北挺进军第12纵队，以及江苏省保安部队。1944年4月改称长江下游挺进军总指挥部。

历任总指挥：

李明扬（1939年4月—1944年4月）

鲁苏战区鲁南游击指挥部

鲁苏战区鲁南游击指挥部于1940年5月在山东安丘成立，辖鲁苏战区游击第1纵队、第2纵队、第7纵队、第8纵队，山东省保安第1师，以及四个独立支队。1944年3月裁撤。

历任指挥官：

于学忠（1940年5月—1944年3月）

鲁苏战区鲁东游击指挥部

鲁苏战区鲁东游击指挥部于1940年12月在山东沂水成立，辖鲁苏战区游击第3纵队、第4纵队、第5纵队、第6纵队，山东保安第2师，以及五个保安区司令部、三个保安旅、三个支队。1944年3月扩编为山东挺进军总指挥部。

历任指挥官：

牟中珩（1940年12月—1944年3月）

鲁苏战区游击（挺进）第1纵队

鲁苏战区游击第1纵队于1939年4月在山东日照成立（原山东省第3区保安部队改编），辖三个支队。1941年7月改称鲁苏战区挺进第1纵队。1944年3月改称山东挺进军第12纵队。

历任司令：

张里元（1939年4月—1944年3月）

鲁苏战区游击（挺进）第2纵队

鲁苏战区游击第2纵队于1939年4月在山东诸城成立（原山东省第8区保安部队改编），辖三个支队。1941年7月改称鲁苏战区挺进第2纵队。1943年2月在安丘被日军歼灭，司令厉文礼被俘。

历任司令：

厉文礼（1939 年 4 月—1943 年 2 月）

鲁苏战区游击（挺进）第3纵队

鲁苏战区游击第 3 纵队于 1939 年 4 月在山东邹城成立（原山东省第 12 区保安部队改编），辖三个支队。1941 年 7 月改称鲁苏战区挺进第 3 纵队。1943 年 4 月改编为山东省保安第 38 旅。

历任司令：

秦启荣（1939 年 4 月—1943 年 2 月）

杨锡九（代）（1943 年 2 月—4 月）

鲁苏战区游击（挺进）第4纵队

鲁苏战区游击第 4 纵队于 1940 年 4 月在山东昌邑成立（原军事委员会别动总队鲁冀边区第 4 梯队改编），辖三个支队。1941 年 7 月改称鲁苏战区挺进第 4 纵队。1944 年 3 月改称山东挺进军第 15 纵队。

历任司令：

王尚志（1940 年 4 月—1944 年 3 月）

鲁苏战区游击（挺进）第5纵队

鲁苏战区游击第 5 纵队于 1940 年 6 月在山东牟平成立（原山东省保安第 3 旅改编），辖三个支队。1941 年 7 月改称鲁苏战区挺进第 5 纵队。1944 年 3 月改称山东挺进军第 16 纵队。

历任司令：

丁綍庭（1940 年 4 月—1944 年 3 月）

鲁苏战区游击（挺进）第6纵队

鲁苏战区游击第 6 纵队于 1940 年 6 月在山东牟平成立（原山东省保安第 26 旅改编），辖两个支队。1941 年 7 月改称鲁苏战区挺进第 6 纵队。1942 年 9 月在海阳被第 18 集团军歼灭，司令秦玉堂阵亡，副司令王梅村、政治部主任薛慕寰被俘。

历任司令：

秦玉堂（1940 年 6 月—1942 年 9 月）

鲁苏战区游击（挺进）第7纵队

鲁苏战区游击第 7 纵队于 1940 年 6 月在山东滕县成立（原军事委员会别动总队独立第 43 支队扩编），辖三个支队。1941 年 7 月改称鲁苏战区挺进第 7 纵队。1944 年 3 月改编为山东省保安第 2 师（辖三个团）。1945 年 8 月在滕县被第 18 集团军歼灭。

历任司令：

申从周（1940 年 6 月—1944 年 3 月）

鲁苏战区游击（挺进）第8纵队

鲁苏战区游击第 8 纵队于 1940 年 6 月在山东郯城成立（原衡山、滕县、兰陵三县抗日武装改编），辖三个支队。1941 年 7 月改称鲁苏战区挺进第 8 纵队。1944 年 3 月改称山东挺进军第 18 纵队。

历任司令：

刘敢陈（1940 年 6 月—1944 年 3 月）

鲁苏战区挺进第9纵队

鲁苏战区挺进第 9 纵队于 1942 年 6 月在山东平度成立（原鲁苏战区独立挺进第 28、第 29、第 30 支队合编），辖三个支队。1944 年 3 月改称山东挺进军第 19 纵队。

历任司令：

阎珂卿（1942 年 6 月—1944 年 3 月）

鲁苏皖边区游击第1纵队（1）

鲁苏皖边区游击第 1 纵队于 1939 年 5 月在江苏泰县成立（原海门水上游击总队改编），辖三个支队。1941 年 2 月投敌后改编为伪军独立第 10 旅（汪伪）。

历任司令：

丁聚堂（1939 年 5 月—1941 年 2 月）

鲁苏皖边区游击（挺进）第1纵队（2）

鲁苏皖边区游击第 1 纵队于 1941 年 2 月在江苏泰县再次成立（原鲁苏皖边区教导大队、独立游击第 2 支队改编），辖三个支队。1942 年 6 月改称鲁苏皖边区挺进第 1 纵队。1943 年 4 月改称苏北挺进第 3 纵队。

历任司令：

许少顿（1941 年 2 月—1943 年 4 月）

鲁苏皖边区游击第2纵队

鲁苏皖边区游击第 2 纵队于 1939 年 5 月在江苏泰县成立（原江苏省保安第 10 团改编），辖三个支队。1941 年 2 月投敌后改编为伪军第 24 师（汪伪）。

历任司令：

颜秀五（1939 年 5 月—1941 年 2 月）

鲁苏皖边区游击第3纵队

鲁苏皖边区游击第3纵队于1939年5月在江苏江都成立（原江苏省抗日民众自卫队通如区两个支队改编），辖三个支队。6月所属第8支队加入新编第4军。1940年11月缩编为鲁苏皖边区独立游击第2支队。

历任司令：

张公任（1939年5月—12月）

陆洲舫（1939年12月）

张公任（1939年12月—1940年11月）

鲁苏皖边区游击第4纵队

鲁苏皖边区游击第4纵队于1939年5月在江苏泰县成立（原军事委员会战地特种工作团第3团改编），辖三个支队。1941年6月在兴化被日军歼灭，司令陈中柱阵亡。

历任司令：

陈中柱（1939年5月—1941年6月）

鲁苏皖边区游击第5纵队

鲁苏皖边区游击第5纵队于1940年9月在江苏铜山成立（原苏鲁边区抗日游击队改编），辖三个支队。1941年8月改称鲁苏皖边区游击第10纵队。

历任司令：

韩治隆（1940年9月—1941年8月）

鲁苏皖边区游击第6纵队（1）

鲁苏皖边区游击第6纵队于1940年6月在江苏江都成立（原鲁苏皖边区游击第2纵队一部扩编），辖三个纵队。1941年2月投敌后改编为伪军第26师（汪伪）。

历任司令：

陈才福（1940年6月—1941年2月）

鲁苏皖边区游击第6纵队（2）

鲁苏皖边区游击第6纵队于1941年3月在江苏泰县再次成立（鲁苏皖边区特务总队改编），辖三个支队。5月被日军击溃后裁撤。

历任司令：

丁维藩（1941年3月—5月）

鲁苏皖边区游击第7纵队

鲁苏皖边区游击第7纵队于1940年6月在江苏盱眙成立（原盱眙县抗日人民自卫军改编），辖三个支队。1941年2月投敌后改编为伪军第25师（汪伪）。

历任司令：

秦庆霖（1940 年 6 月—1941 年 2 月）

鲁苏皖边区游击第8纵队（1）

鲁苏皖边区游击第 8 纵队于 1940 年 6 月在江苏高邮成立（原高邮县常备旅第 1 团改编），辖三个支队。1941 年 2 月投敌后改编为伪军第 27 师（汪伪）。

历任司令：

何林春（1940 年 6 月—1941 年 2 月）

鲁苏皖边区游击第8纵队（2）

鲁苏皖边区游击第 8 纵队于 1941 年 3 月在江苏沛县再次成立（原鲁苏皖边区游击第 9 纵队第 2 团扩编），辖三个支队。1944 年 5 月改称山东挺进军第 36 纵队。

历任司令：

张开岳（1941 年 3 月—1944 年 5 月）

鲁苏皖边区游击第9纵队

鲁苏皖边区游击第 9 纵队于 1940 年 6 月在江苏丰县成立（原第 5 战区独立游击第 1 支队扩编），辖四个团。1943 年 4 月扩编为鲁苏豫皖边区挺进第 7、第 9 纵队。

历任司令：

冯子固（1940 年 6 月—1943 年 4 月）

鲁苏皖边区游击第10纵队（1）

鲁苏皖边区游击第 10 纵队于 1940 年 6 月在江苏如皋成立（原如皋县抗日义勇军自卫总队改编），辖三个支队。1941 年 6 月投敌后改编为伪军第 35 师（汪伪）。

历任司令：

朱　骥（1940 年 6 月—1941 年 6 月）

鲁苏皖边区游击第10纵队（2）

鲁苏皖边区游击第 10 纵队于 1941 年 6 月在安徽涡阳成立（原第 31 集团军直属部队抽调编组），辖两个支队。1941 年 8 月改称鲁苏豫皖边区挺进第 21 纵队。

历任司令：

谭乃大（1941 年 6 月—8 月）

鲁苏皖边区游击第10纵队

鲁苏皖边区游击第 10 纵队于 1941 年 8 月在江苏铜山成立（原鲁苏皖边区游击第 5 纵队

改称），辖三个支队。1944 年 4 月改称长江下游挺进军第 4 纵队。

历任司令：

韩治隆（1941 年 8 月—1944 年 4 月）

鲁苏豫皖边区游击总指挥部

鲁苏豫皖边区游击总指挥部于 1941 年 8 月在河南方城成立，辖鲁苏豫皖边区挺进第 1 纵队、第 2 纵队。1942 年度增辖鲁苏豫皖边区挺进第 6 纵队、第 8 纵队、第 10 纵队、第 11 纵队。1943 年 9 月裁撤。

历任总指挥：

王仲廉（1941 年 8 月—1943 年 9 月）

鲁苏豫皖边区挺进第1纵队

鲁苏豫皖边区挺进第 1 纵队于 1941 年 1 月在河南永城成立（原第 18 集团军第 4 纵队第 6 旅第 17 团、第 18 团及豫皖苏边区保安司令部特务连改编），辖三个支队。1943 年 2 月改称苏北挺进军第 1 纵队。

历任司令：

耿蕴斋（1941 年 1 月—1942 年 7 月）

刘子仁（1942 年 7 月—1943 年 2 月）

鲁苏豫皖边区挺进第2纵队

鲁苏豫皖边区挺进第 2 纵队于 1941 年 1 月在河南周口成立（原周口、界首保安部队改编），辖三个纵队。1942 年 12 月改编为新编第 29 师。

历任司令：

吕公良（1941 年 1 月—1942 年 12 月）

鲁苏豫皖边区挺进第3纵队

鲁苏豫皖边区挺进第 3 纵队于 1941 年 10 月在江苏萧县成立（原萧县常备团改编），辖三个支队。1943 年 2 月改称苏北挺进军第 2 纵队。

历任司令：

刘瑞岐（1941 年 10 月—1943 年 2 月）

鲁苏豫皖边区挺进第4纵队（1）

鲁苏豫皖边区挺进第 4 纵队于 1942 年 2 月在河南项城成立（原第 1 战区游击第 4 纵队改称），辖三个支队。1943 年 10 月裁撤。

历任司令：

李宣德（1942 年 2 月—1943 年 10 月）

鲁苏豫皖边区挺进第4纵队（2）

鲁苏豫皖边区挺进第 4 纵队于 1943 年 10 月在河南镇平再次成立（原河南省第 6 区国民抗敌自卫团驻镇平副司令部改编），辖三个支队。1944 年 10 月改编为暂编第 27 师。

历任司令：

王金声（1943 年 10 月—1944 年 10 月）

鲁苏豫皖边区挺进第5纵队

鲁苏豫皖边区挺进第 5 纵队于 1942 年 2 月在安徽太和成立（原怀远、宿县两县地方武装改编），辖三个支队。1944 年 10 月裁撤，所部官兵补充第 117 师。

历任司令：

廖运升（1942 年 2 月—1944 年 10 月）

鲁苏豫皖边区挺进第6纵队

鲁苏豫皖边区挺进第 6 纵队于 1942 年 2 月在河南鹿邑成立（原第 1 战区游击第 10 纵队改称），辖三个支队。1944 年 4 月参加豫中会战。7 月改编为新编第 29 师。

历任司令：

辛少亭（1942 年 2 月—1944 年 7 月）

鲁苏豫皖边区挺进第7纵队（1）

鲁苏豫皖边区挺进第 7 纵队于 1942 年 2 月在河南淮阳成立（原第 1 战区游击第 21 纵队改称），辖三个支队。1943 年 3 月裁撤。

历任司令：

刘锡武（1942 年 2 月—1943 年 3 月）

鲁苏豫皖边区挺进第7纵队（2）

鲁苏豫皖边区挺进第 7 纵队于 1943 年 4 月在江苏丰县再次成立（原鲁苏皖边区游击第 9 纵队第 26 支队扩编），辖三个支队。1944 年 5 月改称山东挺进军第 37 纵队。

历任司令：

胡子馨（1943 年 4 月—1944 年 5 月）

鲁苏豫皖边区挺进第7纵队（3）

鲁苏豫皖边区挺进第 7 纵队于 1944 年 8 月在河南内乡第三次成立（原河南省第 6 区国民抗敌自卫团改编），辖三个支队。1945 年 2 月改编为暂编第 64 师。

历任司令：

别光汉（1944 年 8 月—1945 年 2 月）

鲁苏豫皖边区挺进第8纵队

鲁苏豫皖边区挺进第 8 纵队于 1942 年 2 月在河南通许成立（原第 1 战区游击第 11 纵队改称），辖三个支队。3 月因司令韦孝儒被军统绑架杀害，所部遣散。

历任司令：

韦孝儒（1942 年 2 月—3 月）

鲁苏豫皖边区挺进第9纵队（1）

鲁苏豫皖边区挺进第 9 纵队于 1942 年 2 月在河南淅川成立（原淅川县民团改编），辖三个支队。1943 年 2 月改编为暂编第 1 旅。

历任司令：

鲍汝澧（1942 年 2 月—1943 年 2 月）

鲁苏豫皖边区挺进第9纵队（2）

鲁苏豫皖边区挺进第 9 纵队于 1943 年 4 月在江苏丰县再次成立（原鲁苏皖边区游击第 9 纵队第 25 支队扩编），辖三个支队。1944 年 5 月改称山东挺进军第 33 纵队。

历任司令：

吴品山（1943 年 4 月—1944 年 5 月）

鲁苏豫皖边区挺进第10纵队

鲁苏豫皖边区挺进第 10 纵队于 1942 年 2 月在河南中牟成立（原鲁苏豫皖边区挺进第 7 纵队一部扩编），辖三个支队。1944 年 6 月裁撤。

历任司令：

张孝性（1942 年 2 月—1944 年 6 月）

鲁苏豫皖边区挺进第11纵队

鲁苏豫皖边区挺进第 11 纵队于 1942 年 2 月在安徽蒙城成立（原盐山县民团改编），辖三个支队。1944 年 5 月裁撤。

历任司令：

崔振东（1942 年 2 月—1944 年 5 月）

鲁苏豫皖边区挺进第12纵队—第13纵队，番号空缺

鲁苏豫皖边区挺进第14纵队

鲁苏豫皖边区挺进第 14 纵队于 1942 年 7 月在安徽怀远成立（原苏北挺进独立第 3 支队扩编），辖三个支队。1944 年 5 月改称山东挺进军第 32 纵队。

历任司令：

韩金山（1942 年 7 月—1944 年 5 月）

鲁苏豫皖边区挺进第15纵队

鲁苏豫皖边区挺进第 15 纵队于 1942 年 2 月在安徽亳县成立（原第 1 战区独立游击第 20 支队、亳县保安部队改编），辖三个支队。1944 年 10 月裁撤，所部官兵补充暂编第 55 师。

历任司令：

龚建勋（1942 年 2 月—1943 年 7 月）

蒋心纯（1943 年 7 月—1944 年 10 月）

鲁苏豫皖边区挺进第16纵队

鲁苏豫皖边区挺进第 16 纵队于 1942 年 2 月在河南商丘成立（原第 1 战区游击独立第 19 支队、商丘县保安部队改编），辖三个支队。1944 年 4 月裁撤，所属一部编入苏北挺进军第 4 纵队。

历任司令：

李连仲（1942 年 2 月—1944 年 4 月）

鲁苏豫皖边区挺进第17纵队（1）

鲁苏豫皖边区挺进第 17 纵队于 1942 年 6 月在安徽宿县成立（原宿县常备队扩编），辖三个支队。10 月因所属第 51 支队叛乱，被缴械遣散。

历任司令：

杨根深（1942 年 6 月—10 月）

鲁苏豫皖边区挺进第17纵队（2）

鲁苏豫皖边区挺进第 17 纵队于 1942 年 10 月在安徽太和再次成立（原颍上民团改编），辖三个支队。12 月因纪律败坏被缴械遣散。

历任司令：

汤来若（1942 年 10 月—12 月）

鲁苏豫皖边区挺进第17纵队（3）

鲁苏豫皖边区挺进第 17 纵队于 1943 年 1 月在安徽蒙城第三次成立（原宿县、蒙城游击武装改编），辖三个支队。3 月因纪律败坏被缴械遣散。

历任司令：

袁传璧（1943 年 1 月—3 月）

鲁苏豫皖边区挺进第18纵队

鲁苏豫皖边区挺进第 18 纵队于 1942 年 6 月在河南虞城成立（原第 1 战区独立挺进第 30 支队扩编），辖四个支队。1943 年 2 月改称苏北挺进军第 4 纵队。

历任司令：

蒋嘉宾（1942 年 6 月—1943 年 2 月）

鲁苏豫皖边区挺进第19纵队—第20纵队，番号空缺

鲁苏豫皖边区挺进第21纵队

鲁苏豫皖边区挺进第 21 纵队于 1941 年 10 月在安徽涡阳成立（原鲁苏皖边区游击第 10 纵队改称），辖两个支队。1942 年 10 月编入暂编第 55 师。

历任司令：

谭乃大（1941 年 10 月—1942 年 10 月）

鲁苏豫皖边区挺进第22纵队

鲁苏豫皖边区挺进第 22 纵队于 1941 年 10 月在河南周口成立（原周口、界首保安部队改编），辖两个纵队。1942 年 10 月编入暂编第 55 师。

历任司令：

李守正（1941 年 10 月—1942 年 10 月）

苏北挺进军总指挥部（1）

苏北挺进军总指挥部于 1942 年 6 月在安徽阜阳成立，辖第 1 分区（指挥官冯子固，辖鲁苏皖边区游击第 8 纵队、第 9 纵队，以及两个保安旅）、第 2 分区（指挥官陈泰运，辖苏北挺进第 1 纵队、第 2 纵队）、第 3 分区（指挥官韩治隆，辖鲁苏皖边区游击第 10 纵队）、第 4 分区（指挥官耿继勋，辖江苏省保安第 2 纵队，以及三个保安团）。1943 年 9 月改称涡北挺进军总指挥部。

历任总指挥：

王仲廉（兼）（1942 年 6 月—1943 年 9 月）

苏北挺进军总指挥部（2）

王懋功

苏北挺进军总指挥部于 1945 年 1 月在安徽阜阳成立（原涡北挺进军总指挥部改称），辖苏北挺进军第 1 至第 11 纵队。1946 年 1 月裁撤。

历任总指挥：

王懋功（1945 年 1 月—抗战胜利时）

苏北挺进第1纵队

苏北挺进第1纵队于1942年7月在江苏东台成立（原两淮税警总团第1纵队改称），辖三个支队。1944年4月改称长江下游挺进军第1纵队。

历任司令：

符学才（1942年7月—1944年4月）

苏北挺进第2纵队

苏北挺进第2纵队于1942年7月在江苏兴化成立（原两淮税警总团第2纵队改称），辖三个支队。1943年2月司令李其实被日军俘虏杀害。1944年4月改称长江下游挺进军第2纵队。

历任司令：

李其实（1942年7月—1943年2月）

陈　振（1943年2月—1944年4月）

苏北挺进第3纵队

苏北挺进第3纵队于1943年4月在江苏泰县成立（原鲁苏皖边区游击第1纵队改称），辖三个支队。1944年4月改称长江下游挺进军第3纵队。

历任司令：

丁作彬（1943年4月—1944年4月）

苏北挺进军第1纵队（1）

苏北挺进军第1纵队于1943年2月在河南永城成立（原鲁苏豫皖边区挺进第1纵队改称），辖三个支队。4月参加豫中会战。10月投敌后编入伪军第16师（汪伪）。

历任司令：

刘子仁（1943年2月—1944年10月）

苏北挺进军第1纵队（2）

苏北挺进军第1纵队于1945年1月在安徽阜阳再次成立（原长江下游挺进军第1路指挥部改编），辖三个支队。12月裁撤。

历任司令：

冯子固（1945年1月—抗战胜利时）

苏北挺进军第2纵队（1）

苏北挺进军第2纵队于1943年2月在江苏萧县成立（原鲁苏豫皖边区挺进第3纵队改称），辖三个支队。1945年1月改称苏北挺进军第5纵队。

历任司令：

刘瑞岐（1943年2月—1945年1月）

苏北挺进军第2纵队（2）

苏北挺进军第2纵队于1945年1月在江苏铜山再次成立（原江苏省保安第2纵队改称），辖三个支队。10月缩编为铜山县保安大队。

历任司令：

耿继勋（1945年1月—抗战胜利时）

苏北挺进军第3纵队（1）

苏北挺进军第3纵队于1943年2月在安徽亳县成立（原鲁苏豫皖边区独立挺进第2支队扩编），辖三个支队。4月参加豫中会战。11月裁撤。

历任司令：

蒋心亮（1943年2月—1944年11月）

苏北挺进军第3纵队（2）

苏北挺进军第3纵队于1945年1月在江苏沛县再次成立（原山东挺进军第36纵队改称），辖三个支队。1946年1月缩编为沛县保安大队。

历任司令：

张开岳（1945年1月—抗战胜利时）

苏北挺进军第4纵队（1）

苏北挺进军第4纵队于1943年2月在河南虞城成立（原鲁苏豫皖边区挺进第18纵队改称），辖三个支队。1944年3月改称山东挺进军第4纵队。

历任司令：

蒋嘉宾（1943年2月—1944年3月）

苏北挺进军第4纵队（2）

苏北挺进军第4纵队于1945年1月在江苏丰县再次成立（原山东挺进军第34纵队改称），辖三个支队。12月裁撤。

历任司令：

黄体润（1945年1月—抗战胜利时）

苏北挺进军第5纵队（1）

苏北挺进军第5纵队于1943年2月在安徽灵璧成立（由灵璧县抗日武装、灵璧县反正警备队改编），辖三个支队。1944年6月裁撤。

历任司令：

高　民（1943年2月—1944年6月）

苏北挺进军第5纵队（2）

苏北挺进军第5纵队于1945年1月在江苏萧县再次成立（原苏北挺进军第2纵队改称），辖三个支队。10月覆没。

历任司令：

刘瑞岐（1945年1月—抗战胜利时）

苏北挺进军第6纵队（1）

苏北挺进军第6纵队于1943年2月在安徽太和成立（原江苏省保安第3团、第8团改编），辖三个支队。1944年10月改编为暂编第63师。

历任司令：

苗秀霖（1943年2月—1944年10月）

苏北挺进军第6纵队（2）

苏北挺进军第6纵队于1945年1月在安徽砀山再次成立（原山东挺进军第40纵队改称），辖三个支队。1945年11月缩编为砀山县保安第1团。

历任司令：

李忠祥（1945年1月—抗战胜利时）

苏北挺进军第7纵队（1）

苏北挺进军第7纵队于1943年2月在安徽宿县成立（由灵璧、萧县、宿县地方武装改编），辖两个支队。1944年6月裁撤。

历任司令：

朱大同（1943年2月—1944年6月）

苏北挺进军第7纵队（2）

苏北挺进军第7纵队于1945年1月在安徽砀山再次成立（原山东挺进军第39纵队改称），辖三个支队。1945年11月缩编为砀山县保安第2团。

历任司令：

陈德增（1945年1月—抗战胜利时）

苏北挺进军第8纵队（1）

苏北挺进军第8纵队于1943年2月在江苏睢宁成立（原睢宁县常备旅改编），辖两个团。1944年9月缩编为睢宁县保安团。

历任司令：

刘天展（1943年2月—1944年9月）

苏北挺进军第8纵队（2）

苏北挺进军第8纵队于1945年1月在江苏邳县再次成立（原邳县地方武装改编），辖三个支队。12月裁撤。

历任司令：

郭霞轩（1945年1月—抗战胜利时）

苏北挺进军第9纵队（1）

苏北挺进军第9纵队于1943年2月在江苏丰县成立（原丰县保安团扩编），辖三个支队。1944年5月改称山东挺进军第34纵队。

历任司令：

黄体润（1943年2月—1944年5月）

苏北挺进军第9纵队（2）

苏北挺进军第9纵队于1945年1月在江苏邳县再次成立（原江苏省保安第4旅一部扩编），辖三个支队。12月裁撤。

历任司令：

董鼎铭（1945年1月—抗战胜利时）

苏北挺进军第10纵队（1）

苏北挺进军第10纵队于1943年2月在安徽砀山成立（原砀山县常备旅第2团扩编），辖三个支队。4月参加豫中会战。6月改称山东挺进军第39纵队。

历任司令：

胡庆鋆（1944年4月—1944年6月）

苏北挺进军第10纵队（2）

苏北挺进军第10纵队于1945年1月在江苏邳县再次成立（原邳县地方武装改编），辖三个支队。12月裁撤。

历任司令：

张凤仪（1945年1月—抗战胜利时）

苏北挺进军第11纵队（1）

苏北挺进军第11纵队于1943年2月在安徽凤台成立（原苏北挺进军独立第1支队、夏邑县地方武装改编），辖三个支队。1944年5月参加豫中会战。11月改称第5战区挺进第12纵队。

历任司令：

涂建堂（1943 年 2 月—1944 年 11 月）

苏北挺进军第11纵队（2）

苏北挺进军第 11 纵队于 1945 年 1 月在安徽灵璧再次成立（原苏北挺进军第 13 纵队改称），辖三个支队。12 月裁撤。

历任司令：

唐广金（1945 年 1 月—抗战胜利时）

苏北挺进军第12纵队

苏北挺进军第 12 纵队于 1943 年 2 月在江苏丰县成立（原鲁苏皖边区游击第 9 纵队第 27 支队扩编），辖三个支队。1944 年 5 月改称山东挺进军第 35 纵队。

历任司令：

丛维三（1943 年 2 月—1944 年 5 月）

苏北挺进军第13纵队

苏北挺进军第 13 纵队于 1943 年 2 月在江苏泗县成立（原苏北挺进军独立第 2 支队扩编），辖三个支队。1945 年 1 月改称苏北挺进军第 11 纵队。

历任司令：

唐广金（1943 年 2 月—1945 年 1 月）

长江下游挺进军总指挥部

陈泰运

长江下游挺进军总指挥部于 1944 年 4 月在江苏泰县成立（原鲁苏战区苏北第 2 游击区总指挥部改称），辖长江下游挺进军第 1 纵队、第 2 纵队、第 3 纵队、第 4 纵队。1945 年 5 月，总指挥李明扬被日军俘虏。1946 年 1 月裁撤。

历任总指挥：

李明扬（1944 年 4 月—1945 年 5 月）

陈泰运（代）（1945 年 5 月—7 月）

李明扬（1945 年 7 月—抗战胜利时）

长江下游挺进军第1纵队

长江下游挺进军第 1 纵队于 1944 年 4 月在江苏东台成立（原苏北挺进第 1 纵队改称），辖三个支队。1946 年 1 月裁撤。

历任司令：

符学才（1944 年 4 月—抗战胜利时）

长江下游挺进军第2纵队

长江下游挺进军第2纵队于1944年4月在江苏兴化成立（原苏北挺进第2纵队改称），辖三个支队。1946年1月裁撤。

历任司令：

陈　振（1944年4月—抗战胜利时）

长江下游挺进军第3纵队

长江下游挺进军第3纵队于1944年4月在江苏泰县成立（原苏北挺进第3纵队改称），辖三个支队。1946年1月裁撤。

历任司令：

丁作彬（1944年4月—抗战胜利时）

长江下游挺进军第4纵队

长江下游挺进军第4纵队于1944年4月在江苏铜山成立（原苏北挺进军第4纵队改称），辖三个支队。6月被新编第4军歼灭，司令韩治隆被俘。

历任司令：

韩治隆（1944年4月—6月）

山东挺进军总指挥部

山东挺进军总指挥部于1944年3月在山东沂水成立（原鲁苏战区鲁东游击指挥部扩编），辖山东挺进军第1纵队至第16纵队，后陆续增编至第40纵队。1945年12月裁撤。

历任总指挥：

牟中珩（1944年3月—1945年6月）

李延年（1945年6月—抗战胜利时）

山东挺进军第1纵队

山东挺进军第1纵队于1944年3月在河南民权成立（原民权县地方武装改编），辖三个支队。1946年3月与山东挺进第2纵队缩编为考城县保安团。

历任司令：

张盛泰（1944年3月—抗战胜利时）

山东挺进军第2纵队

山东挺进军第2纵队于1944年3月在河南正阳成立（原第1战区挺进第9纵队改称），辖三个支队。1946年3月与山东挺进第1纵队缩编为考城县保安团。

历任司令：

马逢乐（1944年3月—抗战胜利时）

山东挺进军第3纵队

山东挺进军第 3 纵队于 1944 年 3 月在河南孟县成立（原第 1 战区挺进第 20 纵队改称），辖三个支队。1945 年 12 月覆没。

历任司令：

张栋臣（1944 年 3 月—抗战胜利时）

山东挺进军第4纵队

山东挺进军第 4 纵队于 1944 年 3 月在河南虞城成立（原苏北挺进军第 4 纵队改称），辖三个支队。1946 年 8 月参加第 18 集团军。

历任司令：

蒋嘉宾（1944 年 3 月—抗战胜利时）

山东挺进军第5纵队

山东挺进军第 5 纵队于 1944 年 3 月在山东菏泽成立（原山东省第 2 区保安部队改编），辖三个支队。1945 年 12 月裁撤。

历任司令：

孙秉贤（1944 年 3 月—抗战胜利时）

山东挺进军第6纵队

山东挺进军第 6 纵队于 1944 年 3 月在山东曹县成立（原山东省保安第 23 旅改编），辖三个支队。1945 年 12 月恢复山东省保安第 23 旅。

历任司令：

孙性斋（1944 年 3 月—抗战胜利时）

山东挺进军第7纵队

山东挺进军第 7 纵队于 1944 年 3 月在山东城武成立（原鲁西保安第 1 团改编），辖三个支队。1945 年 12 月缩编为城武县保安团。

历任司令：

智永德（1944 年 3 月—抗战胜利时）

山东挺进军第8纵队

山东挺进军第 8 纵队于 1944 年 3 月在山东济宁成立（原湖西地区抗日武装改编），辖三个支队。1945 年 12 月裁撤。

历任司令：

刘干臣（1944 年 3 月—抗战胜利时）

山东挺进军第9纵队

山东挺进军第9纵队于1944年3月在山东济阳成立（原山东省第12区保安特务团改编），辖三个支队。1945年9月裁撤，所部官兵补充新编第36师。

历任司令：

翟润卿（1944年3月—1945年9月）

山东挺进军第10纵队

山东挺进军第10纵队于1944年3月在山东鱼台成立（原山东省保安第2师第1团改编），辖三个支队。1945年8月改编为山东省保安第2师（12月覆没）。

历任司令：

赵毅轩（1944年3月—1945年8月）

山东挺进军第11纵队

山东挺进军第11纵队于1944年3月在山东聊城成立（原鲁西地区地方武装改编），辖三个支队。1945年10月裁撤。

历任司令：

刘崇善（1944年3月—抗战胜利时）

山东挺进军第12纵队

山东挺进军第12纵队于1944年3月在山东日照成立（原鲁苏战区挺进第1纵队改称），辖三个支队。1945年9月裁撤，所部官兵补充新编第36师。

历任司令：

何志斌（1944年3月—1945年9月）

山东挺进军第13纵队

山东挺进军第13纵队于1944年3月在山东诸城成立（原高密县地方武装改编），辖三个支队。1946年1月裁撤。

历任司令：

蔡晋康（1944年3月—抗战胜利时）

山东挺进军第14纵队

山东挺进军第14纵队于1944年3月在山东无棣成立（原山东省保安第6旅改编），辖三个支队。1945年9月被第18集团军歼灭。

历任司令：

张子良（1944年3月—1945年9月）

山东挺进军第15纵队

山东挺进军第 15 纵队于 1944 年 3 月在山东昌邑成立（原鲁苏战区游击第 4 纵队改称），辖三个支队。5 月遭到日军重创，司令王尚志被俘。1946 年 3 月缩编为第 8 军独立第 3 团。

历任司令：

王尚志（1944 年 3 月—5 月）

王豫民（1944 年 5 月—抗战胜利时）

山东挺进军第16纵队

山东挺进军第 16 纵队于 1944 年 3 月在山东牟平成立（原鲁苏战区游击第 5 纵队改称），辖三个支队。1946 年 1 月裁撤。

历任司令：

丁綍庭（1944 年 3 月—抗战胜利时）

山东挺进军第17纵队

山东挺进军第 17 纵队于 1944 年 4 月在山东郯城成立（原山东省保安第 9 旅改编），辖三个支队。1945 年 6 月被第 18 集团军歼灭，司令梁钟亭被俘。

历任司令：

梁钟亭（1944 年 4 月—1945 年 6 月）

山东挺进军第18纵队

山东挺进军第 18 纵队于 1944 年 4 月在山东郯城成立（原鲁苏战区游击第 8 纵队改称），辖三个支队。1945 年 12 月裁撤。

历任司令：

刘敢陈（1944 年 4 月—抗战胜利时）

山东挺进军第19纵队

山东挺进军第 19 纵队于 1944 年 4 月在山东平度成立（原鲁苏战区游击第 9 纵队改称），辖三个支队。1945 年 6 月被第 18 集团军歼灭。

历任司令：

阎珂卿（1944 年 4 月—1945 年 6 月）

山东挺进军第20纵队

山东挺进军第 20 纵队于 1944 年 3 月在山东费县成立（原鲁苏战区独立游击第 27 支队扩编），辖三个支队。1945 年 11 月覆没。

历任司令：

王洪九（1944 年 3 月—抗战胜利时）

山东挺进军第21纵队

山东挺进军第 21 纵队于 1944 年 4 月在山东章丘成立（原章丘县地方武装改编），辖三个支队。1945 年 9 月裁撤，所部官兵补充新编第 36 师。

历任司令：

瞿毓蔚（1944 年 4 月—1945 年 9 月）

山东挺进军第22纵队

山东挺进军第 22 纵队于 1944 年 4 月在山东昌乐成立（原山东省保安第 5 旅改编），辖三个支队。6 月兼称山东省保安第 1 师。1946 年 3 月撤销番号，专称山东省保安第 1 师。

历任司令：

张天佐（1944 年 4 月—抗战胜利时）

山东挺进军第23纵队

山东挺进军第 23 纵队于 1944 年 4 月在山东临清成立（原山东省保安第 21 旅改编），辖三个支队。1945 年 3 月被日军歼灭，司令萧健九阵亡。

历任司令：

萧健九（1944 年 4 月—1945 年 3 月）

山东挺进军第24纵队

山东挺进军第 24 纵队于 1944 年 4 月在山东邹平成立（原山东省保安第 11 旅改编），辖三个支队。1945 年 9 月被第 18 集团军歼灭。

历任司令：

张景儒（1944 年 4 月—1945 年 9 月）

山东挺进军第25纵队

山东挺进军第 25 纵队于 1944 年 4 月在山东济阳成立（原山东省保安第 13 旅改编），辖三个支队。1946 年 6 月裁撤。

历任司令：

岳伯芬（1944 年 4 月—抗战胜利时）

山东挺进军第26纵队

山东挺进军第 26 纵队于 1944 年 4 月在山东惠民成立（原山东省保安第 10 团改编），辖三个支队。1945 年 9 月改编为山东省警备第 3 旅。

历任司令：

王复成（1944 年 4 月—1945 年 9 月）

山东挺进军第27纵队

山东挺进军第 27 纵队于 1944 年 4 月在山东平度成立（原山东省保安第 16 旅改编），辖三个支队。1946 年 1 月缩编为平度县保安大队。

历任司令：

李得元（1944 年 4 月—抗战胜利时）

山东挺进军第28纵队

山东挺进军第 28 纵队于 1944 年 4 月在山东章邱成立（原山东省保安第 34 旅改编），辖三个支队。1946 年 6 月裁撤。

历任司令：

程学通（1944 年 4 月—抗战胜利时）

山东挺进军第29纵队

山东挺进军第 29 纵队于 1944 年 4 月在山东单县成立（原山东省保安第 7 旅改编），辖三个支队。1946 年 1 月缩编为单县保安大队。

历任司令：

陈伯扬（1944 年 4 月—抗战胜利时）

山东挺进军第30纵队

山东挺进军第 30 纵队于 1944 年 4 月在山东菏泽成立（原菏泽县地方武装改编），辖三个支队。1946 年 1 月缩编为菏泽县保安大队。

历任司令：

张锦明（1944 年 4 月—抗战胜利时）

山东挺进军第31纵队

山东挺进军第 31 纵队于 1944 年 5 月在山东惠民成立（原山东省第 12 区保安部队改编），辖三个支队。1945 年 9 月裁撤。

历任司令：

戴镐东（1944 年 5 月—1945 年 9 月）

山东挺进军第32纵队（1）

山东挺进军第 32 纵队于 1944 年 5 月在安徽怀远成立（原鲁苏豫皖边区挺进第 14 纵队改称），辖三个支队。11 月被第 18 集团军歼灭。

历任司令：

韩金山（1944 年 5 月—11 月）

山东挺进军第32纵队（2）

山东挺进军第32纵队于1945年2月在山东日照再次成立（原山东挺进军第12纵队一部扩编），辖三个支队。9月裁撤，所部官兵补充新编第36师。

历任司令：

郝芸溪（1945年2月—9月）

山东挺进军第33纵队（1）

山东挺进军第33纵队于1944年5月在江苏丰县成立（原鲁苏豫皖边区挺进第9纵队改称），辖三个支队。1945年1月加入第18集团军。

历任司令：

吴品山（1944年5月—1945年1月）

山东挺进军第33纵队（2）

山东挺进军第33纵队于1945年2月在山东滕县再次成立（原山东省保安第14旅改编），辖三个支队。1945年12月覆没。

历任司令：

周　侗（1945年2月—抗战胜利时）

山东挺进军第34纵队（1）

山东挺进军第34纵队于1944年5月在江苏丰县成立（原苏北挺进军第9纵队改称），辖三个支队。1945年1月改称苏北挺进军第4纵队。

历任司令：

黄体润（1944年5月—1945年1月）

山东挺进军第34纵队（2）

山东挺进军第34纵队于1945年2月在山东潍县再次成立（原山东省保安第4团改编），辖三个支队。1946年1月改编为山东省保安第8团。

历任司令：

王有为（1945年2月—抗战胜利时）

山东挺进军第35纵队（1）

山东挺进军第35纵队于1944年5月在江苏丰县成立（原苏北挺进军第12纵队改称），辖三个支队。8月被第18集团军歼灭，司令丛维三被俘。

历任司令：

丛维三（1944年5月—8月）

山东挺进军第35纵队（2）

山东挺进军第35纵队于1945年2月在山东桓台再次成立（原山东省保安第6旅改编），辖三个支队。1946年1月缩编为桓台县保安团。

历任司令：

隽宇澄（1945年2月—抗战胜利时）

山东挺进军第36纵队（1）

山东挺进军第36纵队于1944年5月在江苏沛县成立（原鲁苏皖边区挺进第8纵队改称），辖三个支队。1945年1月改称苏北挺进第3纵队。

历任司令：

张开岳（1944年5月—1945年1月）

山东挺进军第36纵队（2）

山东挺进军第36纵队于1945年2月在山东莱阳再次成立（原山东省保安第10旅改编），辖三个支队。1945年9月改编为山东省警备第2旅。

历任司令：

曹克明（1945年2月—抗战胜利时）

山东挺进军第37纵队（1）

山东挺进军第37纵队于1944年5月在江苏丰县成立（原鲁苏豫皖边区挺进第7纵队改称），辖三个支队。7月被第18集团军歼灭，司令胡子馨被俘。

历任司令：

胡子馨（1944年5月—7月）

山东挺进军第37纵队（2）

山东挺进军第37纵队于1945年3月在山东曲阜再次成立（原山东省保安第25旅改编），辖三个支队。1945年10月覆没。

历任司令：

巩震寰（1945年3月—抗战胜利时）

山东挺进军第38纵队

山东挺进军第38纵队于1944年5月在河南永城成立（原永城地方武装改编），辖三个支队。1945年12月缩编为永城县保安团。

历任司令：

刘显亭（1944年5月—抗战胜利时）

山东挺进军第39纵队

山东挺进军第39纵队于1944年6月在安徽砀山成立（原苏北挺进军第3纵队改称），辖三个支队。10月遭到新编第4军重创，司令胡庆鋆、第7支队支队长杨昆山被俘。1945年1月改称苏北挺进军第7纵队。

历任司令：

胡庆鋆（1944年6月—10月）

陈德增（1944年10月—1945年1月）

山东挺进军第40纵队（1）

山东挺进军第40纵队于1944年6月在江苏萧县成立（原萧县常备大队扩编），辖三个支队。8月被新编第4军歼灭，司令王传绶阵亡，副司令王忠鼎被俘。

历任司令：

王传绶（1944年6月—8月）

山东挺进军第40纵队（2）

山东挺进军第40纵队于1944年8月在安徽砀山再次成立（原砀山县常备旅改编），辖三个支队。1945年1月改称苏北挺进军第6纵队。

历任司令：

李忠祥（1944年8月—1945年1月）

滇康缅边境特别游击区总指挥部

郑坡

滇康缅边境特别游击区总指挥部于1943年5月在云南大理成立，辖滇康缅边境特别游击区第1纵队、第3纵队、第5纵队及独立步兵第1团、运输兵第40团、独立挺进支队、福碧泸练支队。10月增辖第4纵队。1944年5月参加滇西攻势。12月裁撤，所属部队缩编为中国远征军直属步兵第1团、步兵第2团。

历任总指挥：

郑　坡（1943年5月—1944年12月）

滇康缅边境特别游击区第1纵队

滇康缅边境特别游击区第1纵队于1943年5月在云南大理成立（原第11集团军补充团改编），辖两个支队。1944年5月参加滇西攻势。12月缩编为中国远征军直属步兵第1团第2营。

历任司令：

谢晋生（1943年5月—1944年12月）

滇康缅边境特别游击区第2纵队，番号空缺。

滇康缅边境特别游击区第3纵队

滇康缅边境特别游击区第 3 纵队于 1943 年 5 月在云南泸水成立（原第 11 集团军抽调骨干编组），辖一个支队。1944 年 5 月参加滇西攻势。12 月与滇康缅边境特别游击区第 5 纵队并编为中国远征军直属步兵第 2 团第 1 营、第 2 营。

历任司令：

文蔚雄（1943 年 5 月—1944 年 12 月）

滇康缅边境特别游击区第4纵队

滇康缅边境特别游击区第 4 纵队于 1943 年 10 月在云南盈江成立（原第 11 集团军抽调骨干编组），辖三个支队。1944 年 12 月缩编为中国远征军直属步兵第 1 团第 3 营。

历任司令：

王　铠（1943 年 10 月—1944 年 12 月）

滇康缅边境特别游击区第5纵队

滇康缅边境特别游击区第 5 纵队于 1943 年 5 月在云南云龙成立（原第 11 集团军抽调骨干编组），辖三个支队。1944 年 5 月参加滇西攻势。12 月与滇康缅边境特别游击区第 3 纵队并编为中国远征军直属步兵第 2 团第 1 营、第 2 营。

历任司令：

杨文榜（1943 年 5 月—1944 年 12 月）

军事委员会调查统计局苏浙行动委员会别动队

刘志陆

军事委员会调查统计局苏浙行动委员会别动队于 1937 年 9 月在上海成立（由军统组织、帮会成员、工会组织、青年学生编组），辖六个支队。12 月缩编为两个教导团、一个支队。1938 年 5 月改编为九个支队。

历任总指挥：

刘志陆（1937 年 9 月—1938 年 5 月）

军事委员会苏浙行动委员会忠义救国军（军事委员会别动军忠义救国军）

军事委员会苏浙行动委员会忠义救国军于 1938 年 5 月在湖北汉口成立（原苏浙行动委员会别动队改编），辖淞沪指挥部（指挥官杨蔚）、第 1 纵队（指挥官何行健，11 月由丁锡三接任，1939 年 10 月由阮清源接任）、第 2 纵队（指挥官阮清源），以及七个支队（至 1939

年3月扩编为十二个支队）。7月增设第3纵队（指挥官徐志道，11月由郭履洲接任）。11月，淞沪指挥部副指挥官兼第1纵队指挥官何行健率领所属一部投敌。10月，皖北军事联络委员雷忠与日军作战时阵亡。12月增设第4纵队（指挥官徐志道）。1939年2月裁撤淞沪指挥部。10月，第1纵队指挥官丁锡三被日军俘虏。1940年3月缩编为三个支队（兼称教导团）。1941年1月改编为苏嘉沪区挺进纵队（指挥官阮清源，1942年4月由李穰接任）、澄锡虞区挺进纵队（指挥官郭墨涛，9月由汪浩然接任）、锡武宜区挺进纵队（指挥官文德）、京丹溧区挺进纵队（指挥官管容德）、两个支队、六个教导团。3月，澄锡虞区挺进纵队前进指挥所指挥官刘伟被日军俘虏。8月，第2教导总队总队长梅明章与日军作战时阵亡。1942年6月改称军事委员会别动军忠义救国军。1943年5月，苏嘉沪区挺进纵队改称挺进第1纵队（指挥官李穰）、澄锡虞区挺进纵队改称挺进第2纵队（指挥官汪浩然，1944年11月由佘万选接任）、锡武宜区挺进纵队改称挺进第3纵队（指挥官文德）、京丹溧区挺进纵队改称挺进第4纵队（指挥官鲍步超）。10月，挺进第3纵队与挺进第4纵队并编为挺进第3纵队（指挥官鲍步超）。1945年3月增设三个地区指挥部（淞沪区指挥官阮清源、温台区指挥官郭履洲、鄞杭区指挥官鲍步超）。1946年3月改编为交通警察部队。

历任总指挥：

戴　笠（1938年5月—9月）
俞作柏（1938年9月—1940年1月）
周伟龙（1940年1月—1942年6月）
阮清源（代）（1942年6月—1943年5月）
马志超（1943年5月—抗战胜利时）

戴笠

俞作柏

周伟龙

阮清源

军事委员会别动军

军事委员会别动军于1942年6月在重庆成立（原各战区所属便衣混城总队，以及部分地方武装、土匪、侨民等改编），辖第1纵队（指挥官翟荣基）、第2纵队（指挥官盛瑜，1943年6月杨遇春接任）、第3纵队（指挥官徐光英）、第4纵队（指挥官何际元）、第5纵队（指挥官杨蔚，1943年3月由廖宗泽接任，1944年6月由刘慕德接任）、第6纵队（指挥官徐志道，1943年10月由岳烛远接任，1945年3月由陈达元接任）、第7纵队（指挥官陈士虎，1943年3月裁撤）、第8纵队（指挥官郭履洲，1943年3月改称第7纵队，1944年10月裁撤）。1944年6月参加长衡会战。8月参加桂柳会战。1946年3月改编为交通警察部队。

徐志道

历任司令：

周伟龙（1942 年 6 月—1943 年 6 月）

徐志道（1943 年 6 月—抗战胜利时）

第十篇　其他指挥机构及部队历史概况

南京卫戍司令长官部

唐生智

南京卫戍司令长官部于1937年11月20日在南京成立（原军事委员会执行部改编），直属军事委员会，辖第71军、第72军、第74军、第78军、第102师、第103师、中央军校教导总队，以及江防部队、宪兵、炮兵、工兵、警察等部。12月，第2军团和第66军和第83军编入序列。同月指挥南京保卫战，上校参谋李百威阵亡。1938年1月9日裁撤。

历任司令长官：

唐生智（1937年11月20日—1938年1月9日）

武汉卫戍总司令部

武汉卫戍总司令部于1937年12月30日在湖北武汉成立，直属军事委员会，辖第16军、第39军、第54军、第60军、第69军、第75军和武汉警备司令部。1938年1月，第69军裁撤，第74军、第57师、第61师、第88师编入序列。2月，第197师和炮兵第2旅编入序列。3月，第75军拨归第20军团。4月，第39军拨归第1战区，第60军拨归第5战区。5月，第61师拨归第27军，第88师拨归第71军。6月18日升编为第9战区司令长官部，原机构仍维持。10月25日裁撤，所属并入第9战区司令长官部。

历任总司令：

陈　诚（1937年12月30日—1938年9月12日）

罗卓英（1938年9月12日—10月25日）

重庆卫戍总司令部

重庆卫戍总司令部于1939年2月2日在重庆成立，直属军事委员会，辖两个警备区（10月改编为四个警备区）、新编第25师，以及若干特种兵、补充兵训练处、警察等部。6月，新编第28师和新编第29师编入序列。7月，第36军编入序列。1940年1月，第36军拨归第4战区。1941年9月，新编第39师编入序列。1942年2月，新28师和新29师拨归第66军。8月，第166师编入序列。1943年1月，新39师拨归第6军。2月，第166师拨归第97军，第97军编入序列。1944年10月，第97军由军事委员会直辖。1945年2月，暂编第2

师编入序列。6月，暂2师拨归第79军。8月抗战胜利后仍驻重庆。11月30日裁撤。

历任总司令：

刘 峙（1939年2月2日—1945年2月11日）

王缵绪（1945年2月11日—抗战胜利时）

晋陕绥边区总司令部

晋陕绥边区总司令部于1938年10月26日在陕西榆林成立（原第21军团部升编），隶属第8战区，辖第21军团。晋陕绥边区总司令部成立后长期戍守陕西。1939年1月，新编第1军编入序列。3月，第21军团裁撤，第22军和骑兵第2军编入序列。1940年5月，新1军裁撤，新编第11旅编入序列。1941年5月，骑兵第2军拨归第15集团军。1945年8月抗战胜利后仍驻榆林。1949年9月19日在绥远包头起义。

历任总司令：

邓宝珊（1938年10月26日—抗战胜利时）

鲁苏豫皖边区总司令部

鲁苏豫皖边区总司令部于1940年12月7日在安徽临泉成立，隶属第1战区，辖第31集团军、骑兵第8师和若干游击部队。鲁苏豫皖边区总司令部成立后长期在鲁苏豫皖边区作战。1941年5月，骑8师拨归第15集团军，第15集团军编入序列。1942年12月，暂编第30师编入序列。1943年2月，暂30师拨归第28集团军，第28集团军编入序列。9月，第19集团军编入序列。1944年4月参加豫中会战。6月20日裁撤，所属部队拨归第1战区。

历任总司令：

汤恩伯（1940年12月7日—1944年6月20日）

闽粤赣边区总司令部

闽粤赣边区总司令部于1940年4月21日在广东兴宁成立，隶属第4战区，辖独立第9旅，以及若干守备区、游击、保安部队。闽粤赣边区总司令部成立后长期在粤赣边区游击。8月改隶第7战区。1941年10月，预备第6师编入序列。1945年8月抗战胜利后仍驻兴宁。10月8日裁撤。

历任总司令：

香翰屏（1940年4月21日—抗战胜利时）

粤桂边区总司令部

粤桂边区总司令部于1940年4月21日在广西邕宁成立（原第26集团军改编），隶属第4战区，辖四个独立团和若干游击部队。7月22日裁撤。

历任总司令：

蔡廷锴（1940年4月21日—7月22日）

黔桂湘边区总司令部

黔桂湘边区总司令部于1944年11月10日在贵州贵阳成立，直属军事委员会，辖第13军、第29军和第98军。黔桂湘边区总司令部成立后参加桂柳会战。12月，第9军和第57军编入序列。1945年1月，第98军裁撤。2月，第57军裁撤。3月5日改编为第3方面军。

历任总司令：

汤恩伯（1944年11月10日—1945年3月5日）

滇越边区总司令部

滇越边区总司令部于1945年1月1日在云南开远成立，隶属昆明行营，指挥第1集团军驻滇南部队。3月5日改编为第1方面军。

历任总司令：

卢　汉（1945年1月1日—3月5日）

长江上游江防军

长江上游江防军于1939年4月11日在湖北宜昌成立（原江防军司令部扩编），隶属第6战区，辖第75军、第94军，以及若干海军、要塞、游击部队。长江上游江防军成立后长期在湖北作战。5月参加随枣会战。7月，第26军编入序列。12月参加冬季攻势。1940年5月参加枣宜会战，第18军编入序列。7月，第73军编入序列。8月，第32军编入序列。11月，第32军由军事委员会直辖。1941年2月，第26军由军事委员会直辖。9月参加宜昌攻势，第73军拨归第20集团军，第8军编入序列。1942年10月，第87军编入序列。1943年2月，第8军拨归中国远征军，第86军编入序列。4月，第87军拨归第6战区。5月参加鄂西会战，第30军编入序列。11月参加常德会战，第86军拨归第6战区。1944年10月，第39军编入序列。1945年1月，第94军由军事委员会直辖。6月26日裁撤。

历任总司令：

郭　忏（1939年4月11日—1940年9月1日）

吴奇伟（1940年9月19日—1945年6月26日）

中国远征军第1路

远征军第1路于1942年4月2日在缅甸腊戍成立，直属军事委员会，辖第5军、第6军和第66军。远征军第1路成立后入缅作战，遭到重创。7月11日裁撤，所属部队由军事委员会直辖。

历任司令长官：

罗卓英（1942年4月2日—7月11日）

中国驻印军

中国驻印军于1942年8月3日在印度加尔各答成立，辖新编第38师及若干特种兵部队，直属军事委员会。驻印军成立后长期在印度整训。1943 年 1 月，新 38 师拨归新编第 1 军，新编第 1 军编入序列。6 月，新编第 30 师编入序列。10 月参加缅北攻势，连战皆捷。1944 年 4 月，第 50 师编入序列。5 月，新 30 师拨归新编第 1 军，新编第 6 军编入序列。8 月，第 50 师拨归新编第 6 军。1945 年 1 月，新 6 军拨归陆军总司令部。6 月，新编第 1 军拨归陆军总司令部。1946 年 3 月 13 日裁撤。

历任总指挥：

史迪威（1942 年 8 月 3 日—1944 年 10 月 19 日）

索尔登（1944 年 10 月 19 日—1945 年 6 月 21 日）

惠勒（1945 年 6 月 21 日—抗战胜利时）

史迪威（美）
Joseph W. Stilwell

索尔登（美）
Daniel I. Sultan

惠勒（美）
Raymond A. Wheeler

中国驻印军战车第1临时指挥组

布朗（美）
Rothwell H. Brown

中国驻印军战车第 1 临时指挥组于 1943 年 10 月 1 日在印度兰姆伽成立，辖战车第 1 营、战车第 2 营、战车第 3 营（后陆续增编至战车第 7 营）。战车第 1 临时指挥组成立后参加缅北攻势。1945 年 8 月 14 日裁撤。

历任指挥官：

布朗（1943 年 10 月 1 日—1945 年 8 月 14 日）

东北挺进军

东北挺进军于 1937 年 8 月 21 日在山西大同成立（初称挺进军），隶属第 2 战区，辖骑兵第 6 师和骑兵补充第 1 旅。9 月，新编骑兵第 3 师编入序列。东北挺进军成立后参加太原会战。1938 年 2 月参加太原攻势，此后长期在绥远作战。4 月，骑 6 师拨归骑兵第 2 军，骑兵补充第 1 旅改称暂编骑兵第 1 旅仍编入序列，暂编骑兵第 2 旅和暂编骑兵第 3 旅编入序列。5 月，新编骑兵第 5 师编入序列。1939 年 1 月改隶第 8 战区。3 月，新骑 3 师拨归第 8 战区。5 月所属游击第 2 支队司令夏军川在河曲阵亡。12 月参加冬季攻势。1940 年 5 月，暂骑 3 旅裁撤。1941 年 9 月，暂骑 1 旅和暂骑 2 旅并编为新编骑兵第 6 师后仍编入序列。1945 年 6 月改隶第 12 战区。8 月抗战胜利后开赴大同受降。1947 年 6 月 10 日裁撤。

历任总司令：

马占山（1937 年 8 月 21 日—抗战胜利时）

伊盟守备军

伊盟守备军于 1941 年 11 月 25 日在绥远东胜成立，隶属第 8 战区，辖新编第 26 师和骑兵第 7 师。伊盟守备军成立后长期戍守伊克昭盟。1943 年 9 月 13 日裁撤，所属部队拨归第 67 军。

历任总司令：

陈长捷（1941 年 11 月 25 日—1943 年 9 月 13 日）

昆明防守司令部

昆明防守司令部于 1945 年 4 月 10 日在云南昆明成立（原第 5 集团军总部和原昆明防守司令部并编），隶属昆明行营，辖第 5 军。1945 年 8 月抗战胜利后仍驻昆明。10 月 16 日裁撤。

历任司令官：

杜聿明（1945 年 4 月 10 日—抗战胜利时）

绥远省游击军

绥远省游击军于 1937 年 12 月 1 日在绥远后套成立（原绥远省国民兵改编），隶属第 2 战区，辖第 1 旅、第 2 旅和第 3 旅。绥远省游击军成立后长期在绥远作战。1938 年 6 月，第 3 旅裁撤。1939 年 1 月改隶第 8 战区。12 月参加冬季攻势。1940 年 6 月 12 日改编为暂编第 17 师。

历任司令：

李大超（1937 年 12 月 1 日—1938 年 10 月 3 日）

马秉仁（1938 年 10 月 3 日—1940 年 2 月 24 日）

李作栋（代）（1940 年 2 月 24 日—6 月 12 日）

历任旅长：

第 1 旅：马逢辰

第 2 旅：李英夫—刘万春

第 3 旅：孟文仲

李大超

马秉仁

陆军第32集团军突击总队

第32集团军突击总队于1944年11月2日在福建浦城成立（原第32集团军突击第1队和突击第2队合编），隶属第32集团军，辖突击第1队、突击第2队和突击第3队。第32集团军突击总队成立后在浙闽边区作战。1945年8月抗战胜利后开赴浙江宁波受降。1947年9月9日在山东菏泽覆没（时为整编第57师）。

历任司令：

李默庵（1944年11月2日—抗战胜利时）

中央陆军军官学校教导总队

教导总队于1931年1月2日在南京成立，曾参加1932年的淞沪抗战。抗战全面爆发前驻南京，隶属中央陆军军官学校，辖第1团、第2团和第3团。1937年8月参加淞沪会战。11月改隶南京卫戍总司令部，所属部队扩编为第1旅（辖第1团、第2团）、第2旅（辖第3团、第4团）、第3旅（辖第5团、第6团）、骑兵团、炮兵团、工兵团和辎重兵团。12月参加南京保卫战，遭到重创，第3旅副旅长雷震、第1团团长秦士铨和第2团团长谢承瑞阵亡。1938年3月15日缩编为第46师。

历任总队长：

桂永清（抗战全面爆发时—1938年3月15日）

历任旅长：

第1旅：周振强

第2旅：胡启儒

第3旅：马威龙

军事委员会别动总队

康泽

别动总队于1933年9月21日在江西南昌成立。抗战全面爆发前驻四川重庆，直属军事委员会，辖第1支队和第2支队。抗战全面爆发后，别动总队先后驻防武汉、重庆等地。1939年6月16日改编为新编第28师和新编第29师。

历任总队长：

康　泽（抗战全面爆发时—1938年6月12日）

刘伯龙（1938年6月12日—1939年6月16日）

历任支队长：

第1支队：公秉藩—曾晴初

第2支队：马维骥

军政部学兵总队

军政部学兵总队于1938年11月27日在湖南辰溪成立（原军政部学兵队扩编，实为化学兵部队），辖两个大队。1939年3月扩编为化学炮第1团、化学炮第2团、步兵第1团、步兵第2团。1943年2月，化学炮第1团改编为重迫击炮第1团。3月，化学炮第2团改编为中国驻印军独立步兵第1团。1944年1月，步兵第1团和步兵第2团改编为重迫击炮第13团和重迫击炮第14团。3月增编重迫击炮第15团。1946年9月9日改组为化学兵司。

历任总队长：

李忍涛（1938年11月27日—1943年10月28日）

汪逢栗（1943年11月22日—抗战胜利时）

李忍涛

汪逢栗

税警总团（1）

税警总团于1931年5月23日在江苏海州成立，曾参加1932年的淞沪抗战。抗战全面爆发前驻连云港，直属军事委员会，辖第1团、第2团、第3团、第4团、第5团和第6团。1937年8月改隶第8军，所部改编为第1支队（辖第1团、第2团、第3团）和第2支队（辖第4团、第5团、第6团）。同月参加淞沪会战，遭到重创，第5团团长丘之纪阵亡。1938年2月3日缩编为第40师。

历任总团长：

黄　杰（抗战全面爆发时—1938年2月3日）

历任支队长：

第1支队：何绍周—赵公武

第2支队：王公亮—孙立人

税警总团（2）

税警总团于1940年11月7日在贵州都匀再次成立（原盐务缉私总队扩编），直属军事委员会，辖第1团、第2团、第3团、第4团、第5团和第6团。1941年12月15日抽调第2团、第3团和第4团改编为新编第38师，其余部队扩编为税警第1总团、税警第2总团、税警第3总团和税警第4总团。

历任总团长：

孙立人（1940年11月7日—1941年12月15日）

广东省税警总团

广东省税警总团于1936年8月8日在广东广州成立。抗战全面爆发前驻广州，隶属广东全省水陆缉私总处，辖第 1 总队、第 2 总队和第 3 总队。1937 年 8 月改隶第 4 战区。1938 年 10 月起长期在广东作战。1939 年 11 月 23 日改编为暂编第 8 师。

历任总团长：

张君嵩（抗战全面爆发时—1939 年 11 月 23 日）

两淮税警总团（第8军游击司令部）

第 8 军游击司令部于 1937 年 12 月 22 日在江苏灌云成立（原两淮地区税警部队改编），直属第 3 战区，辖六个总队。1938 年 7 月改辖三个支队。10 月第 2 总队总队长胡文臣与日军作战时阵亡。1939 年 2 月改称两淮税警总团，改辖第 1 旅（辖第 1 团、第 2 团）和第 3 旅（辖第 5 团和第 6 团）。3 月改隶鲁苏战区。1940 年 7 月兼称第 3 战区苏北游击纵队，改辖两纵队四支队。1942 年 7 月 16 日改称苏北挺进军第 2 分区司令部。

曾锡珪

历任司令（总团长）

曾锡珪（1937 年 12 月 22 日—1938 年 7 月 19 日）

李守维（1938 年 7 月 19 日—12 月 20 日）

陈泰运（1938 年 12 月 20 日—1942 年 7 月 16 日）

历任旅长：

第 1 旅：丁从忠—李其实

第 3 旅：杨君实—林叙彝

第1补充兵总训练处

1939 年 8 月 1 日在四川内江成立（注：总处所辖各补充兵训练处无固定序列，按需调训，下同）。1945 年 2 月 10 日裁撤。

历任处长：

郜子举（1939 年 8 月 1 日—1945 年 2 月 10 日）

第2补充兵总训练处

1939 年 8 月 1 日在四川綦江成立。1942 年 2 月 11 日裁撤。

历任处长：

张　轸（1939 年 8 月 1 日—1942 年 2 月 11 日）

第3补充兵总训练处

1940 年 5 月 15 日在湖南芷江成立。1941 年 3 月 14 日裁撤。

历任处长：

毛炳文（1940 年 5 月 15 日—1941 年 3 月 14 日）

第4补充兵总训练处

祝绍周

1940年5月15日在陕西汉中成立。1943年9月1日裁撤。

历任处长：

祝绍周（兼）（1940年5月15日—1943年9月1日）

第1补充兵训练处

夏斗寅

1937年11月20日成立驻川补充兵训练处（辖重庆、万县、嘉定、泸县四个区补充兵训练处）。1938年3月1日在重庆改编为第1补充兵训练处，辖八个补充兵团。8月改辖六个补充兵团。1939年9月改辖四个补充兵团。1940年11月30日改编为暂编第51师。

历任处长：

夏斗寅（1938年3月1日—10月1日）

贺光谦（1938年10月1日—1940年11月30日）

第2补充兵训练处

1937年9月7日成立南京补充兵训练处。1938年3月1日在湖北宜昌改称第2补充兵训练处，辖八个补充兵团。6月改辖六个补充兵团。1939年6月移驻四川万县。改辖三个补充兵团、一个野战补充兵团。1945年2月10日裁撤。

历任处长：

冯　嶷（1938年3月1日—1939年6月1日）

李　园（1939年6月1日—1941年6月2日）

周振强（1941年6月2日—1943年1月1日）

吴　琅（1943年1月1日—1945年2月10日）

冯嶷

李园

周振强

吴琅

第3补充兵训练处

1937 年 9 月 7 日成立乐昌补充兵训练处。1938 年 3 月 1 日在广东乐昌改称第 3 补充兵训练处，辖八个补充兵团。6 月改辖六个补充兵团。1943 年 9 月改辖三个补充兵团。1945 年 2 月 10 日裁撤。

历任处长：

陈应龙（1938 年 3 月 1 日—10 月 25 日）

梁固荣（1938 年 10 月 25 日—1941 年 11 月 1 日）

吴　琅（1941 年 11 月 1 日—1942 年 10 月 1 日）

杨　蔚（1942 年 10 月 1 日—1943 年 12 月 24 日）

杨植之（1943 年 12 月 24 日—1945 年 2 月 10 日）

陈应龙

梁固荣

杨植之

第4补充兵训练处

1937 年 9 月 7 日成立汉中补充兵训练处。1938 年 3 月 1 日在陕西汉中改称第 4 补充兵训练处，辖八个补充兵团。6 月改辖六个补充兵团。1939 年 3 月移驻湖南常宁。1943 年 9 月改辖三个补充兵团。1944 年 9 月 29 日裁撤。

历任处长：

祝绍周（1938 年 3 月 1 日—10 月 1 日）

刘履德（1938 年 10 月 1 日—1944 年 9 月 29 日）

第5补充兵训练处

邓春华

1937 年 9 月 7 日成立常德补充兵训练处。1938 年 3 月 1 日在湖南常德改称第 5 补充兵训练处，辖六个补充兵团。5 月抽调主力改编为预备第 4 师。改辖四个补充兵团。1939 年 3 月移驻福建福安。1942 年 3 月改辖三个补充兵团。1945 年 2 月 10 日裁撤。

历任处长：

傅正模（1938 年 3 月 1 日—5 月 10 日）

邓春华（1938 年 5 月 10 日—1945 年 2 月 10 日）

第6补充兵训练处

1937 年 9 月 7 日成立开封补充兵训练处。1938 年 3 月 1 日在河南开封改称第 6 补充兵训练处，辖六个补充兵团。5 月移驻陕西安康。1940 年 3 月改辖四个补充兵团。1941 年 9 月 10 日改编为暂编第 1 师。

历任处长：

张庆余（1938 年 3 月 1 日—7 月 8 日）

王　祈（1938 年 7 月 8 日—1939 年 7 月 16 日）

王认曲（1939 年 7 月 16 日—1941 年 9 月 10 日）

张庆余

王祈

第7补充兵训练处

1937 年 9 月 7 日成立武昌补充兵训练处。1938 年 3 月 1 日在湖北武昌改称第 7 补充兵训练处，辖六个补充兵团。8 月移驻陕西咸阳。1941 年 3 月改辖四个补充兵团。1943 年 9 月改辖三个补充兵团。1944 年 10 月 2 日裁撤。

历任处长：

王万龄（1938 年 3 月 1 日—1940 年 12 月 1 日）

李士林（1940 年 12 月 1 日—1941 年 4 月 1 日）

王校膺（1941 年 4 月 1 日—1944 年 10 月 2 日）

第8补充兵训练处

1937 年 9 月 7 日成立渭南补充兵训练处。1938 年 3 月 1 日在陕西渭南改称第 8 补充兵训练处，辖六个补充兵团。10 月移驻贵州毕节。1939 年 9 月改辖三个补充兵团、一个野战补充兵团。1940 年 12 月 30 日改编为暂编第 55 师。

历任处长：

宋思一（1938 年 3 月 1 日—10 月 16 日）

王文彦（1938 年 10 月 16 日—1939 年 4 月 21 日）

陈勉吾（1939 年 4 月 21 日—1940 年 12 月 30 日）

第9补充兵训练处

1938 年 3 月 1 日在江苏徐州成立，辖六个补充兵团。5 月移驻陕西西乡，改辖五个补充兵团。1940 年 3 月移驻四川璧山，改辖四个补充兵团。1943 年 9 月改辖三个补充兵团。1945 年 2 月 10 日裁撤。

历任处长：

钱伦体（1938 年 3 月 1 日—1941 年 6 月 1 日）

甘登俊（1941 年 6 月 1 日—1943 年 8 月 26 日）

邹轸善（1943 年 8 月 26 日—1945 年 2 月 10 日）

钱伦体

甘登俊

第10补充兵训练处

潘祖信

1938 年 3 月 1 日在湖北襄阳成立，辖六个补充兵团。1940 年 9 月移驻老河口，改辖四个补充兵团。1941 年 7 月 28 日裁撤。

历任处长：

潘祖信（1938 年 3 月 1 日—1939 年 9 月 1 日）

钟　纪（1939 年 9 月 1 日—1941 年 7 月 28 日）

第11补充兵训练处

曾鲁

1939 年 9 月 1 日在西康西昌成立（注：原拟于 1938 年 9 月成立，因故暂缓），辖三个补充兵团。1942 年 3 月 16 日裁撤。

历任处长：

曾　鲁（1939 年 9 月 1 日—1940 年 3 月 1 日）

吕　康（1940 年 3 月 1 日—1942 年 3 月 16 日）

第12补充兵训练处

1938 年 9 月 16 日在湖南邵阳成立，辖六个补充兵团。1939 年 9 月移驻四川永川。1940 年 5 月改辖四个补充兵团。1941 年 9 月 12 日改编为新编第 39 师。

李绳武

历任处长：

李绳武（1938 年 9 月 16 日—1939 年 9 月 1 日）

成　刚（1939 年 9 月 1 日—1941 年 9 月 12 日）

第13补充兵训练处

严泽元

1938 年 9 月 16 日在福建南平成立，辖六个补充兵团。1942 年 3 月移驻永春。1943 年 9 月改辖三个补充兵团。1944 年 11 月 6 日裁撤。

历任处长：

叶成（1938 年 9 月 16 日—1939 年 1 月 10 日）

李良荣（1939 年 1 月 10 日—1941 年 8 月 1 日）

严泽元（兼）（1941 年 8 月 1 日—1944 年 11 月 6 日）

第14补充兵训练处

1938 年 9 月 16 日在四川内江成立，辖六个补充兵团。1940 年 1 月抽调主力改编为新编第 33 师，改辖三个补充兵团。12 月 14 日改编为暂编第 52 师。

历任处长：

张世希（1938 年 9 月 16 日—1940 年 1 月 23 日）

林英（1940 年 1 月 23 日—12 月 14 日）

第15补充兵训练处

1938 年 9 月 16 日在四川合江成立，辖六个补充兵团。1939 年 3 月移驻贵州遵义。1940 年 7 月移驻重庆，改辖三个补充兵团、一个野战补充兵团。1942 年 8 月 15 日改编为暂编第 2 师。

历任处长：

王公遐（1938 年 9 月 16 日—1942 年 8 月 15 日）

第16补充兵训练处

1938 年 9 月 16 日在贵州开阳成立，辖六个补充兵团。1939 年 3 月移驻四川綦江。1940 年 6 月改辖四个补充兵团。1942 年 8 月 14 日改编为新编第 5 师。

历任处长：

石祖德（1938 年 9 月 16 日—1941 年 3 月 14 日）

邱清泉（1941 年 3 月 14 日—1942 年 7 月 1 日）

廖慷（1942 年 7 月 1 日—8 月 14 日）

第17补充兵训练处

成啸松

1938 年 10 月 25 日在湖南湘乡成立，辖六个补充兵团。1942 年 3 月移驻双峰。1943 年 3 月 8 日裁撤。

历任处长：

陈应龙（1938 年 10 月 25 日—1939 年 5 月 26 日）

成啸松（1939 年 5 月 26 日—1943 年 3 月 8 日）

第18补充兵训练处

黄新铭

1938 年 10 月 25 日在河南洛阳成立，辖六个补充兵团。1939 年 3 月移驻渑池。1941 年 5 月移驻鲁山。1943 年 9 月移驻安徽临泉，改辖三个补充兵团。1945 年 2 月 10 日裁撤。

历任处长：

王连庆（1938 年 10 月 25 日—1941 年 5 月 21 日）

黄新铭（1941 年 5 月 21 日—1945 年 2 月 10 日）

第19补充兵训练处

1938 年 10 月 25 日在陕西西安成立，辖六个补充兵团。1941 年 3 月改辖五个补充兵团。1943 年 3 月 8 日裁撤。

历任处长：

何凌霄（1938 年 10 月 25 日—1940 年 12 月 1 日）

王继祥（1940 年 12 月 1 日—1943 年 3 月 8 日）

第20补充兵训练处

1938 年 10 月 25 日在湖北恩施成立，辖六个补充兵团。1941 年 3 月移驻利川，改辖四个补充兵团。1943 年 3 月 8 日裁撤。

历任处长：

李　铣（1938 年 10 月 25 日—1940 年 11 月 5 日）

谢肖良（1940 年 11 月 5 日—1943 年 3 月 8 日）

第21补充兵训练处

万建蕃

1938年10月25日在河南唐河成立，辖八个补充兵团。1942年2月6日裁撤。

历任处长：

李宗鉴（1938年10月25日—1940年7月18日）
万建蕃（1940年7月18日—11月6日）
邓经儒（1940年11月6日—1942年2月6日）

第22补充兵训练处

王廷柱

1938年10月25日在浙江诸暨成立，辖六个补充兵团。1940年3月移驻江山。1941年8月移驻福建建阳。1943年9月改辖三个补充兵团。1944年4月11日裁撤。

历任处长：

冷　欣（1938年10月25日—1939年2月24日）
王廷柱（1939年2月24日—1940年1月18日）
蒋超雄（1940年1月18日—1941年8月1日）
钱东亮（1941年8月1日—1944年4月11日）

第23补充兵训练处

1938年10月25日在广东清远成立，辖六个补充兵团。1940年3月移驻南雄，改辖五个补充兵团。1943年9月改辖三个补充兵团、一个基干团。1944年11月移驻和平。1945年2月10日裁撤。

处历任长：

陈　文（1938年10月25日—1939年3月1日）
黄植楠（1939年3月1日—1945年2月10日）

陈文

黄植楠

第24补充兵训练处

1938年10月25日在陕西汉中成立，辖六个补充兵团。1940年4月抽调主力改编为暂编第 16 师，改辖四个补充兵团。1941 年 5 月 16 日改编为暂编第 59 师。

历任处长：

李强（1938 年 10 月 25 日—1940 年 4 月 25 日）

李洁（1940 年 4 月 25 日—1941 年 5 月 16 日）

第25补充兵训练处

1938 年 10 月 25 日在陕西乾县成立，辖四个补充兵团。1939 年 9 月移驻四川简阳。1943 年 5 月 11 日改编为新编第 30 师。

历任处长：

毕梅轩（1938 年 10 月 25 日—1939 年 9 月 14 日）

胡　素（1939 年 9 月 14 日—1943 年 5 月 11 日）

第26补充兵训练处

1939 年 1 月 14 日在甘肃兰州成立，辖六个补充兵团。8 月抽调主力改编为预备第 7 师，改辖四个补充兵团。1942 年 2 月 20 日裁撤。

历任处长：

李　英（1939 年 1 月 14 日—1942 年 2 月 20 日）

第27补充兵训练处

潘佑强

1939 年 1 月 14 日在河南洛宁成立，辖六个补充兵团。1942 年 2 月 20 日裁撤。

历任处长：

潘佑强（1939 年 1 月 14 日—1940 年 12 月 21 日）

刘康年（1940 年 12 月 21 日—1942 年 2 月 20 日）

第28补充兵训练处

韩亮宇

1939 年 12 月 10 日在四川忠县成立，辖六个补充兵团。1942 年 11 月 30 日裁撤。

历任处长：

唐宇纵（1939 年 12 月 10 日—1940 年 12 月 28 日）

韩亮宇（1940 年 12 月 28 日—1942 年 11 月 30 日）

第29补充兵训练处

彭戢光

1939年12月10日在贵州贵阳成立，辖六个补充兵团。1941年3月移驻毕节。1942年2月6日裁撤。

历任处长：

彭戢光（1939年12月10日—1942年2月6日）

第30补充兵训练处

1939年12月10日在四川南充成立，辖六个补充兵团。1942年3月移驻隆昌。10月6日裁撤。

历任处长：

曾晴初（1939年12月10日—1942年10月6日）

第31补充兵训练处

乔茂材

1939年12月10日在四川江油成立，辖六个补充兵团。1942年10月6日裁撤。

历任处长：

乔茂材（1939年12月10日—1942年10月6日）

第32补充兵训练处

1939年12月10日在四川泸州成立，辖四个补充兵团、一个野战补充兵团。1942年3月移驻西康西昌。1943年9月改辖三个补充兵团、一个基干团。1945年2月10日裁撤。

历任处长：

周建陶（1939年12月10日—1940年12月3日）

韩文源（1940年12月3日—1945年2月10日）

周建陶

韩文源

第33补充兵训练处

1939年12月10日在广西全县成立，辖六个补充兵团。1943年3月8日裁撤。

历任处长：

王公亮（1939年12月10日—1943年3月8日）

第34补充兵训练处

李昌龄

1939年12月10日在四川合江成立，辖六个补充兵团。1943年9月改辖三个补充兵团。1945年2月10日裁撤。

历任处长：

李昌龄（1939年12月10日—1945年2月10日）

第35补充兵训练处

李奇中

1940年1月17日在四川云阳成立，辖六个补充兵团。1943年3月8日裁撤。

历任处长：

李奇中（1940年1月17日—1942年10月1日）

郑　坡（1942年10月1日—1943年3月8日）

第36补充兵训练处（1）

1940年1月17日在甘肃天水成立，辖四个补充兵团。1941年6月22日改编为暂编第57师。

历任处长：

李绳武（1940年1月17日—1941年6月22日）

第36补充兵训练处（2）

盛家兴

1941年12月22日在云南镇南再次成立，辖三个补充兵团。1945年2月10日裁撤。

历任处长：

盛家兴（1941年12月22日—1945年2月10日）

第37补充兵训练处

陈绍法

1940 年 3 月 16 日在湖北谷城成立，辖四个补充兵团。1941 年 4 月移驻河南汝南。1943 年 9 月改辖三个补充兵团。1944 年 5 月 28 日裁撤。

历任处长：

陈绍法（1940 年 3 月 16 日—1944 年 5 月 28 日）

第38补充兵训练处

1940 年 4 月 21 日在湖北罗田成立，辖四个补充兵团。1943 年 3 月 25 日裁撤。

历任处长：

刘尚志（兼）（1940 年 4 月 21 日—1942 年 8 月 15 日）

桂振远（1942 年 8 月 15 日—1943 年 3 月 25 日）

第39补充兵训练处

1940 年 4 月 21 日在广东乐昌成立，辖三个补充兵团。1942 年 3 月移驻新兴。1944 年 10 月 15 日裁撤。

历任处长：

吴　琅（1940 年 4 月 21 日—1941 年 5 月 1 日）

梁固荣（1941 年 5 月 1 日—1944 年 10 月 15 日）

第40补充兵训练处

1940 年 4 月 21 日在湖南沅陵成立，辖三个补充兵团。1944 年 11 月 20 日裁撤。

历任处长：

唐仲勋（1940 年 4 月 21 日—1942 年 2 月 1 日）

曹士澄（1942 年 2 月 1 日—1944 年 11 月 20 日）

唐仲勋

曹士澄

第41补充兵训练处

1940年12月1日在福建浦城成立，辖三个补充兵团。1942年8月6日裁撤。

历任处长：

蔡凤翁（1940年12月1日—1941年3月20日）

唐光霁（1941年3月20日—1942年8月6日）

蔡凤翁

唐光霁

第42补充兵训练处

萧树经

1940年12月1日在浙江金华成立，辖三个补充兵团。1942年8月6日裁撤。

历任处长：

萧树经（1940年12月1日—1942年8月6日）

第43补充兵训练处

杨文琏

1940年12月1日在广西宜山成立，辖三个补充兵团。1944年10月15日裁撤。

历任处长：

杨文琏（1940年12月1日—1944年10月15日）

第44补充兵训练处

1940年12月1日在陕西宝鸡成立，辖三个补充兵团。1941年5月30日改编为暂编第58师。

历任处长：

叶成（1940年12月1日—1941年5月30日）

第45补充兵训练处

1940年12月1日在重庆成立，辖三个补充兵团。1944年10月15日裁撤。

历任处长：

曾鲁（1940年12月1日—1944年10月15日）

第46补充兵训练处

1940年12月1日在福建建瓯成立，辖三个补充兵团。1944年10月15日裁撤。

历任处长：

娄绍铠（1940年12月1日—1943年12月28日）

张汉铎（1943年12月28日—1944年10月15日）

娄绍铠

张汉铎

炮兵第1补充兵训练处

1941年7月1日在陕西西安成立，辖一个炮兵补充兵团、一个基干团。1943年1月7日裁撤。

历任处长：

彭孟缉（1941年7月1日—1943年1月7日）

炮兵第2补充兵训练处

秋宗鼎

1941年7月1日在广西桂林成立，辖一个炮兵补充兵团、一个基干团。1943年1月7日裁撤。

历任处长：

秋宗鼎（1941年7月1日—1942年9月15日）

史宏熹（1942年9月15日—1943年1月7日）

主要参考资料

（注：因参考资料过于繁杂，此处所列仅为其中一部）

档案类：

中国第二历史档案馆相关档案

辽宁省档案馆相关档案

山西省档案馆相关档案

陕西省档案馆相关档案

湖北省档案馆相关档案

湖南省档案馆相关档案

广东省档案馆相关档案

云南省档案馆相关档案

北京市档案馆相关档案

天津市档案馆相关档案

上海市档案馆相关档案

徐州市档案馆相关档案

重庆市档案馆相关档案

台北“国史馆”相关档案

日本亚洲历史资料中心相关档案

《国民政府军事委员会北平分会所属上校以上现职军官佐同名录》，1933 年 12 月

《陆海空军军官佐任官名簿》，参谋总部铨叙厅，1936 年 12 月

《川军各部队少校以上军官佐简历册》，1936 年

《陆军各部队主官姓名册》，1940 年 8 月、1941 年 2 月、1941 年 12 月、1942 年 8 月、1943 年 9 月、1944 年 7 月

《国军各部队主官副主官及参谋长参谋处长姓名别号年龄籍贯出身简历册》，1942 年

《国军各部队主官副主官及参谋长参谋处长姓名别号年龄籍贯出身简历册》，1943 年

《国防部及各总司令部科长以上主官简历册》，国防部编，1946 年 12 月

《现役军官资绩簿》（3 册），国防部第一厅，1947 年 2 月

《陆军各部队团营长以上校级被俘、投匪、失踪、其他人员名册》，（台湾）“国防部”第一厅

《临时政府公报》

《（北洋）政府公报》

《军政府公报》

《陆海军大元帅大本营公报》
《国民政府公报》
《国民军政报》
《第二集团军公报》
《国民政府军事委员会公报》
《国民革命军总司令部公报》
《（伪冀东）治安部公报》
《（汪伪）国民政府公报》
《（伪满）政府公报》
《总统府公报》
《军政公报》
《海军公报》
《东三省保安总司令部命令》
《东北边防军司令长官公署命令》
《军事委员会北平军分会人事命令》
《第一集团军命令》
《滇黔绥靖公署命令》
《国防部一般命令》
《国防部人事命令》
《东北行营人事命令》
《东北行辕人事命令》
《中央陆军军官学校同学录（黄埔）》
《陆军大学同学录》
《保定陆军军官学校同学录》
《东北讲武堂同学录》
《云南陆军讲武堂同人录》
《日本陆军士官学校中华队同学录》
《陆军步兵学校学员队各期姓名录》
《中央军官训练团通讯录》
《中央训练团将官班同学录》
《国民党部队起义投诚史料选编（陕西境内）》，陕西省军区政治部

《红军转战贵州——旧政权档案史料选编》，贵州省档案馆编，贵州人民出版社，1984年5月第1版

《北伐战争在河南》，曾广兴、王全营编，河南人民出版社，1985年6月第1版

《辽沈战役时期沈阳、锦州国民党部队起义投诚情况概述（重新认定呈报材料）》，沈阳军区政治部联络部编，1986年8月

《广西党史资料丛书——红军长征过广西》，中共桂林地委编著，广西人民出版社，1986年11月第1版

《西安事变档案史料选编》，中国第二历史档案馆、云南省档案馆、陕西省档案馆合编，档案出版社，1986 年 11 月

《德宏史志资料》，德宏州史志编委办公室编，德宏州民族出版社，1986 年第 1 版

《国共两军忻口抗战揭秘》，胡全福编，中央文献出版社，2005 年 8 月第 1 版

《东北边疆档案选辑》，中国边疆史地研究中心、辽宁省档案馆、吉林省档案馆、黑龙江省档案馆编，广西师范大学出版社，2007 年 7 月第 1 版

《国民党军追堵红军长征档案史料选编》：

中央部分（上、下），中国第二历史档案馆编，档案出版社，1987 年 5 月第 1 版

陕西部分，陕西省档案馆编，中国档案出版社，1994 年 5 月第 1 版

湖南部分，中国第二历史档案馆、湖南省档案馆合编，档案出版社，1991 年 7 月第 1 版

云南部分，云南省档案馆编，档案出版社，1987 年 11 月第 1 版

四川部分，四川省档案馆编，档案出版社，1986 年 11 月第 1 版

甘肃部分（追堵红军长征和西路军西进），甘肃省档案馆编，中国档案出版社，1995 年 10 月第 1 版

《解放战争时期西南地区国民党起义投诚部队番号及其主官》，袁蕴华编，成都军区政治部联络部，1988 年 10 月

《黄埔军校史稿》（12 册），中国第二历史档案馆编，档案出版社，1989 年 7 月第 1 版

《海陆丰革命根据地》，汕尾市革命根据地建设委员会办公室、中共海陆丰县委党史研究室合编，中共党史出版社，1991 年 6 月第 1 版

《中华民国史档案资料汇编》：

第一、二辑，中国第二历史档案馆编，江苏古籍出版社，1991 年 6 月第 1 版

第三辑——军事卷（3 卷 4 册），中国第二历史档案馆编，江苏古籍出版社，1991 年 7 月第 1 版

第四辑（2 册），中国第二历史档案馆编，江苏古籍出版社，1991 年 6 月第 2 版

第五辑——军事卷（3 卷 14 册），中国第二历史档案馆编，江苏古籍出版社，1999 年 9 月第 1 版

《抗日战争时期国民党军机密作战日记》（上、中、下），万仁元、方庆秋主编，中国档案出版社，1995 年 8 月第 1 版

《抗日战争正面战场》（上、中、下），中国第二历史档案馆编，凤凰出版社，2005 年 8 月第 1 版

《南京大屠杀史料集 2——南京保卫战》，张宪文主编，江苏人民出版社，2005 年 7 月第 1 版

《广西抗日战争史料选编》（3 卷），黄铮主编，广西人民出版社，2005 年 11 月第 1 版

《川魂——四川抗战档案史料选编》，四川省档案馆编，西南交通大学出版社，2005 年 8 月第 1 版

《抗战时期的四川——档案史料汇编》（3 卷），四川省档案局编，重庆出版社，2014 年 7 月第 1 版

《抗战时期的宁夏——档案史料汇编》（2 卷），宁夏档案局编，重庆出版社，2015 年

5 月第 1 版

《中华民国抗日战争史料汇编——中国远征军》，（台湾）“国史馆”，2015 年 6 月第 1 版

《中日再战缅甸实录——新一军反攻缅北极机密战斗详报》，学生书局，2015 年 7 月第 1 版

回忆录：

《陆军第九十军作战经验与观感之回忆》，严明著，1946 年 2 月

《新疆十年》，周东郊著，1948 年

《从军三十年》，刘子清著，黄埔出版社，1954 年 3 月第 1 版

《从参加抗战到目睹日军投降》，冷欣著，传记文学社，1967 年 1 月第 1 版

《尧乐博士回忆录》，尧乐博士著，传记文学社，1969 年 12 月第 1 版

《定凡七十自述》，方定凡著，慈利旅台文献委员会，1972 年 1 月第 1 版

《赵志尧先生遗著选集》，自印，1972 年 6 月

《王修身忆往事》，，修身著，1974 年 2 月第 1 版

《回忆录》，陈素农著，自印，1974 年 8 月第 1 版

《李品仙回忆录》，李品仙著，中外图书出版社，1975 年 6 月第 1 版

《李振清将军行述》，，李振清著，1977 年 4 月第 1 版

《李毅回忆录》，李毅著，中共四川省委对台工作办公室，1978 年 10 月

《征尘回忆》，王仲廉著，自印，1978 年 12 月第 1 版

《刘汝明回忆录》，刘汝明著，传记文学社，1979 年 3 月第 1 版

《邓文仪先生从军回忆录》，邓文仪著，正中书局，1979 年 4 月第 1 版

《抗日参战纪实》，李棠著，自印，1979 年 8 月第 1 版

《钱大钧上将八十自传》，钱大钧著，“国防部”史政编译局，1979 年 11 月第 1 版

《孙仿鲁先生述集》，孙仿鲁先生九秩华诞筹备委员会编，1981 年 2 月第 1 版

《墨三九十自述》，顾祝同著，“国防部”史政编译局，1981 年 12 月第 1 版

《我的回忆》，刘峙著，文海出版社，1982 年 1 月第 1 版

《蔡廷锴自传》，（上、下），蔡廷锴著，黑龙江人民出版社，1982 年 2 月第 1 版

《跟随冯玉祥二十余年》，王赞亭著，山东人民出版社，1983 年 1 月第 1 版

《徐启明先生访问记录》，陈存恭访问，“中央研究院”近代史研究所，1983 年 5 月第 1 版

《八十虚度追忆》，俞济时著，“国防部”史政编译局，1983 年 12 月第 1 版

《张治中回忆录》（上、下），张治中著，文史资料出版社，1985 年 2 月第 1 版

《戢翼翘先生访问记录》，李毓澍访问，“中央研究院”近代史研究所，1985 年 4 月第 1 版

《一步一辛酸》，王靖之著，欣林出版社，1985 年 10 月第 1 版

《陶峙岳自述》，陶峙岳著，湖南人民出版社，1985 年 11 月第 1 版

《石觉先生访问记录》，陈存恭、张力访问，“中央研究院”近代史研究所，1986 年 2 月第 1 版

《鹰犬将军——宋希濂自述》，宋希濂著，中国文史出版社，1986 年 7 月第 1 版

《戎马春秋》，董其武著，中国文史出版社，1986 年 8 月第 1 版

《一个伪满少将的回忆》，萧玉琛著，黑龙江人民出版社，1986 年 10 月第 1 版

《郭汝瑰回忆录》，郭汝瑰著，四川人民出版社，1987年9月第1版

《浮生简述》，王东原著，传记文学社，1987年10月第1版

《我的一生》，贺执圭著，1987年10月

《忆往昔——一个彝族土司的自述》，岭光电著，云南人民出版社，1988年6月第1版

《血战余生》，张晴光著，台湾商务印书馆，1988年10月第2版

《李烈钧文集》，徐辉琪编，江西人民出版社，1988年10月第1版

《在冯玉祥将军身边十五年》，冯纪法著，陕西人民出版社，1989年1月第1版

《徐永昌将军求己斋回忆录》，徐永昌著，传记文学社，1989年1月第1版

《于达先生访问记录》，张朋园、林泉、张俊宏访问，“中央研究院”近代史研究所，1989年7月第1版

《孔从洲回忆录》，孔从洲著，解放军出版社，1989年9月第1版

《华北危局纪实》，萧振瀛著，中国国际广播出版社，1989年12月第一版

《刘安祺先生访问记录》，张玉法、陈存恭访问，“中央研究院”近代史研究所，1991年6月第1版

《丁治磐先生访问记录》，刘凤翰、张力访问，“中央研究院”近代史研究所，1991年6月第1版

《我的戎马生涯——郑洞国回忆录》，郑洞国著，团结出版社，1992年1月第1版

《张法乾先生访问记录》，张朋园访问，“中央研究院”近代史研究所，1992年2月第1版

《尹呈辅先生访问记录》，胡春惠、林泉访问，近代中国出版社，1992年6月第1版

《祝绍周先生访问记录》，胡春惠、林泉访问，近代中国出版社，1992年6月第1版

《何柱国将军生平》，何柱国著，中国文史出版社，1992年10月第1版

《口述战史汇编第三辑》，（台湾）“国防部”史政编译局，1992年12月第1版

《万耀煌先生访问记录》，沈云龙访问，“中央研究院”近代史研究所，1993年5月第1版

《宋聿修回忆录》，宋聿修著，《开封文史资料》第13辑，1993年7月第1版

《吴铁城回忆录》，吴铁城著，三民书局，1993年10月第3版

《王之回忆录》，王之著，雄峰出版社，1993年11月第1版

《滕杰先生访问记录》，蒋京访问，近代中国出版社，1993年11月第1版

《郭寄峤先生访问记录》，林泉访问，近代中国出版社，1993年12月第1版

《罗友伦先生访问记录》，朱浤源、张瑞德访问，“中央研究院”近代史研究所，1994年8月第1版。

《马少云回忆录》，马鸿逵著，文书书屋，1995年1月第1版

《世纪之履——李默庵回忆录》，李默庵著，中国文史出版社，1995年10月第1版

《铁马金戈忆当年》，林伟俦著，陈湘记图书有限公司，1995年版

《刘茂恩回忆录》（上、下），刘茂恩著，台湾学生书局，1996年1月第1版

《杨伯涛回忆录》，杨伯涛著，中国文史出版社，1996年4月第1版

《滇缅边区风云录》，柳元麟口述，傅应川、陈存恭访问，“国防部”史政编译局，1996年6月第1版

《半生风雨录——贾亦斌自述》，贾亦斌著，中国文史出版社，1996年10月第1版

《口述历史》第 8 期，张维翰、刘士毅、吴开先、吴思珩、徐康良，“中央研究院”近代史研究所，1996 年 12 月第 1 版
《陈铭枢回忆录》，陈铭枢著，中国文史出版社，1997 年 3 月
《石敬亭将军口述年谱》，沈云龙访问，“中央研究院”近代史研究所，1997 年 6 月第 1 版
《温哈熊先生访问记录》，刘凤翰访问，“中央研究院”近代史研究所，1997 年 10 月第 1 版
《风尘漫忆》（《南丹文史资料》第 8 辑），莫树杰著，1997 年 11 月
《龙头将军沉浮录》，樊崧甫著，上海书店出版社，1998 年 10 月第 1 版
《万毅将军回忆录》，万毅著，中共党史出版社，1998 年 11 月第 1 版
《我的情报与外交生涯》，熊向晖著，中共党史出版社，1999 年 1 月第 1 版
《五十回忆》，黄绍竑著，岳麓书社，1999 年 4 月第 1 版
《张建与军医学校》，张丽安著，天地图书有限公司，2000 年版
《抗战八载话当年》，程怡福著，宜丰电脑排版有限公司，2000 年 2 月第一版
《陆空两栖军事生涯》，劳声寰著，麦田出版社，2000 年 8 月第 1 版
《我的奋斗——从小兵到陆军少将师长》，欧阳礼著，文史哲出版社，2002 年 1 月第 1 版
《文强口述自传》，刘延民访问，中国社会科学出版社，2003 年 9 月第 1 版
《陪都血泪录》，郭岐著，南京师范大学出版社，2005 年 7 月第一版
《葛先才将军抗战回忆录》，葛先才著，王阳明文教基金会，2005 年 12 月第 1 版
《冯玉祥自传》（3 册），冯玉祥著，世界知识出版社，2006 年 12 月第 1 版
《李烈钧将军自传》，李烈钧著，中华书局，2007 年 6 月第 1 版
《吕正操回忆录》，吕正操著，解放军文艺出版社，2007 年 8 月第 1 版
《宋瑞珂文史资料选集》，上海市黄埔军校同学会编，2007 年 10 月
《蒋纬国口述自传》，刘凤翰整理，中国大百科全书出版社，2008 年 1 月第 1 版
《蒋介石与我——张发奎上将回忆录》，张发奎口述，夏莲瑛访谈，郑义翻译，香港文化艺术出版社，2008 年 5 月第 1 版
《亿万光年中的一瞬——孙元良回忆录》，孙元良著，2008 年 7 月第 6 版
《海桑集——熊式辉回忆录（1907—1949）》，熊式辉著，明镜出版社，2008 年 10 月第 2 版
《白崇禧口述自传》，白崇禧口述，中国大百科全书出版社，2009 年 3 月第 1 版
《纵横龙潭虎穴间——靖任秋回忆录》，靖任秋著，中共党史出版社，2009 年 5 月第 1 版
《王雷震将军文稿》，王石安、王石臣、王石平编，山西人民出版社，2010 年 12 月
《柏文蔚自述》，柏文蔚著，人民日报出版社，2011 年 7 月
《一个军人的历史记录——刘鼎汉将军回忆录》，刘鼎汉著，文史哲出版社，2012 年 9 月
《李汉魂将军文集》，康普华主编，中国社会出版社，2015 年 1 月第 1 版
《王凌云回忆录》（自订）
《抗日战争回忆、东北戡乱追记》，史松泉著自印
《我的回忆》，倪藩著，川康渝文物馆
《张雪中将军口述》，口述战史汇编第二辑，“国防部”史政编译局
《刘任九十自述》，刘任著，自印

《胡英杰自述》，胡英杰著
《田仲达回忆录》（自订）
《浮生百记》，钱昌祚著，传记文学出版社
《李宗仁回忆录》（上、下），李宗仁著，广西政协文史资料研究委员会
《经历鳞爪》，曹永湘著
《钟松将军口述回忆》，钟松口述，胡博整理，未刊稿

军史类：

《国民革命军战史初稿》，陈训正编，文海出版社影印
《国民军史稿》，李泰棻著，文海出版社影印，1977 年
《北洋军阀统治时期的兵变》，中国第二历史档案馆编，江苏人民出版社，1982 年 2 月第 1 版
《东北军事史略》，王铁汉著，传记文学社，1982 年 3 月第 1 版
《川军出川抗战纪事》，马宣伟、温贤美合著，四川省社会科学院出版社，1986 年 2 月第 1 版
《最近三十年中国军事史》（上、下），文公直编，文海出版社，1986 年 6 月第 1 版
《中华民国海军史料》，杨志本主编，海洋出版社，1987 年 5 月第 1 版
《保定陆军军官学校》，河北政协、保定政协文史资料研究委员会合编，河北人民出版社，1987 年 1 月第 1 版
《抗日战争时期的侵华日军》，耿成宽、韦显文编，春秋出版社，1987 年 3 月第 1 版
《贵州军阀史》，贵州军阀史研究会、贵州省社会科学院历史研究所著，贵州人民出版社，1987 年 10 月第 1 版
《东北军史》，张德良、周毅主编，辽宁大学出版社，1987 年 12 月第 1 版
《丹心素裹》（1、2、3），十七陆军中共党史资料征编领导小组主编，中国文史出版社，1987 年 12 月第 1 版
《编遣会议的实施与影响》，刘维开著，台湾商务印书馆有限股份公司，1989 年 3 月第 1 版
《粤军史实纪要》，广东省政协文史资料研究委员会编，广东人民出版社，1990 年 1 月第 1 版
《新桂系史》（全 3 卷），莫济杰、陈福霖主编，广西人民出版社，1991 年 8 月第 1 版
《中华民国海军通史》，陈书麟、陈贞寿编著，海潮出版社，1993 年 2 月第 1 版
《东北军十四年抗战史》，刘祖荫、周毅主编，香港同译出版社，1995 年 8 月第 1 版
《抗日战争中的第十七路军》，姚杰著，中国文史出版社，1997 年 10 月第 1 版
《西北马家军》，王玉贵编著，江苏古籍出版社，1999 年 8 月第 1 版
《直军》（中国近代军系丛书），宫玉振著，山西人民出版社，1999 年 10 月第 1 版
《阎锡山军事活动年谱》，赵政民编著，山西古籍出版社，1999 年 11 月第 1 版
《第一野战军征战日志》，马肇钧编著，解放军出版社，2001 年 5 月第 1 版
《第三野战军征战日志》，《第三野战军战史》编辑室，江苏人民出版社，1995 年 9 月第 1 版

《保定军事学堂纪实》，任牧章、任方明、刘志强主编，中国文史出版社，2000年8月第1版

《战前的陆军整编》，刘凤翰著，“国防部”史政编译室，2002年11月

《中国人民解放军汽车部队史（1937—2000）》，2004年6月第1版，海潮出版社

《民国劲旅滇军风云》，谢本书著，云南人民出版社，2004年6月第1版

《奉系军阀大事记》，胡玉海、里蓉主编，辽宁民族出版社，2005年2月第1版

《国军装甲兵发展史》，（台湾）“国防部”史政编译室，2005年10月

《民国军事近纪》，丁文江著，中华书局，2007年6月第1版

《黔军史略》，李祖明著，贵州人民出版社，2011年9月第1版

《老桂系纪实》，广西政协委员会文史和学习委员会编，广西人民出版社，2003年5月第1版

《新桂系纪实》（上、中、下），《广西文史资料选辑》第29辑

《新桂系纪实续编（一）》，广西政协委员会文史和学习委员会编，广西人民出版社，2005年10月第1版

《新桂系纪实续编（二）》，广西政协委员会文史和学习委员会编，广西人民出版社，2005年11月第1版

《新桂系纪实续编（三）》，广西政协委员会文史和学习委员会编，广西人民出版社，2006年11月第1版

《新桂系纪实续编（四）》，广西政协委员会文史和学习委员会编，广西人民出版社，2006年12月第1版

《新桂系纪实续编（五）》，广西政协委员会文史和学习委员会编，广西人民出版社，2007年12月第1版

《新桂系纪实续编（六）》，广西政协委员会文史和学习委员会编，广西人民出版社，2010年1月第1版

《陆军各部队成立沿革纪要第一辑》，参谋本部第二厅第六处编，1933年8月编

《陆军各部队成立沿革纪要第一辑》（增刊），参谋本部第二厅第六处编，1934年1月编

《国军部队沿革》（第1集），1942年

《国防部本部隶属各部队主官简历驻地与部队沿革手册》，1947年

《陆军各军师简史》，（台湾）“陆军总司令部”，1986年1月

《第二战区各部队沿革》，1946年5月编

《第四战区司令长官部及各部队简略沿革》

《第六战区及各集团军、军、师沿革及简史》

《第七战区抗战纪实》，1946年

《陆军第一方面军入越受降纪实》，1946年

《中国陆军第三方面军抗战纪实》，苟吉堂著

《国民革命军第四路军战史》，1930年

《十九路军抗日血战史料》，华振中、朱伯康编，神州国光社（上海书店影印），1933年4月第1版

《十九路军兴亡史》，丘国珍著，文海出版社有限公司

《第一集团军历史概要及史料》

《第三集团军所属各部队编成历史概况报告书》

《第六集团军八年来抗战纪实》

《第二十七集团军抗战时期各阶段作战经过》

《驻印军各部队沿革及现况概略》

《国民革命军青年军军史》（上、下），（台湾）“国防部”史政编译室，2001 年 12 月第 1 版

《陆军第一军简史》，（台湾）“国防部”史政编译局，1960 年 10 月第 1 版

《陆军第二军简史》，（台湾）“国防部”史政编译局，1960 年 10 月第 1 版

《陆军第三军简史》，（台湾）“国防部”史政编译局，1960 年 10 月第 1 版

《第四军纪实》，张发奎编，文海出版社影印

《陆军第四军抗战纪实》

《国民革命军陆军第五军军史》，（台湾）“国防部”史政编译室，2002 年 12 月第 1 版

《第七军抗战期间作战经过概要》

《国民革命军第十军战史》

《陆军第十三军简史》，（台湾）“国防部”史政编译局，1960 年 10 月第 1 版

《陆军第十六军历史概况》

《国民革命军陆军第十八军军史》，（台湾）“国防部”军务局史政处，1998 年 6 月第 1 版

《陆军第二十军简史》，（台湾）“国防部”史政编译局，1960 年 10 月第 1 版

《陆军第二十军历史概要、抗战史料》

《陆军第二十一军战史资料》

《陆军第二十五军简史》，（台湾）“国防部”史政编译局，1960 年 10 月第 1 版

《陆军第三十军抗战纪实》

《陆军第三十二军及各师沿革略史》

《陆军第三十五军战史》

《陆军第四十军简史》，（台湾）“国防部”史政编译局，1973 年 10 月第 1 版

《陆军第四十一军抗战纪实》

《陆军第四十二军略史》

《陆军第四十四军沿革史略》

《陆军第五十军简史》，（台湾）“国防部”史政编译局，1974 年 10 月第 1 版

《国民革命军陆军第五十二军军史》，（台湾）“国防部”史政编译室，2004 年 4 月第 1 版

《陆军第五十三军沿革史》

《陆军第五十四军简史》，（台湾）“国防部”史政编译局，1960 年 10 月第 1 版

《陆军第五十八军抗日战史——壮志千秋》，黄声远著，1948 年 10 月第 1 版

《陆军第五十九军抗战作战要史》

《陆军第六十一军八年抗战纪实》

《陆军第六十三军八年抗战纪实》

《陆军第六十四军抗战戡乱经过纪实》，王茀林编著，1982 年 9 月第 1 版
《陆军第六十五军历史及沿革略史》
《陆军第六十六军简史》，（台湾）“国防部”史政编译局，1974 年 10 月第 1 版
《陆军第六十八军抗战纪实》，六十八军战史编纂委员会编，1946 年 9 月
《陆军第六十八军沿革史》
《陆军第七十军历史》
《陆军第七十二军抗战纪实》
《陆军第七十四军简史》，（台湾）“国防部”史政编译局，1960 年 10 月第 1 版
《陆军第七十四军抗战以来参战经过概要》
《国民革命军陆军第七十五军军史》，（台湾）“国防部”史政编译局，1999 年 6 月第 1 版
《陆军第七十六军编成概况》
《陆军第七十七军部队沿革及主官参谋长简历表》
《陆军第八十军战史资料》
《陆军第八十一军沿革史》
《陆军第八十三军编成参战经过》
《陆军第八十四军编成及参战经过概见表》
《陆军第八十八军沿革及部队历史》
《敌后浴血战——八十九军战史》，顾振一、汪兆鹤编撰，中原文化出版社，1995 年 1 月第 1 版
《陆军第九十军八年抗战纪实》，严明著，1946 年 2 月
《陆军第九十四军简史》，（台湾）“国防部”史政编译局，1974 年 10 月第 1 版
《陆军第九十六军部队沿革史概况报告书》
《陆军第九十八军抗战纪实》
《忠义救国军志》，（台湾）“国防部”情报局，1962 年 6 月第 1 版
《中国工农红军第一方面军战史》，解放军出版社，1993 年 10 月第 1 版
《中国工农红军第二方面军战史》，解放军出版社，1992 年 8 月第 1 版
《中国工农红军第四方面军战史》，解放军出版社，1989 年 10 月第 1 版
《中国工农红军第三军团史》，国防大学出版社，1992 年 9 月第 1 版
《中国工农红军第六军团战史》，新疆人民出版社，1994 年 12 月第 1 版
《中国工农红军第十五军军史》，1992 年版
《中国工农红军第二十五军战史》，解放军出版社，1990 年 2 月第 1 版
《中国人民解放军第一野战军战史》，解放军出版社，1995 年 5 月第 1 版
《中国人民解放军第二野战军战史（上、下），解放军出版社，1991 年 2 月第 1 版
《中国人民解放军第三野战军战史》，解放军出版社，1996 年 7 月第 1 版
《中国人民解放军第四野战军战史》，解放军出版社，1998 年 10 月第 1 版
《中国人民解放军华北野战部队战史》，解放军出版社，2011 年 2 月第 1 版
《帝国陆军编制总览》，（日）外山操、森松俊夫编著，芙蓉书房，1987 年
《日本陆军联队总览》，（日）椎野八束编著，新人物往来社，1990 年

《陆军师团总览》，（日）近现代史编纂会编，新人物往来社，2000年版

人物回忆集：

《张炎纪念特刊》，湛江市、茂名市人民纪念张炎将军殉难四十周年筹备委员会编，1985年2月

《邓宝珊将军》，全国政协、甘肃政协、陕西政协文史资料研究委员会合编，文史资料出版社，1985年6月第1版

《傅作义将军》，全国政协文史资料研究委员会编，中国文史出版社，1985年6月第1版

《川军抗战亲历记》，四川省政协文史资料研究委员会、四川省人民政府参事室合编，四川人民出版社，1985年7月第1版

《杜聿明将军》，郑洞国、侯镜如、覃异之、文强、郑庭笈、杨伯涛合著，中国文史出版社，1986年4月第1版

《佩剑将军张克侠》，木铁主编，中国文史出版社，1987年4月第1版

《抗日战争中的王劲哉》，湖北省荆州地区联络组、王劲哉史料征编组合编，1987年7月

《马占山将军》，《马占山将军》编审组，中国文史出版社，1987年10月第1版

《从战犯到公民——原国民党将领改造生活的回忆》，全国政协文史资料研究委员会编，中国文史出版社，1987年10月第1版

《一代枭雄韩复榘》，全国政协、山东政协合编，中国文史出版社，1988年6月第1版

《冯玉祥在陕西》，政协陕西省文史资料研究委员会编，陕西人民出版社，1988年8月第1版

《蒋光鼐将军》，民革中央宣传部编，团结出版社，1989年1月第1版

《关麟征将军》，全国政协、陕西户县政协文史资料研究委员会合编，中国文史出版社，1989年10月第1版

《张笃伦及其一家》，吕恒沛、刘厚中主编，中国文史出版社，1989年12月第1版

《李觉将军》，湖南省长沙市政协文史资料研究委员会主编，1991年12月

《爱国将军孙兰峰》，山东省滕县市政协文史资料委员会编，中国文史出版社，1993年10月第1版

《陈明仁将军逝世七十周年纪念辑》，陈隽、佟立容合编，中国文史出版社，1997年5月第1版

《帷幄诗人——赵子立将军纪念集》，陶君雅编，团结出版社，1997年11月第1版

《沈鸿烈生平轶事》，青岛市政协文史资料委员会编，新华出版社，1999年12月第1版

《改造战犯纪实》，全国政协文史资料委员会编，中国文史出版社，2000年6月第1版

《方先觉与衡阳会战》，王逸之编，自印，2006年4月

《秦城战犯改造纪实》，邢克鑫著，新疆人民出版社，2007年1月第一版

《郭松龄反奉见闻》，徐彻整理，中华书局，2008年7月第1版

《晋绥军集团军政秘档》，文闻编，中国文史出版社，2009年1月第1版

《西北军集团军政秘档》，文闻编，中国文史出版社，2009年1月第1版

《罗列上将纪念集》

《四川军阀史料（第一辑）》，四川省文史馆编，四川人民出版社，1981 年 6 月第 1 版
《四川军阀史料（第二辑）》，四川省文史馆编，四川人民出版社，1983 年 4 月第 1 版
《四川军阀史料（第三辑）》，四川省文史馆编，四川人民出版社，1985 年 7 月第 1 版
《四川军阀史料（第四辑）》，四川省文史馆编，四川人民出版社，1987 年 2 月第 1 版
《四川军阀史料（第五辑）》，四川省文史馆编，四川人民出版社，1988 年 4 月第 1 版
《我所知道的杨虎城》，文思主编，中国文史出版社，2003 年 1 月第 1 版
《我所知道的胡宗南》，文思主编，中国文史出版社，2003 年 1 月第 1 版
《我所知道的卢汉》，文思主编，中国文史出版社，2004 年 1 月第 1 版
《我所知道的傅作义》，文思主编，中国文史出版社，2004 年 1 月第 1 版
《我所知道的陈诚》，文思主编，中国文史出版社，2004 年 1 月第 1 版
《我所知道的汤恩伯》，文思主编，中国文史出版社，2004 年 1 月第 1 版
《我所知道的张宗昌》，文斐编，中国文史出版社，2004 年 1 月第 1 版
《我所知道的马步芳家族》，文斐编，中国文史出版社，2004 年 1 月第 1 版
《我所知道的马鸿逵家族》，文斐编，中国文史出版社，2004 年 1 月第 1 版

日记类：

《缅甸作战时期戴安澜将军日记》，戴安澜著，贵阳中央日报社，1942 年
《李汉魂将军日记》，李汉魂著，自印，1982 年
《丁治磐日记》，丁治磐著，“中央研究院”近代史研究所，1983 年 1 月
《何成浚将军战时日记》（上、下），何成浚著，传记文学社，1986 年 8 月第 1 版
《佩剑将军张克侠阵中日记》，张克侠著，解放军出版社，1988 年 7 月第 1 版
《在蒋介石身边八年——侍从室高级幕僚唐纵日记》，唐纵著，群众出版社，1991 年 8 月第 1 版
《徐永昌日记》，徐永昌著，“中央研究院”近代史研究所，1991 年
《冯玉祥日记》，冯玉祥著，江苏古籍出版社，1992 年 1 月第 1 版
《何健王东原日记》，中国文史出版社，1993 年 3 月第 1 版
《胡景翼日记》，中国社会科学院近代史研究所编，江苏古籍出版社，1993 年 7 月第 1 版
《董其武日记》，董其武著，解放军出版社，2001 年 12 月第 1 版
《李汉魂将军日记》，朱振生编撰，1982 年 4 月第 2 版
《长城作战日记》，黄杰著，“国防部”史政编译局，1983 年 3 月第 1 版
《淞沪及豫东作战日记》，黄杰著，“国防部”史政编译局，1984 年 6 月第 1 版
《胡长青将军日记、家属……追念》，胡长青著，2014 年 2 月
《陈诚先生日记》，陈诚著，”国史馆“，2015 年 7 月第 1 版
《胡宗南先生日记》，胡宗南著，“国史馆”，2015 年 7 月第 1 版
《吉星文先生日记》，吉星文著，“国史馆”，2015 年 7 月第 1 版
《王叔铭将军日记》，王叔铭著，未刊稿

人物传记：

《抗战军人忠烈录》，曾国杰编，国防部史政局，1948 年

《革命人物志》，秦孝仪主编，“中央文物供应社”，1983 年

《宋故上将哲元将军遗集》（上、下），孙湘德、宋景宪主编，传记文学社，1985 年 7 月第 1 版

《民国人物传》（1—4），中国社会科学院近代史研究所编，中华书局，1978 年 8 月第 1 版

《抗日战争中的傅作义》，樊真著，山西人民出版社，1985 年 10 月第 1 版

《今是昨非见肝胆——原国民党高级将领方靖亲历纪实》，知今著，湖南人民出版社，1986 年 1 月第 1 版

《杨虎城将军传》，米暂沉著，中国文史出版社，1986 年 12 月第 1 版

《百战黄沙——黄百韬传》，郭嗣汾著，近代中国出版社，1987 年 2 月

《胡琏评传》，王禹廷著，传记文学社，1987 年 6 月第 1 版

《张将军谞行烈士传》，陈亚芳著，恒学出版社股份有限公司，1987 年 7 月第 5 版

《李烈钧与湖口起义》，周效之，江西省人民政府参事室文史研究馆编，1988 年 8 月第 1 版

《”国史馆“现藏民国人物传记史料汇编》，”国史馆“，1988 年 6 月

《陈诚的军政生涯》，徐济德著，吉林文史出版社，1989 年 3 月第 1 版

《刘文辉史话》，彭迪光主编，四川大学出版社，1990 年 5 月第 1 版

《佟麟阁将军》，熊先煜、张承钧主编，北京出版社，1990 年 12 月第 1 版

《辅帅逸闻纪实——记张学良的老佐臣张作相》，鲁仁、孙贵田编著，中国文史出版社，1991 年 7 月第 1 版

《赵寿山将军》，陕西省户县政协文史资料研究委员会编，中国文史出版社，1994 年 7 月第 1 版

《陈绍宽文集》，高晓星编，海潮出版社，1994 年 7 月第 1 版

《西北王胡宗南》，经盛鸿著，河南人民出版社，1995 年 6 月第 1 版

《白崇禧传》，程思远著，华艺出版社，1995 年 5 月第 1 版

《刘放吾将军与缅甸仁安羌大捷》，刘伟民著，上海书店出版社，1995 年 6 月第 1 版

《胡景铎将军》，中共富平县委党史研究室编著，三秦出版社，1998 年 9 月第 1 版

《一位令人感念的将军——苏绍文》，新竹市立文化中心编，竹堑文化资产丛书出版社，1998 年 11 月第 1 版

《民国高级将领列传》（7 册），王成斌主编，解放军出版社，1999 年 1 月第 2 版

《国民党军装甲兵之父——徐庭瑶将军》，马俊如编著，中国文史出版社，2001 年 12 月第 1 版

《抗日儒将陈宝仓》，陈瑞方著，团结出版社，2002 年 6 月第 1 版

《抗日名将叶佩高》，曹英哲、王楚英合著，香港东方影画艺术出版社，2002 年 6 月第 1 版

《还我河山——马占山将军画传》，孙文政、周彦主编，黑龙江人民出版社，2005 年 6 月第 1 版

《何键传》，杨学东著，东方出版社，2005年10月第1版
《刘鼎汉将军纪念集》，刘鼎汉将军纪念集筹备会编，自印，2006年5月
《爱国将领李兴中》，《爱国将领李兴中》编委会编，自印，2006年5月
《抗日名将潘裕昆》，晏伟权、晏欢合著，香港文汇出版社，2006年9月第1版
《抗日爱国名将潘文华将军传》，潘夕潮著，巴蜀书社，2007年1月第1版
《我的父亲李济深》，李沛金著，团结出版社，2007年12月第1版
《军事指挥官张灵甫》（上、下）》，霍安治著，老战友工作室，2008年2月第1版
《冯安邦将军》，于长銮编著，中国文化出版社，2008年4月第1版
《黄琪翔传》，王大鲁、刘清云著，中国文史出版社，2008年5月
《天地悠悠——我的父亲蒋光鼐》，蒋庆渝著，中国文史出版社，2008年7月第1版
《姚观顺传——孙中山先生卫士队长的传奇人生》，黄健敏著，文物出版社，2010年11月
《三十功名尘与土　八千里路云和月——纪念父亲岳星明》，岳世韵、岳世韬、岳世策，自印，2011年8月
《韩复榘与西北军》（上、下），韩宗喆著，团结出版社，2012年1月
《抗日赣军将领盛逢尧生平略考》，黄礼霖、张来福著，团结出版社，2012年7月第1版
《哀将——国民党的100位末代军长》，胡博著，贵州人民出版社，2012年10月第1版
《碧血千秋——抗战阵亡将军录》，胡博、王戡著，武汉大学出版社，2013年6月第1版
《黄百韬上将纪念集》，自印
《陆军一级上将胡公伯玉纪念集》
《青天白日勋章获得者列传》，胡博、王戡、齐勇，未刊稿
《东三省官绅录》，田边种治郎编，东三省官绅录刊行局，1924年
《陆海军将官人事总览》，（日）外山操编著，芙蓉书房，1981年

人物年谱：

《缪培南先生年谱》，邹瑛编撰，穆园书舍，1971年6月第1版
《民国胡上将宗南年谱》，王云五主编，台湾商务印书馆，1987年8月第2版
《民国余上将汉谋年谱》，黄仲文编纂，台湾商务印书馆，1990年9月第1版
《孙连仲先生年谱长编》（全6册），刘凤翰编著，台湾“国史馆”，1993年7月第1版

战史类：

《抗日战史》（1—101卷），（台湾）“国防部”史政编译局，1980—1982年陆续出版
《戡乱战史》（1—15卷），（台湾）“国防部”史政编译局，1980—1983年陆续出版
《戡乱简史》（1—4卷），（台湾）“国防部”史政局编
《四平保卫战》，（台湾）“国防部”史政局，1962年6月第1版
《上党战役资料汇编》，西南军区军战史编审委员会二野组编，1963年9月
《太原保卫战》，吴文蔚著，自印，1979年4月第1版
《长沙会战纪实》，“中国国民党中央委员会党史委员会”，1983年4月第2版

《四川军阀混战（1917—1926）》，肖波、马宣伟著，四川省社会科学院出版社，1986年12月第1版

《四川军阀混战（1927—1934）》，肖波、马宣伟著，四川省社会科学院出版社，1984年10月第1版

《昆明起义》，中共云南省委党史资料征集委员会编，云南民族出版社，1989年12月第1版

《民国军事史略稿》（4卷6册），姜克夫编著，中华书局，1987年7月、1991年6月、1991年6月、1995年6月第1版

《四战四平》，中共吉林省党委党史工作委员会编，1988年8月第1版

《豫东战役》，中共开封市委、商丘地委党史办公室编，河南人民出版社，1988年9月第1版

《台儿庄战役资料选编》，《台儿庄战役资料选编》编辑组、中国第二历史档案馆史料编辑部合编，中华书局，1989年10月第1版

《长城抗战资料选编》，中国社会科学院近代史研究所中华民国史研究室编，中华书局，1989年11月第1版

《中国战区受降始末》，胡菊蓉著，中国文史出版社，1991年8月第1版

《淮海战役纪事》，曹剑浪著，江苏人民出版社，1993年6月第1版

《中国抗日远征史》，张家德，云南人民出版社，1994年6月第1版

《云南抗日战争史》，孙代兴、吴宝璋主编，云南大学出版社，1995年7月第1版

《血战寻踪（1927—1949）》，陈浩良、王同乐、刘立勤编，军事科学出版社，1995年6月第1版

《广西抗日战争史稿》，沈奕巨著，广西人民出版社，1995年8月第1版

《中原突围史》，湖北省鄂豫边区革命史编辑部，军事科学出版社，1996年1月第1版

《中国人民解放军全国解放战争史》（5卷），军事历史研究部编，军事科学出版社，1996年10月第1版

《晋奉涿州之战及其影响》，胡平生著，1997年12月

《国共争战大东北》，唐洪森著，科学普及出版社，1999年10月第1版

《解放战争时期湖南地区敌后游击武装》，龙西茂主编，中国文史出版社，1999年12月第1版

《中国抗日战争正面战场作战记》（上、下），郭汝瑰、黄玉章主编，江苏人民出版社，2002年1月第1版

《湖南抗日战争日志》，钟启河、刘松茂编著，国防科技大学出版社，2005年1月第1版

《中国抗日战争史》（上、中、下），军事科学院军事历史研究部著，解放军出版社，2005年4月第2版

《浴血怒江》，陈祖樑主编，云南人民出版社，2005年7月第1版

《江山作证》，陈祖樑主编，云南人民出版社，2005年7月第1版

《浴血长空——中国空军抗日战史》，陈应明、廖新华编著，航空工业出版社，2006年1月第1版

《苏中七战七捷》，《苏中七战七捷》编写组，中共党史出版社，2006年8月第1版

《浴血孤城——四十七天衡阳保卫战》，萧培著，自印，2007年

《鏖兵台儿庄》，韩信夫著，重庆出版社，2008年11月第1版

《新四军重建江南大营》，唐洪森著，中共党史出版社，2009年9月第1版

《密支那战役全记录》，晏伟权、晏欢编著，中国焦点出版社，2009年8月第1版

《1944——松山战役笔记》，于戈著，三联书店，2009年8月第1版

《鏖兵江汉——武汉会战》，谭飞程著，武汉大学出版社，2010年5月第1版

《烽火边关——华北抗战》，王戡、冯杰著，武汉大学出版社，2010年6月第1版

《决战大西北——剖析国共内战之西北战场》（上，下），王立本著，老战友工作室，2011年3月

《赣北兵燹——南昌会战》，谭飞程著，武汉大学出版社，2014年1月第1版

《中国事变陆军作战史（译稿）》（三卷六册），日本防卫厅防卫研究所战史室著，田琪之、齐福霖译，中华书局，1979年7月第1版

《1号作战之河南会战、湖南会战、广西会战》（三卷六册），日本防卫厅防卫研究所战史室著，天津市政协编译委员会译，中华书局，1982年12月第1版

《香港作战、长沙作战》（一卷两册），日本防卫厅防卫研究所战史室著，天津市政协编译委员会译，中华书局，1985年10月第1版

《缅甸作战》（1卷2册），日本防卫厅防卫研究所战史室著，天津市政协编译委员会译，中华书局，1987年2月第1版

《昭和十七、八年的中国派遣军》（1卷2册），日本防卫厅防卫研究所战史室著，贾玉芹、高书全译，中华书局

《昭和二十年的中国派遣军》（2卷4册），日本防卫厅防卫研究所战史室著，天津市政协编译委员会译，中华书局，1982年10月第1版

《华北治安战》（上、下），日本防卫厅防卫研究所战史室著，天津市政协编译委员会译，中华书局，1982年9月第1版

《莱芜战役》，中共山东、中共泰安、中共莱芜党史资料征集研究委员会合编，山东人民出版社，1986年12月第1版

《孟良崮战役》，中共山东、中共临沂党史资料征集研究委员会合编，山东人民出版社，1987年4月第1版

《济南战役》，中共山东、中共济南党史资料征集研究委员会、济南市博物馆合编，山东人民出版社，1988年7月第1版

《鲁南战役》，中共山东、中共枣庄党史资料征集研究委员会合编，山东人民出版社，1989年1月第1版

《潍县战役》，中共山东、中共潍坊党史资料征集研究委员会合编，山东人民出版社，1989年4月第1版

《鲁西南战役》，中共山东、中共荷泽党史资料征集研究委员会合编，山东人民出版社，1989年9月第1版

《华东解放战争纪实》，刘统著，人民出版社，1998年12月第1版

《华北解放战争纪实》，袁德金、刘振华著，人民出版社，2001 年 11 月第 1 版
《西北解放战争纪实》，袁德金、刘振华著，人民出版社，2003 年 1 月第 1 版
《中原解放战争纪实》，刘统著，人民出版社，2003 年 4 月第 1 版
《中南解放战争纪实》，金立昕著，人民出版社，2004 年 5 月第 1 版
《山东解放战争纪实》，崔维志、唐秀娥著，新华出版社，1999 年 8 月第 1 版

战役亲历记：

《淮海战役亲历记（原国民党将领的回忆）》，全国政协文史资料研究委员会编，中国文史出版社，1983 年 6 月第 1 版

《徐州会战（原国民党将领抗日战争亲历记）》，全国政协文史资料委员会编，中国文史出版社，1985 年 12 月第 1 版

《七七事变（原国民党将领抗日战争亲历记）》，全国政协文史资料委员会编，中国文史出版社，1986 年 5 月第 1 版

《西安事变亲历记》，吴福章编，中国文史出版社，1986 年 12 月第 1 版

《从九一八到七七事变（原国民党将领抗日战争亲历记）》，全国政协文史资料委员会编，中国文史出版社，1987 年 8 月第 1 版

《南京保卫战（原国民党将领抗日战争亲历记）》，全国政协文史资料委员会编，中国文史出版社，1987 年 8 月第 1 版

《八一三淞沪抗战（原国民党将领抗日战争亲历记）》，全国政协文史资料委员会编，中国文史出版社，1987 年 10 月第 1 版

《台儿庄大战亲历记》，山东政协、枣庄政协文史资料研究委员会合编，山东人民出版社，1988 年 1 月第 1 版

《济南战役亲历记（原国民党将校的回忆）》，山东政协、济南政协文史资料委员会合编，山东人民出版社，1988 年 7 月第 1 版

《天津历史的转折（原国民党军政人员的回忆）》，天津政协文史资料研究委员会编，1988 年 10 月第 1 版

《平津战役亲历记（原国民党将领的回忆）》，全国政协文史资料研究委员会编，中国文史出版社，1989 年 1 月第 1 版

《武汉会战（原国民党将领抗日战争亲历记）》，全国政协文史资料委员会编，中国文史出版社，1989 年 2 月第 1 版

《远征印缅抗战（原国民党将领抗日战争亲历记）》，全国政协文史资料委员会编，中国文史出版社，1990 年 10 月第 1 版

《围追堵截红军长征亲历记（原国民党将领的回忆）》（上、下），全国政协文史资料委员会，1991 年 1 月第 1 版

《解放战争中的西北战场（原国民党将领的回忆）》，全国政协文史资料研究委员会编，中国文史出版社，1992 年 1 月第 1 版

《兖州战役亲历记》，山东政协、兖州政协文史资料委员会合编，山东人民出版社，1992 年 12 月第 1 版

《晋绥抗战（原国民党将领抗日战争亲历记）》，全国政协文史资料委员会，中国文史出版社，1994年2月第1版

《中原大战内幕——1930亲历者揭密》，山西文史资料编辑部编，山西人民出版社，1994年5月第1版

《国民革命军北伐亲历记》，全国政协、广东省政协文史资料研究委员会编，中国文史出版社，1944年11月第1版

《莱芜战役纪实》，山东省、莱芜市政协文史资料委员会合编，中国文史出版社，1995年1月第1版

《中原抗战（原国民党将领抗日战争亲历记）》，全国政协文史资料委员会，中国文史出版社，1995年7月第1版

《湖南四大会战（原国民党将领抗日战争亲历记）》，全国政协文史资料委员会编，中国文史出版社，1995年7月第1版

《闽浙赣抗战（原国民党将领抗日战争亲历记）》，全国政协文史资料委员会编，中国文史出版社，1995年7月第1版

《粤桂黔滇抗战（原国民党将领抗日战争亲历记）》，全国政协文史资料委员会编，中国文史出版社，1995年7月第1版

《辽沈战役亲历记（原国民党将领的回忆）》，全国政协文史资料研究委员会编，中国文史出版社，1996年1月第1版

《“围剿”边区革命根据地亲历记（原国民党将领回忆）》，全国政协文史资料研究委员会编，中国文史出版社，1996年12月第1版

《旧中国海军秘档》，文闻编，中国文史出版社，2006年1月第1版

《旧中国空军秘档》，文闻编，中国文史出版社，2006年1月第1版

《旧中国军事院校秘档》，文闻编，中国文史出版社，2006年1月第1版

《“围剿”中央苏区作战秘档》，文闻编，中国文史出版社，2007年1月第1版

《抗战胜利后受降与接收秘档》，文闻编，中国文史出版社，2007年1月第1版

《国民党中央训练团与军事干部训练团》，文闻编，中国文史出版社，2010年1月第1版

《国民党中央陆军学校与军事专科学校》，文闻编，中国文史出版社，2010年1月第1版

《瀛海同舟（舟山军民反共奋斗实录）》，张行周主编，1980年6月第2版

《悲壮之役——记1938年滕县抗日保卫战》，山东省政协文史资料委员会、滕州市政协文史资料委员会编，山东人民出版社，1992年12月第1版。

《国军装甲兵官兵口述历史访问记录》，（台湾）“国防部”史政编译局，2004年版

军史人物资料集：

《国民军甲子革命纪实》，国民军革命纪念委员会编，1936年10月

《清末新军编练沿革》，中国社会科学院近代史研究所中华民国史组编，中华书局，1978年5月第1版

《济南战役中吴化文起义》，济南军区政治部编，山东人民出版社，1987年4月第1版

《中国军事航空（1908—1949）》，马毓福编著，航空工业出版社，1994年6月第1版

《中国国民革命军军事后勤简史》，范崇斌、徐庆儒主编，总后编审办公室，1996年12月

《抗战时期陆军武器装备（步兵炮、防空炮兵篇、野战炮兵篇）》，滕昕云著，老战友工作室，2003年10月第1版

《傅作义军事集团史略稿》，胡博、王戡合著，自印，2005年4月

《抗日战争时期国民党敌后战场研究》，洪小夏著，自印，2007年2月

《广西新民团研究》，刘文俊著，合肥工业大学出版社，2007年9月第1版

《国民党军事制度史》（上、下），刘凤翰著，中国大百科全书出版社，2009年1月第1版

中国人民解放军历史资料丛书，中国人民解放军历史资料丛书编审委员会编，解放军出版社：

《国民党军起义投诚——沪苏皖浙赣闽地区》，1994年6月第1版

《国民党军起义投诚——鄂湘粤桂地区》，1994年11月第1版

《国民党军起义投诚——鲁豫地区》，1995年7月第1版

《国民党军起义投诚——陕甘宁青新地区》，1995年12月第1版

《国民党军起义投诚——川黔滇康藏地区》，1996年1月第1版

《国民党军起义投诚——辽吉黑热地区》，1996年2月第1版

《国民党军起义投诚——冀晋察绥平津地区》，1996年3月第1版

《国民党军起义投诚——综合册，1997年11月第1版

《解放战争战略追击——渡江战役，1995年3月第1版

《解放战争战略追击——华东地区》，1996年10月第1版

《解放战争战略追击——华北、西北地区》，1999年12月第1版

《解放战争战略追击——中南地区》，2003年2月第1版

《解放战争战略追击——西南地区》，2003年3月送审稿

《伪满洲国军简史》，傅大中著，吉林文史出版社，1999年12月第1版

《陆军师团总览》，（日）近现代史编纂会编，新人物往来社株式会社，2000年11月第1版

《国民革命军沿革实录》，戚厚杰主编，河北人民出版社，2001年1月第1版

《中共三位地下党员所知道的商震将军与三十二军》，王兴纲、王启明、陈瑞霆著，云南人民出版社，2001年8月第1版

《伪军——强权竞逐下的卒子（1937—1949）》，刘熙明著，稻乡出版社，2002年1月第1版

《黄埔军校一期研究总成》，容鉴光、叶泉宏合著，自印，2003年6月第1版

《近代中国陆军建制史稿（1840—1945）》，LQY著，自印，2004年

《抗战期间国军扩展与作战》，刘凤翰著，“国防部”史政编译局，2004年8月第1版

《国民军史纲》，刘敬忠、田伯伏著，人民出版社，2004年11月第1版

《崤函抗战》，中共三门峡市委党史地方史志办公室编，河南人民出版社，2005年8月第1版

《国光勋章、青天白日勋章人物志》，容鉴光著，自印，2005 年 12 月第 2 版

《中国国民党军简史》（上、中、下），曹剑浪著，解放军出版社，2010 年 1 月第 2 版

《“国家化”名义下的“私属化”——蒋介石对国民革命军的控制研究》，李宝明著，社会科学文献出版社，2010 年 4 月第 1 版

《民国时期山西省各种组织机构简编》，山西省地方志编纂委员会办公室编

《新疆生产建设兵团史料选辑》：

《第六辑（中国人民解放军二十二兵团专辑）》上

《第七辑（中国人民解放军二十二兵团专辑）》下

广西文献丛书（5）——《定桂讨贼军统一广西战史》，台北市广西文献社印行，1996 年 5 月

广西文献丛书（6）——《完成北伐战史》，台北市广西文献社印行，1996 年 5 月

广西文献丛书（7）——《第一方面军护党救国战史》，台北市广西文献社印行，1996 年 5 月

《国民革命军师史总览》（自编）

《国民革命军将官总览》（自编）

文史资料：

《文史资料选辑》第 1—152 辑，全国政协文史委员会编，中国文史出版社

《文史资料存稿选编》（26 卷），全国政协文史委员会编，中国文史出版社

全国各地文史资料选编

《传记文学》，传记文学社

《王曲文献》（1—6），王曲文献委员会，1991 年 1 月第 1 版

《广西黄埔（黄埔军校建校八十周年暨黄埔军校同学会成立 20 周年纪念专辑）》

《第一次国共合作时期的黄埔军校》，全国政协文史资料研究委员会编，文史资料出版社，1984 年 5 月第 1 版

《热血报中华——武汉市民革成员抗战回忆录选编》，民革武汉市委员会编，1985 年 8 月

《沪浙闽黄埔同学抗战回忆录》，上海黄埔军校同学会编，1987 年 7 月

《黄埔军校同学纪念抗战胜利六十周年专辑》，石家庄市黄埔军校同学会编，2005 年 8 月

《黄埔情缘（黄埔军校建校八十周年暨黄埔军校同学会成立 20 周年纪念专刊）》

《峥嵘岁月（第 1 辑）》——黄埔师生谈黄埔，广东省黄埔军校同学会编，1991 年 9 月第 1 版

《峥嵘岁月（第 3 辑）》——黄埔师生抗日战争亲历记（上、下），广东省黄埔军校同学会编，1997 年 7 月第 1 版

《塞北黄埔军人忆往》，于庆元主编，北方文艺出版社，2000 年 1 月第 1 版

《情系黄埔魂——云南黄埔同学峥嵘岁月写真》，云南省黄埔军校同学会编，云南美术

出版社，2004 年 10 月第 1 版

《抗日战争胜利 60 周年纪念文集》，四川省黄埔军校同学会编，2005 年 9 月

《上海黄埔军校同学会二十年》

《忆峥嵘——上海黄埔军校同学回忆录》，上海市黄埔军校同学会编，2008 年 4 月

其他专著：

《北洋军阀统治时期史话》（全 8 册），生活·读书·新知三联书店，1957 年 3 月第 1 版

《中华民国史事日志》，郭廷以主编，“中央研究院”近代史研究所，1979—1985 年

《阎锡山统治山西史实》，山西政协文史资料研究委员会编，1981 年 3 月第 1 版

《西南军阀史研究丛刊第一辑》，西南军阀史研究会编，四川人民出版社，1982 年 8 月第 1 版

《西南军阀史研究丛刊第二辑》，西南军阀史研究会编，贵州人民出版社，1983 年 6 月第 1 版

《西南军阀史研究丛刊第三辑》，西南军阀史研究会编，云南人民出版社，1985 年 3 月第 1 版

《西南军阀史研究丛刊第五辑》，西南军阀史研究会编，广东人民出版社，1986 年 10 月第 1 版

《中华民国大事记》，韩信夫、姜克夫主编，中国文史出版社，1997 年 2 月第 1 版

《民国新疆史》，陈慧生、陈超合著，新疆人民出版社，1999 年 12 月第 1 版

《伪满洲国的统治与内幕——伪满官员供述》，中央档案馆编，中华书局，2000 年 7 月第 1 版

《山东省人民政府参事室五十年》，山东省人民政府参事室编，2000 年

《广东民国史》，丁身尊主编，广东人民出版社，2004 年 4 月第 1 版

《北上——党中央与张国焘斗争纪实》，刘统著，广西人民出版社，2004 年 5 月第 1 版

《黄埔军校研究第一辑》，陈建华总编，广东人民出版社，2006 年 6 月第 1 版

《华北伪政权史稿——从临时政府到华北政务委员会》，郭贵儒著，社会科学文献出版社，2007 年 7 月第 1 版

《华北日伪政权研究》，刘敬忠著，人民出版社，2007 年 7 月第 1 版

《黄埔军校研究第二辑》，陈建华总编，中山大学出版社，2007 年 8 月第 1 版

《中国近现代史及史料研究第七辑》，王璟、伊胜利、李永璞主编，世界知识出版社，2007 年 12 月第 1 版

《黄埔军校研究第三辑》，舒扬主编，中山大学出版社，2008 年 4 月第 1 版

《黄埔军校研究第四辑》，汤应武主编，中山大学出版社，2009 年 5 月第 1 版

《抗战中国国际通讯照片》，秦风老照片馆编，广西师范大学出版社，2008 年 10 月

《国民党特务活动史》，马振犊著，九洲出版社，2008 年 3 月第 1 版

《抗战中的南岳》，曾瀛洲主编，中共党史出版社，2010 年 3 月第 1 版

《教战二集》，邱清泉著

地方志：

《广西通志——军事志》，广西壮族自治区地方志编纂委员会编，广西人民出版社，1994年10月第1版

《河南省志——军事志》，河南省地方史志办公室编，河南人民出版社，1995年7月第1版

《贵州省志——军事志》，贵州地方志编纂委员会编，贵州人民出版社，1995年9月第1版

《山东省志——军事志》（上、下），山东省地方志编纂委员会编，山东人民出版社，1996年4月第1版

《湖北省志——军事志》，湖北省地方志编纂委员会编，湖北人民出版社，1996年8月第1版

《云南省志——军事志》，云南省军区编，云南人民出版社，1997年5月第1版

《辽宁省志——军事志》，辽宁省地方志编纂委员会办公室编，辽宁科学技术出版社，1999年10月第1版

《无棣县志》，1925年

《太和县志》，1925年

《涡阳县志》，1925年

《双城县志》，1926年

《泗阳县志》，1926年

《兴城县志》，1927年

《通化县志》，1927年

《农安县志》，1927年

《济宁县志》，1927年

《尤溪县志》，1927年

《房山县志》，1928年

《辽阳县志》，1928年

《岫岩县志》，1928年

《桦川县志》，1928年

《续纂清河县志》，1928年

《宁晋县志》，1929年

《威县志》，1929年

《临榆县志》，1929年

《新绛县志》，1929年

《绥中县志》，1929年

《锦西县志》，1929年

《安图县志》，1929年

《珠河县志》，1929年

《单县志》，1929年

《建瓯县志》，1929年

《桐梓县志》，1929年

《朝阳县志》，1930年
《辽中县志》，1930年
《义县志》，1930年
《盖平县志》，1930年
《桓仁县志》，1930年
《抚松县志》，1930年
《呼兰县志》，1930年
《依安县志》，1930年
《庆云县志》，1931年
《迁安县志》，1931年
《青县志》，1931年
《元氏县志》，1931年
《高阳县志》，1931年
《太谷县志》，1931年
《安东县志》，1931年
《开原县志》，1931年
《东丰县志》，1931年
《福山县志》，1931年
《番禺县续志》，1931年
《乐昌县志》，1931年
《潼关县新志》，1931年
《南皮县志》，1932年
《柏乡县志》，1932年
《景县志》，1932年
《重修滑县志》，1932年
《孟县志》，1932年
《林县志》，1932年
《新修阌乡县志》，1932年
《马关县志》，1932年
《渠县志》，1932年
《华阴县续志》，1932年
《顺义县志》，1933年
《昌黎县志》，1933年
《高邑县志》，1933年
《齐河县志》，1933年
《太康县志》，1933年
《吴县志》，1933年
《开平县志》，1933年

《平谷县志》，1934 年
《大名县志》，1934 年
《霸县新志》，1934 年
《完县新志》，1934 年
《望都县志》，1934 年
《静海县志》，1934 年
《定县志》，1934 年
《清苑县志》，1934 年
《归绥县志》，1934 年
《梨树县志》，1934 年
《临清县志》，1934 年
《桓台志略》，1934 年
《济阳县志》，1934 年
《淮阳县志》，1934 年
《阜宁县新志》，1934 年
《雒容县志》，1934 年
《宣威县志稿》，1934 年
《新城县志》，1935 年
《浮山县志》，1935 年
《临江县志》，1935 年
《高密县志》，1935 年
《齐东县志》，1935 年
《德平县续志》，1935 年
《续修广饶县志》，1935 年
《莱阳县志》，1935 年
《灵宝县志》，1935 年
《麻城县志续编》，1935 年
《罗定县志》，1935 年
《馆陶县志》，1936 年
《无极县志》，1936 年
《南宫县志》，1936 年
《涿县志》，1936 年
《荣河县志》，1936 年
《续修平原县志》，1936 年
《陵县续志》，1936 年
《续修临邑县志》，1936 年
《寿光县志》，1936 年
《商河县志》，1936 年

《重修博兴县志》，1936 年
《中牟县志》，1936 年
《陕县志》，1936 年
《阳武县志》，1936 年
《续修盐城县志稿》，1936 年
《川沙县志》，1936 年
《宁国县志》，1936 年
《顺昌县志》，1936 年
《来宾县志》，1936 年
《海城县志》，1937 年
《海龙县志》，1937 年
《续修博山县志》，1937 年
《巩县志》，1937 年
《江都县新志》，1937 年
《歙县志》，1937 年
《清远县志》，1937 年
《榴江县志》，1937 年
《双流县志》，1937 年
《西丰县志》，1938 年
《新安县志》，1938 年
《阳山县志》，1938 年
《昌平州志》，1939 年
《邯郸县志》，1939 年
《上杭县志》，1939 年
《沙河县志》，1940 年
《分宜县志》，1940 年
《万载县志》，1940 年
《宜春县志》，1940 年
《通县志要》，1941 年
《长汀县志》，1941 年
《阳谷县志》，1942 年
《泰宁县志》，1942 年
《大埔县志》，1943 年
《大足县志》，1945 年
《镇宁县志》，1947 年
《兴义县志》，1948 年

报刊类：

《中央日报》
《（广州）民国日报》
《申报》
《新华日报》
《大公报》
《益世报》
《盛京时报》
《北洋兵事杂志》
《军事杂志》
《步兵杂志》
《骑兵杂志》
《工兵杂志》
《防空杂志》
《海军杂志》
《航空杂志》
《军需杂志》
《军医杂志》
《军事汇刊》
《军事旬刊》
《军事月刊》
《良友》
《北洋画报》
《东方画刊》
《胜利画刊》
《战情画刊》
《战事画刊》
《抵抗画报》
《国情画报》
《铁血画报》
《抗敌画报》
《抗日画报》
《抗战画报》
《军事画报》
《战声画报》
《胜利画报》
《血战画报》
《战地画报》

《战斗画报》
《大抗战画报》
《陆海空联合画报》
《中国抗战画史》
《华北战事画史》
《热河血战画史》
《印缅远征画史》
《抗战建国大画史》

后 记

自2005年完成《国民革命军军史总览》和《国民革命军师史总览》初稿至今，已有十年，遗憾的是这两部书稿一直无缘得到出版的机会，这使我一度失去信心，认为以自己这种业余“酱油党”的身份，纯粹是吃力不讨好，即便编写出来也是毫无价值。直到《国民革命军沿革实录》的作者戚厚杰老师给了笔者鼓励，才使我又坚定信心，继续编写着《总览三部曲》中的最后一部——《国民革命军将官总览》。

在此期间，不断有朋友提出将《总览三部曲》中的部分内容予以精简或挑选某一时间段的内容出一个“先行版”。这其中就有一位朋友提议写本专门介绍抗日战争时期中国军队简介的工具书。于是，《抗日战争时期国民党陆军通览》（以下简称“《通览》”）这部书稿诞生了。

说来讽刺，原以为《通览》的问世，能够搭上抗战胜利70周年的顺风车，不想却碰到了与《总览三部曲》同样的命运，笔者带着《通览》的书稿先后接触八家出版社，竟无一家对此书稿有出版的兴趣。无奈之下，笔者只得眼睁睁地看着2015年12月31日24点的钟声敲响，无奈将此书稿束之高阁。或许要到2025年才会得到出版机遇？好在笔者的不少朋友仍对此书稿关心着，他们到处打听和寻找，终于使《通览》见到了新的曙光。在此，我要特别感谢中国文史出版社的秦千里老师慧眼识珠，终使《通览》迎来了正式出版的这一天。

在《通览》的编写和出版过程中，笔者还得到了许多朋友的帮助和支持，他们是（依姓氏笔画为序）：

于岳（石家庄）、于峰（北京）、于浩洋（隆化）、于翔麟（台北）、马雷（上海）、马民康（徐州）、王睿（合肥）、王一炯（江阴）、王仕豪（北京）、王祖诚（台北）、及佳（北京）、叶泉宏（台北）、白冰（昆明）、冯杰（桐乡）、朱晓明（周口）、朱颖玥（广州）、刘致（重庆）、刘彪（南充）、刘小诣（成都）、刘渝家（重庆）、孙仲卿（上海）、孙潇潇（北京）、纪彭（北京）、杨保森（驻马店）、杨家宏（合肥）、杨晓鹏（深圳）、杨镇毓（西安）、李淳（太原）、张树峰（南通）、陈明（遵义）、陈长庚（南京）、陈佳钼（德阳）、吴京昴（北京）、余戈（北京）、苏海（上海）、邹德怀（北京）、谷晓辉（南京）、林唯圣（台北）、单补生（北京）、度朝伟（长沙）、周明（上海）、周渝（贵阳）、周龙江（沈阳）、胡文鑫（衢州）、胡卓然（南京）、赵良宇（合肥）、钟云鹏（常德）、高明辉（温州）、唐毅（桂林）、徐曾祯（上海）、晏欢（深圳）、郭东风（重庆）、寇磊（临沂）、黄勇（成都）、黄麒冰（宁德）、戚厚杰（南京）、第五奇（西安）、曹剑浪（南京）、章骞（上海）、程世鸿（武汉）、童屹立（成都）、蔡朋岑（重庆）、谭雄（东莞）、谭飞程（杭州）、霍安治（台北）、薛斌（上海）、瞿元超（上海）。由于人数众多，鸣谢中如有不幸漏列的朋友，还望见谅。

笔者在此对以上这些朋友们表示诚挚的谢意，并祝他们身体健康、家庭美满、事业顺风。此外，还有不少民国时期的将领后代为笔者提供相关信息，因大部分人不愿公开身份，笔者在此只能匿名鸣谢。

胡博

2015年11月写于上海“求己斋”

2018年8月修改于上海“求己斋”